隆子年鉴

ལྷུན་རྩེའི་ལོ་རིམ་མེ་ལོང་།

2024

（总第8卷）

隆子县地方志编纂委员会　编

图书在版编目（CIP）数据

隆子年鉴. 2024 / 隆子县地方志编纂委员会编.
北京 : 中国文史出版社, 2024. 12. -- ISBN 978-7
-5205-4931-8

Ⅰ. Z527.54

中国国家版本馆CIP数据核字第20247JD451号

责任编辑：薛媛媛

出版发行：中国文史出版社
社　　址：北京市海淀区西八里庄路69号院　　邮　　编：100142
电　　话：010-81136606　81136602　81136603（发行部）
传　　真：010-81136655
印　　装：河南金宝丽印刷科技有限公司
设计排版：河南品汉文化传播有限公司
开　　本：889mm × 1194mm　1/16
印　　张：23.5　　字　　数：580千字
版　　次：2024年12月第1版
印　　次：2024年12月第1次印刷
定　　价：380.00元

《隆子年鉴（2024）》编纂委员会

《隆子年鉴（2024）》编辑部

编辑说明

一、《隆子年鉴（2024）》以马克思列宁主义、毛泽东思想、邓小平理论、"三个代表"重要思想、科学发展观、习近平新时代中国特色社会主义思想为指导，坚持辩证唯物主义和历史唯物主义的立场、观点和方法，旨在全面、系统、翔实地记载隆子县2023年度自然、政治、经济、文化、社会等方面的情况，为社会各界人士了解和研究隆子县提供基本的地情资料。

二、《隆子年鉴（2024）》正文采取分类编辑法，以类目、分目、条目为主要框架结构，个别包含多方面资料的条目，则在段落间加插楷体标题提示，以方便读者查阅。

三、《隆子年鉴（2024）》设特载、大事记、县情概览、中共隆子县委员会、隆子县人民代表大会、隆子县人民政府、中国人民政治协商会议隆子县委员会、中国共产党隆子县纪律检查委员会　隆子县监察委员会、对口支援、人民团体、军事、法治、经济管理、财税·金融、农业农村·水利、城市建设·环保、交通·邮政·通信、文化·旅游、教育·体育、卫生健康、社会事业、应急管理、乡（镇）概况、荣誉、附录、索引。

四、《隆子年鉴（2024）》载录的资料和图片由各乡镇、各单位等承编部门提供，稿件经供稿单位审核签批后送《隆子年鉴》编辑部初编、统编，再返回供稿单位核对、反复修改后确认定稿。全书稿件经隆子县地方志编纂委员会审核验收。

五、经济社会统计资料主要由县统计局提供，如供稿单位数据与县统计局数据有出入，编辑部采用县统计局数据。

数字隆子 2023

◎年末常住人口：36540人

◎地区生产总值：205601.7万元

◎第一产业：16448.05万元

◎第二产业：100401.9万元

◎第三产业：88751.73万元

◎农林牧渔业总产值：23290.27万元

◎耕地面积：3233公顷

◎总播种面积：3402.32公顷

◎粮食作物播种面积：3041.93公顷

◎青稞面积：2654.27公顷

◎粮食产量：20132.51吨

◎肉类产量：2004.58吨

◎奶类产量：12774.4吨

◎牲畜总头数：164943头（只、匹）

◎社会消费品零售总额：27188万元

◎社会固定资产投资：182213万元

◎农村居民人均可支配收入：20525元

◎税收收入：14291万元

◎地方财政收入：10678.79万元

◎年末城乡居民存款余额：124055万元

◎年末各项贷款余额：107976万元

◎公路通车里程：1221.78千米

◎医疗机构个数：13个

◎全县各级各类学校在校生：4861人

◎国内外游客接待人数：7.77万人

◎旅游总收入：2049.09万元

基层调研

2023年12月13日，西藏自治区人大常委会副主任、山南市委书记许成仓（左一）在隆子县扎日乡阿让琼搬迁新村督导检查群众搬迁情况

2023年5月12日，西藏自治区副主席、区党委统战部副部长徐志涛（前排右一）到隆子县斗玉珞巴民族乡调研山南市G219沿线文化旅游事业高质量发展情况

2023年3月9日，中华全国总工会研究室主任王利中（右六）带领全国总工会调研组到隆子县调研“县级工会加强年”专项工作开展情况

2023年3月16日，西藏自治区民族宗教事务局党组成员、副局长罗布顿珠（右二）到隆子县斗玉珞巴民族乡珞巴文化展览馆参观，并听取全乡关于民族宗教工作的情况汇报

2023年6月24日，山南市常务副市长牟永文（右二）在准巴乡开展巡林工作

2023年11月28日，隆子县委书记李宁（左三）以普通党员身份参加“四下基层解民忧 服务群众暖人心”主题党日活动

2023年12月5日，隆子县委书记李宁（中）一行在县委主题办调研指导主题教育巡视问题整改整治情况

2023年10月16日，隆子县政府县长巴桑次仁（右二）到隆子县一河两岸防洪及生态修复建设项目点开展重点项目建设进度安全生产情况实地督导检查

重要会议

① 2023年1月8日，隆子县召开第十四届人民代表大会第四次会议
② 2023年1月8日，政协第三届隆子县委员会第三次会议开幕
③ 2023年2月14日，隆子县召开中国共产党隆子县第十届纪律检查委员会第三次全体会议
④ 2023年8月20日，中国共产党隆子县第十届委员会第七次全体会议召开
⑤ 2023年8月30日，隆子县委召开全面从严治党专题会议
⑥ 2023年9月18日，隆子县召开学习贯彻习近平新时代中国特色社会主义思想主题教育部署会

对口支援合作与交流

2023年，隆子县委、县政府坚持把医疗人才“组团式”援藏工作作为“谋民福、惠民利、得民心”的民生工程，召开隆子县医疗人才“组团式”援藏工作推进会，制定《中共隆子县委员会常委同志联系援藏医疗人才工作制度》《隆子县委组织部部务会成员联系援藏医疗人才制度》，完成3名医疗人才“组团式”成员轮换工作，常态化开展谈心谈话，掌握医疗援藏人才工作开展情况，关注他们的身体健康状况，协调解决实际问题，为援藏干部人才安下心、俯下身、扎下根，心无旁骛开展工作提供了坚实机制保障。年初向上级申请急需紧缺性专业技术人才6名。

智力援藏。针对隆子教育卫生领域人才短缺、管理机制不顺等问题，制定三年人才培养计划。选育、培养、考核、激励一体推进，探索完善人才绩效考核办法，聚力打造带不走的工作队。医疗组团工作获中组部、国家卫健委调研组高度评价。对接协调常德市蘑菇种植专家到隆子开展为期4个月的技术培训。对接湖南省蔬菜种植专家来隆子开展种植技术指导。

互访交流。外送隆子县卫生系统15名业务骨干赴常德市交流学习，5名医务人员在常德开展为期3个月的进修培训。压实“传帮带”责任，对援藏老师和学员开展双向考核。对接常德市六中来隆子县中学开展交流活动。对接常德市保密局来隆子县开展保密工作指导，获国家保密局表扬。促成隆子县人大到常德市考察学习。

义诊活动。深入开展医疗义诊五进活动（进机关、学校、寺庙、部队、农牧区），截至年底开展义诊活动10次，免费发放价值约10万元的药品，惠及官兵及农牧民群众2100人次。

民生项目建设。隆子县2023—2025年对口援藏规划总投资为9600万元，其中教育医疗投入4610万元，占比48%。投入农牧区民生改善项目资金9375万元，占比达97.7%。2023年在建项目投入资金3040.8万元，全部投入基层民生领域，所有项目稳步推进。同时援藏队协助隆子县推进机场建设。

① ② ③ ④

① 2023年9月1日，常德市委书记曹志强（前排中）率党政代表团到隆子县考察对口援藏工作

② 2023年9月16日，湖南常德市委书记曹志强（右二）带领常德市四大班子成员到隆子县中心医院开展调研

③ 2023年11月5日，常德市第一人民医院眼科主任孙立新团队到隆子县免费为29名白内障患者手术

④ 2023年12月10日，常德市第十批援藏工作队领队熊世成（中）带队看望在常德市第一人民医院接受免费手术治疗的脊柱侧弯患儿次仁加央

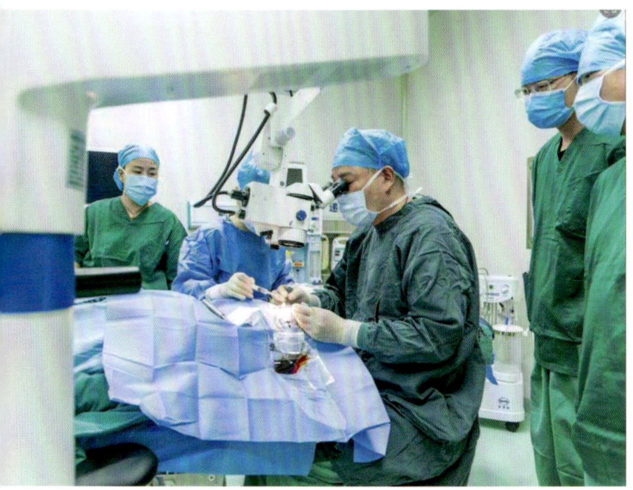

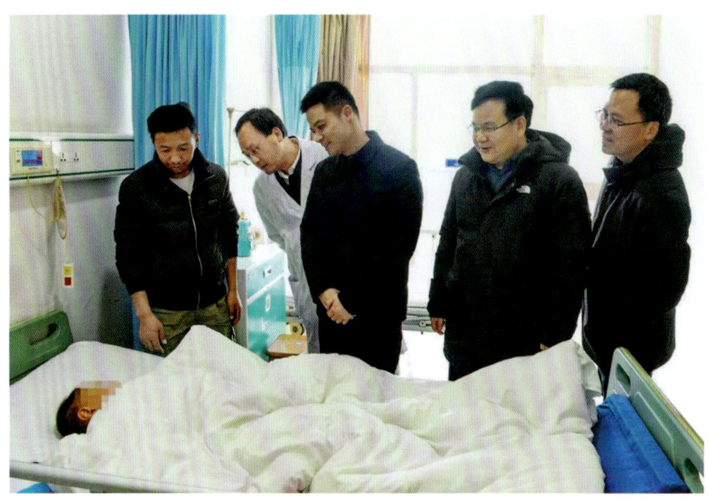

乡村必振兴

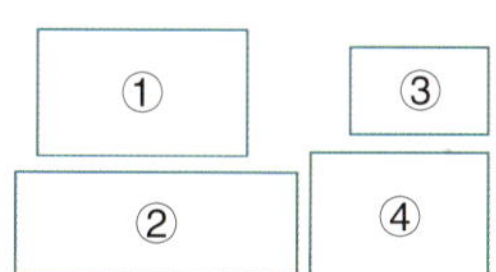

① 2023年11月17日，隆子县基层干部素质能力提升班在常德举办

② 2023年12月15日，湖南常德市第十批援藏工作队实施的列麦乡洋兄村人居环境项目顺利验收

③ 2023年12月，常德市第十批援藏工作队实施的玉麦乡蔬菜大棚项目顺利验收

④ 2023年12月22日，常德市第十批援藏工作队实施的加玉乡小学运动场提质改造项目顺利验收

基础设施建设

玉麦乡民居

2023年，隆子县总投资1.145亿元的老旧城区功能提升、生活垃圾无害化处理二期、县城污水处理厂二期和自来水厂改扩建等4个项目全部竣工。投资0.185亿元的南城大桥形象进度达95%。投资1.7亿元的“一河两岸”生态修复工程和0.297亿元的城市公园工程形象进度达85%、75%。投资3.25亿元的太阳能集中供暖启动试运行。投资1.5亿元的县城水源地项目正式开工建设。实现隆子县城周边流域干净秀美，形成县城“四纵四横”城市交通路网结构，改善市民生活环境和出行条件。强化县城综合管理，开展沿街立面综合整治，优化街面经营秩序。稳步推动生活垃圾分类，投入资金80万元在扎日乡、玉麦乡设立垃圾分类示范点，探索垃圾分类回收。不断推进新型城镇化建设，着力改善城乡基础设施条件。总投资0.89亿元的机场搬迁安置二期和机场周边村庄环境提质工程竣工。总投资1.12亿元的乡村振兴、美丽宜居、人居环境整治的5个整村项目全部建成。投入资金1.99亿元实施4条农村公路、2座桥梁、交通安防工程，不断夯实城乡交通条件，另有一大批农林牧水、科教文卫等各类项目落地实施，有效促进城乡融合发展，城乡面貌得到极大改善。争取资金0.27亿元实施乡镇公租房112套，工程形象进度达75%以上。对接争取2024年度公租房56套，计划投资0.18亿元。落实自建房住房安全隐患排查及危房改造要求，全县自建房排查率达100%，安排资金347万元对存在风险的210户自建房进行改造，改造率达100%。

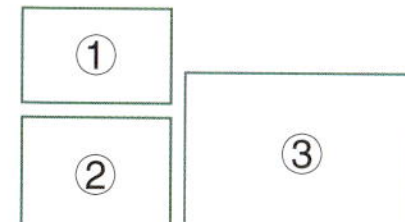

① 2023年10月13日，隆子县召开农村人居环境整治现场会
② 新建成的扎日乡阿让琼搬迁安置点全景图
③ 扎日乡珞瓦新村

隆子县太阳能集中供暖建设项目，总投资33747万元、占地约300亩，为城区约7000人提供稳定、可靠、高品质的热源，有效提升人民生活品质（图为供暖项目建设）

文化事业 惠民润心

2023年，隆子县文化（文物）局成功举办2023年春节藏历新年联欢晚会、第二届乡村“村晚”暨隆子歌手大赛、隆子县玉珞文化旅游节系列活动，深受群众喜爱。极大地丰富全县干部群众的精神文化生活，有力打造和推广隆子文化旅游特色亮点，为隆子县高质量发展打下坚实的文化基础。文化润边。开展“踔厉奋进新时代 勇毅前行向未来”学习宣传贯彻党的二十大 喜迎新春专题文艺演出活动，“翻身农奴把歌唱 永远跟着共产党”为主题的庆祝“3·28”西藏百万农奴解放纪念日文化润边行动，广场舞培训进边境乡镇等活动。截至年底，县艺术团共开展文艺下乡演出65场次。文艺创作。加大文艺创作投入力度，2023年创作了《相约隆子》《爱在扎日》《珞巴姑娘》《过大年》《隆子儿女心中诉》《绿色沙棘林》等6首隆子专题歌曲；《扎西康桑》《共同家园》《和美乡村》《硕果累累》《四季之歌》《虎之林》等6个原创舞蹈；《颂扬党的二十大》《石榴花开隆子美》等2个表演唱作品。同时，结合第39届聂雄物资文化交流会，排练热巴舞、朗玛堆谐节目，有效提升文艺服务群众的能力和水平。

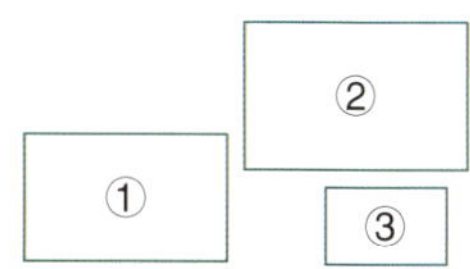

① 2023年2月2日，隆子县举办第二期乡村“村晚”暨隆子歌手大赛

②③ 2023年2月13日，隆子县文化（文物）局举办藏历新年联欢晚会

隆子县教育系统“教师
好声音”歌手大赛

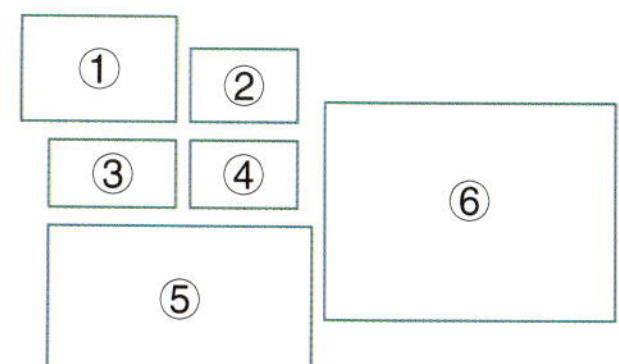

① 2023年4月19日，隆子县举办“共绘民族团结情 书香满园润初心”主题书法比赛

② 2023年4月19日，“共绘民族团结情 书香满园润初心”主题书法比赛参赛选手专心参赛

③ 2023年4月20日，隆子县开展“阅读 悦心 约未来”主题读书心得分享会

④ 2023年4月22日，隆子县教育系统举办“教师好声音”歌手大赛

⑤ 2023年11月23日，隆子县第39届聂雄物资文化交流会拔河比赛

⑥ 2023年11月23日，隆子县第39届聂雄物资文化交流会“斗牛”拔河比赛

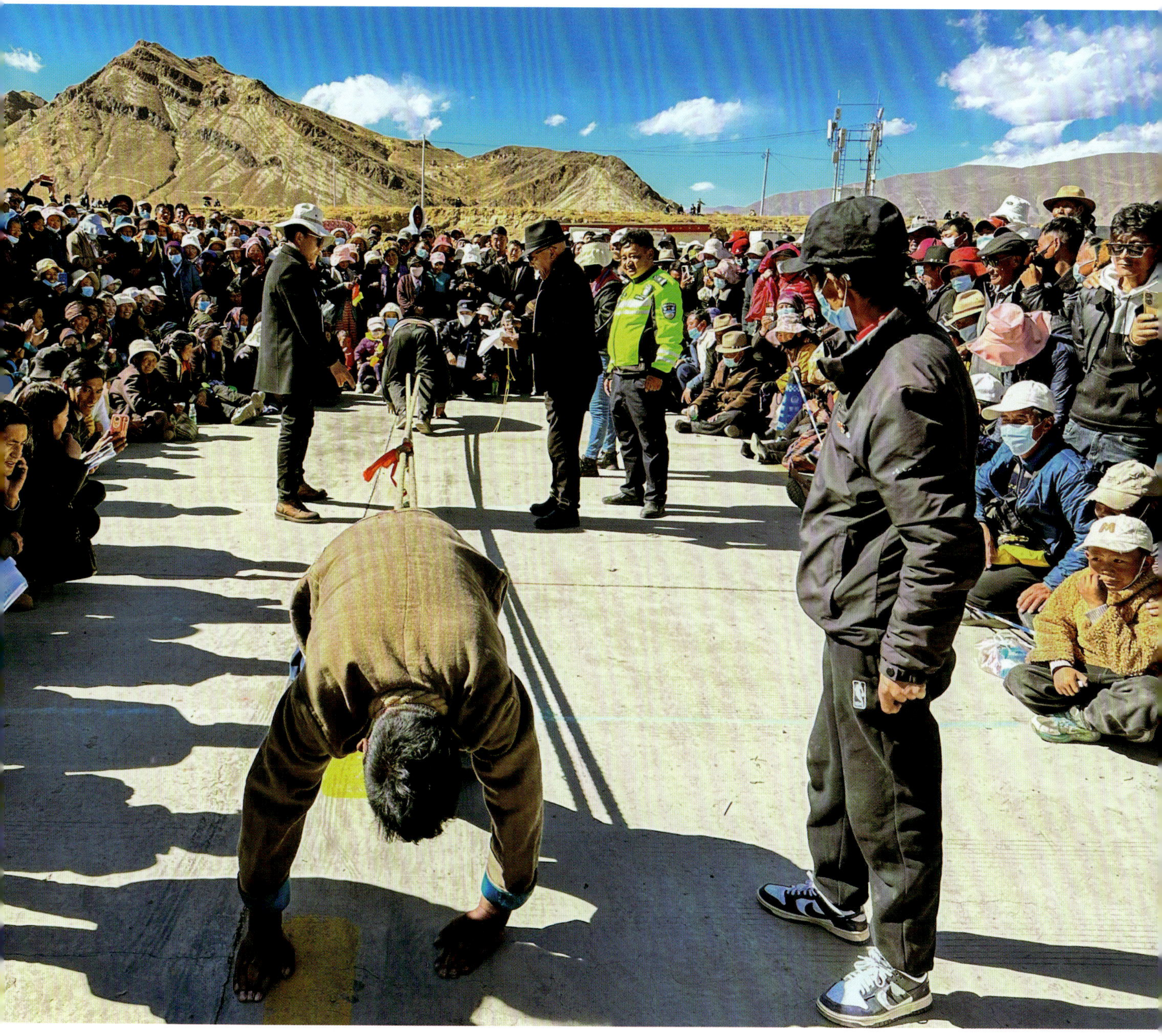

斗玉珞巴民族服饰

珞巴服饰主要特点：服饰的原料是植物纤维，服饰的染色工艺独特，以黑色、红色或本色为主，具有不褪色的特征，还具有实用性，既可以穿着又可以当铺盖。

珞巴族男女上身衣服珞巴语都称为“拨莫”、藏语称“嘎”。由“达努”（瑞香树皮）等植物纤维纺织的土布缝制而成的长条浴巾状，多为黑色、红色或白色相间。男子穿着时，将长条横斜披于背，衣上的边角搭置左肩，然后经左至右臂内绕身一圈半到右胸前与搭肩边角相接而成，袒露肩臂，将衣的下长翻折至膝盖，以竹针代替扣子，紧束腰带。没有领、袖、衣带等设置。女子上身衣服亦呈长条毯状，其穿着时袒露左肩臂，衣的下裳不往上掖，其长至小腿，以竹针代扣，腰带束紧。男女腰部衣服上缀有十二个海贝串成的圆球。部分男子穿麻或毛为原料的长统靴。男子头戴藤篾编的藤帽。藤帽有三种，圆帽叫“博巴”（珞巴语），板瓦形的叫“嘎嘎”（珞巴语），状似礼帽的叫“横巴”（珞巴语）。男女都在耳垂上穿孔戴大耳环。妇女戴一至八串五颜六色珠串的长短项链，［女子在出嫁时，父母都要为其陪嫁首饰，称为“辛爹”（珞巴语）］有的男子也喜欢戴珠串的长短项链。男女都喜欢戴铜或铁的手镯，男子斜挎长刀“奥热古”（珞巴语）。但随着社会的发展，以及科学技术的进步，人民生活水平的不断提高，现在的珞巴服饰也在不断发展，其颜色样式都有了新变化。

隆子县被确认为『世界最大黑青稞种植基地』

隆子黑青稞生长在海拔3800～4200米的地区，因其表皮呈现黑紫色而得名，具有特殊的高抗氧化性及营养含量。隆子县将黑青稞作为全县的特色农牧业产业发展以来，年均种植面积从2014年的1.3万亩提高到现在的3万余亩，单产从2014年的245公斤/亩提高到325公斤/亩，辐射带动群众4231户，年均产量达1.67万吨。为延长黑青稞产业链，隆子县不仅在种植上下功夫，同时大力发展黑青稞加工，为了规范加工标准，隆子县联合山南市市场监督管理局制定隆子黑青稞糌粑地方标准。通过项目、政策支持，现已培育加玉农产品发展有限公司、热荣洛旦农畜产品加工合作社、稞源农牧业股份有限公司等典型带动较强的加工行业，研发试制黑青稞糌粑、炒黑青稞、黑青稞片、黑青稞酒及黑青稞爆米花等衍生品，带动老百姓家门口就业和增加种植户收购原料数量，从而增加经济收入。据统计，加工企业年加工黑青稞数量为2562吨，实现产值1537.2万元。2018年，西藏稞源农业开发股份有限公司投资3510万元建设黑青稞发酵产品生产加工基地。2019年底投产以来，年加工青稞酒7万余件，产值560万元，为隆子县50名脱贫群众累计产业分红42万元。隆子黑青稞在“2018年国际商标博览节”上荣获金奖，2019年隆子黑青稞获批“中国气候好产品”称号。2023年，经世界纪录官方认证，隆子县被确认为“世界最大黑青稞种植基地”。

2023年5月10日，隆子县举行世界最大黑青稞种植基地世界纪录认证颁证仪式。县委书记次仁加措出席活动并致辞，县委副书记、政府县长李宁以及熊世成、徐明山等县级领导出席，政府副县长坚阿次仁主持。仪式开始前，出席活动的各位领导纷纷上前在世界最大黑青稞种植基地签名墙上签名，共同见证这一重要时刻。仪式上，世界纪录认证中方代表王静宣布认证结果，世界纪录认证中方代表刘一哲为隆子县颁发世界最大黑青稞种植基地世界纪录认证证书和纪念品。

① 2023年5月10日，隆子县荣获世界最大黑青稞种植基地世界纪录认证颁发证书现场

② 2023年5月10日，隆子县荣获世界最大黑青稞种植基地世界纪录认证

隆子县玉珞文化旅游节

2023年隆子县玉珞文化旅游节于9月23日至9月25日在隆子县南城物交会场地举行，本次文化旅游节以盛大的规模、缜密的组织、丰富的内容、全新的理念、丰硕的成果以及人民群众的广泛参与，较好地实现了“以传承和发扬优秀民族文化，不断丰富广大农牧民群众精神文化生活，加快推进隆子文化旅游产业发展”的办节宗旨，是一次高规格、高水平、有特色、精彩难忘的旅游文化盛会，是一次聚集人气、拓宽招商引资渠道、推介隆子特色产业、促进隆子文化旅游事业繁荣发展，助推隆子长治久安和高质量发展的成功实践。

西藏山南"中国农民丰收节"暨隆子县玉珞文化
红色隆子
幸福边

YME

隆子县第三届“民族团结杯”足球比赛

5月15日至5月20日，隆子县民创办和县教育（体育）局联合举办第三届“民族团结杯”足球比赛。

活动中，参赛运动员肯吃苦、敢拼搏、不放弃，用实际行动展现了良好的比赛精神风貌。通过为期5天的角逐，最终战神队获得本届“民族团结杯”的冠军。

此次活动不仅加强了隆子县各民族间体育文化交流，更促进了各族干部群众交往交流交融，铸牢了中华民族共同体意识，展示了隆子县各民族团结一心，积极向上的精神面貌。

生态隆子

2023年，隆子县及时调整充实县委生态文明建设工作领导小组，着力推动生态环境保护，加强党对生态环境保护工作的组织领导、督促检查等工作，积极主动研究新情况、及时研究解决新问题。年内，县政府安排生态环境保护类资金13429.62万元，用于人居环境整治、乡村“四旁”植树、“两山”基地创建验收、生态文明示范村建设、生态治理修复、污染防治等工作。充分利用“6·5”世界环境日等各大宣传节点，落实环境宣传教育工作，普及环境保护法律知识、规章制度，让更多的群众感受环保、参与环保、提倡环保、享受环保，倡导全县上下自觉保护隆子的山山水水、一草一木。全年发放各类宣传资料2300份、宣传品3600余个、横幅7条，进一步提高了干部群众生态环境保护意识。

① 措嘎湖
② 吉嘎塘
③ 隆子扎日乡洛河瀑布

洞参湿地

扎日原始森林

目 录

中共隆子县委员会

综述

组织工作

宣传工作

统一战线（民族宗教事务）

党校工作

机关党建

强基惠民活动

隆子县人民代表大会

综述

代表工作

隆子县人民政府

综述

行政审批和便民服务

信访工作

后勤工作

外事工作（边防）

中国人民政治协商会议 隆子县委员会

综述

公安

检察

法院

司法行政

经济管理

宏观经济管理

商务

审计

统计

农业农村·水利

农业农村综述

林业和草原

乡村振兴

水利

城市建设·环保

住房和城乡建设

城市管理和综合执法

生态环境保护

交通·邮政·通信

交通运输

邮政

电信

移动

文化·旅游

文化·文物

融媒体·广播电视

地方志工作

档案工作

藏语言文字工作

旅游发展

教育·体育

教育

隆子县中学

体育

卫生健康

综述

公共卫生服务

日当镇

加玉乡

列麦乡

扎日乡

热荣乡

三安曲林乡

准巴乡

斗玉珞巴民族乡

雪沙乡

荣　誉

附　录

索　引

特　　载

李宁同志在县委十届九次全会上的报告和讲话

——在第一次全体会议上的报告

（2024 年 1 月 3 日）

受县委常委会委托，我向全会作工作报告。

2023 年是全面贯彻落实党的二十大精神的开局之年，是三年新冠疫情防控转段后经济恢复发展的一年，是实施“十四五”规划承上启下的关键之年。一年来，在习近平总书记的亲切关怀下，在党中央和区党委、市委的坚强领导下，在国家部委和湖南省常德市的帮扶下，隆子县委常委会坚持以习近平新时代中国特色社会主义思想为指导，全面贯彻落实党的二十大精神，深入贯彻落实习近平总书记关于西藏工作的重要指示和新时代党的治藏方略，锚定“四件大事”“四个确保”，聚焦“四个创建”“四个走在前列”和“六个走在全区前列”，坚持稳中求进工作总基调，完整准确全面贯彻新发展理念，主动服务和融入新发展格局，团结带领全县各族干部群众求真务实、真抓实干，推动全面建设社会主义现代化新隆子迈出坚实步伐。

一年来，我们旗帜鲜明讲政治，用实际行动坚定拥护“两个确立”，坚决做到“两个维护”

坚持把拥护“两个确立”、做到“两个维护”作为最高政治原则和根本政治规矩，始终在思想上、政治上、行动上同以习近平同志为核心的党中央保持高度一致。制定并落实《隆子县委常委会关于贯彻落实区党委、市委决策部署，坚定坚决维护以习近平同志为核心的党中央集中统一领导的具体举措》。召开县委全会、常委会（扩大）会议、经济工作会议等 60 余次，及时跟进学习贯彻习近平总书记重要讲话重要指示批示精神及重要回贺信、致辞精神。带头开展习近平经济思想、总体国家安全观等专题研讨 14 次。持续深入学习宣传贯彻党的二十大精神，组织各级各部门开展集中学习 3300 余次，开展理论、政策宣传宣讲 1870 余场次，受教育群众 13.51 余万人次，推动党的二十大精神家喻户晓、入脑入心。把党中央和区党委、市委决策部署作为县委首要督查事项，倒逼责任落实，全面开展督查督办240余次，切实以实际行动践行“两个维护”。

一年来，我们扎实开展学习贯彻习近平新时代中国特色社会主义思想主题教育，推动学思用贯通、知信行统一

牢牢把握“学思想、强党性、重实践、建新功”总要求，把理论学习、调查研究、推动发展、检视整改、建章立制贯通起来，高标准高质量高要求开展主题教育，推动以学铸魂、以学增智、以学正风、以学促干不断取得实效。

*强化组织领导。*成立县委主题教育领导小组，制定全县主题教育实施方案，召开县委常委会，主题教育工作部署会、推进会，领导小组会等，加强指挥调度，听取情况汇报，定期研究部署主题教育工作，全县193个党组织迅速行动，5000余名党员干部全部参与，推动主题教育见行见效。

*强化以学铸魂。*坚持以“学思想”为主线，发挥常委班子领学带学促学作用，持续在深化、内化、转化上下功夫，举办县处级领导干部读书班，聚焦5本必读和3本选读书目等重点内容进行专题辅导、集中学习，交流研讨3次。围绕“四个以学”“四下基层”开展专题研讨6次，带头讲专题党课16次，带动全县各级党组织书记讲专题党课219次。

*强化调查研究。*严格落实“深、实、细、准、效”五字诀，带着问题下基层，深入群众察民情，做到真调研、深调研、实调研，从全县稳定所忧、发展所需、群众所盼等方面入手，确定调研课题8个；带头深入基层开展调查研究、解剖麻雀，调研反映和发现问题19个，解决实际问题9个，调研成果转化8项；召开调研成果交流会，集思广益研究对策措施，提出思路建议30条，切实将调研成果转化为推动工作的具体举措、实际成效。

*强化问题检视整改。*坚持边学习、边对照、边检视、边整改，建立问题清单，逐项明确整改措施、整改时限和责任单位，将群众反映强烈、长期没有解决的问题纳入专项整治。带头检视问题32个，带动其他县级干部及全县各级党组织检视问题589个，均已全部整改销号完成。聚焦7个方面开展专项整治，制定专项整治方案，提出整改措施，确保整治成效。坚持“当下改”与“长久立”相结合，统筹推进立改废释工作，修订完善制度4项，补齐制度短板、堵塞工作漏洞。

*深入开展“四下基层”活动。*用心用情用力解决好群众“急难愁盼”问题，带领全体县级干部带头深入基层宣讲119场次、受教育群众6022人次；到基层调查研究85次，形成调研报告13篇；到基层现场办公143次，积极为群众办实事、解难事102件次；下访接访59人次，化解信访矛盾纠纷34件。带动县直机关党员干部到社区报到883人次，为民办实事162件。

一年来，我们坚决贯彻总体国家安全观，有力维护社会大局和谐稳定，筑牢国家安全屏障

认真践行总体国家安全观，始终把维护稳定作为第一位的工作任务，把维稳工作做在日常、做到基层。

*加强基层社会治理。*研究制定《关于进一步提升基层治理体系和治理能力现代化水平的具体举措》，建立任务分解台账，推进各项举措落实。调整优化网格183个（专属网格25个），配备网格员416人。整合全县公安、综治、雪亮工程、边检、社会等数据资源，推动纵向“一张网”覆盖。持续推进“双十”重点工作和“7+1”维稳防控模式，突出“五个严防”“十个方面重点工作”，确保社会面整体平稳有序。严厉打击违法犯罪活动，形成有效震慑，人民群众安全感、满意度持续上升。坚持和发展新时代“枫桥经验”，深入开展矛盾纠纷排查化解、领导干部下访接访活动，开展风险隐患排查1.6万余次，办结群众来信来访43件，清理拖欠农民工工资、材料款等1432.92万元，牢牢守住不发生越级访、进京访、集体访事件底线。压紧压实安全生产责任，全县安全形势持续稳定。

*铸牢中华民族共同体意识。*统筹推进“四大工程”“六项行动”，深入开展铸牢中华民族共同体意识等宣传教育，加大国家通用语言文字推广普及力度，“三个离不开”“四个与共”“五个认同”深入人心。创建自治区级模范单位7个，市级示范单位20个，县级示范创建覆盖率达65%以上，国家民族团结进步示范县创建成果持续巩固。积极发挥援藏优势，

积极组织区内外省市双向交流活动 52 次,实现区外就业 8 人,推动民族交往交流交融向纵深推进。

依法管理宗教事务。全面贯彻新时代党的宗教工作方针政策,坚持“五个有利于”,持续加大“导”的力度,“四条标准”“三个意识”教育、“三情教育”活动深入开展,广大僧尼和信教群众理性对待宗教,淡化消极影响教育引导力度不断增强。推进国家通用语言文字进寺庙,抓好专题学习、培训、辅导。大型宗教活动开展坚持做到依法依规,从严审批。完成 10 座寺庙财税监管工作,助力全县寺庙财税监管覆盖提质增效。

严格落实意识形态工作责任。坚持党管宣传、党管意识形态、党管媒体,先后召开县委常委会(扩大)会议、全县宣传思想文化暨意识形态工作会议 3 次,安排部署全县意识形态工作,推动意识形态工作责任制全面落实。深入开展“断血”“断勾连”“净网”、反间防谍等专项行动,加强情报搜集,巡查管控负面网络信息,开展网上舆情引导和舆情反制 1300 余起,牢牢把握掌握意识形态领域主导权。

一年来,我们完整准确全面贯彻新发展理念,精准定位经济事业发展路径,全力推动经济社会平稳健康发展

2023 年,全县经济实力实现历史性突破。全年地区生产总值完成 20.28 亿元,增长 9%;完成社会消费品零售总额 2.52 亿元,增长 10%。一般公共预算收入完成 1.06 亿元,增长 29%。完成税收收入 1.43 亿元,增长 38.83%。农牧民人均可支配收入完成 21126 元,增长 12.5%,经济社会发展平稳向好,年初制定目标任务全面完成。

基础设施建设稳步推进。严格落实重大项目调度和包保机制,加快项目建设进度,积极扩大有效投资。全年开复工项目 99 个,预计完成全社会固定资产投资 17.97 亿元。积极谋划申报总投资 611.86 亿元的 66 个“十四五”规划中期调整新增项目。以农牧灌溉、饮供水工程、病险水库除险加固、防洪减灾等为重点的一大批水利项目稳步实施。新型城镇化建设有序推进,“四纵四横”交通网络逐步完善,南城大桥建成通行、“一河两岸”防洪及生态修复有序推进,集中供暖、自来水厂改扩建、樟木萨路亮化投入运行,城市功能品质显著提升。隆子机场配套设施项目加快推进,安置点二期实现群众入住。

推动产业发展稳步提升。坚决落实粮食安全政治责任,深入实施藏粮于地、藏粮于技战略,持续开展抛荒撂荒专项整治,粮食产量始终稳定在 2 万吨以上,广大群众真正实现手中有粮,心中不慌。畜牧业发展劲头十足,畜产品供给保障水平迈向新高度。清洁能源产业不断发展壮大,全县电力装机容量达到 2 万千瓦、发电量达 2703.8 万千瓦、上网电量达 2662.6 万千瓦。旅游发展势头良好,接待游客 7.7 万人次,实现旅游综合收入 2049.09 万元,同比增长 42%、35%。第 39 届聂雄物资交流会成功举办,销售额突破 700 万元。

持续深化改革开放。“放管服”改革全面推进,全年政务服务中心受理事项 7244 件,办结率达到 98% 以上。牢固树立营商环境就是生产力,优化营商环境就是解放生产力的观念,大力推行“证照分离”、简易注销等改革举措,全县各类市场主体增加至 5179 户,增长 12.7%,落实减税降费 3206 万元,市场主体蓬勃发展。“走出去”和“请进来”工作思路优势逐步彰显,招商小分队成果有效,22 家企业先后到我县进行考察,与 5 家企业签约资金达 1.2 亿元。

一年来,我们坚定不移增进民生福祉,不断增强各族群众获得感幸福感安全感

坚持以人民为中心的发展思想,将本级财政 80% 以上的资金投向基层民生领域,让各族群众的获得感成色更足、幸福感更可持续、安全感更有保障。

巩固拓展脱贫成果同乡村振兴有效衔接。持续加强防返贫致贫监测帮扶,消除风险监测对象 3 户 7 人,脱贫户、监测对象人均收入达 19917.72 元。投资 1.1 亿元的 5 个乡村振兴、巩固提升续建项目全部竣工验收,乡村振兴基础更加坚实。深入实施消除村集体经济薄弱村三年行动计划,年收入 5 万元以上的村达到 94.05%。11 个美丽宜居和美乡村示范项目建成投用,城乡面貌发生巨大变化,发展差距不断缩小。

千方百计稳就业促增收。深入实施就业优先战略，建立重大项目用工责任制和对接机制，拓宽转移就业增收渠道，全年实名制转移就业人数达到1.3万余人，累计创收1.49亿元，分别完成年度目标任务的101.28%、104.92%。高校毕业生就业结对帮扶工作深入实施，开发常德市“组团式”就业岗位205个，实现区外“组团式”市场化就业43人，落实就业创业补贴437.51万元，全年高校毕业生就业率达到99.2%以上。全面统筹城乡就业工作，城镇新增就业681人，完成年度目标任务的101.5%，城镇登记失业率控制在5%以内。

公共服务水平持续提升。扎实推进学前教育普及普惠发展、义务教育优质均衡发展和城乡一体化发展，小考成绩跃居全市第二，初中学业水平考试总均分创历史新高。3094.4万元的县中学及37所幼儿园供暖项目落地实施，2131.88万元的“三包”、营养改善经费如数落实。医疗卫生体制改革持续深化，公立医院高质量发展加快推进，中心实验室建成使用，重症监护室及亚定点医院建设稳步实施。优质医疗资源扩容和区域均衡布局持续优化，医疗人才“组团式”援藏工作成效明显，藏医药健康传承发展，县域综合医改成果不断巩固。食品药品领域“铁拳”专项整治深入开展，食药品监管落实有力。社会保障体系不断健全，基本医疗保险、养老保险参保率保持在98%以上。

一年来，我们深入贯彻习近平生态文明思想，坚决守护好隆子的生灵草木、万水千山

坚持统筹山水林田湖草沙冰一体化保护和系统治理，努力做到在保护中发展、在发展中实现更高水平的保护。

“两山”理论实践创新基地创建成果持续巩固。坚持走生态优先、绿色发展之路，河（湖）林长责任制全面落实，植树造林、防污治理等工作扎实推动，全年完成植树造林7500亩，污水处理厂二期、县城生活垃圾无害化处理设施等生态环境利好项目建成投运。环境监管执法力度不断加强，无“两高项目”进入隆子。气候环境持续向好，全年空气质量达到Ⅱ类标准，空气质量良好天数保持在99%以上，地表水各项监测指标达到国家Ⅲ类标准，城区集中式饮用水水源地各项指标均达到国家Ⅱ类标准。

人居环境整治取得阶段性成效。精心组织全县人居环境整治现场会，谋划部署人居环境整治“30天攻坚”行动，投入237.5万元开展“多规合一”实用性村庄规划编制。拆除一户多宅517户，整治残垣断壁1987处，私搭乱建1248处，乱堆乱放2238处，整治成效明显。全县卫生户厕改造率、人畜分离完成率均达到目标任务的100%。探索建立完善群众自治、三级评比、协助机制、调度督查4项长效机制，推广设立4个“垃圾兑换积分超市”，推动农村人居环境整治常态化、制度化，努力实现垃圾源头减量化，收集分类化、处理资源化。

扎实做好环保督察整改。始终把推进中央和自治区环保督察反馈问题整改作为重大政治任务，全力推动反馈问题整改到位。坚持举一反三、标本兼治、补齐短板，主动认领中央第二轮第四生态环境保护督察组反馈问题17项、71条，已完成整改销号8项、51条，序时推进整改9项、20条。全面做好自治区第二轮第一批生态环境保护督察工作反馈问题整改工作，4件转办案件已全部整改销号。

一年来，我们坚定不移全面从严管党治党、改进作风狠抓落实，坚决打牢党在隆子的执政根基

坚持新时代党的建设总要求，全面落实管党治党政治责任，以自我革命精神把全面从严治党引向深入。

坚持和加强党的全面领导。充分发挥总揽全局、协调各方的领导作用，定期听取各党委（党组）工作情况汇报，及时掌握情况，加强调度指导。支持县人大及其专委会依法履行职能，人大代表意见建议办结率90%以上。支持完善协商民主体系，出台《关于加强和改进新时代隆子政协工作的具体举措》，提案办复率达到91%。支持工会、妇联、团委等群团组织围绕中心、服务大局、发挥各自优势，依法依章程创造性开展工作。法治隆子、法治政府、法治社会一体推进，推动“八五”普法向纵深发展。

努力建设高素质干部人才队伍。积极落实新时代好干部标准和民族地区干部“四个特别”政治标准，开展覆盖式调研，精准掌握班子运行和干部队伍建设情况，坚持公道正派用人，用公道正派的人，提拔晋升干部126人，平职调整46人，免职22人，新聘任中级、副高级职称84人。先后调整村“两委”班子36名、第一书记6名，各级党组织班子得到优化强化。做好“育、引、用、留”工作，研究制定援藏医疗人才联系制度，5名医疗人才“组团式”成员完成轮换。

*不断增强党组织政治功能和组织功能。*以提升组织力为重点，统筹推进各领域基层党组织建设，“三有”非公企业、社会组织党组织覆盖率分别提高到90%、100%。打造申报创建市级党建示范点7个。精准确定并整顿软弱涣散党组织1个。突出把好政治关、程序关，注重从青年、农牧民、知识分子中发展党员150名。“边境党建红色长廊”建设成果持续巩固，“五共五固”工作成效更加显著，边境基层党组织战斗堡垒作用充分发挥。驻村工作扎实有效，“五项重点任务”全面落实。

*持续强化正风肃纪反腐。*坚持严的基调不动摇，支持纪检监察机关依规依纪依法履职，推动政治监督具体化、精准化、常态化，一体推进“三不腐”，处置问题线索44件(含遗留件18件)，已办结35件，正在办理9件。运用监督执纪“四种形态”批评教育帮助处理34人，给予党纪政务处分20人，开除党籍5人。持续发挥政治巡察利剑作用，高质高效完成十届县委第四轮巡察工作，有序推进第五轮巡察工作。加强新时代廉洁文化建设，坚持以案促改、以案促治，“身边事教育身边人”活动成效凸显。纪检监察干部队伍教育整顿深入推进。

*持续改进作风狠抓落实。*坚持从政治上看待作风问题，对标对表区党委“八个必须”“八个抓落实”“六个表率”要求，精准开展违反中央八项规定及其实施细则精神的监督检查21次，发现并督促整改问题13个。坚决纠治“等靠要”“庸懒散”“推拖绕”“做虚功”等问题，通报和责令作出检讨13人次，约谈、提醒37人次。全面开展以乡村振兴为主线的综合监督，下发工作整改函38份、纪律检查建议书1份，约谈2人，全县政治生态环境持续向好。

一年来，县委常委会班子高度重视自身建设，深刻领悟“两个确立”的决定性意义，增强“四个意识”、坚定“四个自信”、坚决做到“两个维护”。高举旗帜、立心铸魂，带头学习贯彻习近平新时代中国特色社会主义思想，全面贯彻党的二十大精神，深入学习贯彻习近平总书记关于西藏工作的重要指示和新时代党的治藏方略，坚决贯彻落实区党委、市委重大决策部署，坚持把抓落实摆在更加突出的位置，以上率下、率先垂范，不畏条件艰苦，不惧环境复杂，以更大的决心和力度、过硬的措施和办法推动工作。严守政治纪律和政治规矩，严格执行民主集中制，严格落实请示报告制度，坚决同各种不正之风和腐败现象作斗争，防止和反对个人主义、分散主义、自由主义、本位主义，知敬畏、存戒惧、守底线，明大德、守公德、严私德，始终做到自重自省自警，自觉接受党和人民监督。

以上报告是县委常委会一年以来的主要工作。这些成绩的取得，根本在于习近平总书记的领航掌舵，根本在于习近平新时代中国特色社会主义思想和习近平总书记关于西藏工作的重要指示及新时代党的治藏方略的科学指引，根本在于区党委、市委的精心指导，离不开对口支援省市的大力支持，离不开全县党员干部和各族群众的真抓实干、团结奋斗，离不开各位委员和社会各界的鼎力支持。在此，我代表县委常委会，向同志们表示衷心的感谢！

隆子县人民代表大会常务委员会工作报告

——在隆子县第十四届人民代表大会第六次会议上

县人大常委会副主任　达　　娃

（2024 年 1 月 15 日）

各位代表：

我受隆子县第十四届人民代表大会常务委员会委托，向大会报告工作，请予审议。

2023 年主要工作

2023 年是隆子经济社会发展抢抓机遇、克难奋进、成效显著的一年，也是我县人大工作担当作为、开创新局、进步提升的一年。今年以来，县人大常委会在县委的坚强领导和市人大常委会的正确指导下，各项工作坚持以习近平新时代中国特色社会主义思想为指导，全面贯彻落实党的二十大和二十届二中全会精神，深学笃行习近平总书记关于坚持和完善人民代表大会制度的重要思想，围绕中心、贴近民心、把握重心、依法履职，共组织召开人民代表大会 2 次、常委会会议 7 次、主任会议 10 次，听取和审议“一府两院”工作报告 12 个，开展执法检查、调研视察 26 次，组织人大常委会组成人员和县人大代表开展工作视察 36 次，依法任免国家机关工作人员 36 名。

一、聚焦重点工作，服务中心大局主动有为

聚焦发展全局议大事。县人大常委会始终坚持“谋全局、抓大事、议大事”，聚焦事关全局、事关根本、事关长远的重大问题，依法行使重大事项决定权，将县委重大决策部署转化为全县人民的共同意志，推动落地落实。在县十四届人民代表大会第四次会议上，审议通过了隆子县人民政府工作报告，审查通过了国民经济和社会发展计划报告、财政预算报告等。常委会先后听取了县人民政府关于提请审议隆子县人民政府关于 2022 年预算调整的请示、关于调整 2023 年财政预算的请示、关于 2023 年第一批财政存量资金预算安排的请示，并审议通过了县人大财经委员会关于预算和财政存量资金预算安排的审查结果报告；听取了县人民政府关于 2022 年度法治政府建设情况报告、关于 2022 年环境质量与环境保护目标任务完成情况报告。集中把脉问诊，积极建言献策，助力隆子发展稳中求进、行稳致远。

推动民生实事落地见效。立足社会事业发展需求和群众所想所盼，按照“群众提、代表定、政府办、人大督”的工作机制，全面推行民生实事项目人大代表票决制，严格意见征集程序，认真审议候选项目，认真落实市人大常委会民生实事项目票决制工作部署，争取县委县政府在组织领导、资金保障（450 万元）、部门参与等方面的支持，依托各乡镇人大主席团，广泛征求人大代表、基层群众的意见建议。隆子县第十四届人民代表大会第四次会议期间，共收集代表意见建议 31 件，经议案审查委员会审查，决定受理 19 件（含民生实事项目 12 件）。常委会召开推进会议统筹全县项目建设工作 3 次，组织常委会班子成员赴项目建设实地开展督导 28 次，协同县委、政府督查室专门对各部门承建的项目实施情况进行督查2次，并在全县范围内通报进度。指导各乡镇人大主席团组织人大代表、村“两委”班子成员及群众代表开展民生项目建设视察、验收活动36次，群众对民生实事项目的评价普遍较好。

助推重点工作见行动。县人大常委会自觉强化责任担当，做到县委有部署、人大见行动。根据县委安排，县人大常委会领导和机关干部，先后牵头和参与了人居环境整治、搬迁新村等重点工作，认真做好监督督办、组织协调、矛盾化解等工作，有力推进了各项工作顺利实施。

二、提升监督质效，助力民生改善精准有力

紧抓和谐稳定强监督。牢固树立总体国家安全观，以铸牢中华民族共同体意识为主线，协助山南市人大常委会开展“民族团结进步雅砻行”活动，县人大常委会认真贯彻落实市人大常委会关于对2023年“民族团结进步雅砻行”的安排，按照“九进”要求，以“民族团结进校园、立德树人育桃李”为主题，在学校、教师、学生和教育系统工作人员中宣传宣讲习近平总书记关于加强和改进民族工作的重要思想和新时代民族工作的新思想新理念新战略，引导广大师生树牢“三个离不开”思想，增强国家意识、公民意识、法治意识，坚定对伟大祖国、中华民族、中华文化、中国共产党、中国特色社会主义的高度认同。

紧贴群众关切强监督。先后开展了与人民群众生活息息相关的传染病预防和突发公共卫生事件应急能力建设情况专题调研，配合市人大常委会开展全市退役军人服务保障情况专题调研报告的审议意见落实情况跟踪检查；以人大代表“双联系”、领导干部“三联两包”、结对帮扶、在职党员“双报到”等活动为载体，深入基层一线开展“我为群众办实事”活动；以包保行政村发展壮大村集体经济工作为契机，深入开展村集体经济专项调研、座谈工作，持续加强与人民群众的密切联系。

紧扣生态文明强监督。始终高度关注生态文明建设，听取和审议县人民政府关于2022年环境质量与环境保护目标任务完成情况报告，推动政府不断健全防治体系，强化源头治理，持续巩固生态环境质量。力促生态品质提升，以开展“雅砻环保行”活动为契机，及时研究制定方案、成立“雅砻环保行”活动组、召开推进会议，开展专项调研。县人大常委会“雅砻环保行”活动组深入华钰公司、垃圾填埋场、污水处理厂、娘嘎村义务植树点进行实地检查。深入开展《中华人民共和国环境保护法》《西藏自治区环境保护条例》执法检查，为全县整改中央环保督查反馈意见工作贡献了人大力量；根据县人居环境整治工作安排，选派1名副主任担任县人居环境整治指挥部副指挥长，切实推动全县人居环境整治提质增效。为有效发挥基层人大代表作用，组织县乡两级人大积极参与到人居环境整治系列活动当中，助力全县生态文明建设持续走在全市前列。

三、践行法治理念，推动法治隆子建设不断完善

推动法律有效实施。强化宪法和法治宣传教育，推动全社会尊法学法、守法用法。坚持用宪法精神统领人大工作，用宪法原则指导人大及其常委会履行职权，通过人大代表专题培训、以会代训、宣讲宣传和各类学习活动，认真组织代表学习法律知识和人大业务知识，先后组织人大代表、人大干部学习了《中华人民共和国乡村振兴促进法》《西藏自治区乡村振兴促进条例》《山南市城乡社区治理促进条例》《山南市沙棘林保护条例》《山南市雅鲁藏布江保护条例》等法律法规。坚持法治教育与法治实践相结合，开展人大任命干部任前法律知识考试、集中述职等活动，共组织开展宪法宣誓3次21人次，集中述职2次12人次，切实增强国家工作人员的法治观念。

促进政府依法行政。充分发挥执法检查的法律巡视“利剑”作用，以规范和约束公权力为重点，依法加强对“一府一委两院”的法律监督和工作监督，不断促进依法行政、依法监察、公正司法。一年来，县人大常委会开展了《中华人民共和国社区矫正法》执法检查；先后协助市人大完成了《中华人民共和国统计法》《中华人民共和国统计法实施条例》《中华人民共和国国防教育法》《中华人民共和国乡村振兴促进法》《中华人民共和国安全生产法》《宗教事务条例》《西藏自治区实施〈宗教事务条例〉办法》《西藏自治区乡村振兴促进条例》，以及市人

大常委会颁布出台的11部地方性法规条例执法检查；积极协助自治区人大常委会、市人大常委会完成了《西藏自治区边境管理条例（修订草案）（一审修改稿）》《西藏自治区人民调解条例（草案）（一审修改稿）》《西藏自治区人力资源市场条例（草案）》《西藏自治区安全生产条例（修订草案）》《西藏自治区登山条例（修订草案）》《山南市农牧区人居环境治理条例（草案）》《山南市农牧区人居环境治理条例（草案一审修改稿）》《山南市城乡饮用水安全管理条例（草案）》《山南市城乡饮用水安全管理条例（草案一审修改稿）》立法调研。按照区、市人大常委会相关要求，县人大常委会围绕“有件必备、有备必审、有错必纠”要求，组织“一府一委两院”开展规范性文件清理工作2次。

强化法律法规宣传。有效监督司法部门将国家法律法规和地方性法规条例进入执法、融入司法、列入普法。县人大常委会2次向全县各乡（镇）、县直各单位印发了《山南市出台的地方性法规汇编》；选派2名基层人大代表参加市人大组织的“我当代表为人民 实干担当建新功”基层农牧民人大代表履职故事主题演讲比赛，均荣获第二名的优异成绩；积极组织谋划比赛节目，选派人大干部和人大代表参加市人大常委会办公室举办的“弘扬社会主义法治精神，续写人大守正创新篇章”主题文艺比赛，两项参赛节目均荣获三等奖；在各个节庆日，大力宣传人民代表大会制度，共制作展板10余块、横幅10余条，发放宣传手册1500余份、宣传物品2000余件，覆盖群众3500余人。

四、强化主体意识，代表作用发挥积极有效

拓展联系服务渠道。完善落实“双联系”制度，持续开展联系代表工作，坚持主任接待代表活动，面对面听取代表的意见建议；常态化邀请县人大代表列席常委会会议，参与专题调研、执法检查和集中视察等活动，保障代表参政议政的知情权、监督权。完善人大代表履职平台建设，建立健全代表履职档案，为每名代表制作专属二维码，扫码即可获得代表基本信息。

提升建议办理水平。坚持“提得准”和“办得好”相结合，健全代表建议提出、办理、反馈、督办、考评机制，在把好建议质量关的基础上，召开办理工作交办会、督办会，听取和审议县政府关于建议办理情况的报告，推动代表建议答复和落实“双满意”。2022年人大代表意见建议办结率66.6%，今年办结率提高到84%，办理满意率达到100%。2023年投票表决的12件民生实事项目11件已完成，剩余1件已完成项目前期所有工作，待2024年具备气候施工条件后，立即开工实施。在县委、县政府的高度重视下，在深入各乡镇调研的基础上，已初步筛选2024年民生实事项目11个，拟投资500万元。

五、注重固本强基，人大自身建设更加规范

提升党建工作质量。树牢政治机关意识，主动把党的全面领导贯穿人大依法履职的全过程，落实到人大工作的各方面。县人大常委会党组充分发挥“把方向、管大局、保落实”的作用，严格执行请示报告制度，重大事项向县委请示、重点工作向县委汇报、重要活动争取县委支持。压紧压实全面从严治党主体责任，严格落实机关党建、意识形态和党风廉政建设“一岗双责”，营造风清气正的人大常委会机关政治生态。

夯实人大工作基层基础。常委会坚持聚焦政治机关、国家权力机关、代表机关、工作机关定位，切实加强自身建设，不断提高依法履职能力水平和服务水平。自觉以习近平新时代中国特色社会主义思想为统领，深入学习党中央和区党委、市委、县委重要决策部署和各级人大工作会议精神，持续巩固“五查五增、质效提升”活动成效。为有效推进并贯彻落实“两个实施意见”，县人大常委会组织对11个乡（镇）、45个代表联络站工作开展交叉检查，协助市人大常委会开展督导检查2次，并对检查中发现的问题提出针对性和指导性的意见建议。为深入推进基层农牧民人大代表国家通用语言文字学习使用工作，对各级农牧民代表进行了考试测试，累计参加测试344人。组织基层人大代表、人大干部举办履职能力提升培训班2次81人次，到区外和兄弟市、县考察学习交流10次，共计90人次。通过培训和学习交流，基层人大代表和人大干部深入了解了国家的政治体制、宪法法律、政策方针，提高了自身的政治素养和理论水平，更好地履

行职责。

扎实抓好主题教育。根据县委安排，9月20日，县人大常委会召开学习贯彻习近平新时代中国特色社会主义思想主题教育动员部署会，成立了以党组书记为组长的领导小组，下设办公室。同时，制定了详细的实施方案、调研计划、调研课题。常委会党组深入学习贯彻中央、自治区关于学习贯彻习近平新时代中国特色社会主义思想主题教育第一批总结暨第二批部署会议上的会议精神及市、县学习贯彻习近平新时代中国特色社会主义思想主题教育部署会议精神。在开展主题教育期间，党组成员参加县委主题办举办为期7天的读书班，并进行研讨交流。召开理论中心学习组专题学习会5次，并进行研讨发言。依托党支部开展集中学习10次。以主题教育为契机，聚焦基层人大工作，开展民生实事人大票决制和隆子镇人大工作实践成效的专题调研。在调研过程中倾听群众的意见，了解群众的急难愁盼，及时形成调研报告，专项问题专项整改。常委会党组成员从不同角度、不同方面形成问题检视清单15条，制定整改措施，落实整改责任、明确整改时限，以“小切口”整改“大问题”。现已全部销号。

各位代表!

一年耕耘，春华秋实。总结回顾一年来的工作历程，我们深深体会到，做好新时代人大工作，必须坚持党的全面领导和科学理论指导，深入学习贯彻习近平新时代中国特色社会主义思想，特别是习近平法治思想、关于坚持和完善人民代表大会制度的重要思想、关于治边稳藏的重要论述，自觉用理论武装头脑、指导实践、推动工作。

一木难成林，众志方成城。常委会工作取得的成绩，得益于县委坚强领导和市人大常委会有力指导，离不开“一府一委两院”及其有关部门和各乡(镇)人大主席团的密切配合，饱含着各级人大代表、常委会组成人员和人大机关工作人员的辛勤付出，源自社会各界和广大人民群众大力的理解支持。在此，我谨代表县人大常委会向大家表示崇高敬意和衷心感谢!

总结成绩的同时，我们也清醒地认识到人大常委会的各项工作对照新形势新任务新要求，对照宪法和法律赋予的职责，对照全县人民群众的期盼，还存在诸多不足和短板，主要有依法履职的能力和水平还需进一步提升；监督工作的力度和实效还需进一步加大；联系代表和群众的经常性和密切度还需进一步增强；代表活动的内容和形式还需进一步丰富；指导乡(镇)人大工作的方式和方法还需进一步创新等。常委会将坚持问题导向，虚心听取代表和各方面意见建议，切实加以改进。

2024年工作思路

2024年县人大常委会工作的总体要求是：坚持以习近平新时代中国特色社会主义思想为指导，全面贯彻党的二十大，二十届一中、二中全会精神，以及中央和区党委、市委、县委人大工作会议精神，在县委的坚强领导下，进一步聚焦中心工作、聚情民生关切、聚合代表力量，充分发挥职能作用，依法有效履职尽责，为全面建设社会主义现代化新隆子作出新的更大贡献。

(一)坚持党的全面领导，在思想政治引领上展现“人大担当”。自觉把坚持和依靠党的领导作为人大工作最根本的政治原则，把“旗帜鲜明讲政治”贯彻落实到人大依法履职的全过程、各方面。坚持以习近平新时代中国特色社会主义思想统揽人大工作，做到真学真懂、真信真用，坚定不移做“两个确立”忠诚拥护者、“两个维护”示范引领者。有效发挥常委会党组在人大工作中的领导核心作用，做到一切工作、重要事项都在党的领导下谋划、推进和落实。坚持重大决策、重大事项、重要工作，及时请示报告，始终保持人大工作的正确政治方向。坚持党管干部原则与人大依法行使任免权相统一，认真贯彻落实党委人事安排意图，把党的干部路线、方针、政策有效贯穿于任免工作中。要全力落实县委交办的工作事项，坚决扛起人大应尽的工作职责。

(二)着眼依法有效监督，在助力高质量发展上贡献“人大力量”。要准确把握新时代人大工作的新形势新任务新要求，树立“以监督促发展”的理念，将“助力助推经济社会高质量发展”作为人大工作的首要任务，用好宪法和法律赋予的监督职权，突出监督重点，改进监督方式，创新监督举措，不断增强服务中心和大局的实效。要锚定县委重大决策部署持续发力，加强对隆子各项重要工作、重点任务和民生实事项目执行情况的监督，持续推动阶段性目标和总体目标如期圆满实现。要依法做好预决算审查监督，加大对审计问题整改情况的跟踪监督力度，放大监督综合效应。要聚焦依法行政、依法监察、公正司法，加强对“一府一委两院”的监督，进一步提升群众满意度和公信力。要着力构建人大监督工作闭环体系，不断健全选题、交办、督办、反馈、评价等机制，使监督工作更“准”更“精”、更“实”更“硬”，确保监督成果更好转化为推动工作落实、促进隆子发展的实际成效。

（三）充分发挥代表作用，在发展全过程人民民主上体现“人大作为”。深入学习贯彻习近平总书记关于支持和保证人民当家作主、发展全过程人民民主的重要论述，有效贯通民主选举、民主协商、民主决策、民主管理、民主监督，把人民当家作主具体地、现实地落实到人大工作各方面。要健全代表联络机制，密切常委会同代表、代表同人民群众的联系，强化代表履职横向协作，丰富代表履职内容，活跃代表履职形式，打造更加立体、多元的代表履职新格局。要拓宽代表有序参政渠道，认真组织闭会期间代表活动，邀请人大代表列席常委会会议，参与常委会组织的专题调研、执法检查和集中视察等活动，积极为代表履职创造条件。要着力提高建议办理水平，完善代表建议“提好、办好”工作机制，推动建议办理答复和落实“双满意”。要加强人大代表的政治、思想、作风、纪律建设，统筹开展初任学习、履职学习、专题学习培训，督促代表自觉遵守宪法和法律，忠实履行职责，充分发挥其参与决策作用、监督推动作用、桥梁纽带作用、模范带头作用。

（四）全面提升素质能力，在打造“四个机关”上彰显“人大风采”。“四个机关”是习近平总书记对人大及其常委会提出的定位要求，是新时代加强人大自身建设的努力方向和根本目标。要锚定这一定位，顺应时代要求，切实加强人大及其常委会自身建设，努力打造让党委放心，让群众满意的政治机关、国家权力机关、工作机关和代表机关。要更加注重政治建设，持续学思践悟习近平新时代中国特色社会主义思想，巩固深化学习贯彻习近平新时代中国特色社会主义思想主题教育成果，不断提高政治判断力、政治领悟力、政治执行力。要更加注重履职能力建设，加强业务学习培训，结合隆子实际，推进人大数字化改革，提升数字化应用能力。要更加重视县乡两级人大干部队伍建设，进一步加强对乡（镇）人大工作的指导，打造一支政治坚定、服务人民、尊崇法治、勤勉尽责的人大干部队伍。要更加注重纪律作风建设，落实全面从严治党主体责任，把党风廉政建设贯穿人大工作始终，转作风、正作风，进一步提升人大常委会机关的良好形象。

各位代表！

数尽人生好光景，最是奋斗动人心。让我们更加紧密地团结在以习近平同志为核心的党中央周围，在县委的坚强领导下，牢记使命、砥砺奋进，锐意进取、担当实干，推动新时代人大工作与时俱进、创新发展，在奋斗中释放激情，在奋斗中展示作为，奋力开创新时代人大工作新局面！

政府工作报告

——在隆子县第十四届人民代表大会第六次会议上

隆子县人民政府县长　巴桑次仁

（2024 年 1 月 15 日）

各位代表：

下面，我代表县人民政府向大会报告，请予审议，并请县政协委员和列席会议的同志提出意见。

2023 年工作回顾

2023 年是全面贯彻党的二十大精神开局之年，是三年新冠疫情防控转段后经济恢复发展的一年，是极为重要、极具考验、极不平凡的一年。这一年，在县委的坚强领导下，我们坚持以习近平新时代中国特色社会主义思想为指导，坚决贯彻落实党中央和区党委及市委决策部署，聚焦"四件大事"聚力"四个创建"和山南市"六个走在全区前列"，团结带领全县各族干部群众真抓实干、攻坚克难，较好地完成了年初确定的各项目标任务，社会主义现代化新隆子建设迈出了坚实步伐。

——过去的一年，我们全力以赴谋发展、搞建设，经济实力更强劲。扎实推动经济高质量发展，经济实力实现历史性突破，全年地区生产总值突破 20 亿元大关，预计完成 20.28 亿元，增长 9%。农村居民人均可支配收入突破 2 万元大关，预计完成 21126 元，增长 12.5%。全县总财力达到 34.98 亿元，创历史新高。完成一般公共预算收入 1.07 亿元，增长 30%；税收收入 1.43 亿元，增长 38.83%。预计完成全社会固定资产投资 18.16 亿元，超额完成年度任务。对接申报"十四五"规划外新增项目 66 个，总投资 611.86 亿元。三次产业比例为 5.6∶50.5∶43.9，"二三一"产业结构更加牢固。完成粮食产量 2.01 万吨，蔬菜肉奶蛋产量稳步提升。工业增加值稳定在 3 亿元以上。全年供电量达 7510 万度，增长 18%。预计完成社会消费品零售总额 2.52 亿元，增长 10%。旅游人次和收入分别完成 7.76 万人次、2049 万元，增长 42%、35%。存贷款总量分别达到 19.40 亿元、10.55 亿元。

——过去的一年，我们千方百计抓项目、强基础，城乡联动更协调。大力实施新型城镇化建设，县城"四纵四横"公路网初步形成，"一河两岸"防洪及生态修复、南城大桥、樟木萨路亮化、自来水厂改扩建投入运行，县城功能、品质显著提升。塘东水库、斗玉乡集中供水、玉米河防洪堤等项目全面实施，建成 11 个饮水点有效巩固 4391 人安全饮水成果。统筹推进农村公路建设、危桥改造和养护工程，现代化交通网络提速增质。服务保障隆子机场项目建设顺利推进。全区供暖、供生活热水"双联供"现场会在我县成功召开，县城、日当、热荣、雪沙以及 38 所学校实现稳定供暖。精心组织人居环境整治"30 天集中攻坚"和城市建设整治行动，全县卫生户厕改造、人畜分离年度任务圆满完成，打造宜居宜业和美乡村 5 个。城乡面貌发生巨大变化，城乡发展差距不断缩小。

——过去的一年，我们凝心聚力稳边疆、固边防，兴边富民更牢固。持续吸引人口向边境一线地区聚集，扎日阿让琼、洞参、格勒淌、亚绕和加玉莫嘎等 8 个搬迁安置点全面建成，年内实现 1601 人搬迁入住，累计搬迁3411人。搬迁安置点安全饮水普及率、行政村通电率、道路通达率、移动信号覆盖率、通宽带率均达100%。足额兑现边民、护边员补助资金6558万元，边境一线群众收入超过全市平均水平。常态化开展党政军警民联合巡逻，喷绘我方标志标识107处。1个惠民驿站、11个执勤用房交付使用。准巴、加玉边贸市场建成投用。加玉共拉至莫嘎、三林乡西卡下至追组等6条边防公路和通道全面推进。

——过去的一年，我们倾情竭力保主体、添活力，改革开放更深化。持续深化“放管服”改革，设立“一窗综办”，推行免费邮递、刻章等服务，全年受理事项7244件，办结率达98%以上，“小窗口”展现了“大服务”。持续优化营商环境，激发市场主体活力，落实减税降费3231万元，全年实有市场主体增长12.7%，各类市场主体达到5179户。推行“走出去”与“请进来”相结合的招商思路，赴区外走访各类企事业单位17家，邀请22家企业赴我县调研考察，与5家企业签约资金达1.2亿元。落实边境乡镇电价减半政策，预计每年降低用电成本达400万元。玉珞文化旅游节、聂雄物资交流会带动消费达760余万元。

——过去的一年，我们全心全意办实事、惠民生，群众生活更优质。全年农牧民技能培训1243人，实名制转移就业13119人、创收1.46亿元，应届高校毕业生区外就业43人、就业率达99%。小考成绩位居全市第二名，出台落实《隆子县中小学教育教学质量提升攻坚行动实施方案》。非遗传承全面加强，文物保护扎实推进。中心医院挂牌成立，5所村卫生室全面建成，县乡村卫生医疗体系一体化推进。完成5个农村幸福院建设项目，率先在全市实现乡镇社工站全覆盖，城乡居民基本医疗保险参保率达99.25%。及时足额兑现各类惠民资金2.05亿元。脱贫攻坚成果同乡村振兴有效衔接扎实推进，脱贫户人均纯收入完成19773元，增长14.45%。扎日、玉麦“客货邮”融合发展试点启动运营。投入3040万元实施援藏项目8个。

——过去的一年，我们矢志不移优生态、美环境，绿色家底更殷实。我县荣获山南市“生态文明建设先进集体”荣誉。全面推行河湖长制，河湖面貌得以改观。以“林长制”推动“林长治”，热荣等4个乡镇双重项目有序推进，完成植树造林7500亩25万余株。“无废城市”扎实推进，隆子河流域水污染防治及生态修复二期、污水处理厂二期、生活垃圾无害化处理设施填埋场二期项目全面建成，城乡生活垃圾无害化处置率达80%以上。中央生态环境保护督察反馈问题整改取得阶段性成效，自治区生态环境保护督察转办案件全部销号。全县空气质量良好天数保持在99%以上，地表水达到国家Ⅲ类标准，集中式饮用水达标率100%。

——过去的一年，我们慎始如初防风险、保安全，社会大局更稳定。坚持和发展新时代“枫桥经验”，深入开展矛盾纠纷大排查大化解、领导干部下沉接访活动，调处各类矛盾纠纷114件，办结群众来信来访47件，清理拖欠农民工工资1248万元。我县先后被评为自治区民族团结进步模范县、全国民族团结进步示范县。“八五”普法深入推进，江参荣获全国党委政法委系统“新时代政法楷模个人”称号。宗教领域管控、应急处突演练等各项维稳工作扎实推进。深入开展食品药品等领域“铁拳”专项整治，立案处理19件，罚没款6.7万余元。压紧压实安全生产责任，全年未发生重特大安全生产事故。

——过去的一年，我们锲而不舍转作风、提效能，自身建设更严实。坚持把政治建设摆在首位，紧紧围绕“学思想、强党性、重实践、建新功”总要求，着力推动政府系统主题教育走深走实。主动接受人大依法监督、政协民主监督和巡察审计监督，办理人大代表建议和政协委员提案59件，办复率、满意率均达到100%。坚持勤俭办一切事业，严控“三公”经费，压减一般性支出，以政府的紧日子换取人民群众的好日子。坚持贯彻执行民主集中制，健全完善“三重一大”议事机制。法治政府、创新政府、廉洁政府、服务型政府建设一体推进，政府治理能力和治理效能不断提升。与此同时，国防建设、民兵预备役、双拥、人民防空、防震减灾、消防救援等工作取得新成效，审计、气象、编译、档案、保密、通信、地方志、邮政管理、粮食安全等工作取得新进步，工青妇、残联、科技、工商联等工作取得新成绩。

各位代表！这些成绩的取得，根本在于以习近平同志为核心的党中央亲切关怀，根本在于习近平新时代中国特色社会主义思想科学指引，在于区党委政府、市委市政府坚强领导，在于以李宁书记为班长的县委有力指挥，在于县人大及其常委会和县政协的监督支持。在此，我谨代表县人民政府，向全县各族人民，向人大代表、政协委员，向驻地部队官兵、公安干警、移民警察、消防员，向倾情帮扶我县的国家民政部、常德市委市政府和常德人民，向关心支持隆子发展的社会各界人士，表示衷心的感谢和崇高的敬意！

在看到成绩的同时，我们也要清醒地认识到，工作中还存在一些风险挑战和困难问题，主要有：重大项目储备和支撑不足；产业发展仍处在初级阶段，一、三产业对整体经济贡献不足；营商环境有待进一步优化；干部能力作风与新形势新任务新要求相比还有差距。对于这些问题，我们会高度重视，在今后的工作中下更大力气加以解决，以实干实绩回报全县人民的期待。

2024 年工作安排

2024 年，是实施“十四五”规划的关键之年，也是落实自治区第十次党代会、市二次党代会部署的攻坚之年，做好今年工作意义重大。今年政府工作的总体要求是：坚持以习近平新时代中国特色社会主义思想为指导，全面贯彻落实党的二十大和二十届二中全会精神，全面贯彻习近平总书记关于西藏工作的重要指示和新时代党的治藏方略，坚持稳中求进、以进促稳、先立后破，全面贯彻新发展理念，服务和融入新发展格局，聚焦“四件大事”聚力“四个创建”和山南市“六个走在全区前列”，以优化发展格局为切入点，以项目建设为基础，以产业发展为根基，以改革开放为动力，以改善民生、凝聚人心为出发点和落脚点，以筑牢国家安全屏障和生态安全屏障为保障，切实把政治优势、政策优势、资源优势、人口优势、后发优势转化为发展优势，推动经济实现质的有效提升和量的合理增长，增进民生福祉，保持社会稳定，着力将隆子打造成为“一中心一屏障两示范一高地”。

2024 年主要预期目标是：地区生产总值增长 8% 左右，全社会固定资产投资完成 11 亿元以上，财政收入完成 8500 万元左右，税收收入完成 1.2 亿元左右，社会消费品零售总额增长 10% 左右，城镇居民收入增长与经济增长保持基本同步，农村居民收入增长快于城镇居民，居民消费价格涨幅控制在 3% 以内，城镇调查失业率控制在 5% 以内。

实现上述目标，需要聚焦“七个奋力”“七个突破”，不折不扣抓落实、雷厉风行抓落实、求真务实抓落实、敢作善为抓落实，确保各项目标任务高质量完成。

（一）奋力谋划建设项目，在强基础、蓄能量上求突破。

坚持问题导向谋划好项目。围绕城市更新行动、发展短板弱项、群众所需所盼，积极争取国家投资，激活民间投资，扩展援藏投资，力争新增储备项目总投资达 60 亿元以上。积极争取砂琼水库和准巴整乡推进等 12 个乡村振兴项目，积极谋划县城集中供氧、色曲河饮水、地质灾害治理、扎日基础设施提升等建设项目。提前启动“十五五”规划项目谋划工作。加快推进项目各项前期工作，真正做到“项目等钱”。

坚持目标导向引进好项目。围绕“四黑”产业、旅游文化、临空经济、清洁能源、绿色工业等优势产业，做好招商引资对接洽谈、跟踪服务、政策兑现。积极争取日出东方在隆子注册发展“飞地经济”，落地实施华钰矿业光伏电站和基建项目，力争招商引资落地资金达 1 亿元以上。谋划推动藏药材种植基地建设。

坚持结果导向实施好项目。坚持重点项目调度机制，落实领导包保、专班服务等推进机制，做好前期项目抓开工、在建项目抓进度、竣工项目抓投产、投产项目抓效益。积极筹备 2024 年重点项目集中开工仪式。加快做好县城太阳能集中供暖、雪沙乡米西村人居环境整治等项目收尾工作，全面推进隆子机场平行滑道、县城饮用水水源地等 19 个续建项目，及时启动 2024 年市直公租房、机场搬迁安置点人畜分离等21个新建项目。

各位代表！抓项目就是抓发展，谋项目就是谋未来。只要我们牢固树立项目为王的发展理念，凝心聚力抓谋划、强招引、上项目，就一定能够让隆子的发展更加宽广、更具实力！

（二）奋力培育壮大产业，在提质量、增效益上求突破。

做强做优一产。筑牢粮食安全屏障，建设高标准农田5915亩，粮食产量稳定在2万吨以上，蔬菜肉奶蛋产量分别达3500吨、2000吨、12000吨、110吨以上。加大"四黑"种养业规模，实现黑青稞种植5.15万亩、产量1.44万吨以上，藏香猪、藏黑鸡、黑白花奶牛存栏分别达1.2万头、2.5万羽、1万头以上。积极谋划酥油奶渣、高原菜籽油加工项目，推动黑青稞酒、啤酒销售达23万件1800万元以上。持续推进黄牛改良工作。年内完成自治区级农业现代化产业园创建工作。

做实做好二产。积极申报清洁能源项目，争取2个总装机容量8万千瓦的清洁能源保供项目年内落地实施。持续加大西巴霞曲流域规划和水电开发规划报审力度。支持优势矿业健康发展，确保华钰矿业年产能达60万吨以上、产值6亿元以上，协助推动办理柯月矿区采矿证。依托隆子机场谋划发展临空经济，推动现代物流综合保障基地项目。启动县城加气站外迁工作。

做响做美三产。出台落实《隆子县旅游产业发展奖励扶持办法》，启动国家5A级玉麦自然人文景区创建工作，扎实推进扎日民宿示范点打造、文创产品设计研发工厂等项目，尽快运营玉麦乡游客接待服务中心，全力打造国道219精品旅游路线，提升"红色隆子·盛世边疆"品牌影响力，力争实现旅游人次、收入分别增长25%、30%以上。完善县、乡、村三级快递服务体系，提高"快递进村"覆盖率。力争年内新增培育1家限上消费企业。高质量完成第五次全国经济普查工作。

各位代表！产业强则经济强，产业兴则百业兴。只要我们立足特色资源、发展优势产业，全面促进一、二、三产业融合发展，就一定能够推动隆子经济高质量发展、乡村全面振兴。

（三）奋力保障改善民生，在强共享、聚人心上求突破。

就业创业扩大增量。全面落实就业优先政策，力争应届高校毕业生就业率保持在98%以上、区外就业率达到10%以上，农牧民技能培训1050人以上、转移就业1.3万人以上、创收1.42亿元以上，城镇新增就业671人以上。发挥县公共职业技能实训基地最大效益。

教育事业提质培优。落实立德树人根本任务，巩固提升教育教学质量，出台落实《隆子县教育教学业绩奖励实施方案》。持续扩大优质教育资源供给，加强国家通用语言文字教育教学。加快实施曲古塘村等12个村级五人制足球场项目，积极争取热荣完小等4所学校供暖改造、扎日小学改扩建项目，实施斗玉小学改扩建项目。

文化事业惠民润心。持续开展群众性文艺文化活动，县艺术团演出60场次以上、各行政村文艺演出队演出10场次以上。加大文艺精品创作力度，打造优秀作品10部以上。筹备好"村晚"、2024年玉珞文化旅游节以及"文化和自然遗产日"系列活动，实施好扎日乡、玉麦乡文化站建设项目。

健康隆子体系健全。坚持"125"工作思路，全面推动区域医疗中心建设，加快组建自治区级临床重点科室，积极争取疾控中心项目，落地实施列麦乡等卫生院项目。持续落实慢性疾病管理，巩固提高"两降一升"成果。出台落实《隆子县人民医院绩效薪酬改革方案》。深化爱国卫生运动。

社会保障提标扩面。加强社会救助体系建设，确保城乡居民基本医疗保险参保率稳定在99%以上、特殊困难人群参保率达100%。大力发展养老、残疾人、志愿服务等社会公益事业，投入运营珞瓦新村等5个幸福院项目。制定落实从源头欠薪预防惩处硬措施，及时有效化解信访突出问题。再创全国双拥模范县，探索打造双拥走廊。

乡村振兴高效推进。拓展提升"两不愁三保障"和饮水安全保障水平。强化防返贫动态监测和帮扶。狠抓增收工作，切实提高工资性、经营性收入占比。实施总投资1.4亿元的11个乡村振兴项目，建成宜居宜业和美乡村4个以上。不断提升乡村治理水平，创新治理模式、推进数字建设、培育乡风文明。

各位代表！江山就是人民，人民就是江山。只要我们采取更多惠民生、暖民心举措，着力解决好人民群众急难愁盼问题，就一定能够让隆子人民的幸福生活越过越红火。

（四）奋力深耕稳固边疆，在守边防、富边民上求突破。

着眼固防稳边强化发展保障。加强智慧边防建设，加快推进边境地区移动通信盲区网络覆盖工程。推动边境公路向一线村镇、前沿哨所延伸，积极谋划扎日乡政府至叮叮塘隧道项目，落地实施扎日至措嘎湖牧道建设项目，争取尽快实施机甲至米帕公路。稳妥推动边境地区行政区划设置。加强守边护边队伍能力建设，持续提升边境地区整体管控水平。

着眼强基固边拓展发展空间。深化兴边富民中心城镇试点建设，积极争取县城西入口功能提升、县城风貌改造、县城防洪排涝、县城建筑垃圾处置、县城专业综合市场、军民文旅活动中心6个兴边富民试点项目。争创“四好农村公路”全国示范县。大力推行城市科学化、精细化、规范化管理。完成智能、卡布、庄堆3个边境一线村申报工作。发挥准巴、加玉边贸市场效益，推动顶江边贸市场建设。配合建设边境小型水电站。

着眼人口安边汇聚发展力量。落实好搬迁安置各项优惠政策，吸引更多人口向边境聚集，稳慎推进庄那、桑巴东扩容1号、2号和珞瓦新村扩容（叮叮塘）搬迁安置点开工建设，实现1245人搬迁入住，提前一年完成“十四五”规划搬迁任务。强化搬迁人员服务管理。

各位代表！边境地区是国家安全屏障的第一道防线。只要我们坚定不移推进固边兴边富民行动，不断夯实人口基础、设施基础、发展基础，就一定能够把隆子建设成为一颗璀璨的边疆明珠。

（五）奋力深化改革开放，在增活力、促动能上求突破。

深化重点领域改革激发市场活力。推进聂雄投资公司规范管理。建立健全资金支出奖惩机制。健全完善项目建设联审联批机制，继续安排1000万元作为项目前期工作经费，做好用地、环评保障工作。深化农业农村土地制度改革，推动农村土地、草场经营权规范有序流转。聚焦重点领域、重点行业，加快推进质量强县建设。

加强软硬环境建设优化市场环境。持续营造市场化、法治化一流营商环境，促进民营企业发展壮大、中小企业专精特新。严格落实县级领导联系企业制度。深化政府“放管服”改革，广泛推行涉企经营“一件事一次办”，着力提高线下“一窗综办”和线上“一网通办”水平，到年底至少30个事项纳入帮办代办范围，市场主体增长6.5%以上。落实好结构性减税降费政策，完成小微企业贷款1500万元以上、涉农贷款增量3500万元以上。

提升对外开放水平拓展市场空间。充分发挥民政部定点帮扶优势和援藏优势，加强与各省区市县的交流合作，立足山南南部副中心定位，促进隆子与邻近县（区、市）的优势互补、协调发展。不断拓展市场空间，用好用活玉珞文化旅游节、聂雄物资交流会等平台，在融入区内外双循环中迈出新步伐。切实发挥隆子机场效益。

各位代表！改革创新是发展进步的活力之源。只要我们充分调动各方推进改革的积极性、主动性、创造性，就一定能够推动隆子在新发展阶段不断开创新局面。

（六）奋力保护修复生态，在优环境、守底色上求突破。

彰显绿色发展之美。持续优化国土空间发展格局，确保耕地保有量不低于12.584万亩、生态保护红线面积不低于4894.29平方公里、城镇开发边界范围控制在2.84平方公里以内。扎实推动拆旧复垦工作，持续开展耕地抛荒撂荒专项整治，力争新开垦耕地500亩以上。编制完成中心城区控制性详细规划，新增完成“多规合一”村庄规划40个以上。

提升环境质量之美。召开全县生态环境保护大会。学习运用“千万工程”经验，持续开展人居环境、城市建设整治工作，加大公厕规范管理，深入推进“厕所革命”，完成户厕改造70户以上、人畜分离

400户以上。加快推动城乡垃圾处置一体化，实施小型医废处置、扎日乡搬迁安置点生活垃圾无害化处理以及日当等3个污水处理及收集系统项目。

守护自然生态之美。严厉打击和积极预防破坏生态环境犯罪。推动自治区级生态文明建设示范乡（镇）、示范村（居）创建率均达80%以上，积极申报创建自治区生态文明建设示范县。持续巩固国家“两山”理论实践创新基地成果，严格落实河湖长制和林长制，大力开展国土绿化行动，实施天然林保护与营造林、绕让村等搬迁安置点、机场入口处绿化项目，新增植树造林5600亩以上、草原生态修复3万亩以上。

各位代表！绿水青山就是金山银山。只要我们找准相适宜的经济发展模式、价值转换路径、生产生活方式，就一定能够守护好隆子的生灵草木、万水千山。

（七）奋力统筹发展安全，在重防范、化风险上求实破。

坚持维护社会稳定。持续推进“双十”重点工作和“7+1”维稳防控模式，深化反分裂、反渗透、反自焚、反暴恐斗争，常态化开展扫黑除恶斗争。坚持铸牢中华民族共同体意识，深入推进宗教界“三个意识”教育。强化基层社会治理，完善群防群治工作机制，完成玉麦村等4个村级活动场所建设。坚持和发展新时代“枫桥经验”，学习借鉴“浦江经验”，发挥“一站式”矛盾纠纷调解中心作用，提升信访工作法治化水平，以高水平安全保障高质量发展。

坚持抓好安全生产。坚持人民至上、生命至上，统筹发展和安全，聚焦“十五条硬措施”“三管三必须”要求，严格落实包保责任制度，突出道路交通、非煤矿山、建筑施工、危险化学品、消防安全、公共卫生、旅游安全、寄递物流、食品药品、自然灾害等重点领域执法检查和隐患排查，坚决防范重特大事故发生，确保人民群众生命财产安全。

各位代表！维护稳定始终是第一位的工作任务。只要我们牢固树立总体国家安全观，多谋长久之策、多行固本之举，就一定能够维护好隆子的社会安定、人民安宁。

政府自身建设

各位代表！打铁必须自身硬。只要我们持续推进政府职能转变，深化纠治“四风”，改进作风、狠抓落实，就一定能够建设人民满意的法治政府、创新政府、廉洁政府和服务型政府。

全面深化政治建设。巩固深化主题教育成果，不断增强“四个意识”、坚定“四个自信”，坚决捍卫“两个确立”、做到“两个维护”。坚持党对经济工作的领导，坚定坚决把贯彻落实党中央和区党委、市委决策部署作为首要政治任务，付诸行动、见于成效。

全面深化依法行政。依法全面履行政府职能，提高行政决策公信力和执行力。深入推进政务公开和信息公开，让权力在阳光下运行。依法接受县人大及其常委会监督，自觉接受县政协的民主监督，提高人大代表建议和政协委员提案办理质效。主动接受巡察、审计、社会和舆论监督，持续抓好各级巡视巡察审计反馈问题整改和便民热线、网民留言反映问题落实。

全面深化廉政建设。坚定不移推进党风廉政建设，以彻底自我革命精神打好反腐败斗争攻坚战持久战。严格落实中央八项规定及其实施细则精神，坚决整治群众身边的“蝇贪蚁腐”。严控“三公”经费和一般性支出，把钱花在促进发展的关键处、为民办事的急需处、增进福祉的紧要处。

各位代表！征程万里、路在脚下，使命在肩、重在实干。让我们更加紧密地团结在以习近平同志为核心的党中央周围，在县委的坚强领导下，忠诚履职、担当作为，凝心聚力、乘势而上，为全面建设社会主义现代化新隆子而不懈奋斗！

名词解释

“四件大事”：稳定、发展、生态、强边。

“四个创建”：着力创建全国民族团结进步模范区、高原经济高质量发展先行区、国家生态文明高地、国家固边兴边富民行动示范区。

“六个走在全区前列”：在铸牢政治忠诚上走在全区前列、在推进社会治理体系和治理能力现代化上走在全区前列、在推动高质量发展上走在全区前列、在提升各族人民生活品质上走在全区前列、在加强生态文明建设上走在全区前列、在强边固防兴边富民上走在全区前列。

“四纵四横”：雄哲路、西城路、德吉路、西入城口至隆子河边（规划中）；樟木萨路、常德路、机当路、环城路。

“放管服”：简政放权、放管结合、优化服务。

“客货邮”：城乡客运 + 农村物流 + 邮政快递。

“无废城市”：以创新、协调、绿色、开放、共享的新发展理念为引领，通过推动形成绿色发展方式和生活方式，持续推进固体废物源头减量和资源化利用，最大限度减少填埋量，将固体废物环境影响降至最低的城市发展模式。

新时代“枫桥经验”：正确处理人民内部矛盾，紧紧依靠人民群众，把问题解决在基层、化解在萌芽状态。

“一中心一屏障两示范一高地”：山南南部地区副中心、西藏边境重要国家安全屏障、西藏边境民生幸福示范县、西藏国家生态安全屏障示范区、全国精神文明高地。

“125”工作思路：“1”是一个中心，即打造一个区域医疗中心；“2”是两个服务，即服务群众、服务部队；“5”是五大工程，即大力实施基础改善、人才培优、学科建设、管理提质、服务提升。

“两降一升”：降低孕产妇和婴幼儿死亡率，提高孕产妇住院分娩率。

“多规合一”：通过整合不同类型的规划（如经济和社会发展计划、城乡规划、土地利用规划、环境保护规划、文物保护规划、综合交通规划、水资源规划、社会事业发展规划等），确保这些规划中确定的重要空间参数（如保护性空间、开发边界、城市规模等）保持一致。

“千万工程”：千村示范、万村整治。

“双十”：1. 维稳十项重点工作，即狠抓情报信息搜研、狠抓风险隐患排查、狠抓高压严打（专项斗争、反分裂、反自焚）、狠抓社会面整体防控、狠抓重点群体防控、狠抓重点领域管控、狠抓危爆物品监控、狠抓网上舆情管控、狠抓实战演练、狠抓责任落实；2. 维稳十项重点改革，即深化维稳警示教育改革、深化基层党建引领基层治理改革、深化全方位情报搜研改革、深化风险隐患排查化解改革、深化“三个重点”、深化涉稳舆情应对改革、深化流动人口服务管理改革、深化实战演练改革、深化基层普法改革、深化维稳督导改革。

“7+1”：情报信息收集、大走访、大排查、大服务、大收缴、大整治、大净网、大练兵。

“三个意识”：国家意识、公民意识、法治意识。

“浦江经验”：变群众上访为领导下访，深入基层，联系群众，真下真访民情，实心实意办事。

“三管三必须”：管行业必须管安全、管业务必须管安全、管生产经营必须管安全。

“四个意识”：政治意识、大局意识、核心意识、看齐意识。

“四个自信”：中国特色社会主义道路自信、理论自信、制度自信、文化自信。

“两个确立”：确立习近平同志党中央的核心、全党的核心地位，确立习近平新时代中国特色社会主义思想的指导地位。

“两个维护”：坚决维护习近平总书记党中央的核心、全党的核心地位，坚决维护党中央权威和集中统一领导。

中国人民政治协商会议第三届隆子县委员会常务委员工作报告（草案）

——在政协第三届隆子县委员会第四次会议上

隆子县政协主席　古桑旦增

（2024 年 1 月 14 日）

各位委员：

我代表中国人民政治协商会议第三届隆子县委员会常务委员会，向大会报告过去一年工作，请予审议。

2023 年工作回顾

2023 年是全面贯彻落实党的二十大精神的开局之年，是三年新冠疫情防控转段后经济恢复发展的一年，也是实施"十四五"规划的关键一年。一年来，在县委的坚强领导和县人大、政府的大力支持下，县政协团结引领全县各级政协组织和广大政协委员，坚持以习近平总书记新时代中国特色社会主义思想为指导，深入贯彻落实党的二十大和二十届一中全会精神，贯彻落实习近平总书记关于加强和改进人民政协工作的重要思想、关于西藏工作的重要指示和新时代党的治藏方略，贯彻落实区党委、市委和县委各项决策部署，锚定"四件大事""四个确保"，聚力在"四个创建""四个走在前列"和山南市"六个走在全区前列"等重点工作中充分发挥协商民主的政治责任，在"落实下去、凝聚起来"中彰显新担当新作为，为助推隆子长治久安和高质量发展作出了积极贡献。

一、坚持党的领导，强化政治引领，思想政治建设全面抓紧抓实

始终坚持把党的领导作为人民政协履职尽责的根本政治原则，坚持不懈用习近平新时代中国特色社会主义思想凝心铸魂，强化委员队伍建设，切实增强"四个意识"、坚定"四个自信"，以履职成效引领委员坚决拥护"两个确立"，做到"两个维护"。一是始终坚持党的领导。坚持把"讲政治、顾大局、守纪律"作为政协工作的最重要规矩，始终做县委决策部署的坚定拥护者和执行者，做到县委有召唤，政协就有响应，县委有要求，政协就坚决执行，坚决做到重大事项、重要问题、重大活动及时向县委请示报告，确保政协工作围绕中心、服务大局积极开展，形成了与县委同轴运转、同频共振的良好格局。县委高度重视人民政协工作，专门研究出台《关于加强和改进新时代隆子政协工作的具体举措》，为推动政协工作高质量发展提供了坚强保证。在县委的正确把舵领航下，全年共组织召开政协党组会议 14 次，政协常委会议 3 次，主席会议 7 次，向县委提交涉及"三重一大"事项 9 项。二是深入开展主题教育。聚焦"学思想、强党性、重实干、建新功"总要求，坚持高站位谋划部署、高质量推动落实、高效率统筹推进、高标准协调保障，常委会班子成员积极参加县委举办的"联合读书班"、专题研讨

交流等，结合在职党员“双报到”，积极开展为民办实事活动，根据主题教育工作要求，精准确定调研课题，围绕“改善边境卡点执勤环境”“县城蔬菜稳价保供”“垃圾转运”“校园周边食品安全”“助力服务企业发展”等课题，深入开展调查研究，帮助广大群众解决了一批“急难愁盼”的问题，履职能力进一步提升，干事创业热情持续高涨。三是广泛凝聚思想共识。加强党的创新理论武装，始终把深学细照笃行习近平新时代中国特色社会主义思想摆在首位，组织委员以亲历、亲见、亲闻的感人故事，用飘着糌粑香、带着泥土味的语言，深入各乡(镇)、村居、学校、寺庙和边境卡点等，开展“西藏和平解放72周年”“西藏民主改革64周年宣讲报告会”“道德模范来宣讲 传递榜样正能量”“守边担责 强边固防”等宣讲活动15场次，受教群众达1200余人次，生动阐释习近平新时代中国特色社会主义思想的真理力量和实践伟力，助推党的创新理论“飞入寻常百姓家”，广大农牧民群众更加深刻感受到党的恩情无时无处不在，更加坚定了感党恩、听党话、跟党走的信心和决心。

二、坚持履职为民，聚焦主责主业，持续推进民意转化走深走实

坚持把履职为民作为政协工作的根本要求，围绕县委、政府中心工作，不断在改善民生福祉，解决群众急难愁盼工作中凝聚人心、协商建言。一是强化专题协商。紧扣人民群众对美好生活的新期待，大力开展“有事好商量，一起来协商”等活动，聚焦“保护耕地、确保粮食安全”和“新时代青少年爱国主义教育的新特点、新趋势、新路径”等议题，先后组织委员开展专题协商议政3次，各乡镇政协委员联络办通过构建基层协商平台与政协协商有机结合，将解决群众实际问题融入群众生产生活开展协商，有效发挥了协商民主的积极作用。二是强化提案办理。持续在推进政协委员提案办理上下功夫，坚持提效能、补短板、促实干，围绕提案办理跟踪问效，提升委员满意度，针对三届三次会议期间提案审查委员会审查立案的40件提案，积极组织“提”“办”双方进行现场协商，委员满意率持续提升。在县委、政府的大力支持下，政协委员提案办理实现跨越性发展，明确将提案办理专项经费300万元纳入本级财政预算，开创了隆子政协工作的历史先河，为推动提案办理工作从“办结”向“办好”转变，从“答复满意”向“结果满意”转变提供了强有力的资金保障。三是强化社情民意收集。积极为助力隆子长治久安和高质量发展建言献策，广大政协委员围绕政治、经济、文化、社会等领域，聚焦群众关切的热点难点问题，切实反映农牧民群众心声。先后收集社情民意信息49条，采纳8条，并及时向上级部门推送优秀社情民意信息3条，其中《加强外卖配送人员交通管理的建议》《着力解决农牧民群众就近看病难问题的建议》得到市委主要领导的批示交办，充分展现了新时代政协委员的履职风采，“群众有所呼、政协有所应”更加彰显。

三、坚持凝心聚力，汇聚奋进力量，努力促成为民履职有责有为

始终坚持人民政协为人民工作理念，牢牢把握新时代人民政协团结奋斗目标要求，委员建言更有民生温度、履职尽责更显民生厚度。一是深入开展“书香政协”活动，强能力聚共识。大力开展“书香政协”活动，通过组织委员开展每月一学，持续增强委员的政治把握能力、调查研究能力、协商议政能力、联系群众能力及合作共事能力。二是深入开展“两联系”活动，强引领促联系。建立完善党组成员联系界别、党员委员联系党外委员“两联系”工作制度，深化委员“交朋友”活动，通过结对子、交朋友等活动，进一步畅通委员联系渠道，为联系服务群众、密切党群关系，开展矛盾纠纷化解，发挥了积极作用。三是深入开展“委员讲故事”和“村史”“家史”活动，谈变化感党恩。结合身边人、身边事，通过一个个看得见、摸得着、得实惠的鲜活事例，组织委员赴加查、琼结等兄弟县围绕《在变化中感受新时代的幸福生活》开展巡回宣讲14场次，受教育群众达1000余人次。四是深入开展“结对帮扶”工作，做好事办实事。紧扣县委中心工作，走好新时代党的群众路线，先后深入学校、寺庙、各村(社区)和脱贫户家中走访了解情况20余次，大力宣讲党的惠民利民政策，通过深入实地调研、帮助解决实际困难等，累计帮扶慰问物资折合人民币15300余元，为

高校毕业生就业创业提供指导和帮助5次。五是深入开展“三大节日”慰问活动，暖民心聚民意。带头铸牢中华民族共同体意识，积极对接县委统战部联合开展“三大节日”期间走访慰问，争取13500元资金代表县委、县政府看望慰问各族各界党外人士27名，有效促进了各民族的交往交流交融。六是深入开展“考察学习”交流活动，学经验促发展。组织两批次16名委员赴昌都、阿里考察乡村振兴、固边兴边富民产业、旅游产业发展和搬迁点公共服务建设的有益做法，积极协助自治区政协、山南市政协完成各类调研视察任务10余次，协助区内兄弟地市县（区）等40余个考察团在我县开展考察学习和调研工作，加大了隆子对外宣传力度，有效提升了交流合作的能力水平。

四、坚持开拓进取，强化自身建设，立足岗位忠诚履职见实见效

坚持全面从严治党总体要求，牢牢把握团结和民主两大主题，坚持建言资政和凝聚共识双向发力，全面提升政协机关和广大政协委员的履职水平，努力开创政协工作新局面，谱写出新时代人民政协新篇章。一是强化委员能力建设。成功举办三届政协委员第一期培训班，围绕“政治协商、民主监督、参政议政、履职尽责、人民政协提案及反映社情民意信息”等重点业务知识，邀请市委党校专家学者、市政协提案委员会业务骨干等赴我县授课讲授，11个乡（镇）政协委员联络办负责人及29名基层政协委员积极参加培训，进一步提高了委员提案撰写能力和收集反映社情民意信息的水平，有效激发了委员的履职活力。二是强化干部作风建设。聚焦新时代人民政协新使命、新任务、新要求，坚持从严从实抓好自身建设，围绕有效发挥专门协商机构作用，着力发挥政协党组把方向、管大局、促落实的领导作用，并以自身言行带动党风、政风和干部队伍作风持续转变，不断增强了党对政协工作的全面领导，有效确保了党的大政方针政策和各项决策部署在政协贯彻落实。三是强化清廉机关建设。严格执行中央八项规定及其实施细则精神，围绕深入贯彻落实习近平总书记关于新时代办公厅工作的重要指示精神，全面优化政协机关办文、办会、办事的工作流程，扎实推进学习型、服务型、创新型、清廉型机关建设，办公室“三服务”水平持续提升，营造起艰苦奋斗、担当实干、勤俭节约、风清气正的良好工作环境。全年共组织开展红色教育活动3场次、警示教育7场次，党员干部服务意识进一步增强，机关工作效能进一步提升。

各位委员，一年来政协工作取得的成绩，根本在于以习近平同志为核心的党中央领航掌舵，根本在于习近平新时代中国特色社会主义思想的科学引领，是市委正确领导和市政协精心指导的结果，是县委坚强领导和县人大、政府大力支持帮助的结果，是各级各部门积极配合和社会各界广泛参与的结果，是县政协各参加单位和广大政协委员共同团结奋斗的结果。在此，我代表政协第三届隆子县委员会常务委员会，向大家表示崇高的敬意和衷心的感谢！

在肯定成绩的同时，也要清醒地看到，我们的工作与新时代人民政协的新使命和人民群众的新期盼相比，还有一定差距，我们的工作仍存在许多薄弱环节，如：“重要阵地、重要平台、重要渠道”作用发挥还不够明显；委员履职考核机制落实还不到位；委员队伍能力建设参差不齐；思想政治引领的方式方法有待创新，等等。这些问题，都需在今后工作中认真分析研究，并加以改进。

2024年工作部署

2024年是中华人民共和国成立75周年，是实施“十四五”规划的关键之年，我们必须迈好新步伐、展现新气象。总体要求是：高举中国特色社会主义伟大旗帜，坚持以习近平总书记新时代中国特色社会主义思想为指导，深入贯彻落实党的二十大和二十届一中、二中全会精神，贯彻落实习近平总书记关于加强和改进人民政协工作的重要思想、关于西藏工作的重要指示和新时代党的治藏方略，贯彻落实中央经济工作会议、自治区第十次党代会、区党委十届五次全会、山南市第二次党代会、市委二届七次全会和县委十届九次全会精神，按照市委、市政协和县委对政协工作的部署要求，坚持团

结和民主两大主题，把握团结奋斗时代要求，锚定“四件大事”，聚力在“四个创建”和山南市“六个走在全区前列”等重点工作中充分发挥协商民主的政治责任，持续在建言资政和凝聚共识上双向发力，发挥好人民政协专门协商机构作用，切实担负好“落实下去、凝聚起来”的政治责任，为全面建设社会主义现代化新隆子贡献智慧和力量。

一、坚持以思政建设为基础，永葆“政协初心”，始终把牢正确的政治方向

坚持思想政治引领，建立健全以县政协党组理论学习中心组为引领的学习制度体系，深入学习习近平新时代中国特色社会主义思想，用党的创新理论武装头脑，不断夯实团结奋斗的共同思想政治基础。要坚定发展信心，围绕县委经济工作会议明确的目标任务，切实凝聚思想共识，坚持把开展主题教育迸发出的政治热情转化为履职为民的强大动力，持续深化“凝心铸魂强根基、团结奋进新征程”主题教育并巩固成果，推动政协工作提质增效再上新台阶。要提高政治站位，把旗帜鲜明讲政治贯穿履职始终，坚定拥护“两个确立”，坚决做到“两个维护”，坚定坚决贯彻落实党中央、区党委、市委和县委决策部署。要严格执行重大事项请示报告制度，始终以服务县委决策为中心，以推进隆子高质量发展为大局，坚持做到一切重要工作都在县委领导下有力推进、一切重要活动都围绕县委中心任务有效开展、一切重要安排都在县委审批后有序实施，坚决做到与县委工作同轴同向同力。

二、坚持以增进共识为重点，凝聚“政协力量”，努力画出团结奋进的同心圆

坚持“团结和民主”两大主题，始终在建言资政和凝聚共识双向发力，充分发挥人民政协大团结大联合的优势，建设更广泛的统一战线，把县委、县政府干成的事变成群众满意肯定的事。要充分发挥重要阵地、重要平台、重要渠道作用，真正让县政协成为政治协商的“主阵地”，凝聚反馈社情民意的“桥头堡”，努力寻求最大公约数，画出最大同心圆。要创新政协联系群众的方法途径，组织委员深入基层、深入农户家中、田间地头大力宣传党的惠民利民政策，协助做好正面宣传、鼓舞信心的工作，做好解疑释惑、增进共识的工作，做好理顺情绪、化解矛盾的工作，将人民民主融入政协干事、促进经济社会发展全过程、各方面，切实广泛凝聚共识，精准建言献策，为隆子经济社会发展凝聚最大共识、汇聚强大力量。

三、坚持以敢于担当为己任，展现“政协风采”，激发干事创业的生机活力

完整准确全面贯穿新发展理念，落实好“三个赋予一个有利于”总要求，紧紧围绕服务和融入“一主三副”总体发展格局，立足将隆子建设成为“一中心一屏障两示范一高地”目标任务，强化委员“作为”意识，提升委员“能力”本领，切实找准“善为”路径，充分发挥专门协商机构作用。组织不同界别委员开展“推进县城饮用水水源地续建”“培育和建设集内外贸一体化、投资贸易一体化的边贸市场”“抵边搬迁安置扩容项目建设”“基层社会治理创新实践”等专题视察、民主监督和考察学习活动，围绕大事献良策，深入调查研究形成更多高质量的调研成果，提出更多高质量意见建议，努力为隆子高质量发展减少阻力、增添动力、激发活力。要坚持“不调研不提案”工作原则，注重精准选题，撰写精品提案，切实用好管好提案办理专项经费，明年我们将聚焦群众普遍关心的问题，重点对非边境乡镇委员涉及民生项目建设的提案，优先纳入并统筹安排提案办理专项资金进行督办，确保高效发挥提案办理专项经费作用，提高经费使用率和提案办结率。要发挥委员在政协工作中的主体作用、本职工作中的带头作用、界别群众中的代表作用，紧盯全县大事要事强监督，把握好政协的工作规律、增强协商能力。要加强政协机关队伍建设，进一步强化党建引领，以建设效能机关为目标，提升“三服务”能力和水平，持续推动机关干部勤学习、勇实践、敢创新，大力营造想干、能干、会干、干成事的良好氛围，通过强化委员责任担当，展现新时代人民政协履职风采。

四、坚持以作用发挥为牵引，发挥“政协优势”，提高委员履职管理和能力水平

坚持以发挥政协委员主体作用为突破口，推行委员履职积分制管理，完善委员履职档案，跟踪掌握委员履职情况，适时请政府领导向政协委员通报政府工作，开展重点工程实施视察活动，鼓励重点部门邀请政协委员开展民主监督与管理，创造条件让委员“知政情”“解民意”，用事业凝聚委员、用实践锻炼委员、用机制激励委员，增强委员履职尽责的积极性和主动性，通过激励与约束，促使委员肩上有责、争先有标、行为有尺、考核有据。要健全委员培训制度，将委员培训纳入年度协商计划重点内容，确保每名委员届内至少接受一次培训，促进委员“懂政协”。要组织委员积极参与各类视察考察、协商调研活动，争取更多到区外考察学习机会，进一步开阔委员特别是基层农牧民委员的视野和见识，增强协商本领，促进委员“会协商”。要持续开展“两联系”活动，积极为委员更好地联系服务群众搭建平台，通过构建经常性电话沟通、面对面协商议政和座谈会、茶话会等形式，让委员“动”起来、让履职“活”起来，同时鼓励老委员积极发扬“传、帮、带”作用，带领新委员共同调研，促进委员“善议政”，切实交好委员作业，做好时代答卷。

各位委员，路虽远，行则将至；事虽难，做则必成。让我们更加紧密地团结在以习近平同志为核心的党中央周围，深入学习贯彻习近平新时代中国特色社会主义思想，在区党委、市委和县委的坚强领导下，坚定信心、开拓奋进，奋力做好新时代人民政协工作，以助力隆子高质量发展的实际行动和成效，为全面建设社会主义现代化新隆子作出新的更大贡献！

名词解释

“四个意识”：政治意识、大局意识、核心意识、看齐意识。

“四个自信”：道路自信、理论自信、制度自信、文化自信。

“两个确立”：确立习近平同志党中央的核心地位、全党的核心地位；确立习近平新时代中国特色社会主义思想的指导地位。

“两个维护”：坚决维护习近平总书记在党中央和全党的核心地位，坚决维护党中央权威和集中统一领导。

“四件大事”：稳定、发展、生态、强边。

“四个确保”：确保国家安全和长治久安；确保人民生活水平不断提高；确保生态环境良好；确保边防巩固和边境安全。

“四个创建”：创建全国民族团结进步模范区；创建高原经济高质量发展先行区；创建国家生态文明高地；创建国家固边兴边富民行动示范区。

自治区“四个走在前列”：民族团结进步走在全国前列；高原经济高质量发展走在全国前列；生态文明建设走在全国前列；固边兴边富民行动走在全国前列。

山南市“六个走在全区前列”：在铸牢政治忠诚上走在全区前列；在推进社会治理体系和治理能力现代化上走在全区前列；在推动高质量发展上走在全区前列；在提升各民族人民生活品质上走在全区前列；在加强生态文明建设上走在全区前列；在强边固边兴边富民上走在全区前列。

“三重一大”：重大事项决策、重要干部任免、重大项目投资决策；大额资金使用。

“三个务必”：务必不忘初心、牢记使命；务必谦虚谨慎、艰苦奋斗；务必敢于斗争、善于斗争。

“双报到”：在职党员到所在单位联系村（社区）、居住地村（社区）报到服务。

“一主三副”：以乃东城区为核心、贡嘎加查隆子县城为副中心。

“一中心一屏障两示范一高地”：山南南部地区副中心、西藏边境民生幸福示范县、西藏国家生态安全屏障示范区、全国精神文明高地。

“三个赋予一个有利于”：所有发展都要赋予民族团结进步的意义；都要赋予维护统一、反对分裂的意义；都要赋予改善民生、凝聚人心的意义；都要有利于提升各民族获得感、幸福感、安全感。

大事记

1月

4日　隆子县召开2022年度乡镇党委书记、行业系统主管部门负责人抓基层党建工作述职评议会。县委书记次仁加措主持，市委组织部组织一科科长索朗罗布到会指导点评。在岗县委常委、各乡镇党委书记，行业系统主管部门负责人，基层党建工作领导小组成员，组织部部务会成员，"两代表一委员" 参加会议。

5日　三林完小至乃加村公路项目正式开工，县委常委、政府常务副县长欧珠出席开工仪式并讲话，三安曲林乡党委、政府，县交通运输局、三林村、乃加村 "两委" 办、设计方、监理方、施工单位等负责人参加仪式。三林完小至乃加村公路建设项目将按四级公路建设标准进行建设，总投资7800.64万元，建设里程14.9公里。

7日　隆子县召开县委经济工作会议。县委书记次仁加措出席会议并讲话，县委副书记、人大常委会主任廖世平主持。县委副书记、政府县长李宁及在岗县级领导出席会议。会议以电视电话会议形式召开，县(中)直各单位负责人，各乡镇党委书记、企业代表参加主会场会议。

8日　政协第三届隆子县委员会第三次会议在隆子县城隆重开幕。县政协在岗领导古桑旦增、巴桑次仁、苏斌以及政协常务委员在主席台前排就座，开幕会由政协副主席巴桑次仁主持。县委书记次仁加措，县委副书记、政府县长李宁，县委常委、政府常务副县长欧珠等在岗县级领导在主席台就座，祝贺大会召开。县政协第三届隆子县委员会第三次会议应到委员63名，因事因病请假15名，实到48名，符合规定人数。政协党组书记、主席古桑旦增代表政协第三届隆子县委员会常务委员会，向大会作工作报告。

同日　隆子县第十四届人民代表大会第四次会议在庄严的国歌声中拉开帷幕。会议由县委副书记、人大常委会主任廖仕平主持。105名代表出席会议，政协委员、县(中)直各单位相关同志列席会议。会议听取审议了县委副书记、政府县长李宁代表县人民政府所作的工作报告和县委常委、常务副县长欧珠所作的《隆子县人民政府关于隆子县第十四次人民代表大会第三次会议代表意见建议办理情况的报告》；审查了《隆子县2022年国民经济和社会发展计划执行情况与2023年国民经济和社会发展计划(草案)的报告》《隆子县2022年财政预算执行情况与2023年财政预算(草案)的报告》。

9日　中国人民政治协商会议第三届隆子县委员会第三次会议胜利闭幕。会议应到委员63人，实到46人，符合《政协章程》规定。古桑旦增、廖仕平等在岗县级领导出席会议。会议由县政协党组副书记、副主席巴桑次仁主持。会议审议通过了《政协第三届隆子县委员会第三次会议常务委员会工作报告的决议》《政协第三届隆子县委员会第三次会议常务委员会关于提案工作情况报告的决议》

《政协第三届隆子县委员会第三次会议关于提案审查情况报告》《政协第三届隆子县委员会第三次会议政治决议》，县政协党组书记、主席古桑旦增作闭幕讲话。

同日 隆子县第十四届人民代表大会第四次会议召开第二次全体会议。会议由县人大常委会副主任李超主持。会议听取了县委副书记、人大常委会主任廖仕平，县人民法院副院长加措，县人民检察院党组书记、检察长魏本惠分别作的人大常委会工作报告、人民法院工作报告和人民检察院工作报告。

同日 为期两天的隆子县第十四届人民代表大会第四次会议圆满完成各项议程，胜利闭幕。会议表决通过了关于隆子县人民政府工作报告的决议（草案）、隆子县2022年国民经济和社会发展计划执行情况与2023年国民经济和社会发展计划的决议（草案）、隆子县2022年财政预算执行情况与2023年财政预算的决议（草案）、隆子县人民代表大会常务委员会工作报告的决议（草案）、隆子县人民法院工作报告的决议（草案）、隆子县人民检察院工作报告的决议（草案）。投票表决通过了2023年12个民生实事项目。

10日 隆子县公安局举行中国人民警察节系列庆祝活动。县委书记次仁加措出席活动并讲话，古桑旦增、欧珠、白洁、李超等县级领导出席活动。活动由县委常委、政法委书记、公安局党委书记、局长兼督察长李晓勇主持，公安局在岗班子成员、县委政法委、检察院、法院、司法局、边境管理大队代表以及全体民警参加。活动在嘹亮的国歌声中正式拉开序幕，全体民警面向警旗重温入警誓词、出席活动的县级领导为2022年度优秀协辅警颁发荣誉证书。

11日 县委巡察办组织召开十届县委第三轮巡察工作总结会议，对本轮巡察工作进行了全面回顾总结，听取各巡察组意见建议，安排部署下阶段巡察工作。县委巡察机构全体干部及第三轮各巡察组全体抽调人员参加会议。

12日 隆子县召开青年工作县际联席会议第二次全体会议，县委常委、组织部部长侯文斌出席会议并讲话，团县委书记王艳红主持会议，县青年联席会议成员单位相关负责同志参会。

16日 县委书记次仁加措带着县委、县政府的亲切关怀，到县人武部、武警中队、边境管理大队、驻地部队、隆子镇派出所、列麦乡派出所等地看望慰问坚守在一线的广大部队官兵和指战员，为他们送去了节日的慰问和新春的祝福。

同日 县委书记、巡察工作领导小组组长次仁加措主持召开十届隆子县委第11次书记专题会，听取巡察工作领导小组第三轮巡察工作情况汇报。与会领导围绕巡察发现的突出问题，提出处置意见建议，并安排部署了2023年巡察工作。会议采取线上+线下的方式召开，县领导熊世成、徐明山、王海峰、罗廷坤、侯文斌参加会议，巡察办负责同志列席会议。

18日 隆子县召开驻村干部年前慰问暨驻村工作第六次调度会。县委副书记、驻村总领队王海峰出席会议并讲话，县委常委、组织部部长侯文斌主持会议。

30日 隆子县人大机关党组召开十届县委第三次巡察反馈意见整改动员部署会议。

2月

3日 隆子县召开2023年根治拖欠农民工工资工作领导小组第一次会议，县政府副县长舒锋出席会议并讲话。

9日 在藏历新年来临之际，来自隆子县雪沙乡、热荣乡等7个乡镇的111户355名农牧民群众怀着听党话、感党恩、跟党走的坚定信念，迁往扎日乡庄那2号搬迁点的新居，以实际行动做神圣国土守护者、幸福家园建设者。县委书记次仁加措，县委常委、宣传部部长顿珠曲杰，村镇办常务副指挥长其米江村及各参搬乡（镇）党政主要领导全程护送。

13日晚 隆子县影剧院张灯结彩、欢歌阵阵，洋溢着热闹欢腾的喜庆氛围，“幸福新隆子 奋进新时代”——隆子县2023年春节藏历新年电视联欢晚会精彩上演。在岗县级领导以及应邀出席嘉宾与隆子各族干部群众代表欢聚一堂，共同庆祝春节藏历新年。

14日 中国共产党隆子县第十届纪律检查委员会第三次全体会议在隆子县召开。隆子县委书记次仁加措出席并讲话。

18日 隆子县举行退役军人及其他优抚对象优待证首发仪式。县委副书记徐明山，县委常委、人武部政委黄世荣，县委常委、组织部部长侯文斌，县政府副县长王德洪出席首发仪式。截至2月18日，隆子县共受理401名退役军人及其他优抚对象的优待证办理申请，已收到首批优待证73个。

同日 隆子县召开驻村领域藏历新年部署暨驻村工作第七次调度会。县委副书记、驻村总领队王海峰出席会议并讲话，县委常委、组织部部长侯文斌主持会议。

3月

1日 隆子县召开狠抓投资落实年工作和高质量发展动员部署会议。县委副书记、政府县长李宁出席会议并讲话，县委副书记徐明山等在岗县级领导出席会议，县委常委、政府常务副县长欧珠主持会议。

5日 在第60个“学雷锋日”当天，隆子县的14支志愿服务队齐聚常德广场，共同开展以“志愿服务暖人心 雷锋精神代代传”为主题的“3·5”学雷锋日志愿服务示范活动，吸引众多群众和志愿者参与，传递爱心力量，弘扬雷锋精神。市委派驻隆子县督导组副组长、市政协党组副书记、副主席、工商联主席赤列央金，县委副书记、政府县长李宁到现场指导，县委常务副书记、政府常务副县长熊世成为活动致辞。活动累计发放各类宣传品共计50余种，2000多件，服务群众800余人次。

同日 十四届全国人大一次会议在人民大会堂隆重开幕。隆子县各族干部群众集中收听收看开幕会直播盛况，仔细聆听了李克强总理所作的政府工作报告。市委派驻隆子县督导组副组长、市政协党组副书记、副主席、工商联主席赤列央金，县委副书记、政府县长李宁，县政协主席古桑旦增等领导在县城集中收看。各乡镇、单位自行组织干部群众通过电视、电脑、手机等多种形式进行观看。

6日 隆子县2023年重点项目集中开工启动仪式在日当镇加洛村隆重举行。县委书记次仁加措致辞并宣布2023年重点项目正式开工，县委副书记、政府县长李宁主持仪式。县政府在岗班子成员，县直相关项目建设单位主要负责同志参加仪式，部分施工企业和监理代表作了表态发言。

7日 隆子县各级各类志愿者广泛开展学雷锋爱国卫生大整治活动。此次活动县（中）直各单位参与200余人，各乡镇及村参与1000余人。

8日 隆子县妇联联合县工会、司法局开展“3·8妇女节”专题法治讲座。县领导白洁、次旦央吉、魏本惠出席活动。

同日 西藏自治区慈善总会副会长丹巴一行到隆子县开展“慈善情暖万家”捐赠防寒衣物活动，县委常委、政府副县长高荣参加。活动中，丹巴代表西藏自治区慈善总会向隆子县环卫工人、困难残疾群众等164名群众捐赠了总价值344400元的防寒衣物。

15日 隆子县市场监督管理局联合有关部门在县步行街开展以“提振消费信心”为主题的消费维权集中宣传活动。县政协副主席巴桑次仁带领县机关政协委员来到部分超市、餐饮店、县中学、隆子镇小学等民生领域，针对群众关切的物价、食品安全和产品质量等问题开展消费情况视察，履行政协委员民主监督职责。此次宣传，参与宣传单位10家，累计发放宣传资料1400余份，受教育群众120余人次。

16日 县人大、政府、政协联合召开2023年人大代表建议和政协委员提案交办会。县委常委、政府常务副县长欧珠出席会议并讲话，县人大常委会副主任次旦央吉主持，县政协副主席巴桑次仁出席。

17日 隆子县召开民营企业家座谈会。县委书记次仁加措主持会议，县委副书记、政府县长李宁等在岗县级领导出席会议。

20日 隆子县召开2023年基层党建工作重点

任务推进会，全面总结2022年党建工作，安排部署2023年党建工作重点任务。县委书记次仁加措出席会议并讲话。

同日　隆子县召开2023年发展壮大村集体经济工作会议，总结成绩，通报情况，交流经验，分析形势，进一步统一思想认识，强化责任担当，不断增强发展壮大村级集体经济的责任感、使命感和紧迫感，凝聚起抓党建促乡村振兴的强大工作合力，用实际行动推动隆子长治久安和高质量发展。县委书记次仁加措出席会议并讲话。

25日　隆子县召开全县信访联席会。县委书记次仁加措主持会议，全体在岗县级领导出席，各乡镇、县（中）直各单位主要负责同志参加会议。

28日　隆子县纪念西藏百万农奴解放64周年升国旗唱国歌仪式在县委、县政府大院举行。山南市政协党组副书记、副主席、市工商联主席赤列央金出席。县委书记次仁加措致辞。仪式由县委常务副书记、政府常务副县长熊世成主持。全体在岗县级领导以及群众代表、离退休干部代表、医务工作者代表、学生代表、宗教界人士代表，干部职工代表参加活动。县特困人员集中供养中心，各乡镇、村、各学校及各寺管会同步开展升国旗唱国歌仪式。

同日　隆子县政协党组书记、主席古桑旦增主持召开中共隆子县政协党组第22次会议，全体政协党组成员参会。会议研究通过《政协第三届隆子县委员会2023年协商工作计划》《政协第三届隆子县委员会2023年协商工作要点》、关于举办三届政协委员第一期委员培训工作及三届二次会议、三届三次会议期间提案办理工作。

29日　隆子县组织召开2022年各乡（镇）、县直部门党委（党组）述责述廉会议。县委书记次仁加措主持会议并讲话。

同日　隆子县召开医疗人才“组团式”援藏工作推进会。县委书记次仁加措主持会议并讲话，全体医疗“组团式”援藏人才，县委组织部等有关单位负责同志参加会议。

30日　隆子县召开意识形态暨宣传思想文化工作会议。县委书记次仁加措出席并讲话，县委常务副书记、政府常务副县长熊世成主持。县领导顿珠曲杰、次旦央吉、苏斌，县（中）直各部门负责人在主会场参会，各乡（镇）党委书记、宣传委员和宣传专干在分会场参会。

31日　县委副书记徐明山主持召开十届隆子县委巡察工作领导小组第十三次会议并讲话。县委常委、纪委书记、监委主任、巡察工作领导小组常务副组长罗廷坤，县委常委、组织部部长、巡察工作领导小组副组长侯文斌出席会议，领导小组其他成员参加会议。

4月

4日　纪念西藏民主改革64周年自治区宣讲团到隆子开展宣讲报告会。区党委宣传部副部长罗军作宣讲报告，山南市委宣传部常务副部长何广海出席，隆子县委常务副书记、政府常务副县长熊世成主持。宣讲报告会以视频会议形式开到乡镇一级。在岗的县级干部、县（中）直各单位负责同志、隆子镇党政班子、驻村工作队长、第一书记、基层农牧民宣讲员、农牧民群众代表、寺管会负责人等在主会场；其余乡镇的党政班子、驻村工作队长、第一书记、基层农牧民宣讲员、农牧民群众代表、寺管会负责人、宗教界人士代表等在分会场聆听报告。

14日　隆子县召开十届县委第四轮巡察动员部署会议。县委书记、巡察工作领导小组组长次仁加措出席会议并作动员讲话，县委常委、巡察工作领导小组常务副组长罗廷坤主持。

15日　隆子县开展以“4·15全民国家安全教育日”为主题的宣传教育活动。县委书记次仁加措、县委副书记徐明山、村镇办常务副指挥长其美江村等领导到现场进行指导。参与此次活动的单位共20余家，悬挂横幅12幅，发放宣传资料2890份，发放宣传品2725份。

18日　隆子县2023年度区、市、县三级技术联动示范农业机械化播种仪式在隆子镇娘嘎村举行。自治区农技推广中心主任隆英、农机站站长依斯麻，市农技推广中心副主任米玛次仁、推广站副站长土旦次仁及政府副县长坚阿次仁出席活动，县农业农村局工作人员、娘嘎村群众代表等共 80 余人参加活动。

22 日　县委书记次仁加措在扎日乡珞瓦新村开展纪念西藏民主改革 64 周年宣讲活动。

26 日　隆子县新时代文明实践中心成员单位市场监管局联合有关部门在县城十字路口开展“加强知识产权法治保障，有力支持全面创新”主题宣传活动。参与活动的单位共 18 家，悬挂横幅 4 条，发放宣传资料 1200 余份，宣传品 500 余件，参与群众达 300 余人。

27 日　县委书记次仁加措主持召开隆子县各类各级巡视巡察、监督检查反馈意见整改工作推进会。在岗县级领导、县（中）直单位、各乡镇主要负责同志参加会议。

28 日　隆子县召开关于开展道路交通安全和运输执法领域突出问题专项整治工作动员部署会议。县委常务副书记、政府常务副县长熊世成出席会议并讲话，县委常委、政法委书记、公安局局长兼督察长李晓勇主持，县纪委监委、县人大办、县委宣传部等 9 家单位的负责同志参加会议。

5 月

5 日　隆子县召开县委理论学习中心组党的二十大精神专题辅导报告会。县委书记次仁加措出席会议并讲话。会议以电视电话会议形式召开，全体在岗中心组成员参学，在岗县级领导、县直各单位负责人、各乡镇班子成员及附近驻村驻寺工作队参加会议。

6 日　隆子县召开县委人大工作会议。县委书记次仁加措出席会议并讲话，县委副书记、人大常委会主任廖仕平主持会议。县领导熊世成、向龙飞、欧珠、高荣、李晓勇等出席会议，受邀驻隆子县的各级人大代表，县人大常委会组成人员，以及县（中）直各单位负责人在主会场参加会议。

10 日　隆子县举行世界最大黑青稞种植基地世界纪录认证颁证仪式。县委书记次仁加措出席活动并致辞，县委副书记、政府县长李宁以及熊世成、徐明山等县级领导出席，政府副县长坚阿次仁主持。

12 日　隆子县开展“5 · 12 国际护士节”走访慰问活动。县委副书记、政府县长李宁，县委常务副书记、政府常务副县长熊世成深入县人民医院、藏医院看望慰问全体医护人员，与医务人员亲切交谈、热情握手、敬献哈达。

30 日　隆子县召开十届县委第 13 次书记专题会，听取县委第四轮巡察工作开展情况汇报。县委书记、巡察工作领导小组组长次仁加措主持会议并讲话。县委副书记、政府县长李宁，县领导徐明山、向龙飞、罗廷坤参加会议，巡察办负责同志列席会议。

6 月

2 日　隆子县第十二批干部驻村工作培训班在隆子县档案馆三楼会议室开班。隆子县驻村工作总领队张梅霞参加开班仪式并讲话，政协党组成员、副主席、驻村副领队苏斌主持会议。培训以电视电话会议形式开展，全县第十二批驻村工作队长、副队长、第一书记和乡（镇）强基办负责人参加培训。

8 日　隆子县人民政府召开全面从严治党暨党风廉政工作会议。县委副书记、政府县长李宁出席并讲话，县委常委、政府常务副县长欧珠主持。县领导高荣、嘎玛旦增、坚阿次仁、贡觉曲珍、闫辉出席会议，县政府职能部门班子成员、各乡镇政府系统全体干部职工参加会议。

9 日　隆子县召开全县宗教界“三个意识”教育转段会，县委副书记徐明山出席会议并讲话，县委常委、统战部部长、民宗局局长罗布扎西主持。县领导顿珠曲杰、巴桑次仁出席。县宗教界“三个意识”教育领导小组成员、宣讲组成员、县委统战部、民宗局在岗班子成员、县宗教界“三个意识”教育领导小组办公室全体人员、寺庙僧尼代表，各乡（镇）主要领导、统宣委员参加会议。

27日　隆子县召开近期重点工作推进会。县委副书记、政府县长李宁主持会议并讲话，县领导熊世成、徐明山、次旦央吉、坚阿次仁出席会议。

28日　隆子县召开县委理论学习中心组总体国家安全观专题学习研讨会。县委副书记、政府县长李宁主持会议并讲话。县领导徐明山、张梅霞、匡斌、罗布扎西、李超、嘎玛旦增出席。

7月

12日　县委副书记、政府县长李宁主持召开隆子县安全生产暨防汛工作会议，在岗政府班子成员、县（中）直各单位负责人、各乡镇干部职工、驻村工作队参加会议。

26日　隆子县委召开理论学习中心组专题学习研讨会。县委副书记、政府县长李宁主持会议并讲话，在岗县级领导出席会议。

7月28日至8月1日　隆子县持续开展促双拥军民鱼水情深庆“八一”活动。县委副书记、政府县长李宁，县委副书记、人大常委会主任廖仕平等县级领导分成四组，对全县各驻军单位、驻训点及405名优抚对象进行走访慰问，为部队官兵、优抚对象送去节日问候和祝福的同时，送去总计21.85万元的慰问品及慰问金。

8月

3日　县委副书记、政府县长李宁主持召开县委农村工作领导小组（实施乡村振兴战略领导小组）2023年第4次会议，工作领导小组成员参加会议，各乡镇设分会场。

4日　县委常委、政府常务副县长欧珠主持召开隆子县近期安全生产工作电视电话调度会，县直有关部门参加会议，各乡镇设分会场。

15日至18日　县人大组织有关项目主管单位和项目所在地人大代表分两组深入三林乡、玉麦乡、热荣乡等地开展“加大投资监督、助力乡村振兴、人大代表先行”活动，对县发改委、住建局、水利局、乡村振兴局和农业农村局重点项目投资落实、进度、质量和人居环境整治等内容进行监督检查，并开展人大代表满意度测评。共征求基层人大代表意见建议7条。

16日　隆子县召开2023年社会救助联席会议第一次全体会议。县委常委、政府副县长、县社会救助联席会议召集人高荣出席会议并讲话，县社会救助联席会议成员单位及民政局班子成员参加会议。

18日　中国共产党隆子县第十届委员会第七次全体会议隆重召开。全会由县委常委会主持，县委副书记、政府县长李宁讲话。出席全会的有县委委员23名，候补委员3名。在岗县级领导和有关方面负责人、纪委委员、在隆子县的自治区第十次党代会和山南市第二次党代会代表列席会议。

同日　隆子县中心医院组织召开第六届中国医师节表彰大会，县委副书记、政府县长李宁出席会议并讲话，县委常务副书记、政府常务副县长熊世成主持会议。

20日　隆子县召开2024年度预算编制工作部署会议，县委常委、政府常务副县长欧珠出席并讲话。

同日　西藏首个挂牌成立的边境基层供销合作社——玉麦供销合作社正式投入试运营。总投资1000万元，是集商贸中心、冷链仓储中心、供销展厅等为一体的综合性商贸楼。展厅展有黑青稞、藏白酒、野贝母、玫瑰酒、手工艺品等23种特色农产品，带动玉麦乡10名群众、1名大学生稳定就业增收。

21日　隆子县召开县委理论学习中心组习近平生态文明思想专题学习研讨会。县委副书记、政府县长李宁主持会议。会议以电视电话会议形式召开，全体在岗中心组成员、县直各单位负责人、各乡镇班子成员及附近各村第一书记、驻村队长、寺管会负责人参加会议。

30日　隆子县委召开全面从严治党专题会。县委副书记、政府县长李宁主持会议并讲话，在岗县级领导出席会议。

9月

4日　隆子县召开县委生态文明建设工作领导小组暨着力推动生态文明建设走在全区前列工作领导小组第2次会议。县委常委、政府副县长高荣主持会议并讲话。

5日　隆子县举办《藏传佛教活佛转世管理办法》专题讲座。县委副书记徐明山主持，县委常委、统战部部长罗布扎西出席。各乡镇统战委员、县中（直）各单位负责人、各村党支部第一书记、各寺管会书记、广大僧尼以及群众代表共300余人参加活动。

8日　隆子县举行农牧民宣讲员宣讲比赛，来自隆子镇、日当镇、三安曲林乡等乡镇的13名农牧民宣讲员参赛。

10日　隆子县中学举行了第39个教师节庆祝活动。活动在庄严的国歌声中拉开帷幕。县委副书记、政府县长李宁代表县委、县政府向广大教师和教育工作者及全体离退休教职工，致以诚挚的问候和崇高的敬意！感谢广大教师和教育工作者为全县教育事业发展和社会进步作出的卓越贡献！随后，还举行了文艺会演和民族团结趣味答题等活动。县委常委、政府副县长匡斌、县教育局负责人参加活动。

11日　隆子县积极组织网信委各成员单位开展以“网络安全为人民 网络安全靠人民”为主题的国家网络安全宣传周集中宣传活动。

12日　隆子县召开第十四届人民代表大会常务委员会第十三次会议。县委副书记，县人大常委会党组书记、主任廖仕平主持会议。县委副书记徐明山，县委常委、宣传部部长顿珠曲杰，县委常委、组织部部长侯文斌出席会议。县政府副县长陈代军，县人民法院院长张文君，县人民检察院检察长魏本惠，县人大“三个专门委员会”委员和县直部门主要负责人列席会议；部分县乡级人大代表受邀参加会议。

13日　隆子县召开2023年玉珞文化旅游节动员部署会。县委常务副书记、政府常务副县长熊世成出席并讲话，县领导徐明山、匡斌、王德洪、陈代军参会，政府副县长贡觉曲珍主持。

14日　隆子县举行玉麦湘生猪定点屠宰场揭牌仪式并颁发证书。市农业农村局党组副书记、局长黄卫军，市农业农村局党组成员、副局长扎西，县委副书记、人大常委会主任廖仕平，县人大常委会副主任李超参加揭牌仪式。

16日　隆子县举行2023年度秋季入伍新兵欢送仪式。县委常委、人武部政委黄世荣出席，县退役军人事务局有关同志参加。随后，县艺术团表演了《打墙舞》《美丽隆子》等节目，群众自发来到街边，热烈欢送入伍新兵，祝福他们带着全县人民的期望和时代责任，奔赴新的人生征程。

18日　隆子县召开学习贯彻习近平新时代中国特色社会主义思想主题教育部署会，传达学习中央、自治区学习贯彻习近平新时代中国特色社会主义思想主题教育第一批总结暨第二批部署会议精神和山南市学习贯彻习近平新时代中国特色社会主义思想主题教育部署会议精神，安排部署隆子县主题教育工作。县委副书记、县长、县委主题教育领导小组组长李宁出席并讲话，市委组织部机关机构编制科科长、一级主任科员祁世鹏到会指导。县委常务副书记、常务副县长、县委主题教育领导小组副组长熊世成主持会议。会议以电视电话形式召开，全体在岗县级领导、县直各单位负责人、县委主题教育办全体人员参加主会场会议。

23日　2023年隆子县玉珞文化旅游节招商暨旅游推介会召开。隆子县委副书记、政府县长李宁，市财政局党组书记、副局长仓决，市幸福家园局党组副书记、局长白玛旺扎，市旅游发展局副局长梁金田等领导出席。湖南宿野清溪文化旅游有限公司董事长杨鹏、西藏旅投旅游服务有限责任公司集团总经理平措罗布等企业代表出席。

27日　隆子县县级领导干部学习贯彻习近平新时代中国特色社会主义思想主题教育读书班开班。县委副书记、政府县长、县委主题教育领导小组组长李宁主持读书班开班式并作专题辅导讲话。隆子县委、人大、政府、政协、法院、检察院等县级领导同志，其他四级调研员及以上职级干部参加学习。

28 日 隆子县举行庆祝中华人民共和国成立74 周年升国旗仪式。县委副书记、人大常委会主任廖仕平出席并致辞，县政协主席古桑旦增等在岗县级领导出席，县委常务副书记、政府常务副县长熊世成主持。隆子县群众代表、老干部代表、干部职工代表、公安民警代表、消防指战员代表、学生代表、僧尼代表等参加活动。

同日 隆子县教育系统组织开展“庆国庆”文艺演出暨表彰先进活动，县委副书记、县人大常委会主任廖仕平，县政协主席古桑旦增，县委常务副书记、政府常务副县长熊世成等在岗县级领导参加。活动还对 2022—2023 学年各类优秀代表进行了表彰。

10 月

12 日 隆子县召开县级领导干部学习贯彻习近平新时代中国特色社会主义思想主题教育读书班集中研讨暨结业式，县委书记、县委主题教育领导小组组长李宁主持会议并作总结讲话。隆子县委、人大、政府、政协、法院、检察院县级领导同志，其他四级调研员及以上职级干部参加。

19 日 隆子县召开县委学习贯彻习近平新时代中国特色社会主义思想主题教育理论学习中心组专题学习研讨会，县委书记、县委学习贯彻习近平新时代中国特色社会主义思想主题教育领导小组组长李宁主持会议并讲话。会议以电视电话会议形式召开，全体在岗中心组成员、其他县级干部、县直各单位负责人、各乡镇班子成员参加会议。

30 日 隆子县召开 2023 年着力推动铸牢政治忠诚走在全区前列专项工作调度会。县委常务副书记、政府常务副县长熊世成出席会议并讲话。县委常委、宣传部部长顿珠曲杰出席会议；县委常委、组织部部长侯文斌主持。

同日 隆子县召开 2023 年度综合考核工作调度会。县委常务副书记、政府常务副县长熊世成出席会议并讲话；县委常委、政府副县长匡斌出席会议；县委常委、组织部部长侯文斌主持。

11 月

1 日 隆子县举行 2023 年度“119”消防宣传月启动仪式。启动仪式宣读了《2023 年隆子县“119”消防宣传月活动方案》，县委常委、政府常务副县长欧珠出席活动并宣布“119”消防宣传月正式启动，县直相关部门负责人、各乡镇分管领导、乡镇消防文员代表、重点部门场所负责人等共计 80 余人参加启动仪式。

2 日 在雄壮的国歌声中，山南市工商联（商会）二届二次执委会在隆子县胜利召开。市委常委、市政协党组副书记、市委统战部部长丹增，市政协党组副书记、副主席、市工商联主席赤列央金出席，52 名执委参会。市工商联党组书记、常务副主席张联聪主持会议，隆子县委副书记、政府县长候选人巴桑次仁致辞。

6 日至 7 日 隆子县第十四届人民代表大会召开第五次会议。

7 日 大会主席团常务主席、执行主席、县委书记李宁主持召开选举会议。大会主席团常务主席、执行主席李宁、廖仕平、徐明山、侯文斌、李超、达娃、次旦央吉和其他主席团成员在主席台就座。在主席台就座的县级领导还有县委副书记、县长候选人巴桑次仁。会议应到代表 126 名，因事因病请假 23 人，实到代表 103 人，出席会议人数符合法定人数。大会表决通过了县十四届人民代表大会第五次会议选举办法和总监票人、监票人名单，宣布计票人名单。会议采用无记名投票方式，依法严格按各项程序进行选举。候选人巴桑次仁全票当选为隆子县人民政府县长，并向宪法宣誓。

24 日 隆子县委书记李宁主持召开县委理论学习中心组主题教育“以学增智”专题学习研讨会。会议以电视电话会议形式召开，县城设主会场，各乡（镇）设分会场。在岗县级领导、县（中）直各单位主要负责同志在主会场参加会议；各乡（镇）党委班子成员在分会场参加会议。

26日 县委书记李宁主持召开县委理论学习中心组铸牢政治忠诚走在全区前列专题学习研讨会。全体在岗中心组成员参学，在岗县级干部、各乡镇班子成员、县（中）直部门负责人列席。

12月

12日 隆子县召开县委理论学习中心组“以学促干”专题研讨会，县委书记、县委学习贯彻习近平新时代中国特色社会主义思想主题教育领导小组组长李宁主持会议并讲话。全体在岗中心组成员、其他县级干部、县（中）直各单位主要负责同志参加会议，各乡（镇）设分会场。

22日 隆子县召开2023年县委全面从严治党工作会议暨警示教育大会。县委书记李宁主持会议，县委副书记、政府县长巴桑次仁等在岗县级领导出席。各乡（镇）、县（中）直各单位正科级以上领导干部及四级调研员以上干部参加会议。

同日 隆子县召开援藏干部人才工作座谈会，县委副书记、县长巴桑次仁主持会议，县委书记李宁出席会议并讲话。县领导熊世成、高荣、匡斌、侯文斌出席会议，全体在岗援藏干部人才及各受援单位负责同志参加会议。会上，2名援藏干部人才代表作了交流发言，4名期满的援藏专业技术人才受到表彰。

27日至28日 隆子法院召开特邀调解组织和人民调解员培训会议。县人民法院党组书记、院长张文君主持会议，县委常委、政法委书记、公安局局长兼督察长李晓勇出席并讲话。县人民法院各负责同志和司法局法律援助中心专职律师进行培训授课。培训结束后，与会领导为5家特邀调解组织和13名特邀调解员颁发匾牌及聘书。

29日 隆子县召开第四季度消防工作联席会暨燃气领域消防安全整治推进会。县委常委、常务副县长欧珠出席会议并讲话，消安委各成员单位、各乡（镇）以及各相关行业部门负责人参加会议。

同日 隆子县组织召开2023年今冬明春消防安全系统分类精准治理工作部署会。县委常委、常务副县长欧珠出席会议并讲话，县应急管理局局长土登益西主持会议。

县情概览

综述

【概况】 隆子县位于西藏自治区南部，山南市中偏北，喜马拉雅山东段北麓；北与朗县、加查县接壤，南与错那、东与珞瑜、西与措美县相连，西南与错那、偏北方与曲松县、西北与乃东县、东北与米林县相邻。平均海拔3900米，隆子县属喜马拉雅山北麓的藏南谷地，地势连绵起伏，山岭河流纵横交错，地势北高南低、西高东低。隆子县河流均属雄曲河水系，其主要支流有色曲、洛曲、玉麦曲。长期流水的支流有41条，境内有大小湖泊65个，总面积3.3万平方米。地下水储量0.5亿立方米以上。地热资源丰富，不仅可开发利用，还是一大自然景观。隆子县属高原半干旱性季风气候，年平均气温6.3℃，年降水量为202毫米，年无霜期为238.3天，年平均日照时数为2912小时。境内有海拔6000米的山脉纵横交错，亦有倾斜而下至海拔3000米的山川峡谷。南部主要山峰位于喜马拉雅山脉大“弧形”处，海拔一般都在5000米以上，冰碛可见，冰塔林立，终年积雪。雄曲中上游山原区，海拔一般在3900～4300米之间，河滩较为宽阔，谷地与高顶相对落差一般在300～800米，由台阶地相连形成。县域有辽阔的桑佐塘、拉贡、麦木江东草场。色曲、洛曲、雄曲下游高山峡谷区，海拔一般在3000～3600米，该区域河流深切，多呈“V”形河谷，冲沟发育，冲沟与支流有大小不等的冲积扇。主要物产包括农作物、矿产资源、森林资源、水力资源、动植物资源等。距山南市147公里，辖2个镇9个乡，2个社区，82个行政村，369个村民小组（自然村），总户数12552户，总人口36540人，农村户10272户，农村人口32607人，人口出生率7.6‰，自然增长率3.28‰。主要以农牧业产业为主，农业包括小麦、青稞、荞麦、玉米、油菜、豆类等农作物，以及苹果、核桃、葡萄、毛桃、花椒等经济林木，畜牧业包括牦牛、黄牛、犏牛、山羊、绵羊、驴、马、骡等牲畜。耕地面积4.93万亩，粮食播种面积4.56万亩，经济作物耕地面积0.4万亩。森林覆盖率40.26%，林地面积46.56万公顷。国家级野生保护动物有棕熊、岩羊、雕等，已探明矿产资源有沙金、铁、锰、锑、铝、锌、石棉、水晶等。主要旅游景点玉麦自然人文景区，级别AAAA级。特色产品黑青稞、黑藏鸡、黑藏猪、藏马鸡、黑白花牛。

2023年，实现地区生产总值205601.70万元，同比增长9.4%。其中，第一产业完成16448.05万元，同比增长24.2%；第二产业完成100401.9万元，同比增长10.1%；第三产业完成88751.73万元，同比增长5.2%。全社会固定资产投资182213万元，完成邮政业务总量105.3万元，完成电信业务总量26381万元。固定电话用户822户，使用率92%；移动电话用户17768户，使用率98.6%；互联网用户8253户。社会消费品零售总额27188万元。接待旅游7.76万人次，实现旅游收入2049万元，同比增长35%。地方财政收入10678.79万元，同比增长30%；地方财政支出302607万元。年末城乡居民储蓄存款余额123655万元。全年农村居民人均纯收入20525元，实现城镇就业681人，城镇登记失业率小于5%。2023年，参加城镇失业保险1899人，参加基本养老保险22218人，城镇职工参加基本养老保险1752人。城乡居民基本医疗保险参保人数33115人，参合率99.25%。参加新型农村养老保险21424人，已领取养老保险待遇4354人。

【重大决策】 2023年，隆子县坚持稳中求进工作总基调，求真务实、真抓实干，推动社会主义现代化新隆子建设迈出坚实步伐。旗帜鲜明讲政治，用实际行动坚定拥护“两个确立”，坚决做到“两个维护”。全年召开县委全会、常委会（扩大）会、经济工作会等60余次，专题研讨14次。深入宣传贯彻中共二十大精神，开展党中央和区党委、市委决策部署落实情况督办240余次，切实以实际行动践行“两个维护”。扎实开展学习贯彻习近平新时代中国特色社会主义思想主题教育，推动学思用贯通、知信行统一。县委常委班子带头开展专题研讨，带头深入调查研究，带头检视整改，带头开展“四下基层”活动，切实推动主题教育走深走实。坚决贯彻总体国家安全观，有力维护社会大局和谐稳定，筑牢国家安全屏障。制定《关于进一步提升基层治理体系和治理能力现代化水平的具体举措》，统筹推进“四大工程”“六项行动”，深入开展铸牢中华民族共同体意识宣传教育，全面贯彻新时代党的宗教工作方针政策，牢牢把握住意识形态领域主导权。完整准确全面贯彻新发展理念，全力推动经济社会平稳健康发展。坚定不移增进民生福祉，不断增强各族群众获得感幸福感安全感。

【重要改革】 2023年，隆子县坚持以人民为中心的发展思想，将本级财政80%以上的资金投向基层民生领域，脱贫户、监测对象人均收入持续增长，乡村振兴基础更加坚实。全年实名制转移就业人数达到1.3万余人，累计创收1.46亿元。教育均衡发展扎实推进，公立医院高质量发展加快推进，社会保障体系不断健全。深入贯彻习近平生态文明思想，坚决守护好隆子的生灵草木、万水千山。坚持统筹山水林田湖草沙冰一体化保护和系统治理，“两山”创新基地创建成果持续巩固，多个生态环境利好项目建成投运。深入开展人居环境整治“30天攻坚”行动，人居环境整治取得阶段性成效，中央和自治区环保督察反馈问题得到有效整改。坚持以“治边稳藏”战略思想为指导，确保边防巩固和边境安全。坚持屯兵和安民并举、固边和兴边并重，统筹推进边境地区基础设施、公共服务、智慧边防建设，边境地区路网体系不断健全。党政军警民联防联控机制持续完善落实，年内累计建成8个搬迁新村，实现1601人搬迁入住。

党建群团

【基层党建】 2023年，隆子县深刻领悟“两个确立”的决定性意义，增强“四个意识”、坚定“四个自信”、做到“两个维护”，锚定“四件大事”“四个确保”，聚焦“四个创建”“四个走在前列”和山南市“六个走在全区前列”，紧紧围绕全面从严治党主题主线，以党的政治建设为统领，扎实做好理论武装、选贤任能、强基固本、育才聚才等党的建设各项工作，为推进隆子长治久安和高质量发展走在全市前列提供坚强政治和组织保证。坚持不懈用习近平新时代中国特色社会主义思想凝心聚魂，不断铸牢政治忠诚，持续加强党的创新理论学习，扎实推动主题教育走深走实，巩固党对意识形态工作的绝对领导。突出实干实绩，建设堪当治边稳边兴边的高素质干部人才队伍，加强领导班子和干部队伍建设，持续深化干部人才援藏工作。以组织建设为重点，切实增强基层党组织政治功能和组织力、凝聚力，加强基层党组织建设，强化基层队伍建设，坚持党建示范引领。坚持发扬自我革命精神，纵深推进全面从严管党治党，履行全面从严治党主体责任，持续深化党风廉政建设和反腐败斗争，坚决惩治群众身边的不正之风，持续开展政治巡察，持续改进作风狠抓落实。

【群团工作】 2023年，隆子县学习贯彻中共二十大精神，脚踏实地、稳步推进“思想建团、服务立团、文化活团”和团的自身建设，切实增强团的引领力、组织力、服务力和贡献度。贯彻落实习近平总书记关于“注重家庭、注重家教、注重家风”的重要指示精神和习近平总书记关于工人阶级和工会工作的重要论述。紧扣中心、服务大局，勇担责任、真抓实干。推进群团基层组织改革，推动群团改革纵深发展。开展群团主题教育，动员引领团员、青年、妇女、工人认真学习领会习近平新时代中国特色社会主义思想。全年发展16名团员，吸纳10名社会面青年入团。推进权益工作，深化青少年权益保护，发挥青年力量，实施青春建功行动。精心组织“三八”“3·28”“六一”活动，营造全社会关注妇女儿童的氛围，加大“两个规划”宣传力度，促进妇女儿童与社会和谐发展。服务基层、夯实基础，在加强自身建设中提升凝聚力，创新多样化的妇联干部服务方式。温暖凝聚职工，工会帮扶服务成效突出。维护职工利益，权益保障工作，强服务暖民心，整体服务质量不断提高，劳模精神、劳动精神、工匠精神不断弘扬。

经济和社会发展

【重点集体经济简介】 2023年，隆子县共有中央财政扶持发展壮大村集体经济项目12个，涉及13个村，每个村扶持金额50万元，共计资金650万元。有村集体经济收入的村为69个，其中5万（不含5万）元以下的村（社区）38个、5万~10万（不含10万）元的村（社区）有12个、10万~50万（不含50万）元的村（社区）有18个、50万~100万（不含100万）元的村（社区）有1个。66个村（社区）有经营性收入，其中经营性收入在5万（不含5万）元以下的村有43个，经营性收入在5万元以上的村有23个。全县各乡镇村级集体经济总量为5764.3986万元。

2023年12月22日，扎日乡敏朱集体藏餐馆正式开业。庄堆村是2023年新成立的行政村，为尽快提高庄堆村村集体经济收入，提升人民群众生活水平，扎日乡党委、政府多次联系庄堆村村“两委”班子开展实地调研，广泛征集村民意见建议，决定打造扎日乡敏朱集体藏餐馆项目。该项目立足本地旅游地理位置优势，结合民族特色，让闲置土地“活”起来，建成实体集体经济运营主体，壮大村集体经济，为村民铺设一条足不出户致富路，切实增强群众内生发展动力，有效推动了巩固拓展脱贫攻坚成果上台阶、乡村全面振兴见实效。

三安曲林乡通过广泛征求意见和市场调研来准确把握投资方向，突破经济发展的思维局限，除开展“联村共建”外，还与周边乡镇抱团发展，联动发展。三安曲林乡与准巴乡联合，购买山南市恒宇房地产开发责任有限公司位于中心城区、地段人流量大的两间商铺，总计投入资金264.3598万元，其中准巴乡投资64.375万元，三安曲林乡投资199.9848万元。通过对外租赁商铺收取租金，形成持续、稳定的现金流，为村级集体经济的持续发展提供有力的保障。商铺租赁合同5年一签，前3年80元/平方米/月，后2年上浮10%达88元/平方米/月，5年之后按照市场行情相应波动。2023年纯收入达12.31968万元，根据投资比例准巴乡分红3万元，剩余9.31968万元三安曲林乡将按照7个行政村具体投资入股比例进行分红。

2022年隆子县雪沙乡林麦村经过讨论，形成由村干部每人垫付15000元资金作为羊种购买基础资金、群众主动无偿出借闲置房屋作为羊圈的初步意见，购入230余只羊种。形成由村内农牧民群众轮流放养的管理机制，通过实践，该机制被确定下来，同时形成损失赔偿机制。2023年，林麦村山羊、绵羊养殖项目共计投入资金12万余元，均为村“两委”干部垫资建设实施，现有存栏山羊、绵羊238只，项目初见成效。

【重要基础设施建设】 2023年，隆子县总投资1.145亿元的老旧城区功能提升、生活垃圾无害化处理二期、县城污水处理厂二期和自来水厂改扩建等4个项目全部竣工。投资0.185亿元建设的南城大桥形象进度达95%。投资1.7亿元的“一河两岸”生态修复工程和0.297亿元的城市公园工程形象进度达

85%、75%。投资 3.25 亿元的太阳能集中供暖启动试运行。投资 1.5 亿元的县城水源地项目正式开工建设。实现隆子县城周边流域干净秀美，形成县城“四纵四横”城市交通路网结构，改善市民生活环境和出行条件。强化县城综合管理，开展沿街立面综合整治，优化街面经营秩序。稳步推动生活垃圾分类，投入资金 80 万元在扎日乡、玉麦乡开展垃圾分类示范点，探索垃圾分类回收。不断推进新型城镇化建设，着力改善城乡基础设施条件。总投资 0.89 亿元的机场搬迁安置二期和机场周边村庄环境提质工程竣工。总投资 1.12 亿元的乡村振兴、美丽宜居、人居环境整治的 5 个整村项目全部建成。投入资金 1.99 亿元实施 4 条农村公路、2 座桥梁、交通安防工程，不断夯实城乡交通条件，另有一大批农林牧水、科教文卫等各类项目落地实施，有效促进城乡融合发展，城乡面貌得到极大改善。争取资金 0.27 亿元建设乡镇公租房 112 套，工程形象进度达 75% 以上。对接争取 2024 年度公租房 56 套，计划投资 0.18 亿元。落实自建房住房安全隐患排查及危房改造要求，全县自建房排查率达 100%，安排资金 347 万元对存在风险的 210 户自建房进行改造，改造率达 100%。

【高质量发展】 2023 年，隆子县深入贯彻落实中共二十大精神、中央第七次西藏工作座谈会精神，贯彻落实习近平总书记视察西藏重要讲话精神，立足新发展阶段，完整准确全面贯彻新发展理念，服务融入新发展格局，深入推动高质量发展。紧紧围绕“四件大事”，不折不扣落实区党委、区政府和市委、市政府各项决策部署，统筹发展和安全，积极主动适应经济发展新常态，稳扎稳打推进疫情后经济发展新局面，狠抓投资落实，狠抓营商环境优化，确保全县各项事业总体回升向好。全县完成固定资产投资 18.16 亿元，同比下降 20.38%，完成年度任务的 100.28%，其中，招商引资及民间投资完成 1.05 亿元，同比下降 18.6%，完成年度任务的 105%。一般公共预算收入完成 1.07 亿元，同比增长 30%。税收收入完成 1.43 亿元，同比增长 38.83%。社会消费品零售总额完成 2.52 亿元，同比增长 10.04%。农牧民人均收入达 21126 元，同比增长 12.5%。粮食产量 20132 吨，同比增长 0.16%。

【高原特色产业】 2023 年，隆子县立足特色资源、发展优势产业，全面促进一、二、三产业融合发展，不断完善支撑高质量发展的现代化产业体系。多举措推动一产上水平，守住“米袋子”、拎住“菜篮子”，推动现代牧业和设施农业发展，实施特色种养业提升行动，实现藏香猪、藏黑鸡、黑白花奶牛存栏分别达 1.2 万头、2.5 羽、1 万头以上，粮食产量稳定在 2 万吨以上，蔬菜肉奶蛋产量分别达 3500 吨、2000 吨、12000 吨、110 吨以上。立足特色优势产业，着眼于提升附加值、延长产业链，积极谋划聂雄酥油奶渣、高原菜籽油加工项目，启动打造青稞产业基地、藏药材种植基地，推动黑青稞酒、啤酒拓展区内外市场，销售量、销售额达到 23 万件 1800 万元以上。围绕创建自治区级现代农业产业园区，争取“菜篮子”集群项目资金，发展园区经济，改善基础设施条件，做活做实做强产业园。全方位推动二产壮筋骨，坚持风光水热互补、源网荷储一体原则，发展清洁能源产业，申报清洁能源项目，力争 20 万千瓦风电、75 万千瓦光伏发电项目在年内实现开工建设，同步争取落地实施总装机容量达 10 万千瓦的 2 个光伏保供项目。持续加大与上级水利部门对接力度，争取西巴霞曲流域规划和水电开发规划早日获批，配合做好扎日、玉门、米帕边境小型水电站建设各项工作。

【生态文明旅游建设】 2023 年，隆子县坚持以习近平生态文明思想为指导，认真贯彻落实“水十条”“大气十条”“土十条”行动计划，加强底线思维、严守生态红线。全县环境空气质量达到二类标准，全县空气质量良好天数保持在 99% 以上；地表水各项监测指标达到国家三类标准，集中式饮用水水源地（县城供水站）各项指标均达到国家二类标准，达标率 100%，县城区水环境质量保持优良。总体生态环境质量状况良好。开展建设项目环境影响评价登记备案 40 个，无“两高项目”进入。全年共接待旅客 7.76 万人次，同比增长 42%，实现旅游综合收入2049万元，同比增长35%。围绕扎日、玉麦、斗玉等重点景区景点，编制全域旅游发展规划及斗玉珞巴民俗文化体验区、扎日自然风景观光区规划，并通过市级评审。编撰出版藏汉双语《隆子县沿边旅游文化指南》。贯彻落实自治区党委书记王君正在山南调研期间作出的重要指示精神，完成县域山水河湖资源保护与石碑设立。隆子县格尔东赞大酒店被成功评定为四星级旅游饭店。投资1057.5万元对141户边境家庭旅馆进行提升改造。开展家庭旅馆从业人员培训2次，受益群众75人。累计投入资金0.79亿元实施5个旅游发展项目，均已建成，补齐隆子县重点景区景点旅游基础设施短板，为实现旅游业高质量发展打下坚实基础。成功举办2023年隆子玉珞文化旅游节，并现场推介隆子旅游，促成与3家企业的合作意向，规划投资0.5亿元。

【民族团结进步创建】 2023年，隆子县坚持以铸牢中华民族共同体意识为主线，持续巩固全国民族团结进步示范单位和自治区民族团结进步模范单位创建成果，紧紧围绕“四大工程”“六项行动”，不断巩固和发展全县各民族平等、团结、互助、和谐的良好局面。推动重要讲话精神入脑入心，确保创建工作见实见效。始终把民族团结作为各族人民的生命线，作为战略性、基础性、长远性任务，把学习贯彻中央民族会议精神、关于加强和改进民族工作重要思想、重要讲话精神和批示精神作为全县民族工作的首要政治任务，把学习民族团结理论知识纳入各级党（委）组理论中心组学习计划中，在全县干部职工、群众、学生、僧尼中学习民族政策法规，让“三个离不开”与“五个认同”思想深深扎根于各族人民心中。截至年底，宣传学习党的民族工作120余场次，受众1.1万人次。促进各民族广泛交往交流交融，充分利用新时代文明实践所（站）志愿队，通过团结共建、结对帮扶、走访慰问等形式，深入开展“送医送药送文化”“社保服务进万家”“弘扬传统敬老爱老 走访慰问突显真情”“以购助农 助力农户丰产增收”“穿梭田间 助力土豆丰收”等为民服务活动100余场次，通过各族干部群众共同劳动、相互交流，进一步密切党群干群关系。组织各族群众区外考察参观学习52次87人次，区外就业人数8人。广泛推进国家通用语言学习，坚持把加强国家通用语言文字教育作为基础性工作，在全社会推广普及国家通用语言文字、努力形成“同讲普通话、共写规范字”生动局面，以语言相通促进心灵相通。在全县范围内举办国家通用语言文字学习培训班，各中小学除藏语文学科外，其余学科均按要求统一发放使用国家汉语版教材，全面加强对青少年学生国家通用语言文字教育，推动语言文字规范标准体系建设。组织全县427名村干部进行国家通用语言考试，根据考试成绩分为A、B、C三类学院，使培训更具针对性，让学习效果更加精准有效；对全县在编僧尼受教育程度进行调研摸底，统一购买发放教材，制订培训计划，各项工作有序推进。

【乡村振兴】 2023年，隆子县脱贫户1951户5918人、监测对象26户91人，脱贫户人均收入达19773元，增长14.45%，全县脱贫户收入均已突破万元。深化开展防止返贫动态监测预警和帮扶工作，建立健全《隆子县防返贫动态监测和帮扶部门联席会议制度》《隆子县防返贫致贫监测对象专项救助方案（试行）》，设立防返贫基金115.28万元，将农村人口全部纳入监测范围，动态掌握住房、饮水、医疗、教育、就业、收入、社会兜底保障等情况，对脱贫不稳定户、边缘易致贫户、突发困难户进行重点监测和帮扶。累计监测三类重点对象29户98人，采取积极主动措施，有效消除风险监测对象3户7人。总投资1.11亿元的5个乡村振兴续建项目已全部竣工。总投资2.45亿元的22个乡村振兴新建项目已全部开工，完工20个，完工率91%。谋划储备2024年乡村振兴项目23个，总投资3.04亿元，其中，6个项目完成概批，其余开展初设评审。及时成立县、乡、村三级专项领导小组以及工作专班，先后召开县委常委（扩大）会议等180余次研究各类难点问题，启动开展农村人居环境整治“30天攻坚”行动，县委、县政府主要领导先后50余次深入各乡镇、村督导检查农村人居环境整治工作推进情况。本级财政预算1076万元专项经费全力保障工作开展，建立健全包保工作、评价考核以及奖励激励等工作制度和“一天一调度”“一周一通报”工作机制。广泛动员各级深入开展政策宣传、倾听诉求、排疑解惑等1260场次，发放宣传资料2.52万余份、张贴宣传标语120条、动员人数达2.3万人次。县、乡、村三级2100余名干部职工，深入村(居)全面摸排一户多宅、残垣断壁、私搭乱建、乱堆乱放等重点难点问题5904个(处)，建立“一户一策”台账4808个。整合各类经费223余万元，使用各类机械458辆、投工投劳16997人次，全力推动四个整治工作。拆除一户多宅531户，整治残垣断壁2093处、私搭乱建1505处、乱堆乱放2412处，整体整治率达86%。全面完成年度户厕改造任务，全县卫生户厕普及率达到100%。投入资金1060万元，建成3座智能生物降解公厕。严格落实《隆子县人畜分离工作实施方案》，多措并举加快推进并完成1771户人畜分离。推广设立“垃圾兑换积分超市”5个，有效促进垃圾源头减量化、收集分类化、处理资源化。扎实推进2022年度巩固拓展脱贫攻坚成果同乡村振兴有效衔接考核评估反馈问题整改，对12个方面19项问题，针对性研究制定问题整改方案，结合实际提出55条整改措施，均已取得实质性整改成效并长期坚持。

【社会和谐】 2023年，隆子县坚决贯彻总体国家安全观，有力维护社会大局和谐稳定，筑牢国家安全屏障，认真践行总体国家安全观，始终把维护稳定作为第一位的工作任务，把维稳工作做在日常、做到基层。深入开展反分裂斗争。铸牢中华民族共同体意识。统筹推进“四大工程”“六项行动”，深入开展铸牢中华民族共同体意识等宣传教育，加大国家通用语言文字推广普及力度，“三个离不开”“四个与共”“五个认同”深入人心。依法管理宗教事务。全面贯彻新时代党的宗教工作方针政策，坚持“五个有利于”，持续加大“导”的力度，“四条标准”“三个意识”教育、“三情教育”活动深入开展，广大僧尼和信教群众理性对待宗教，淡化消极影响教育引导力度不断增强。推进国家通用语言文字进寺庙，抓好专题学习、培训、辅导。大型宗教活动开展坚持做到依法依规，从严审批。严格落实意识形态工作责任。坚持党管宣传、党管意识形态、党管媒体，先后召开县委常委会(扩大)会议、全县宣传思想文化暨意识形态工作会议3次，安排部署全县意识形态工作，推动意识形态工作责任制全面落实。

【社会经济发展典型案例】 隆子县立足黑青稞、黑白花(奶牛)、黑藏鸡、黑藏香猪等资源优势，重点发展“四黑”特色农牧业产业，走出一条特色乡村振兴之路。

黑青稞。隆子黑青稞生长在海拔3800～4200米地区，因其表皮呈现黑紫色而得名，具有特殊高抗氧化性及营养含量。2014年以来，隆子县将黑青稞作为全县的特色农牧业产业进行发展，年均种植面积从1.3万亩提高到现在的3万余亩，单产从245公斤/亩提高到325公斤/亩，辐射带动群众4231户，年均产量达1.67万吨。为延长黑青稞产业链，隆子县不仅在种植上下功夫，同时大力发展黑青稞加工，为了规范加工标准，隆子县联合市市场监督管理局制定隆子黑青稞糌粑地方标准。通过项目、政策支持，现已培育加玉农产品发展有限公司、热荣洛旦农畜产品加工合作社、稞源农牧业股份有限公司等典型带动较强的加工行业，试制研发黑青稞糌粑、炒黑青稞、黑青稞片、黑青稞酒及黑青稞爆米花等衍生品，带动老百姓家门口就业和增加种植户收购原料数量，从而增加经济收入。据统计，加工企业年加工黑青稞数量为2562吨，实现产值1537.2万元。2018年，西藏稞源农业开发股份有限公司投资3510万元建设黑青稞发酵产品生产加工基地。自2019年底投产以来，年加工青稞酒7万余件，产值560万元，为隆子县50名脱贫群众累计产业分红42万元。隆子黑青稞在“2018年国际商标博览节”上荣获金奖，2019年隆子黑青稞获批“中国气候好产品”荣誉。2023年，经世界纪录官方认证，隆子县被确认为“世界最大黑青稞种植基地”。

黑白花(奶牛)。隆子县致力推动黄改产业转型升级，着力打造“全市黄牛改良大县”和“黄牛改良种源基地”，取得显著成效。2007年被西藏自治区确定为“黄牛改良种源基地县”。2018年以来，隆子县以脱贫攻坚工作为契机，实施隆子县聂雄标准化奶牛养殖场建设项目，主打改良后的“黑白花奶牛”，累计投资1.53亿元。该项目采取公司+基地+贫困户的模式运作，通过奶牛养殖、奶制品加工、生产有机肥及人工种草，进一步延长项目的产业链，提高奶牛养殖的经济效益。2023年，聂雄乳业有限公司被评为市级“农牧业龙头企业”。基地养殖奶牛948余头，年均产奶量2007.5吨，提供就业岗位200个，辐射带动73户135人。2019年以来，连续3年为全县692名脱贫群众人均分红1000元。与此同时，通过订单式销售牛肉、奶渣、酥油等农产品，实现年创收1300余万元。

黑藏鸡。黑藏鸡属本地藏鸡品种，适宜于在海拔3300～4100米的地区养殖。藏黑鸡是肉蛋兼用型品种，且具有药用保健功效，被列为地方优良品种。2022年成功打造全区首个富硒产品——隆子绿色富硒鸡蛋产品。隆子县群众历来有散养和集中养殖的习俗。2015年，在隆子县委、县政府的动员与帮扶下，发起成立隆子镇忙措村藏黑鸡养殖合作社，先后投入资金710万元，成立藏黑鸡养殖基地。2018年，在隆子镇堂徒村成立藏鸡养殖专业合作社，投入资金149.04万元。自成立以来，两家养殖合作社先后解决了不少村民的就业问题，每年合作社村民分红逐年递增。截至2023年，隆子县境内共有黑藏鸡3.75万羽，年均产量达106万枚，实现创收400余万元。在隆子县委、县政府的大力扶持下，先后完成“忙措藏黑鸡”“唐朱藏鸡蛋”商标注册，策划推进藏黑鸡蛋外包装及肉、蛋产品检测等工作，成功获批绿色食品证书。

黑藏猪。隆子县黑藏香猪是结合林芝藏香猪、隆子县当地藏香猪品种，适应平均海拔3400米高寒地区的独特品种。2019年在湖南省援藏工作队全力推动下，成功引进湖南建工集团有限公司和湖南现代农产业控股集团有限公司，投资1.3亿元建设隆子县玉麦湘标准化养殖一期基地，实现藏香猪从传统家庭养殖到规模化养殖的转变，从小规模分散养殖到万头猪场建设，从小散扶贫到国有股份制养殖企业成立，谱写隆子县藏香猪产业发展新篇章。玉麦乡标准化养殖基地，分为办公住宿、养猪生产、饲料加工、粪污处理、屠宰冷链、蔬菜大棚六个功能区，奉行绿色发展理念，保证生态安全的同时也做好与生物安全相关的工作。生猪存栏7560余头，其中种猪30头，能繁母猪940头，商品猪3693头。2023年底，可出栏藏香猪近6000头，二期项目建成投产后，年出栏可达到3万头。

中共隆子县委员会

综述

【概况】 2023年，隆子县委在党中央和区党委、市委的坚强领导下，在国家部委和湖南省常德市的帮扶下，坚持以习近平新时代中国特色社会主义思想为指导，全面贯彻落实党的二十大精神，深入贯彻落实习近平总书记关于西藏工作的重要指示和新时代党的治藏方略，锚定“四件大事”“四个确保”，聚焦“四个创建”“四个走在前列”和“六个走在全区前列”，坚持稳中求进工作总基调，完整准确全面贯彻新发展理念，主动服务和融入新发展格局，团结带领全县各族干部群众求真务实、真抓实干，推动全面建设社会主义现代化新隆子迈出坚实步伐。

【重要会议】 2023年1月7日，县委书记次仁加措主持召开县委经济工作会议。会议强调，全县各级各部门要深刻学习领会中央和区党委、市委经济工作会议精神，坚决把思想和行动统一到党中央和区党委、市委决策部署上来，统一到推动高质量发展的奋斗目标上来，全力以赴做好2023年经济社会发展各项工作。

2023年3月15日，隆子县召开2023年县委农村工作会议，县委书记次仁加措出席并讲话，县委副书记、政府县长李宁主持。全面贯彻落实中央农村工作会议精神特别是习近平总书记重要讲话精神，贯彻落实区党委、市委农村工作会议精神，总结2022年“三农”工作，分析当前“三农”工作面临的形势任务，研究部署2023年“三农”工作，动员鼓舞全县上下加压奋进、提效争先，奋力开创隆子县“三农”工作新局面。

2023年3月28日，召开县委统战工作暨全县宗教工作会议，县委书记次仁加措出席并讲话，深入贯彻落实党的二十大精神，全面贯彻习近平新时代中国特色社会主义思想，坚决贯彻落实党中央决策部署和区党委、市委工作安排，持续巩固和发展最广泛的新时代爱国统一战线，以铸牢

2023年12月5日，隆子县委书记李宁（中）一行在县委主题办开展调研

分发挥党委总揽全局、协调各方的作用，先后召开县委常委会会议、党的建设工作领导小组会议等，研究部署全面从严治党各项工作。牵头并督促落实《中共隆子县委员会加强党的建设 落实全面从严治党主体责任2023年度任务安排》，督促班子成员落实“一岗双责”，抓好各领域工作。以提升组织力为重点，统筹推进各领域基层党组织建设，按照干部选拔任用程序，提拔使用干部94人，轮岗调整194人，调整村“两委”班子36名，不断增强党组织政治功能和组织功能；坚持问题导向、目标导向、结果导向，把狠抓各级各类巡视巡察、监督检查、环保督察等反馈问题整改作为重要抓手，在常委会会议上听取汇报，研究解决突出问题。召开县委全面从严治党专题会议，听取党委（党组）汇报。带头落实“四下基层”制度，协调推动解决问题9条，推动班子成员解决问题26件；带头推动检视问题整改，推动县级干部检视问题62条、整改销号57条。组织开展违反中央八项规定及其实施细则精神监督检查21次，收缴违规资金3350元；全力支持纪委监委依法依规执纪监督问责，以零容忍态度反腐惩恶，全年受理处置问题线索44件（含遗留18件），办结35件，正在办理9件。精准运用“四种形态”批评、教育、处理57人，给予党纪政务处分25人，其中，开除党籍5人，形成有效震慑。发挥政治巡察利剑作用，对30个党组织开展巡察；召开常委会会议，领学市委关于坚持严的基调，重申有关纪律要求的通知等，加强党员干部教育管理。带队深入79家单位，对700余名党员干部开展调研谈话，精准掌握各级党组织班子和干部队伍建设情况。主动找15名班子成员、15名县级干部开展谈心谈话；模范执行廉洁自律的各项制度和规定，躬身做干部，挺腰板做人，一清如水、一身正气，真正做到既勤政又廉政，既干事又干净。着力构建三个关系：构建“规规矩矩”的上下级关系，既讲“四个服从”，又坚决抵制拉拉扯扯、吹吹拍拍；构建“清清爽爽”的同志关系，既讲原则、刚正不阿，又讲感情坦诚相待；构建“亲清二字”的政商关系，既亲而有界、亲而有度，又清而有责、清而有为。带头管好身边人、身边事。

2023年11月28日，隆子县委书记李宁（右一）以普通党员身份带头参加县委办党支部“四下基层解民忧 服务群众暖人心”主题党日活动

【风险隐患排查化解】 认真落实“7+1”维稳防控模式，深入排查化解各类风险隐患，充分发挥网格“前哨”作用，开展“敲门行动”，及时了解掌握社情民意、辖区实有人口和流动人员变动情况，排查涉稳隐患、治安隐患、消防隐患，重点关注可疑人员、可疑物品、异常动向等。网格长负责，督促网格员会同联户长每日对各自责任片区进行巡查走访，突出入户走访，突出人员动态管理，突出发现可疑情况、矛盾纠纷、安全隐患，发现情况及时向网格长和村（社区）汇报，由村（社区）汇总上报乡镇综治中心；每月21日前，网格长组织网格员、网格民警、联户长等基层治理力量对网格内出租房屋、流动人口、重点人员、特殊群体、困难家庭等进行全覆盖集中排查、入户走访，摸排问题、整改隐患，将排查中发现的问题和上月问题整改情况报乡镇综治中心，由乡镇汇总上报县维稳指挥部、综治中心；每季度初由乡镇党委书记牵头，组织村（社区）党组织书记、网格长、网格民警等力量对本辖区内各网格风险隐患进行联合排查、防范化解各类风险隐

患，走访了解和妥善处理各类社情民意，确保无死角、无盲点；每月底由乡镇综治中心组织，对掌握的突出问题进行会商处理，超出乡镇处理权限的问题，按程序报县维稳指挥部、综治中心，抄送有关职能部门；县委政法委牵头，沟通协调各单位，统一规范建立基本情况台账，包括实有住户、常住人口、流动人员、重点人员、闲散人员、特殊群体等方面情况；统一规范建立风险隐患台账，包括矛盾纠纷、治安消防隐患、各类人员异常情况，纠纷隐患异常问题的处置情况等；统一规范建立社情民意台账，包括群众需求、意见建议等；建立基层治理工作数据月统计制度，每月28日前，由乡镇综治中心牵头组织，村（社区）综治中心具体落实，网格长、网格员、网格民警、网格消防员、联户长等协助配合，对网格内的实有人口、流动人口、重点人员、特殊群体、矛盾纠纷、治安隐患、社情民意等进行一次全面统计，并根据统计结果，完善工作台账，及时更新综治信息平台数据，做到数据准确、调用方便。各项工作台账务必做到科学规范、实际管用，依靠台账记录，及时全面、系统精准地健全完善综治信息平台基础数据。

【法治宣传教育】 2023年，隆子县扎实开展精准普法和法治宣传教育，大力宣传《宪法》《刑法》《民法典》《治安管理处罚法》《自治区民族团结进步模范区创建条例》《自治区平安建设条例》等法律法规，努力提高依法行政水平，增强全社会法治意识。县普法办牵头建立网格员普法工作制度，加强部门协同，结合“八五普法”“法律九进”“三个意识”教育等活动，深化普法宣传教育，每月深入网格开展不少于1次的普法宣传教育活动。大力推广“互联网+普法宣传”，通过各类新媒体途径，开展形式多样、群众喜闻乐见的网上法治宣传活动，发掘法治文化产品、打造法治文化精品，增强宣传教育感染力，打通法治宣传“最后一公里”。

【铸牢中华民族共同体意识】 2023年，隆子县坚持把民族团结进步宣传教育与社会主义核心价值观教育、爱国主义教育、反分裂斗争教育、新旧西藏对比教育结合起来，深入开展党史、新中国史、改革开放史、社会主义发展史教育，深入开展西藏地方和祖国关系史教育，引导各族群众树立正确的国家观、历史观、民族观、文化观、宗教观。不断巩固全国民族团结进步示范县和自治区民族团结进步模范县创建成果，加强国家通用语言文字推广普及，加强各民族交往交流交融，不断增强各族群众对伟大祖国、中华民族、中华文化、中国共产党、中国特色社会主义的认同，打牢民族团结的思想基础。重视加强学校思想政治教育，把爱国主义精神贯穿各级各类学校教育全过程，把爱我中华的种子埋入每个青少年的心灵深处。

【宗教事务管理】 2023年，隆子县全面贯彻党的宗教工作基本方针，尊重群众的宗教信仰，依法加强宗教事务管理。尊重信教群众的习俗，耐心细致做好群众工作，用生产生活条件不断改善帮助群众树立追求今生美好生活的信念，对含有宗教因素的社会习俗进行规范和引导，倡导形成健康文明生活方式，淡化宗教消极影响，确保宗教领域安全稳定。

【人居环境整治】 2023年，隆子县坚持党建引领、党政主导，坚持生态优先、绿色发展，注重规划先行、因地制宜，加大资金投入、调动市场力量，鼓励基层探索、共建共享，总结运用好、深入把握好“千万工程”的好做法好经验，更好推进乡村振兴和美丽隆子建设。借鉴浪卡子县人居环境整治经验做法，结合实际创造性抓好人居环境整治工作。保持历史耐心，发扬钉钉子精神，一张蓝图绘到底，一件事情接着一件事情办，一年接着一年干，不搞“政绩工程”“形象工程”，建设生态宜居美丽乡村，让广大农牧民群众在乡村振兴中有更多获得感、幸福感、安全感。

【“五治融合”建设】 *发挥政治引领。*把政治引领贯穿于基层治理全过程、各方面，完善落实习近平新时代中国特色社会主义思想全民性宣传体系，推动习近平新时代中国特色社会主义思想进机关、进企业、进校园、进乡村、进寺庙、进社区，教育引导广大党员、干部、群众深学细悟，拥护“两个确立”、做到“两个维护”。以优良党风促政风带民风，以风清气正的政治生态引领社会生态，发扬社会主义新风尚。深化立德树人的根本任务，加强和改进学校思想政治教育工作，严防学校成为不稳定因素的发源地。

发挥法治保障。严格落实《重大行政决策程序暂行条例》，确保所有重大行政决策都严格履行合法性审查和集体讨论决定程序。严格落实行政执法公示制度、执法全过程记录制度、重大执法决定审核制度，推进严格规范公正文明执法。严格落实司法责任制，完善执法司法权运行机制和管理监督制约体系，推进严格公正司法。推进公共法律服务体系现代化建设，建立县、乡、村三级公共法律服务实体平台，完善基层公共法律服务体系。探索推进法律顾问、法院干部联系重点乡镇、重点村（社区）工作。乡镇加强指导村（社区）依法完善村规民约、居民公约，健全备案和履行机制，确保符合法律法规和公序良俗。提升基层党员、干部法治素养，引导群众积极参与、依法支持和配合基层治理。加强法治宣传教育，完善落实“八五”普法规划，落实“谁执法谁普法”“谁管理谁普法”“谁服务谁普法”责任制，以“法律九进”为载体，广泛教育引导农牧民办事依法、遇事找法、解决问题用法、化解矛盾靠法，不断提升乡村治理效能。在所有乡镇、村（社区）开展“法律明白人”等培养工作。

发挥德治教化。发挥新时代文明实践中心站（所）作用，以培育践行社会主义核心价值观为引领，深化民族团结进步教育，深入实施公民道德建设工程，加强社会公德、职业道德、家庭美德、个人品德教育。注重发挥家庭家教家风在基层治理中的重要作用，用好村规民约，倡导文明公约，持续深化移风易俗、革除陋习。大力弘扬卓嘎、央宗爱国守边典型事迹，大力弘扬入选“中国好人榜”、第八届全国道德模范提名奖获得者、“感动山南十大人物”古桑旦增的典型事迹，大力弘扬“新时代政法楷模个人”江参的典型事迹，广泛开展“道德模范”“身边好人”“文明家庭”“民族团结模范家庭”等评选创建活动和见义勇为、英雄模范评选表彰活动，进一步弘扬正气、振奋精神。

发挥自治强基。实施村级活动阵地提档升级工程，健全完善基层党组织领导的基层群众自治机制，完善村民议事会、村民理事会等自治载体，学习借鉴“乡贤堂”“双联户议事厅”等群众参事议事平台做法，实现群众自我管理、自我服务、自我教育、自我监督。规范村（社区）“两委”议事程序，严格执行“四议两公开”制度，做到项目建设等涉及村民切身利益和村级重大事项规范透明，自觉接受群众监督，不断提升村级组织管理、服务、运行规范化、科学化水平。促进基层纪检监察和村务监督委员会有效衔接，加强对村务监督工作的督促指导，积极探索村务监督的有效方式方法，及时总结推广村务监督中的好经验、好做法，推动党内监督和民主监督融合、监察监督与村务监督贯通。引导广大农牧民党员积极参与村务活动，发挥党员先锋模范作用，自觉投身社会治理等各项工作，不断激发基层社会治理内生动力。

发挥智治支撑。加快推进社会治理信息化支撑平台建设，积极推进实施“互联网＋基层治理”行动，持续推进基层治理“多网合一”，探索推行“互联网＋视频监控”，推进电子眼向网格延伸，将森林防火等视频监控信息接入乡镇综治中心，提高视频监控发现问题能力。积极推进实施“互联网＋网格”“互联网＋政务服务”，推动“马上办”“一次办”“网上办”，切实提高服务群众的效率和水平。探索推进智慧城市、“智慧社区”建设，稳步推进基础设施、系统平台和应用终端建设，推广智慧法律服务等技术应用，强化系统集成、数据融合和网络安全保障。加快推动综治信息化平台建设和应用，建立村（社区）综治数据库，由村（社区）和警务室综合采集辖区实有人口、房屋、重点要害部位等基础数据，录入和动态更新综治信息平台，力争2025年实现与雪亮工程并网。整合数据资源，实行村（社区）数据综合采集，实现一次采集、多方利用。探索完善乡镇与部门政务信息系统数据资源共享交换机制。

【健全完善保障体系】 *强化组织保障*。各级党委、政府要严格落实主体责任、属地责任，把加强基层治理列入重要议事日程，完善议事协调机制，强化统筹协调，推动形成党委统一领导、政府依法履责、群团组织助推、社会组织协同、群众广泛参与的基层治理格局。加强对基层治理工作领导，定期研究、听取汇报、安排部署基层治理工作，及时帮助基层解决困难和问题。加强对基层治理工作成效的评估，把评估结果作为党政领导班子和领导干部考核，以及党组织书记抓基层党建述职评议考核的重要内容。严格执行重大事项请示报告制度，对涉及基层治理的重大问题、重要情况要及时请示报告。

强化激励保障。树立鲜明用人导向，加强对基层治理人才的培养使用，坚持在维稳一线和关键时刻识别、考察和检验干部，对关键时刻冲锋在前、实绩突出、表现优秀、群众公认的好干部，优先提拔任用、交流重用。对标对表中央、区党委、市委和县委关于提升基层治理体系和治理能力现代化水平的具体要求，与村（社区）干部报酬待遇和招录（聘）有效挂钩，对优秀等次乡镇、村（社区）给予通报表扬并提高优秀公务员评选占比。对政治立场坚定、工作成绩显著、群众公认度高的村（社区）党组织书记以及各类专干，按程序优先招录（聘）为公务员（事业单位工作人员），优秀户长、网格员推选为村（社区）后备班子成员。

强化责任落实。党政主要负责同志要严格落实第一责任人责任，始终牢记没有脱离政治和稳定的基层治理，严肃政治纪律，做

2023年11月29日，隆子县委常委、宣传部部长顿珠曲杰（右二）带队开展文化市场日常检查

到亲自研究、亲自部署、亲自推动落实，督促班子成员落实“一岗双责”，建立“全链条”的责任清单，健全定岗定责、首问负责等制度，推动党员干部把时间和精力放在一线抓落实。压实村（社区）、寺管会、学校、企业、医院、离退休支部等各领域党组织主体责任，坚持问题导向，全面梳理基层治理的重点部位、重点人员、重点任务，未雨绸缪、提前防范，掌握工作主动，推动建设社会治理共同体。

强化各项保障。积极统筹现有资金渠道，研究建立经费保障机制，加大对基层治理的支持力度。做好资金统筹监督，按照“权随责走、费随事转”原则，推动资金投入下移，加强基层基础建设，持续加强对社会治理专项经费和以奖代补资金的监督管理，确保专款专用。重视和加强基层干部能力建设，健全完善教育培训常态化长效化机制。完善落实基层党员、干部分级培训制度，聚焦党的建设、群众工作、基层治理、乡村振兴、应急处突等重点任务，分类别、分层次、全覆盖开展教育培训，不断提升基层党员、干部、群众依法依规加强基层治理的能力和水平。充实基层治理骨干力量，加强基层党务工作者队伍建设。

强化作风改进。持续深化“四查四问”，大力弘扬求真务实、真抓实干的优良作风，牢记“三个务必”，持之以恒抓作风、锲而不舍抓落实。以“时时放心不下”的责任感，对党的二十大作出的重大战略部署和区党委、市委、县委关于加强基层治理的各项决策部署、明确的目标任务、制定的具体举措逐项逐条进行细化安排，实行清单化管理、项目化推进，加大跟踪督办力度，确保各项决策部署落地落实。深入调查研究，认真践行“一线工作法”，多到基层一线去，多到困难多、群众意见集中、工作打不开局面的地方去，同群众一起讨论问题，了解实情、解剖麻雀，精准发现问题、精确研判问题，把准事物的本质和规律，找

到破解难题的办法和路径。努力增强学习能力、调查研究能力、科学决策能力、群众工作能力、担当作为能力、狠抓落实能力，切实以作风的大转变推动基层治理工作水平的大提升。

强化监督考核。优化完善考核评价体系和激励办法，有针对性地制定推进措施，以目标责任为导向，充分运用通报、约谈、挂牌督办、一票否决等问责手段，开展督促检查、定量考核、评价奖惩，确保基层治理工作全面落实。加强对乡镇、村（社区）的综合考核，倒逼责任落实，发挥一线指挥部作用，提高抓落实的能力。严格落实村（社区）党组织书记备案管理制度和村（社区）干部报酬待遇正常增长机制、业绩考核奖励办法，加强实绩考核，注重结果运用。

2023年12月21日，隆子县直属机关工委召开第六次会议学习许成仓、冯小义在全市组织工作会议上的讲话精神

组织工作

【机构编制】 2023年，县委编办深入贯彻落实《事业单位登记管理暂行条例》和《事业单位登记管理暂行条例实施细则》，按时完成8个事业单位网上登记、年检、变更工作。

根据机构编制监督检查规定要求，对30家党政部门、11个乡镇机构编制文件落实、“三定”规定执行、机构改革工作落实等进行实地检查，现场解决相关问题10余条。认真做好乡镇机构调整优化的“后半篇文章”，检查评估乡镇机构调整优化成效，形成专项报告。参与完成上级编制部门开展的乡镇机构运行评估、体制机制优化和“选育管用留”等相关领域调研工作，撰写调研报告4篇。按照国防动员体制机制改革、纪委监委内设机构调整优化部署，开展相关领域改革工作，完成相关机构设置、领导职数调整、职能优化等工作。分配市委编委核增的事业编制，撤销2家事业单位，设置4家副科级和3家股级事业单位。完成隆子县水电站更名，调整优化18个教学点开展实名制系统数据核查4次，对全县1745名干部信息进行更新维护，对新录用的134名人员信息进行实名制登记、录入工作。严格执行实名制系统操作规程，做好编制实名制系统日常更新维护，按时上报月报和季报信息，每月25日前完善全县实名制系统人员增加、减少及变更的信息，确保全县编制系统底数清、情况明。

【基层组织建设】 2023年，县委组织部按照“统一部署、分步实施、全员参与”的原则，多次安排部署、专题调度市级党建示范点创建工作，不设比例、积极争创，各乡镇、县直单位申报示范点14个，经县委组织部初步验收，向市委组织部申报村党组织示范点8个。对全县各级党组织进行摸底排查，分析研判，精准确定1个软弱涣散党组织，坚持“一支部一方案、一问题一对策”制定整改方案，落实“五个一”责任机制，针对毕念村软弱涣散基层党组织，明确1名县委组织部部务会班子成员包片指导责任、1名县委班子成员联系指导责任、1名乡镇正职包村指导责任、1名第一书记驻村指导责任、1名第一书记派出单位结对指导责任。通过领导班子成员联系指导、党务精干蹲点指导、选派党组织书记或党建工作指导员等措施，有针对性地解决问题，提高整顿质量，全面完成晋位升级工作。推动红色美丽村庄试点建设，隆子县玉麦乡玉麦村、列麦乡列麦村红色美丽村庄取得初步成效；巩固“边境党建红色长廊”建设，认真落实全区边境一线基层党组织结对共建“五共五固”现场会精神和全区“五共五固”工作现场交流会精神，召开隆子县2023年深化“五共五固”工作推进会，落实“政治铸魂、强筋壮骨、兴边富民、凝心聚力、守土固边”五大工程和“工作联抓、组织联创、语言联学、文化联享、边关联守、家园联建”等举措，军地互任“边境工作顾问”32人，“党建指导员”26人；深入实施固边兴边富民行动，以支部引路、党员带富，驻地军警与50户边民结成帮扶对子，帮助打造家庭旅馆20户，氆氇加工厂等产业6个，带动农牧民就业18人，人均增收1.1万余元；开展“义诊、会诊、巡诊”活动，开设“军地爱民诊所”，军（警）地联合开展志愿服务活动78次，不断增强人民群众的获得感、幸福感、安全感。全年发展党员150名，208个党组织高质量召开年度民主生活会和组织生活会，开展“三会一课”1552次、谈心谈话274次。成立巡车、巡屋、巡场所3支队伍，开展信教党员排查133次。督促党员学习《西藏自治区共产党员不信仰宗教行为规范（试行）》，组织全县党员全覆盖签订不信仰宗教承诺书。

【村干部队伍建设】 2023年，县委组织部联合县委宣传部在“网信隆子”微信公众号开设“奋进新征程 头雁领航书记谈”活动专栏，营造加强交流学习、促进比学赶超的浓厚氛围。推行村干部集中办公，率先在全市范围内试点推行村干部“集中办公日”制度，制定《隆子县村干部集中办公日工作台账》，实行“一村一册”记录，提升村干部履职尽责能力。申报自治区党内激励帮扶8人、市级党内激励帮扶13人。开展大学习大练兵大比拼活动，组织乡镇党委副书记、组织委员参与党建调研督导，交叉考核、互学互补。举办交叉上讲台活动，开展2期组工业务大讲堂。开展驻村工作队和乡村振兴专干专题培训，县直单位8名业务熟练工作人员开展现场授课教学。

【党风廉政建设】 2023年，召开党风廉政建设会议3次，全面梳理排查廉政风险隐患，组织全体党员签订党员不得信仰宗教承诺书，观看《作风建设永远在路上》等警示教育片，用身边事教育身边人，推动党风廉政建设和反腐败斗争向纵深发展。深入开展组工业务大讲堂活动，科室负责人、业务骨干轮流上讲台授课、分享经验、交流思想，营造比学赶超浓厚氛围。带头执行中央八项规定及其实施细则精神，严格规范饮酒行为，严令禁止赌博行为，以强化内部管理引导组工干部坚决抵制不良风气，营造风清气正的政治生态，用实际行动擦亮组织部门讲政治、重公道、业务精、作风好的“金字招牌”。

【干部管理】 2023年，隆子县严格按照《中共山南市委员会关于进一步明确干部职工外出管理规定有关事项的通知》（山委〔2003〕70号）文件要求执行，严格干部职工外出事由、起止时间等事项，严禁“未批先走”“先斩后奏”。建立销假当天提醒制度，确保干部到假到岗。以不定时、抽查等方式开展查岗8次，通报批评9人，严明工作纪律，狠刹不正之风，推进作风持续向好；配合市委组织部干部监督科开展泡病号专项整

2023年10月17日，隆子县举办村（社区）党组织书记抓党建促乡村振兴“擂台比武”

治工作，综合分析研判，精准甄别，切实摸清底数。2023年，隆子县长期病假共计10人（其中，行政干部5人，事业干部1人，教师3人，工人1人），从2021年的16人到目前的10人，减少37.5%。公务员服务保障。2023年，隆子县公务员新录用16人，调出21人，调入5人，退休1人，辞职1人。严格落实公务员转任、辞职、退休等相关程序，落实好工作待遇，积极对接市委组织部公务员科做好新录用公务员初任培训、试用期满任职定级等相关工作，圆满完成各项规定动作。公务员考核。深入贯彻落实《关于做好2022年度非领导成员公务员考核工作的通知》（藏组发〔2022〕405号）文件精神，严把考核内容、标准及有关等次比例，对701名非领导成员公务员进行了考核，评选出优秀等次175名（其中记三等功14名），称职等次497名，基本称职1名，未定等次28名，及时对接财政落实奖金。查漏补缺，开展好公务员平时考核工作。不断更新完善公务员花名册、任免审批表、公务员信息系统更新工作，为县委识别干部，奠定坚实基础。

【干部任选】 2023年，县委组织部组成6个班子运行考察组，全覆盖完成各乡镇各部门班子考核工作。结合届中分析工作，县委书记带队深入各乡镇、各部门开展调研，精准掌握班子运行和干部队伍建设情况，进一步促进干部交流调整使用。2023年，平职调整46人，晋升职级32人，进一步使用12人，提拔晋升上一职务82人（其中包含4名事业编制人员）。

【老干部工作】 2023年，县委组织部充分运用西藏老干部之家等线上学习平台和《党的二十大精神应知应会知识》口袋书等线下学习资料，建立健全离退休干部常态化学习教育机制。严肃政治纪律和政治规矩，签订离退休党员不信仰宗教承诺书106份，筑牢离退休干部的“政治之魂”；组织23名退休干部到福建厦门开展为期15天的健康疗养暨参观考察活动；组织2批次50名离退休党支部党员到玉麦乡、扎日乡开展边境参观考察活动。年内，慰问离退休干部254人，发放慰问金27.9万元；慰问去世老干部家属10人，住院退休干部职工8人，“光荣在党50年”纪念章获得者4人、退休困难党员10人，送去慰问金慰问品共计2.8万元；用好离退休干部人才资源，传播老干部之声，开展党的二十大、新旧西藏对比等宣讲活动5场次，文体表演活动4场次；引导离退休党员积极融入基层治理、环境清整等工作中身体力行，推荐3名老同志担任社区网格员，参与社区基层治理，组织离退休党员积极参与全县学雷锋卫生清整行动等，为建设美丽隆子贡献银发力量。

2023年6月6日，山南市委党校第二十九期中青年干部培训班到隆子县列麦村开展异地教学

【基层党建】 2023年，县委组织部在县委的领导和市委组织部的指导下，坚持以习近平新时代中国特色社会主义思想为指导，深入学习贯彻党的二十大精神，全面贯彻新时代党的建设总要求和新时代党的组织路线，坚持大抓基层的鲜明导向，围绕中心、服务大局，持续用力抓基层、强基础、固根本，基层党建工作迈上新台阶、取得新成效，为推动全县经济社会高质量发展提供坚强组织保证。责任落实。召开隆子县基层党建工作重点任务推进会2次，对2023年隆子县基层党建工作进行安排部署，确保党建工作部署到

位、推进有力。制定印发《中共隆子县委员会组织部关于开展隆子县2023年上半年基层党建重点任务督导检查的通知》，对109个基层党组织基层党建工作进行全面督导检查。针对督导检查实际，下发《隆子县2023年度上半年基层党建重点任务督导检查情况通报》，将督导检查整改清理纳入县委组织、县直属机关工委、乡镇党委督导检查全过程各方面，跟踪问效，确保问题得到全面整改。全县56个党委（党组）高质量召开民主生活会，开展谈心谈话594次，各基层党支部（总支）召开组织生活会和民主评议党员会议193次，"三会一课"1930次，进一步发挥党组织战斗堡垒作用。思想政治建设。坚持把学习习近平新时代中国特色社会主义思想作为重大政治任务，把习近平总书记关于党的建设重要思想、关于西藏工作的重要指示和新时代党的治藏方略，党的二十大、中央第七次西藏工作座谈会、自治区第十次党代会、区党委十届三次全会以及市第二次党代会、市委二届五次全会精神等纳入各级党组织学习范围，各级党委（党组）召开理论学习中心组学习671次、各支部召开集中学习会3300余次，开展讲党课活动430余次，开展理论宣讲活动1597场次，受教育群众累计达11.52万人次。开展述学考学评学工作，将全县科级及以上干部纳入范围，引导干部参加线上答题活动，以考促学。充分调动驻村工作队等力量，采取召开宣讲大会、走村入户、开办

2023年4月23日，隆子县委组织部组织离退休老干部到福建厦门开展健康疗养活动

夜校和微党课等方式宣传习近平总书记关于西藏工作的重要指示和新时代党的治藏方略470余场次，覆盖群众2.5万余人，开展党的二十大精神"进万家"活动370余场次，覆盖全县1.8万余人。政治忠诚教育。常态化开展党性教育、政治教育、思想信念教育216场次，主题党日142场次，广泛教育引导各级党委（党组）和党员干部坚定理想信念、树牢政治意识、提升政治能力，夯实政治基础。全年开展"四条标准"和"三个意识"教育活动300余场次，引导广大僧尼和信教群众理性对待宗教，淡化消极影响，减少宗教消费，过好今生幸福生活。推进党员信息平台一体化建设，不断提高党员教育培训质量。分批次举办县级村主干区外培训班、党员政治教育培训班、党员发展对象短期集中培训班、党员领导干部项目审批培训班等6期279人。持续深化"党课开讲啦""学习身边榜样"活动，深入挖掘党员教育资源，制作《"雪域愚公"仁增旺杰》《家是玉麦 国是中国》等党员教育电视片2部。驻村工作。2023年，开展马克思主义"五观""两论"、反分裂斗争和新旧西藏对比等教育180余场次，宣传党的民族宗教政策280余场次，制定维稳方案和应急预案304个，开展应急演练110余场次，及时化解和妥善处理各类矛盾纠纷59件。开展"四史"及西藏地方和祖国关系史集中宣讲200余场次，举办专题讲座150余场次，覆盖群众9300余人。组织村干部和农牧民群众开展国家通用语言文字教育培训790余场次，覆盖村主干和农牧民群众3300余人，培养国家通用语言文字推广带头人350余名。兴办集体经济组织或专业合作社4家，申报村级产业发展项目2个，投入2713.66万元强基惠民资金用于发展壮大村级集体经济。走访群众8950余户，帮助解决"急难愁盼"问题750余个。开展技能培训33场次，组织劳务输出4280

余人次，帮助108名未就业大学生实现就业。帮助基层党组织健全各项制度156个，举办重温入党誓词、观看红色电影等活动220余场次，临时党支部书记带头讲党课65场次。协助村党组织开展军民联谊活动61场次，开展军民结对帮扶活动21场次，组织党员群众与部队联合巡边40余次。大力宣传卓嘎、央宗姐妹守土固边先进事迹200余场次，巡边路上喷绘标语110处。全面加强驻村管理，2023年，召开4次驻村工作调度会，集中培训驻村干部4期，开展督导20余次，发布《通报》1期，督促驻村工作任务落地落实、整体推进。党建引领基层治理。织密建强党的基层组织体系。在抵边搬迁点成立扎日乡庄堆村并建立党支部，将原隆子镇叶巴村调整为叶巴社区，原隆子镇新巴村所属县城区域拆分成立吉塘社区，进一步提升基层党组织凝聚人心、服务群众作用。

【援藏工作】 2023年，县委组织部坚持把医疗人才“组团式”援藏工作作为“谋民福、惠民利、得民心”的民生工程，召开隆子县医疗人才“组团式”援藏工作推进会，制定了《中共隆子县委员会常委同志联系援藏医疗人才工作制度》《隆子县委组织部部务会成员联系援藏医疗人才制度》，完成3名医疗人才“组团式”成员轮换工作，常态化开展谈心谈话，掌握医疗援藏人才工作开展情况，关注他们的身体健康状况，协调解决实际问题，为援藏干部人才安下心、俯下身、扎下根，心无旁骛开展工作提供了坚实机制保障。年初向上级申请急需紧缺性专业技术人才6名。智力援藏。针对隆子教育卫生领域人才短缺、管理机制不顺等问题，制订三年人才培养计划，选育、培养、考核、激励一体推进，探索完善人绩效考核办法，聚力打造带不走的工作队。医疗组团工作获中组部、国家卫健委调研组高度评价。对接协调常德市蘑菇种植专家到隆子开展为期4个月的技术培训。对接湖南省蔬菜种植专家来隆子开展种植技术指导。互访交流。外送隆子县卫生系统15名业务骨干赴常德市交流学习，5名医务人员在常德开展为期3个月的进修培训。压实“传帮带”责任，对援藏老师和学员开展双向考核。对接常德市六中来隆子县中学开展交流活动。对接常德市保密局来隆子县开展保密工作指导，获国家保密局表扬。促成隆子县人大到常德市考察学习。义诊活动。深入开展医疗义诊五进活动（进机关、学校、寺庙、部队、农牧区）。截至年底，深入农牧区、部队、寺庙开展义诊活动10次，免费发放价值约10万元的药品，惠及官兵及农牧民群众2100人次。民生项目建设。隆子县2023—2025年对口援藏规划总投资为9600万元，其中教育医疗投入4610万元，占比48%。投入农牧区民生改善项目资金9375万元，占比达97.7%。2023年在建项目投入资金3040.8万元，全部投入基层民生领域，所有项目稳步推进。同时援藏队协助隆子县推进军用机场建设。

2023年2月5日，隆子县组织开展2023年度村干部国家通用语言文字“冬训”知识竞赛

【主题教育】 2023年，县委组织部稳步推进学习贯彻习近平新时代中国特色社会主义思想主题教育。及时成立县委主题教育工作领导小组，组建综合组等5个职能组，制定完善领导小组议事规则、办公室工作规则，动员部署推动主题教育。研究制定《隆子县委理论中心组学习贯彻习近平新

2023年6月12日，隆子县离退休党支部到扎日乡珞瓦新村开展“送教育、送文艺”活动

时代中国特色社会主义思想主题教育专题学习研讨方案》《中共隆子县委员会学习贯彻习近平新时代中国特色社会主义思想主题教育理论学习中心组学习研讨计划》《关于明确读书班纪律要求的通知》，确定学习主题5个，明确学习内容20余项。县委主要领导率先垂范、以上率下，坚持读原著学原文悟原理，聚焦5本必读书目和3本选读书目等重点学习内容进行辅导学习，通过理论上补课、精神上补钙、能力上充电，进一步武装了头脑、开阔了视野、激发了干劲。制订《隆子县主题教育调研情况计划表》，统筹安排调研时间、人员、地点，分组进行调研，营造大抓调研浓厚氛围。13个调研课题组坚持问题导向，围绕各自选题，结合“四下基层”活动，广泛开展穿透式、解剖式调研，注重成果转化，解决实际问题，形成调研报告11篇。针对第一批检视问题清单共321条（县级干部32条），制定整改措施683项（县级干部100项），明确整改目标、整改时限、牵头责任人，推动检视整改工作改出成效。

宣传工作

【意识形态】 2023年，隆子县委宣传部坚持把意识形态领域工作作为党的一项极端重要的工作，严格落实《中国共产党宣传工作条例》和《党委（党组）意识形态工作责任制实施办法》，牢牢掌握党对意识形态工作的领导权，确保宣传思想文化工作始终沿着正确的政治方向前进。年初，召开全县意识形态工作暨宣传思想文化专题会议，对全县意识形态工作和宣传思想文化工作进行全面安排。县委常委会跟进学习习近平总书记关于宣传思想文化工作的重要指示批示精神以及宣传思想文化领域各类重大会议精神，并提出贯彻意见，做到与经济发展、社会稳定工作同安排同部署。县委宣传部对各乡镇党委意识形态工作责任制落实情况进行专项督导检查4次，对部分专项工作进行考核，十届县委第四轮、第五轮巡察工作继续将意识形态领域工作作为巡察的一项重要内容，进一步压实各级各部门意识形态工作责任。

【理论武装】 2023年，隆子县委宣传部始终坚持把学习宣传贯彻习近平新时代中国特色社会主义思想作为首要政治任务，持续加强理论武装工作，切实用习近平新时代中国特色社会主义思想武装全党、教育人民。

抓实中心组学习。把习近平新时代中国特色社会主义思想作为党委（党组）理论学习中心组学习第一议题，制定印发《2023年隆子县委理论学习中心组专题学习计划》《2023年全县各级党委（党组）理论学习中心组专题学习重点内容安排》，全年召开县委理论学习中心组学习会14次，专题研讨12次，党的二十大精神专题辅导1次。在县委的带动下，全县各级党委（党组）开展理论学习中心组学习671次，做到重点内容跟进学、规定内容全覆盖。

强化理论宣讲。以习近平新时代中国特色社会主义思想全民性宣传教育体系建设为契机，紧紧围绕党的二十大精神、新时代党的治藏方略、铸牢中华民族共同体意识和牢固树立国家意识公民意识法治意识、纪念西藏民主改革64周年等重点内容，结合党的各项惠民政策，组织县乡村三

2023年7月1日，隆子县白卡堂村党支部联合驻地部队以“军民共建固边防 党旗猎猎映边疆”为主题开展庆祝建党102周年系列活动

级宣讲队伍，深入田间地头、草原牧场、寺庙僧舍、校园教室，广泛开展集中宣讲、入户宣讲、理论+文艺宣讲等活动，组织举办农牧民骨干宣讲员宣讲比赛，开展优秀宣讲员巡回宣讲2次、28场，各乡镇交叉宣讲1次、76场，不断推动党的创新理论在基层走深走实、入脑入心。2023年，全县各级宣讲队伍开展理论宣讲1870余场次，受众达13.51万余人次。

拓宽传播渠道。完善党的创新理论多渠道传播机制，充分利用网络、广播、社会媒体等平台，全方位传播党的创新理论和党的各项方针政策，不断提升理论宣传广度和覆盖面。2023年，“网信隆子”“隆子融媒”等网络平台刊播习近平总书记重大新闻稿件和系列重要讲话精神内容123条次、党的二十大精神和习近平总书记讲话“金句”27条、主题教育藏文及音频内容36条；三级应急广播播发政策理论宣讲音频520余小时；户外广告牌和电子显示屏刊播宣传标语50余条。

【新闻宣传】 2023年，隆子县委宣传部始终坚持团结稳定鼓劲、正面宣传为主，紧紧围绕县委、县政府中心工作，加强新闻策划，做强主题宣传、做大典型宣传，扩大了隆子的影响力、知名度。

建立健全新闻通气会制度、新闻作品月评制度、采编人员任务清单制度。在“网信隆子”微信公众号上开办《奋进新征程 建功新时代》《新时代驻村干部》《主题教育》《民族团结》《文明实践》《奋进新征程 头雁领航书记谈》等专栏，持续开展系列主题宣传、成就宣传和典型宣传，较好展示了隆子县各行各业深入学习贯彻党的二十大精神，奋力推进各项事业高质量发展的新举措、新成效，不断激发广大干部群众干事创业的热情激情。2023年，“网信隆子”微信公众号累计采写发布各类新闻1764条次，阅读量达101.69万余次；“隆子融媒”抖音号累计采编播各类视频249条次，浏览量达706.97余万次。

2023年，共接待中央、自治区、山南市级媒体工作32次，同时，向上级媒体积极推送隆子县新闻稿件，中央媒体采写报道以及转发隆子县相关新闻210余条次，自治区媒体共刊发280余条次，山南市级媒体刊发350余条次，“学习强国”刊播63条，重点涉及强边、生态、民生等领域的典型做法和成就报道。其中，6月人民网连发3篇稿件对隆子县沙棘种植、黑青稞产业、文化保护传承进行报道；11月，《西藏新闻联播》连续三期头条播发创建国家固边兴边富民行动示范区——珞瓦新村的振兴“密码”三级视频新闻；中央、自治区、山南市三级媒体对隆子获颁“世界最大黑青稞种植基地”认证世界纪录证书和2023年“中国农民丰收节”暨隆子县玉珞文化旅游节进行集中报道，各大媒体平台对相关稿件进行大量转发，点击量破300万，部分稿件被人民网、新华网海外版进行刊播，有效展现了隆子县经济社会发展取得的成效，起到了良好的对外宣传推介效果。配合做好了中宣部组织拍摄的“七一勋章”获得者卓嘎口述史在隆子县拍摄工作。

【宣传教育】 2023年，隆子县委宣传部坚持以社会主义核心价值观为引领，立足实际，依托新时代文明实践中心（所、站），广泛开展以“两学、一评、三深化”为主要内容的新时代文明实践活动，进一步深化基层精神文明创建工作，着力提升群众文明素养和全社会文明程度，不断打牢各族干部群众团结奋斗的共同思想基础。

“两学”活动。学习近平新时代中国特色社会主义思想，大力推进党的创新理论大众化普及化。重点开展党的二十大精神、新时代党的治藏方略、习近平总书记系列重要讲话精神学习宣传活动，切实让群众掌握理论、提高自己；学国家通用语言文字，不断铸牢中华民族共同体意识。重点开展农牧民文化补习夜校、红歌比赛等活动710余场次，不断提高农牧民群众国家通用语言文字学习使用率。

“一评”活动。评选表彰身边典型，不断提升基层精神文明创建水平。采取从村到县分三步，开展身边先进典型评选表彰活动，广泛营造学习典型、争做典型的浓厚氛围。2023年，各乡镇、村已开展“文明家庭”“文明村”“最美庭院”“村级、乡级好人”等评选活动。县一级评选表彰活动目前进入资料审查阶段，待县委审批后进行开展。同时，积极开展各类先进典型向上级推荐活动，2023年，日当镇宗那建筑有限公司加央曲扎、三安曲林寺公安派出所民警陈桦显2人当选第六届“感动山南”人物，卓嘎央宗姐妹、古桑旦增、王微、阿旺西若被授予山南市“最美守边人”荣誉称号，基层精神文明创建工作取得了较好成效。

“三深化”活动。深化铸牢中华民族共同体意识和“国家意识、公民意识、法治意识”群众性主题宣传教育活动，不断打牢民族团结思想基础和反分裂斗争群众思想基础。围绕四个意识，重点开展宣讲教育、演讲比赛、文体活动等各类群众性主题实践活动665场次，甜茶馆里话党恩活动130余场次，让群众在活动中不断增进“五个认同”；深化学雷锋志愿服务活动，不断提升群众获得感、幸福感、安全感。在基层开展以文化文艺、助学支教、医疗健身、科学普及、法律援助、卫生环保、扶贫帮困等为主要内容的“新时代、新雷锋”志愿服务活动，切实解决群众“急难愁盼”的问题，2023年累计组织干部群众开展实践志愿服务活动1720余场次，参与人数达11.5万人次；深化“重走巡边路、手绘爱国情”志愿服务活动，不断铸牢强边固防的“铜墙铁壁”。立足隆子县实际，持续开展“重走巡边路、手绘爱国情”志愿服务活动，引导更多边境一线干部群众积极投身巡边守边事业中，争做神圣国土守护者幸福家园建设者。2023年，干部群众累计开展巡边活动2850余次，手绘国旗、党旗等标示90余个。“玉麦乡爱国守边先进事迹展馆”“巡边路”等红色教育基地建成并投入使用，逐步形成国道219沿线的红色文化集群效应，有力推动了红色文化旅游发展。

【阵地管理】 2023年，隆子县委宣传部严格实行舆情监测值班制度，加强与各部门之间沟通衔接，加大舆情监测监管力度，及时关注网上舆情动态，确保全县网络空间日益清朗清净。联合县网安大队对网络安全重保单位，开展网络安全检查8次，开展网络安全应急演练桌面推演1次，确保了隆子县各类网络安全。开展“网络安全宣传周”“网络文明进乡村、社区”活动12次，大力宣传网络安全相关知识，进一步教育引导广大干部群众文明上网、安全上网，全民维护网络安全意识不断提升。

严格执行新闻稿件“三校三

2023年2月13日，藏历新年晚会现场

2023年7月24日，隆子县斗玉珞巴民族乡第八届玉珞文化旅游节

审”制度，采取人工审查+技术审查相结合的形式，加大对全县主流媒体和政务新媒体的监管力度，严把新闻信息稿件政治观、导向关，全年未出现任何导向性错误和政治类差错，确保网络宣传安全。同时，强化网络新兴媒体的登记、备案、审批制度，2023年，全县政务新媒体账号共18个。

严格执行安全播出规章制度，加大设备检修频次，确保各类重大时间节点广播电视播出安全。统一制定下发《县、乡、村三级应急广播管理和使用规定》《应急广播播报内容安全管理登记本》，进一步规范应急广播设备和播报内容安全管理。

坚持把“扫黄打非”作为意识形态工作责任制的重要内容，各成员单位发挥各自职能优势，创新工作思路、方法手段，强化协同配合，完善联动机制，进一步形成治理合力。以严厉查处打击全县文化市场及网络平台制售政治性非法出版物及宣传品、淫秽色情、非法音像制品，非法销售广播电视地面接收设备为重点，以联合检查与突击暗访相结合，采取每周明察、每月暗访、“白加黑”晚上抽查、双随机等形式日常监管、抓早抓小、杜绝违法违规行为的发生。依托“扫黄打非”五大专项行动，结合“萨嘎达瓦”“综治宣传周”、端午节、中秋国庆假期、成都大运会、网络安全宣传周、民族团结宣传月等重要节点，集中力量开展“节日期间专项整治行动”“3月敏感节点文化市场专项整治行动”“校园周边环境专项整治行动”等一系列针对性的专项整治行动，联合各相关单位在全县范围内开展专项整治，确保文化市场领域有序发展，营造清风正气的文化环境。

统一战线（民族宗教事务）

【重要会议】 1月9日，隆子县召开党外人士迎“春节、藏历新年”茶话会，会上为党外人士送上了节日的慰问和祝福。县政协主席古桑单增主持并讲话，部分在岗县级领导及各族各界党外人士26名参加了座谈会。

3月28日，隆子县召开县委统战民族宗教工作会议，县委书记次仁加措出席会议并讲话，县委副书记、县人大常委会主任廖仕平主持会议。宣读了《中共隆子县委员会隆子县人民政府关于命名第三批“隆子县民族团结进步示范单位暨教育基地”的决定》，对54家第三批隆子县民族团结进步示范单位代表进行授牌。

11月30日，隆子县宗教界“三个意识”教育阶段调度推进会，会议由县委常委、统战部部长、民宗局局长罗布扎西主持，统战部班子成员及各寺管会书记、主任等共计14人参加了会议。

【重要活动】 2023年1月12日，隆子县宗教领域宣讲组开展党的二十大精神宣讲，宣讲组结合隆子县宗教领域实际情况，采取鲜活的事例，围绕党的二十大报告中的重要思想、重要观点、重大战略、重大举措，特别是深刻学习把握党的二十大报告中关于统战民族宗教工作的重要指示，以纵深推进“三个意识”教育时间活动为有效载体，全面深入贯彻落实好党的二十大精神；深入12个寺管会，以寺管会为单位组织片区寺庙僧尼开展宣讲，参加人数110余人。

2月20日，隆子县委副书记、

县长李宁代表隆子县委、县政府在藏历新年来临之际前往列麦村第六世德珠·加央西绕班典活佛家中，送上新年慰问和致以节日的祝福。县委统战部副部长、县工商联党组书记、常务副主席叶措吉陪同看望慰问。

4月20日，隆子县组织寺庙僧人开展“民族团结”“三个意识”主题教育书法比赛活动，由寺管会初选后的20余幅书法作品参加比赛评比，从隆子县不同领域邀请了4位在藏文书法领域专家作为评委，对参赛作品进行评选。活动评出一等奖1名，二等奖2名，三等奖3名，在大家的共同努力下，活动圆满完成。

5月19日，隆子县宗教领域召开业务学习会，由县委统战部副部长叶措吉主持，培训结合隆子县宗教领域工作实际，围绕中央民族工作会议精神和全国宗教工作会议精神、五项管理意见、宗教条例进行讲解培训，11个寺管会主任参加。

6月14日，隆子县为积极响应健身活动，丰富宗教界人士文化生活，同时展现全县宗教界人士良好风貌和积极向上的生活状态，由县委统战部组织宗教界人士举办首届“团结杯”篮球比赛，此次活动，既增进了宗教领域干部和广大僧人之间和感情和凝聚力，又体现了隆子县宗教领域干部人士与宗教界人士和睦相处、和谐发展的良好局面，活动参与人数30余人。

6月16日，隆子县宗教领域积极开展“安全生产月”宣传活动，活动发放印制安全防护知识的布袋、帽子、卫生纸上百个，宣传单200余份。

7月13日，隆子县宗教领域开展近期重点工作部署会，会议由县委常委、统战部部长、民宗局局长罗布扎西主持。各寺管会书记兼主任、统战民宗在岗干部共计20余人参加。

9月5日，隆子县举办民族团结和《藏传佛教活佛转世管理办法》宣讲会，会议邀请了社会主义学院旦增央宗讲师授课，由县委副书记徐明山主持，各乡（镇）统战委员、县中（直）各单位负责人、各村党支部第一书记、各寺管会书记、广大僧尼以及群众代表共300余人参加。

10月27日，隆子县政协副主席、“三个意识”教育宣讲员巴桑次仁联合县委宣传部、县司法局、深入达孜寺、仲嘎曲德寺等11座寺庙开展“三个意识”教育巡回宣讲活动，驻寺干部、僧尼等40余人参加宣讲会。

12月19日，隆子县宗教领域召开安全生产工作专题会议，传达学习了习近平总书记关于安全生产工作的重要论述，传达了区市县三级安全生产工作会议精神和今冬明春森林防火会议精神。

12月20日，隆子县召开2023年度寺管会党组织书记抓基层党建工作述职评议会，会议由县委统战部常务副部长叶措吉主持，县委常委、统战部部长、民宗局局长罗布扎西出席会议并讲话，县委组织部副部长、老干部局局长次仁加措进行指导点评；11个寺管会党组织书记、统战民宗在岗干部参加会议；政协代表列席会议。

“三大节日”前走访慰问寺庙困难僧尼22名，发放慰问金22000元，慰问寺庙后勤人员19名，发放慰问金9500元，使大家感受到党和政府的关心关爱。

【非公有制经济领域统战工作】

2023年，隆子县委统战部高度重

2023年3月28日，隆子县委召开统战工作暨全县宗教工作会议

2023年9月14日，隆子县宗教界人士到日喀则开展各民族交流交往

视民营经济发展。按照中央、自治区和市委的部署要求，深入研判分析隆子县民营经济面临的实际问题和困难，制定完善隆子县民营经济发展思路和措施，扎实推动民营经济发展和各项任务落实。加强政企沟通，建立完善县级领导联系民营企业制度，通过上级业务部门的沟通衔接，积极开展百企连百村活动，以主题活动为契机，深入各企业采取面对面交流、一对一解答宣讲等方式，为企业解决面临的实际问题。通过政府搭台，多次举办和参加扶持民营经济发展金融产品推介会和企业招工招聘会，并强化宣传。向外推介隆子县黑糌粑、藏香猪、藏式调料、芥麦枕头、荞麦酒、苦荞 茶等优势农牧产品，全年累计销售 90 余万元。全力扶持民营企业发展壮大。隆子县坚持以资源为依托，以市场为导向，以经济效益为中心，大力扶持民营企业做大做强。支持企业技改扩产，切实解决企业融资难的问题，加强与金融机构合作，争取金融部门的支持，2023 年累计帮助民营企业贷款 8278 万余元；对民营企业信贷审批手续不断优化，推出一条以县域规模化融资和中小企业服务为基础，以农户为重点，以惠农卡为载体，具有特色的服务“三农”新模式。为满足小微企业贷款需求，不断创新信贷产品，推出了纳税 e 贷、微捷贷、抵押 e 贷等线上信贷新品，推出以来，企业共申请信贷资金 3978 万元，保证了项目的顺利实施；组织相关部门深入县域企业进行实地调研，对投入资金、项目开展实施情况、吸纳就业人数、带动贫困户等方面开展调查，全年走访企业 60 余次。“三大节日”来临之际，对 5 家非公企业和企业困难职工 30 名，分别发放慰问金 5000 元、15000 元。

【藏胞服务管理】 2023 年，隆子县委统战部充分发挥大统战优势，细化管理、服务工作举措，切实开展对境外藏胞境内亲属管理、服务工作。开展走访活动，形成调研报告，着力解决他们在居住、就业、生活等方面遇到的问题。年初召开党外代表人士迎新春座谈会，对境外藏胞境内亲属 10 名开展走访慰问活动，发放慰问资金共 10000 元，并了解他们的生产生活和思想动态，使他们感受到党和政府的亲切关怀。

【党外人士队伍建设】 2023 年，隆子县委统战部持续引导党外知识分子牢固树立中国特色社会主义的共同理想信念、共同前进方向、共同奋斗目标，提高党外代表人士的政治理论修养、合作共事能力和参政议政水平。截至年底，全县共有党外人士 26 名。在三大节日期间，召开党外代表人士迎“新春、藏历新年”茶话会，通过交心谈心，了解他们的生产生活和思想动态，使全县党外人士切实感受到了党和政府的亲切关怀。

【民族团结创建】 2023 年，隆子县始终把民族团结作为各族人民的生命线，作为战略性、基础性、长远性任务，把学习贯彻中央民族会议精神、习近平总书记关于加强和改进民族工作重要思想和重要讲话精神、批示精神作为当前和今后一个时期全县民族工作的首要政治任务，切实把党的领导贯穿民族工作全过程，及时调整充实县委书记亲自挂帅组长的着力创建全国民族团结进步模范区领导小组，强化高位推动，进一步充实人员力量。全年累计投入专项经费 207.5 万元，为民族团结创建工作提供了人员和经费的保障；召开民族团结进步推进会，统一思想、分析形势，研究问题、解决难题，制订计划、明确任务，创新载体，丰富内涵，全面推进民族团结进步事业；对 2022 年涌现出来的 17 个民族团结模范集体和 25 个模范个人进行表彰，营造了人人参与民族团结进步创建活动，人人争当民族团结进步模范的浓厚氛围；坚持把着力创建全国民族团结进步模范区工作的宣传与习近平总书记关于中央加强和改进民族工作的重要思想和重要指示批示以及中央民族工作等学习宣传相结合，多方位、多层次、覆盖式开展学习宣传教育 40 余场次；各边境乡镇在牧场、山口等地，组织开展“学楷模、听党史、重走巡边路、手绘爱国情”实践活动，全年开展巡边护边活动 131 场次，在边境山口和争议地区手绘国旗、党旗等各类标示标语 89 幅，彰显了边境一线干部群众守边固边、宣示主权的坚定决心，践行争做“神圣国土守护者 幸福家园建设者”铮铮誓言；牢牢把握铸牢中华民族共同体意识为主线，进一步深化民族团结进步创建工作，以民族团结创建“九进”和“综治宣传月”“民族团结宣传月”为抓手，深化内涵、丰富形式、创建方法，扩大社会参与，努力做到与现代化同步、法治保障同权、精神家园同建、社会和谐同创，形成全社会共建共创共享强大合力，推动民族团结创建向更大范围、更广领域、更深层次拓展；开展“节前慰问送温暖 深情关怀暖人心”“民族团结我来讲”主题演讲比赛、“共绘民族团结情 书香满园润初心”民族团结主题书法比赛等 100 余次民族团结进步创建活动。2023 年，在自治区党委政府、山南市委市政府的关心支持下，在县委政府领导下，在全县各族干部群众的共同努力下，成功创建全国民族团结进步示范部队 1 个、自治区级模范乡镇 3 个、教育基地 1 个，山南市级模范机关（单位）13 个、模范乡（镇）5 个、模范村（居）7 个、模范学校 3 个。

【项目建设】 2023 年，隆子县投入 196 万元为 13 座寺庙电气线路进行了改造；投资 311 万元的“十四五”5 座宗教活动场所修缮项目落地；投入 100 万元的三林寺转经道修缮项目落地。

党校工作

【概况】 2023 年，在县委的坚强领导下和市委党校的有力指导下，隆子县委党校坚持以习近平新时代中国特色社会主义思想为指导，认真学习贯彻党的二十大精神和习近平总书记关于党校建设的重要论述，积极探索新形势下干部教育培训新路子，创新培训方式、改进教学方法、探索管理模式、增强培训效果，对全县党员干部进行多渠道、多层次、多类型的培训。培训过程中坚持唱红歌和学员党性分析研讨相结合，组织学员在上课前集体唱红歌 10 分钟，以唱红歌的方式忆党史抒党情感党恩，唱响爱党爱国时代主旋律。围绕当天授课内容，采取分小组交流形式安排晚上学员交流研讨活动，进一步提高学员主动思考能力，检视培训效果。同时积极邀请县级领导干部、业务部门骨干进行授课，让学员在理论与实践结合中增长才干、提升水平。

【干部教育培训】 2023 年，累计举办培训班 7 期，培训党员干部累计 800 余人，其中培训机关干部 250 余人，培训农牧民党员和村干部 560 余人。举办村干部国家通用语言培训班 3 期，累计培训 449 人；举办党员发展对象培训班 1 期，培训 25 人；举办党员政治教育培训班 1 期，培训 102 人；举办村级组织主要负责人赴常德参观学习培训班 1 期，培训 100 人；举办重点业务培训班 1 期，培训 60 人。同时选派 23 名县级领导干部（含四级调研员）、21 名科级干部参加区党委党校、市委组织部和市委党校举办的各类培训班。先后承接拉萨市、山南市、林芝市、那曲市等地 5 批次 180 余名党员干部参加玉麦乡桑杰曲巴爱国守边事迹、列麦乡仁增旺杰开垦革命坝事迹等红色教育基地现场学习观摩，并受到一致好评。

机关党建

【概况】 2023 年，县委直属机关

工委按照“县级普遍培训、基层党委兜底培训”要求，通过专题学习研讨、专家辅导讲座、在线学习教育等方式举办了1期党务工作者培训暨经验交流会，108名县直单位主要负责同志及党务工作者参加了此次培训，1期党员发展对象短期集中培训班，涉及21名发展对象，进一步强化发展对象党性修养，增强理想信念；全年召开6次机关工作委员会，研究部署机关党建、发展党员等工作。全年共吸收21名入党积极分子、发展18名党员、按期转正23名预备党员。

【基层党建】 2023年，县委直属机关工委为加强党的基层组织建设，增强党组织的凝聚力、战斗力和创造力，进一步适应工作需要，加强党对企业及教育工作领导，充分发扬民主，按照《中国共产党支部工作条例（试行）》第二章第四条规定，研究同意成立了隆子县第一中心幼儿园党支部和隆子县第二幼儿园党支部、隆子县邮政分公司党支部。为保持组织活力、优化班子结构、适应形势发展及延续工作连贯性，年初下发《关于2023年部分基层党组织换届提醒》的通知并对涉及换届的15个党支部、补选支部书记的24个党支部进行指导，从严从实抓好党组织换届工作，加强人选和程序把关，确保班子团结有力、换届风清气正。

【困难帮扶】 2023年，县委直属机关工委为持续加强生活困难党员、一线干部等的走访慰问，节前对1名十八军后代、1名省部级荣誉称号获得者、1名因公去世基层干部家属、5名困难党员、13名工作在高海拔边远地区和急难险重任务一线的同志进行走访慰问，使广大党员深刻感受到党组织的亲切关怀和温暖。

【荣誉奖励】 2023年，县委直属机关工委为了从政治上激励、精神上鼓舞广大党员，进一步增强党员的荣誉感、归属感和使命感，按照《“光荣在党50年”纪念章颁发管理办法》（中组发〔2021〕4号）、《关于“光荣在党50年”纪念章制作发放工作有关事项的通知》（组厅函字〔2022〕58号）有关程序步骤和工作要求，为5名符合条件的党员颁发“光荣在党50年”纪念章。

强基惠民活动

【民族团结】 2023年，隆子县强基办开展“四史”及西藏地方和祖国关系史集中讲座310余场次，举办专题讲座180余场次，教育引导各族群众不断增强“五个认同”，树牢“三个离不开”思想，引导3960余名农牧民群众下载使用“藏译通”App学习平台，组织村干部和农牧民群众开展国家通用语言文字教育培训790余场次，协助村“两委”创建民族团结宣传教育基地4个，举办各类文艺活动570余场次，张贴民族团结标语标识230余处，以实际行动示范引领各民族交往交流交融。

【平安建设】 2023年，隆子县强基办深入开展反分裂斗争教育180余场次，宣传党的民族宗教政策280余场次，紧盯重要时段和重点部位开展应急演练220余场次，巡逻5680余场次，广泛收集社情民意650余条，及时化解和妥善处理各类矛盾纠纷88件，组织开展国家意识、公民意识、法制意识宣讲教育500余场次，帮助建章立制、完善村规民96次，推动健全村（社区）党组织领导的自治、法治、德治相结合的基层治理体系。

【聚焦“三农”】 2023年，隆子县强基办帮助村（社区）制定发展规划52个，配合做好3219名干部与1953户群众的结对帮扶工作，帮助落实帮扶资金200余万元，宣传创业就业优惠政策840余场次，开展技能培训46场次，组织劳务输出6760余人次，帮助111名未就业大学生实现就业，组织开展整治脏乱差、村庄清洁行动970余场次，教育引导群众崇尚科学文明、过好今生幸福生活。

【为民服务】 2023年，隆子县强基办开展“百日走村入户大走访大调研”活动2轮，在10160余户群众家中张贴驻村便民服务“连心卡”，帮助群众解决“急难愁盼”问题1050余个，开展多项志愿服务活动477余场次，开展线上线下代缴代办代理等便民服务4670余件，看望慰问“三老”人员、困难群众1860余人，帮助解决实际困难290余件，不断增强人民群众的幸福感、安全感、获得感。

【结对帮扶】 2023年，隆子县强基办持续协调做好全县3219名干部与1795户建档立卡脱贫户的结对帮扶工作，以季度为单位，广泛动员开展结对帮扶活动4场次，跟踪统计结对帮扶相关数据4次，各帮扶责任单位和个人累计开展思想教育帮扶4100余场次，落实帮扶资金200余万元，其中“以买代帮”“帮买帮卖”金额120余万元。制定印发《关于调整2024年度结对帮扶工作的实施方案》，对全县干部和帮扶对象结对关系进行通盘调整，进一步补齐因人事调动、职级晋升、就业工作等因素导致的帮扶工作漏洞，消除结对帮扶工作中存在的矛盾，确保结对帮扶对象真实受益，帮扶干部责任真正落到实处。

【驻村工作】 2023年，隆子县委坚持把干部驻村工作作为培养锻炼干部、加强基层组织和政权建设、推进全县长治久安和高质量发展的重要举措和有力抓手。县委主要领导时刻把驻村工作抓在手上、放在心上，特别是县委书记李宁定期不定期听取驻村工作汇报，经常到村调研指导，多次就驻村工作作出批示指示，有力保障了驻村工作顺利进行。县委组织部（强基办）认真分析全县干部驻村工作新形势新要求，一以贯之加强对干部驻村工作的组织领导，驻村工作总领队、组织部部长、副领队，心往一处想、劲往一处使、合力抓驻村，带领县强基办紧盯驻村重点工作任务，聚焦热点难点、重点问题，先后召开全县干部驻村工作调度会8次，工作专题安排部署会5次，“新时代·我的驻村故事”演讲比赛1场，集中培训驻村干部5期，开展驻村工作督导40余次、视频调度驻村工作25次，制定各类方案、通知、工作提醒15份，统筹推动驻村各项工作任务落地落实。各派驻单位坚持党委（党组）负责同志每年到村（社区）调研指导工作不少于2次，每半年听取1次驻村工作汇报，定期开展谈心谈话。全年各派驻单位帮助驻村点解决群众“急难愁盼”问题146条，形成驻村工作调研报告60余份。

2023年，隆子县强基办坚持把中央反馈2022年度巩固拓展脱贫攻坚成果同乡村振兴有效衔接开展评估发现问题整改与驻村干部作风建设一体谋划、一体推进、一体落实，主动认领、举一反三，研究制定整改方案，明确目标任务、细化整改措施、压实工作责任，先后印发、转发工作提醒10余期，定期调度整改落实情况，确保了各项整改措施落实见效。同时，紧扣迎接2023年巩固衔接考核评估工作，及时下发工作通知、工作提醒，以县乡村振兴工作专题会、干部驻村工作月调度、腾讯视频周调度等为抓手，传达学习区、市两级相关会议精神，多次就驻村领域做好考核评估迎检工作进行安排部署，确保了全县驻村领域持之以恒补短板、强弱项，扎实做到清仓见底。

【驻村干部工作专项整治】 2023年，隆子县强基办紧扣在第二批主题教育中市强基办明确驻村干部主题教育专项整治4个方面主要任务和16项具体举措，结合实际制定《隆子县关于在第二批学习贯彻习近平新时代中国特色社会主义思想主题教育中开展干部驻村工作专项整治方案》，形成工

2023年8月2日，隆子县委副书记、驻村总领队张梅霞（左一）联合县委组织部（强基办）、公安局、应急管理局、消防大队等多家单位开展安全隐患排查督导工作

2023年7月30日，隆子县组织召开驻村领域安全生产部署会议

作台账。坚持将干部驻村工作专项整治与巩固衔接考核评估反馈问题整改工作结合起来，与干部驻村日常工作结合起来，统筹谋划、精心组织，在全县干部驻村工作第五次、第六次调度会上进行重点强调，进一步压实责任、明确目标，各乡镇强基办、驻村工作临时党支部紧跟步骤，召开驻村干部专项整治会议20余次，开展驻村干部党员理论学习11场次，组织驻村工作队员参加村党组织主题教育学习160余场次，交流研讨112场次，形成了全县一盘棋格局。

【经费使用管理】2023年，隆子县强基办指导各乡镇、村整合2021—2023年强基惠民工作经费3350.9万元用于实施强基惠民项目，安排专人负责对经费使用情况进行跟踪督办，举办全县规范强基惠民项目实施培训会1次，召开全县强基惠民工作经费推进会1次，实时掌握经费使用进度6次，实地督导经费使用情况12次。截至年底，全县强基惠民工作经费支出2684.11万元，待支出666.79万元，支出率达80.1%，部分强基惠民项目已产生效益资金94万余元。其中，热荣乡强基办整合强基惠民经费218.1万元，实施绵羊养殖项目，已产生收益84.27万元；三安曲林乡强基办整合2021—2023年强基惠民资金295万元，用于建成门面出租房，已收益9.3万元。

【督查指导】2023年，隆子县强基办按照驻村干部教育培训有关要求，县、乡（镇）通过以会代训、专业授课、经验交流等方式，对驻村干部进行全方位、多角度培训，着力提升驻村干部素质和做好基层工作的能力，让驻村干部在常态化学习教育中壮筋骨、长才干。截至年底，县、乡（镇）组织驻村干部开展培训16次，开展业务、理论、政策等知识测试3场次，有效实现驻村干部培训全覆盖，知识测试全部通过；制定《全县驻村领域关于中央反馈2022年度巩固拓展脱贫攻坚成果同乡村振兴有效衔接考核评估发现问题的整改方案》，印发《关于进一步加强全县驻村干部管理的通知》，认真落实驻村干部轮休、请销假报备制度，合理安排轮休，严格考勤登记，常态化保持驻村干部2/3以上在岗，重要节点保持全员全时在岗，认真执行“周报告、月调度、季督导”等制度。截至年底，县、乡（镇）层面视频调度驻村工作300余场次，实地督导驻村工作220余场次，不断压实责任、严肃纪律，促进驻村工作扎实开展、整改提升、取得实效；制定全年驻村工作队慰问方案，利用日常督导、调研走访、工作调度等，与驻村干部谈心谈话，了解思想动态，解决实际困难，慰问县、乡派驻的驻村工作队53个，落实慰问资金2.65万元。通过派驻单位统一配发，县补充购买，乡镇兜底保障等方式配新配齐驻村工作队医疗药箱84个，组织驻村干部全覆盖开展体检，帮助纳入驻村工作的155名村级各类专干落实体检费7.9万元，确保其安心驻村，健康驻村；吸取日喀则市“7·28”交通安全事故教训，始终把驻村安全放在心上，抓在日常，组织召开全县驻村安全工作专题会2次，开展驻村领域以案示警、以案示法专题培训1次，督促驻村工作队开展安全学习教育相关活动320余场次，督促乡镇与驻村工作队签订《安全生产责任书》84份，开展安全隐患排查整治活动2次，制定驻村干部用车方案1个，全力确保驻村安全不出事。

隆子县人民代表大会

综述

【概况】 2023年，县人大常委会深学笃行习近平总书记关于坚持和完善人民代表大会制度的重要思想，围绕中心、贴近民心、把握重心、依法履职，全年组织召开人民代表大会2次、常委会会议7次、主任会议10次，听取和审议“一府两院”工作报告12个，开展执法检查、调研视察26次，组织人大常委会组成人员和县人大代表开展工作视察36次，依法任免国家机关工作人员36名。

【隆子县第十四届人民代表大会第五次会议】 2023年11月6—7日，隆子县召开第十四届人民代表大会第五次会议，会议应到代表126人，实到代表104人。会议选举产生了隆子县人民政府县长。

【人事任免】 2023年，隆子县人大常委会坚持党管干部和人大依法任免有机统一，严格执行任命人员任前考试考察、任中宣誓表态和任后履职评议制度。依法任免国家机关工作人员36名。集中对常委会任命的12名国家机关工作人员进行了履职评议，书面审议了履职情况反馈问题整改方案和存在问题整改情况报告等，有效促进了隆子县国家机关工作人员正确履职。

【监督工作】 2023年，隆子县人大常委会协助山南市人大常委会开展“民族团结进步雅砻行”活动，县人大常委会认真贯彻落实市人大常委会关于对2023年“民族团结进步雅砻行”的安排，按照“九进”要求，“以民族团结进校园、立德树人育桃李”为主题，在学校、教师、学生和教育系统工作人员中宣传宣讲习近平总书记关于加强和改进民族工作的重要思想和新时代民族工作的新思想新理念新战略，引导广大师生树牢“三个离不开”思想，增强国家意识、公民意识、法治意识，坚定对伟大祖国、中华民族、中华文化、

2023年11月17日，隆子县人大常委会党组到县检察院开展贯彻实施《关于加强新时代检察公益诉讼工作的决定》执法检查

2023年7月21日，隆子县人大常委会办公室主任索朗欧珠（右四）陪同林芝考察团到“四黑”产业基地考察学习

中国共产党、中国特色社会主义的高度认同。先后开展了与人民群众生活息息相关的传染病预防和突发公共卫生事件应急能力建设情况专题调研，配合市人大常委会开展全市退役军人服务保障情况专题调研报告的审议意见落实情况跟踪检查；以人大代表“双联系”、领导干部“三联两包”、结对帮扶、在职党员“双报到”等活动为载体，深入基层一线开展“我为群众办实事”活动；以包保行政村发展壮大村集体经济工作为契机，深入开展村集体经济专项调研、座谈工作，持续加强与人民群众的密切联系。听取和审议县人民政府关于2022年环境质量与环境保护目标任务完成情况报告，推动政府不断健全防治体系，强化源头治理，持续巩固生态环境质量。以开展“雅砻环保行”活动为契机，及时研究制定方案、成立“雅砻环保行”活动组、召开推进会议，开展专项调研。县人大常委会“雅砻环保行”活动组深入华钰公司、垃圾填埋场、污水处理厂、娘嘎村义务植树点进行实地检查。深入开展《中华人民共和国环境保护法》《西藏自治区环境保护条例》执法检查，为全县整改中央环保督查反馈意见工作贡献了人大力量；根据县人居环境整治工作安排，选派1名副主任担任县人居环境整治指挥部副指挥长，切实推动全县人居环境整治提质增效。为有效发挥基层人大代表作用，组织县、乡两级人大积极参与到人居环境整治系列活动当中，助力全县生态文明建设持续走在全市前列。

【视察调研和执法检查】 2023年，隆子县人大常委会认真履行监督权、决定权，听取和审议“一府一委两院”工作报告12次，开展执法检查、调研视察26次，组织人大常委会组成人员和县人大代表开展工作视察36次。

【队伍建设】 2023年，隆子县人大常委会以党组学习为契机，深入学习领会党的二十大、二十届一中全会精神；以政治教育为抓手，引导县、乡人大干部深研细读《习近平谈治国理政》系列书籍和党的最新理论研究成果；以常委会议、主任会议、党组会议为依托，深入学习习近平法治思想、关于坚持和完善人民代表大会制度重要论述，以及中央和区党委、市委人大工作会议精神，学习与人大工作密切相关的法律知识和人大工作基本知识，县、乡人大干部的政治素质和业务能力明显提升。始终把人大宣传工作摆在重要位置，做到常抓不懈。以“与时俱进履好职，喜迎党的二十大”为主题，深入开展9月“人大制度宣传月”活动，印发《西藏自治区民族团结进步创建条例》、山南市地方性法规等宣传册600余份。坚持以铸牢中华民族共同体意识为主线，与政协一道，在各级人大代表、政协委员中发起《关于全县各级人大代表 政协委员在着力创建全国民族团结进步模范区中发挥表率作用的倡议》。在基层农牧民人大代表中深入开展推广国家通用语言文字学习使用工作，并进行了测试。深入开展“走在前列谱新篇、人大奋力做贡献”大讨论大实践活动和县人大常委会主任、乡镇人大主席读书班活动。深入开展人大代表“八岗五访三结对”工作。在县人大常委会党组和机关党支部开展了以案明纪、以案说法、以案铭鉴、以案促改活动，教育引导县人大常委会组成人员和机关干部筑牢思想防线，

2023年4月24日，隆子县人大常委会副主任次旦央吉（右一）带领基层人大代表和人大干部在山南市乃东区克松村西藏民族改革第一村陈列馆重温入党誓词

做到信念过硬、政治过硬、思想过硬、作风过硬、责任过硬，永葆“忠诚、干净、担当”的政治本色。加强与区、市人大联动，配合开展调研、视察、执法检查等活动13次。加强与“一府一委两院”联动，协调统筹推进全县中心工作。支持和指导乡镇人大依法履职，先后督导检查11个乡（镇）人大工作3批次，协助市人大常委会督导检查2批次，并对存在的问题提出具有针对性和指导性的意见建议。坚持邀请人大代表列席县人大常委会会议，参加各级人大组织的学习培训、调研视察等活动。加强对外交流，全年共接待9个兄弟市县人大考察团到隆子县考察交流。

【党风廉政建设】 2023年，隆子县人大常委会召开了党风廉政建设专题会议，研究部署了人大常委会从严治党和党风廉政建设工作，成立了领导小组，分解了工作任务，签订了廉政责任书和承诺书，细化了工作计划方案；认真按照“四个亲自”要求，党组书记坚持重要工作亲自部署、重大问题亲自过问、重点环节亲自协调；对班子成员进行谈话1轮次，听取“一室三委”落实党风廉政建设责任情况报告1次，对新任乡（镇）人大主席开展廉政谈话1次。先后在单位内部传达了6部违反中央八项规定和违纪违法行为的通报，要求单位党员干部结合典型案例查找自身存在的突出问题，达到了一案促改的目的；组织干部职工参观警示教育基地，集中观看了反腐电视专题片《永远的冲锋号》《粮仓里的硕鼠》以及《作风建设永远在路上》专题系列，时刻警示党员干部绷紧纪律之弦，督促党员干部从思想上固本培元，不断增强防腐拒变能。坚持在班子内部开展批评与自我批评，以组织生活会、人大常委会主任会、专题学习会等为契机，带头深入查摆问题，带头整改落实，切实强化了风清气正的工作环境。按照“一岗双责”工作要求，将从严治党工作与人大常委会工作同部署、同推进、同考核、同落实，认真贯彻落实党中央、区党委、市委及县委重大决策部署。建立领导责任制，形成一级抓一级、一级带一级，层层抓落实的工作机制；领导干部带头以身作则，严格按照相关规定，严格把控人大专项经费、“三公”经费等的使用管理情况，杜绝了违规违纪案件发生；抓

2023年3月27日，隆子县人大办党支部开展“铭记历史 感恩奋进”主题党日活动

制度落实，坚持民主集中制、人大常委会议事规则、个人重大事项报告等监督制度，防止停留纸面字面、笔头口头、高举轻放、流于形式。坚持党的绝对领导，坚持重要会议、重大事项、重点工作及时向县委请示报告，经县委同意后再进入法定程序。全年共向县委请示有关事项14件(次)，召开县委人大工作会议2次。

【主题教育学习】 9月20日，隆子县人大常委会召开学习贯彻习近平新时代中国特色社会主义思想主题教育动员部署会，成立了以党组书记为组长的领导小组，下设办公室。同时，制定了详细的实施方案、调研计划、调研课题。常委会党组深入学习贯彻习近平新时代中国特色社会主义思想主题教育系列读本及各项会议精神。在开展主题教育期间，党组成员参加县委主题办举办的为期7天的读书班，并进行研讨交流。召开理论中心学习组专题学习会5次，并进行研讨发言。依托党支部开展集中学习10次。以主题教育为契机，聚焦基层人大工作，开展民生实事人大票决制和隆子镇人大工作实践成效的专题调研。在调研过程中倾听群众的意见，了解群众的“急难愁盼”，及时形成调研报告，专项问题专项整改。常委会党组成员从不同角度、不同方面形成问题检视清单15条，制定整改措施，落实整改责任、明确整改时限，以“小切口”整改“大问题”。

代表工作

【概况】 2023年，隆子县人大常委会完善落实“双联系”制度，持续开展联系代表工作，坚持主任接待代表活动，面对面听取代表的意见建议；常态化邀请县人大代表列席常委会会议，参与专题调研、执法检查和集中视察等活动，保障代表参政议政的知情权、监督权。完善人大代表履职平台建设，建立健全代表履职档案，为每名代表制作专属二维码，扫码即可获得代表基本信息。年内，召开办理工作交办会、督办会，听取和审议县政府关于建议办理情况的报告，推动代表建议答复和落实“双满意”。为有效推进并贯彻落实“两个实施意见”，县人大常委会组织对11个乡(镇)、45个代表联络站工作开展交叉检查，协助市人大常委会开展督导检查2次，并对检查中发现的问题提出针对性和指导性的意见建议。为深入推进基层农牧民人大代表国家通用语言文字学习使用工作，对各级农牧民代表进行了考试测试，累计参加测试344人。组织基层人大代表、人大干部举办履职能力提升培训班2次81人次，到区外和兄弟市、县考察学习交流10次，共计90人次。通过培训和学习交流基层人大代表和人大干部深入了解了国家的政治体制、宪法法律、政策方针，提高了自身的政治素养和理论水平，更好地履行职责。

2023年，隆子县人大常委会立足社会事业发展需求和群众所想所盼，按照“群众提、代表定、政府办、人大督”的工作机制，全面推行民生实事项目人大代表票决制，严格意见征集程序，认真审议候选项目，认真落实市人大常委会民生实事项目票决制工作部署，争取县委、县政府在组织领导、资金保障(450万元)、部门参与等方面的支持，依托各乡镇人大主席团，广泛征求人大代表、基

2023年4月23日，隆子县人大常委会举办县基层人大代表和人大干部履职能力培训班

层群众的意见建议。群众对民生实事项目的评价普遍较好。在县委、县政府的高度重视下，在深入各乡镇调研的基础上，初步筛选2024年民生实事项目11个，拟投资500万元。

【代表意见建议办理】 隆子县第十四届人民代表大会第四次会议期间，共收集代表意见建议31件，经议案审查委员会审查，决定受理19件（含民生实事项目12件）。2023年，隆子县人大常委会召开推进会议统筹全县项目建设工作3次，组织常委会班子成员到项目建设实地开展督导28次，协同县委、县政府督查室专门对各部门承建的项目实施情况进行督查2次，并在全县范围内通报进度。指导各乡镇人大主席团组织人大代表、村“两委”班子成员及群众代表开展民生项目建设视察、验收活动36次，办结率84%，办理满意率达到100%。2023年投票表决的12件民生实事项目11件已完成，剩余1件完成项目前期所有工作。

隆子县人民政府

综述

【概况】 2023年，隆子县坚决贯彻落实党中央和区党委及市委决策部署，聚焦"四件大事"，聚力"四个创建"和山南市"六个走在全区前列"，团结带领全县各族干部群众真抓实干、攻坚克难，较好地完成了年初确定的各项目标任务，社会主义现代化新隆子建设迈出了坚实步伐。

【重要项目建设】 2023年，隆子县政府大力实施新型城镇化建设，县城"四纵四横"公路网初步形成，"一河两岸"防洪及生态修复、南城大桥、樟木萨路亮化、自来水厂改扩建投入运行，县城功能、品质显著提升。塘东水库、斗玉乡集中供水、玉米河防洪堤等项目全面实施，建成11个饮水点有效巩固4391人安全饮水成果。统筹推进农村公路建设、危桥改造和养护工程，现代化交通网络提速增质。服务保障隆子机场项目建设顺利推进。全区供暖、供生活热水"双联供"现场会成功召开，县城、日当乡、热荣乡、雪沙乡以及38所学校实现稳定供暖。精心组织人居环境整治"30天集中攻坚"和城市建设整治行动，全县卫生户厕改造、人畜分离年度任务圆满完成，打造宜居宜业和美乡村5个。城乡面貌发生巨大变化，城乡发展差距不断缩小。

2023年8月1日，隆子县委副书记、政府县长李宁（右五）到驻军部队开展"八一"慰问活动

【复工复产】 2023年，全县计划开复工项目117个，总投资102.14亿元，其中，国家投资项目114个，总投资100.57亿元；招商引资项目3个，总投资1.57亿元。全县开复工项目96个，总投资67.84亿元，其中，国家投资项目93个，总投资66.27亿元；招商引资项目3个，总投资1.57亿元；11月和12月开复工项目5个，总投资0.4亿元，均是国家投资项目。

【经济发展】 2023年，隆子县扎实推动经济高质量发展，经济实力实现历史性突破，全年地区生产总值突破20亿元大关，完成

205601.70万元，增长9.4%。农村居民人均可支配收入突破2万元大关，完成20525元，增长12.5%。全县总财力达到34.98亿元，创历史新高。完成一般公共预算收入1.07亿元，增长30%；税收收入1.43亿元，增长38.83%。完成全社会固定资产投资18.16亿元，超额完成年度任务。对接申报“十四五”规划外新增项目66个，总投资611.86亿元。三次产业比例为5.6∶50.5∶43.9，二、三、一产业结构更加牢固。完成粮食产量2.01万吨，蔬菜肉奶蛋产量稳步提升。工业增加值稳定在3亿元以上。全年供电量达7510万度，增长18%。完成社会消费品零售总额2.52亿元，增长10%。旅游人次和收入分别完成7.76万人次、2049万元，增长42%、35%。存贷款总量分别达到19.40亿元、10.55亿元。

2023年9月4日，隆子县委常委、副县长高荣（后排中）组织召开隆子县生态文明专题会议

【乡村振兴】 2023年，隆子县持续吸引人口向边境一线地区聚集，8个搬迁安置点全面建成，年内实现搬迁入住。搬迁安置点安全饮水普及率、行政村通电率、道路通达率、移动信号覆盖率、通宽带率均达100%。足额兑现边民、护边员补助资金6558万元，边境一线群众收入超过全市平均水平。常态化开展党政军警民联合巡逻，喷绘标志标识107处。1个惠民驿站、11个执勤用房交付使用。准巴、加玉边贸市场建成投用。

【民生保障】 2023年，全年开展农牧民技能培训1243人，实名制转移就业13119人、创收1.46亿元，应届高校毕业生区外就业43人、就业率达99%。小考成绩位居全市第二名，出台落实《隆子县中小学教育教学质量提升攻坚行动实施方案》。非遗传承全面加强，文物保护扎实推进。中心医院挂牌成立，5所村卫生室全面建成，县、乡、村卫生医疗体系一体化推进。完成5个农村幸福院建设项目，率先在全市实现乡镇社工站全覆盖，城乡居民基本医疗保险参保率达99.25%。及时足额兑现各类惠民资金2.05亿元。脱贫攻坚成果同乡村振兴有效衔接扎实推进，脱贫户人均纯收入完成19773元，增长14.45%。扎日、玉麦“客货邮”融合发展试点启动运营。2023年，投入3040万元实施援藏项目8个。

【生态文明建设】 2023年，隆子县全面推行河湖长制，河湖面貌得以改观。以“林长制”推动“林长治”，热荣乡等4个乡镇双重项目有序推进，完成植树造林7500亩25万余株。“无废城市”扎实推进，隆子河流域水污染防治及生态修复二期、污水处理厂二期、生活垃圾无害化处理设施填埋场二期项目全面建成，城乡生活垃圾无害化处置率达80%以上。中央生态环境保护督察反馈问题整改取得阶段性成效，自治区生态环境保护督察转办案件全部销号。全县空气质量良好天数保持在99%以上，地表水达到国家Ⅲ类标准，集中式饮用水达标率100%。2023年，隆子县荣获山南市“生态文明建设先进集体”荣誉。

【廉政建设】 2023年，隆子县政府主要负责人履行“第一责任人责任”，管好班子、带好队伍、抓好落实，定期主持研究党的建设、意识形态、业务进展等重点工作，支持、指导和督促班子成员履行全面从严治党责任，发现问题及时提醒纠正，通过听取汇报、问询、协调、督查等方式掌握办公室党风廉政建设总体情况，班子成员始终绷紧“一岗双责”之弦，对所分管领域实行日常监管，对所分管领域的党员干部进行经常性的廉政教育，严格落实民主集中制、党组议事规则及末位表态发言等各项制度规定。把法纪教育与单位党建、业务、文化建设结合起来，坚持常态化学习法纪，每次党组会、支部会首先学习法律、学习党纪党规，每月学习不少于1次，并把法纪教育融入支部主题党日活动、“三会一课”、组织生活会，每次活动安排廉政教育内容，班子成员带头学习、带头宣讲辅导，党组织书记每季度至少讲1次廉政党课或廉政提醒，针对不同层级、不同领域、不同岗位的党员，以差异化措施精准实施廉政教育。不断加强反面案例、党纪法规的学习教育，通过视频形式组织全体职工观看警示教育片，以案明纪说法，以案促治促改。引导广大党员干部职工警钟长鸣，持续增强廉洁从业和廉洁自律意识。定期开展廉政约谈，筑牢反腐倡廉建设的思想防线。

【平安建设】 2023年，隆子县坚决贯彻总体国家安全观，有力维护社会大局和谐稳定，筑牢国家安全屏障认真践行总体国家安全观，始终把维护稳定作为第一位的工作任务，把维稳工作做在日常、做到基层。深入开展反分裂斗争。铸牢中华民族共同体意识。统筹推进“四大工程”“六项行动”，深入开展铸牢中华民族共同体意识等宣传教育，加大国家通用语言文字推广普及力度，“三个离不开”“四个与共”“五个认同”深入人心。依法管理宗教事务。全面贯彻新时代党的宗教工作方针政策，坚持“五个有利于”，持续加大“导”的力度，“四条标准”“三个意识”教育、“三情教育”活动深入开展，广大僧尼和信教群众理性对待宗教，淡化消极影响教育引导力度不断增强。推进国家通用语言文字进寺庙，抓好专题学习、培训、辅导。严格落实意识形态工作责任。坚持党管宣传、党管意识形态、党管媒体，先后召开县委常委会（扩大）会议、全县宣传思想文化暨意识形态工作会议3次，安排部署全县意识形态工作，推动意识形态工作责任制全面落实。

2023年5月5日，隆子县副县长坚阿次仁（右三）陪同常德援藏工作组到洋见村调研宜居宜业和美乡村项目推进情况

行政审批和便民服务

【动态调整行政许可事项清单】 2023年，隆子县行政审批和便民服务局对照自治区和山南市行政许可事项清单，积极对接各单位，对隆子县行政许可事项清单进行编制，9月14日通过政府门户网站向社会公开发布《隆子县行政许可事项清单（2023年版）》。对照2022年隆子县行政许可事项清单，新增4项（涉及单位：林草局、教育局、农业农村局、边境管理大队）；删除6项（涉及单位：交通局、人社局、公安局、教育局）。

【政务服务】 2023年，隆子县行政审批和便民服务局根据政务服务事项标准化建设要求，组织公安局、住建局、市监局等27个部门对自治区一体化政务服务平台上发布的699项政务服务事项办理依据、办理条件、申请材料、办理时限等内容进行了“回头看”，对存在不精准、材料缺失、无办理权限事项逐一进行整改，取消、暂停事项445项，规范事项254项。

【便民服务】 2023年，隆子县行政审批和便民服务局实现线上线下无差别受理、同标准办理，方便企业群众及时查询办理。按照要求对行政审批范围内的审批制度、审批事项进行了梳理，加大对各部门实施减证便民行动成果的督查力度，降低企业群众办事门槛，真正做到减证便民。县政府解决经费66.584万元设立综合窗口，切实解决政务服务中心入驻单位少、可办事项不多等群众办事不便的问题。将26个部门的224项事项纳入了“综窗”系统，群众只需在一个窗口就能完成多项业务的办理，有效解决了群众办事多头跑的问题。为进一步优化群众办事环境，打通工作时间外无法提供服务的工作壁垒，在政务服务中心自助服务区配置医保、市监、政务服务24小时自助服务终端，为群众提供7×24小时自助服务，有效提升了群众办事便捷度。与邮政公司签订免费邮递协议，将在政务服务中心办理的工商营业执照、居民身份证等证照及发票，纳入免费邮递的范围，为群众节省了办事成本和时间，有效解决了群众办事取件多次跑的问题。2023年，共开展免费邮递服务20次，涉及人数160人、涉及乡镇8个。为减少企业负担，调动全民创业积极性，优化营商环境，积极争取财政支持预算7万元财政资金用于企业公司公章、财务章、发票专用章（法人专用章）的刻制，为每个新办企业减少首套刻章（三枚）费用1005元，切实降低了企业负担，激发了市场主体经济活力。

2023年10月21日，行政审批和便民服务局局长吴俸宇（右一）深入包村点准巴乡达村调研人居环境整治工作开展情况

【政务服务中心管理】 2023年，隆子县行政审批和便民服务局为有效解决了群众因申办事项不清和申办资料不全多部门来回跑的问题，打造“店小二式”服务，督促入驻单位工作人员严格按照政务服务礼仪要求服务群众，同时还安排2名工作人员为群众提供引导和协办服务，真正做到咨询“有门”，帮办、协办“有人”的贴心服务，不断优化企业、群众办事环境。2023年，政务服务中心共接待群众7244人次，受理办件7147件，办结7006件，办结率98%，投诉0次。2023年，为进一步加强政务服务中心和窗口工作人员的管理，规范办事程序，提升政务服务能录，草拟了政务服务中心制度，积极征求各单位意见，制定了《隆子县政务服务中心运行管理

2023年12月20日，山南市行政审批和便民服务局工作组一行到隆子县行政审批和便民服务局检查指导政务服务工作

办法》《隆子县政务服务中心考勤制度》等15项制度。

【业务指导】 2023年，隆子县行政审批和便民服务局为有效落实“放管服”改革，加速推进“线上线下”双统一政务服务工作模式，针对各单位业务人员更换频繁导致对自治区一体化平台操作不熟悉、掌握不全面等情况，组织各单位业务人员开展一对一“互联网+政务服务”业务培训并现场答疑，提高了“互联网+政务服务”经办人员业务水平。督促并协助医保局、民政局、人社局、公安局、市监局等部门录入参保登记、最低生活保障金和特困人员救助供养金给付、身份证申领、个体工商户注册、变更、注销登记等事项数据87937条；同时录入市监局、水利局、农业农村局、林草局、卫健委等部门监管行为数据“互联网+监管”数据45610条。

【政府采购】 2023年，隆子县行政审批和便民服务局严格按照《政府采购法》和《采购实施条例》的规定，严谨、公正、透明地组织政府采购工作，确保政府采购工作的规范与公正，提高政府资金的使用效益。2023年，共出具委托函98份，采购预算金额11241.03万元。

信访工作

【概况】 2023年，隆子县信访局协调处理重大信访事项，督促、检查、反馈信访事项的处理、落实情况。指导本级其他机关、单位和下级的信访工作，指导乡镇信访工作联席会议工作。乡镇信访工作联席会议机制于2022年12月成立，覆盖率达100%。

2023年10月10日，隆子县信访局工作人员在加玉边防公路项目点开展信访隐患排查

【信访案件办理】 2023年，隆子县信访总量56件80人次，同比上升100%。其中县级登记办理21件32人次，占总量的37.5%；上级信访部门转送、交办35件48人次，占总量的62.5%。

【信访维稳】 2023年，隆子县信访局在自治区两会期间，指派专人驻拉萨开展信访靠前值守，加强信息研判预警和应急处置，牢牢掌握工作主动权，最大限度预防和控制因信访问题产生的各类负面影响。同时，坚持标准不降、力度不减，毫不松懈做好3月重要时段、“萨嘎达瓦”等期间信访维稳工作，全年未发生越级进京非正常上访事件、未发生大规模越级集体上访事件、未发生因信访问题引发的极端恶性事件和舆论负面炒作，完成信访保障各项任务。

【矛盾纠纷化解】 2023年，隆子县信访局启动涉信涉访矛盾纠纷、信访突出问题“月报告”机制、重大节假日“日报告”机制，加强信访信息汇总梳理，逐项建立工作台账，对全县范围内的信访突出问题实行动态式管理、列表式推进、挂图式作战，坚决做到化解一起、销号一件。全年全县共排查涉信涉访矛盾纠纷4279次，排查人数10829人次，调处率达到100%。严格执行“四级信访接访日”制度，全年全县21名领导干部参与四级接访，接待来访群众19批33人次。

【信访宣传引导】 2023年，隆子县信访局充分利用普法宣传、综治宣传等活动精心制作发放藏汉双语宣传资料，现场进行讲解，让群众更直观、更形象地了解信访相关法规知识，提高群众依法信访、依法维权意识。就新颁布的《信访工作条例》、信访人员“六个不得”、公安部关于信访活动中的违法犯罪行为等法规政策开展集中宣传解读，加强正面宣传教育引导，让受教群众摒弃“信访不信法”“以访谋私利”“以闹求解决”等错误观念和违法行为，树立依法信访、违法必究的信访法治观念，有效规范受教群众信访行为，持续推进信访工作法治化进程，营造依法有序的信访秩序。

后勤工作

【车辆管理与派遣】 2023年，隆子县机关后勤服务中心根据政府机构的需求和公务用车管理规定，制定了科学、合理、高效的公务用车使用和管理计划。为确保公务用车运行规范有序，公务用车的日常运行维护由办公室统一调度，实行车辆定点停放、定点洗车、定点维修，严格执行公务用车油料款管理制度。对公务车辆的使用范围、出车原则、有关纪律等进行了明确规定，规范了驾驶员职责，杜绝乱停乱放等违章现象，同时强化日常监管，及时补充完善了《隆子县公务用车管理实施细则》。围绕“安全、高效、优质”的车辆保障目标，组织全体驾驶员认真开展安全教育，每月召开安全例会，并制定驾驶员考核奖惩制度，对公务用车交通行为实行常态化管理。2023年，隆子县后勤共为全县各级各单位调度公务用车3700余车次，未出现任何安全事故。

【食堂管理】 2023年，隆子县机关食堂共有5名厨师，9名服务员，担负着较为繁重的内外接待、员工就餐等项工作任务。在食品采购中，充分考虑职工的不同需求，让干部职工吃得好、花钱少。不定期对食堂工作人员进行思想教育、贯彻落实食品卫生法的要求等，通过学习，提高工作人员在工作中的服务质量和意识。切实做好政府食堂的食品卫生、餐具的“一洗、二冲、三消毒”工作，每周对厨房一次大清扫。食堂每周一至周五为各单位干部职工提供午餐和晚餐，并于2023年4月起开始供应早餐，2023年5月开办机关食堂零售店小超市，为广大干部职工提供了便利。

【公务接待】 2023年，隆子县机关后勤服务中心认真落实中央八项规定，严格执行公务接待事先审批制度，严格接待标准，统筹做好各项公务接待工作。对餐厅服务人员实施规范服务、微笑服务、温馨服务，加强对膳食服务人员的业务技能培训，注重菜色品种的增加和调整，严把采购关、验收关、储藏关和操作关，确保饭菜安全卫生营养。全县除自带食堂的部门外基本均安排在机关食堂接待，全年共接待各级来隆子县人员378批次4584人次。

【自身建设】 2022年，隆子县机关后勤服务中心坚持党建工作和中心工作一起谋划、一起部署、一起考核，党组书记切实履行党建工作第一责任人职责，带头贯彻党的基本路线和各项方针政策，带头贯彻执行民主集中制，党组其他成员带头履行“一岗双责”。认真落实“三会一课”、谈心谈话、主题党日活动等基本制度，全年召开党员大会4次；支部委员会10次；组织开展主题党日活动6

2023年3月8日，隆子县机关后勤服务中心女同志开展以“和谐生活创先争优，美好生活巾帼带头”为主题的妇女节活动

2023年11月22日，隆子县机关后勤服务中心党员在叶巴社区开展在职党员“双报到”活动

次；支部书记给支部党员讲党课4次、与支部党员谈话9次。通过党员交流座谈、集中研讨、个人自学等学习形式，学习贯彻落实习近平新时代中国特色社会主义思想和党的二十大精神，充分运用“学习强国”“雅龙先锋”“隆子融媒”等平台，定期公布党员积分学习排名情况，激发党员干部自主学习热情。2023年春节、“七一”组织党员到列麦乡纪念馆开展集中学习活动；党组书记到单位驻村点上党课等。定期组织党员干部开展党风廉政专题学习，开展节前廉政谈话，开展作风整治工作，组织党员以及年轻干部到列麦乡纪念馆重温入党誓词、参观廉政教育基地等。2023年，共计开展党风廉政警示教育课5次，观看党风廉政警示教育片4次，集中学习4次。

【结对帮扶】 2023年，隆子县机关后勤服务中心通过结对帮扶，落实帮扶资金达4万余元，同时，动员广大干部通过以买代帮购买脱贫户的农畜产品，折合人民币1.5万余元。宣传惠农惠民政策10余次，组织夜校培训班40余次，开展驻村点脱贫户慰问活动1次共计4000余元。

【“三公”经费使用】 2023年，隆子县机关后勤服务中心公务接待费使用共计申报26万余元；办公经费共计使用35000元；公车运行维护共计使用85万余元。

外事工作（边防）

【重要会议】 5月29日，县委书记、县边防委员会主任次仁加措组织召开县委边防委会议，会议研究讨论关于扎日转山民俗活动相关事宜。会议传达学习了自治区人大常委会副主任、市委书记许成仓在关于恢复扎日转山民俗活动的请示上的重要批示精神。宣读了《隆子县2023年扎日转山民俗活动领导小组》成员名单及其任务分工。听取了县委统战部、国安办、公安局、边境管理大队以及扎日乡、玉麦乡等关于转山活动筹备情况汇报。并就扎日转山工作进行了安排部署。

8月10日，县委副书记、政府县长、边防委员会常务副主任李宁主持召开县委边防委员会2023年第二次会议。会议听取护边员、边境管控工作开展情况汇报，安排部署相关工作。

10月8日，县委副书记、县边防委副主任徐明山主持召开边防委会议。会上山南市外事办副主任土登次仁，自治区边防办陈玉麒以及市边防科科长姜长春等同志到会指导。会议听取了县边防办、驻军部队、边境管理大队以及发改、交通、公安等部门拟申报2024年边防基础设施建设项目情况，并就拟申报项目建设的可行性、所需资金等方面进行研究讨论，区、市两级领导就申报项目范围、具体实施、项目部门相互沟通衔接以及严防重复申报、建设等方面提出了具体意见建议。

【外事调研】 4月6日，山南市外事办党组书记何才康率市边防办、市财政局相关部门负责人深入边境乡开展护边员调研工作，县委副书记徐明山陪同调研。调研组通过座谈交流、个别询问等方式，了解掌握护边员各项工作开展情况。何才康书记就本次调研护边员队伍和配备装备事宜进行了简要说明。何才康书记要求，护边员要认真履职尽责，提高重要山口通道的巡边频次，加大护边员巡边过程中的情报搜集力度，在遇到突发事件和相关重要情报时要第一时间逐级上报，切实打造一支政治可靠、立场坚定、身体合格、作风过硬的巡护队伍。

5月31日，隆子县召开护边员工作推进会，县委副书记徐明山、政府副县长嘎玛旦增、各边境乡分管外事负责人以及外事办全体在岗干部参加了会议。会议听取了各边境乡就护边员教育、管理以及工作开展情况的汇报，其次，从“巡边工作频次，护边员教育管理、学习培训、工作纪律、补助发放、巡边装备、资料归档以及护边工作信息上报、护边员台账登记”等9个方面就下一步护边员工作进行了安排部署，并集中对护边员个人绩效考核情况进行研究讨论。

2023年7月20日，区、市外事办调研组深入曲桑村执勤房就边防基础设施建设项目实施点查看建设情况

7月20—21日，自治区公安厅反偷渡侦查支队支队长多吉普拉带队的自治区边防工作调研组到隆子县，就边境村(居)动态调整、护边员工作开展、边民补助兑现以及边防基础设施建设等情况进行调研指导。山南市外事办副主任翟国栋、县委副书记向龙飞、政府副县长舒锋以及副县级干部、村镇指挥部副指挥长其米江村等同志陪同调研。调研组一行先后到扎日、斗玉、准巴和加玉等边境乡和辖区边境村、抵边搬迁点，通过查阅资料、相互交流以及个别询问等方式，就边境村(居)动态调整、护边员工作开展、边民补助兑现以及边防基础设施建设等情况进行调研。调研组对隆子县护边员统筹整合、使用管理和发挥作用等方面工作给予了充分肯定，并就下一步护边员管理工作、边境一线村居动态调整申报和加快边防基础设施建设工作提出了具体要求。

2023年7月20日，区、市外事办调研组到隆子县扎日乡珞瓦新村就边境村(居)动态调整、护边员工作开展、边民补助兑现以及边防基础设施建设等开展调研

【队伍建设】 2023年，隆子县外事办始终将自身建设作为夯实外事工作的基础，作为提高履职能力和工作水平的重要内容来抓好抓实。以“三会一课”、党组会议为抓手，认真开展党组学习、会议13次，召开外事工作委员会会议1次，边防委员会会议3次。深入习近平新时代中国特色社会主义思想、习近平外交思想、习近平总书记关于西藏工作的重要指示精神和新时代党的治藏方略，学习《中华人民共和国陆地国界法》《中华人民共和国对外关系法》等法律法规，学习贯彻党的二十大、

2023年11月22日，西藏自治区外事办一级巡视员达瓦次仁（右五）一行到隆子县开展边境一线村和边境村动态调整复核工作

全国、自治区、山南市以及隆子县两会精神，区市县三级党委经济工作会议，做到及时传达学习、分解工作任务、狠抓贯彻落实。同时，严格按照政府系统全面从严治党暨“学习二十大，政府是什么、干什么、怎么干”动员部署会议相关要求，进一步加强和改进自身建设，切实营造了良好的干事创业环境。

【护边员履职】 2023年，隆子县外事办从年度预算资金中列支32万余元，为全县559名护边员购买了团体意外伤害保险，保障护边员的人身安全，让他们在巡边守边的同时免除后顾之忧，并从专项经费中为护边员购买了雨衣、鞋子以及红袖标等巡边装备，保障巡边工作顺利开展。严格按照区、市两级关于护边员管理实施细则及隆子县护边员管理办法有关要求，根据边境六乡护边员补助发放意见建议和考勤表，截至年底，兑现1—12月基本补助和绩效补助，共计1006.2万元；对在情报收集工作中表现突出的6名护边员进行表彰，发放山南市维护国家安全情报信息线索举报奖励金3000元，荣誉证书6本，让护边员的履职热情进一步高涨；组织边境六乡骨干护边员及外事工作人员共计36人，在县城集中开展了为期4天的护边员素质能力提升培训班，进一步强化了护边员巡护工作能力，不断壮大巡护队伍力量。2023年，护边员共开展巡边11113次，配合驻军部队巡边13次253人，配合边防派出所巡边408次1763人，参与维稳巡逻1931次3513人，参与卡点执勤1849次，参与救援任务7次59人。

【党政军警民合力强边】 2023年，隆子县为贯彻落实党政军警民合力强边工作各项决策部署，在申报边防项目、抵边搬迁建设等工作中，充分征求驻军部队的意见建议，坚持突出重点、军民融合原则。稳步推进边防基础设施项目建设，积极与边防、驻军部队对接，让护边员与边境派出所、部队官兵一起执行巡边任务，即相互照应，又能让护边员向部队官兵学习护边技能。2023年，针对边境基础设施薄弱，积极推进边境基础设施项目（执勤房）项目，总投资为1211万元的10个执勤房（护边员休息站）项目和11个标志牌已全部完工，并移交边境乡和边境派出所使用；总投资为39.12万元的扎日乡米帕“惠民驿站”项目已完工验收，并交付驻军部队使用。按照自治区边防委《关于进一步完善党政军警民合力强边有关政策的实施意见》以及自治区核定的边境一线村和边境村分类和补助标准，积极落实边民补助兑现工作。结合“一县一策”相关原则，征求边境乡、县直相关部门和边境管理大队等的意见后，制定并印发了《隆子县边民绩效考核办法》。根据边境村（居）动态调整工作，申报准巴乡知能村、加玉乡卡布村和扎日乡庄堆村调整为边境一线村。

中国人民政治协商会议隆子县委员会

综述

【重要会议】 三届三次会议 2023年1月8日上午，中国人民政治协商会议第三届隆子县委员会第三次会议在隆子县城开幕。会期一天半（1月8日—9日上午），会议应到委员63人，因事因病请假15人，实到48人。会议期间，县委书记次仁加措，县委副书记、县长李宁及在岗县级领导应邀出席开幕和闭幕会议。会议听取和审议政协第三届隆子县委员会常务委员会工作报告；听取和审议政协第三届隆子县委员会常务委员会关于县政协三届二次会议以来提案工作情况的报告；列席隆子县第十四届人民代表大会第四次会议，听取并讨论政府工作报告和其他有关报告；通过政协第三届隆子县委员会第三次会议关于常务委员会工作报告的决议；通过政协第三届隆子县委员会第三次会议关于政协三届二次会议以来提案工作情况报告的决议；通过政协第三届隆子县委员会提案委员会关于政协三届三次会议提案审查情况的报告；通过政治决议。

三届六次会议 2023年1月7日，政协第三届隆子县委员会第6次常务委员会议在政协513会议室召开，县政协主席古桑旦增主持会议。会议应到常委12人，因病请假1人，实到11人。会议审议通过《政协三届隆子县委员会第六次常委会会议议程（草案）》《关于召开县政协三届三次会议的决定（草案）》《县政协三届三次会议议程和日程（草案）》《政协三届隆子县委员会常务委员会工作报告（草案）》及报告人、《政协三届隆子县委员会常务委员会关于三届二次会议以来提案工作情况报告（草案）》及报告人、《县政协三届三次会议秘书长名单（草案）》《县政协三届三次会议提案审查委员会组成人员名单（草案）》。

三届七次会议 2023年1月8日，政协第三届隆子县委员会第7次常务委员会议在政协513会

2023年5月6—12日，隆子县政协党组书记、主席古桑旦增（左三）带队组织各界别部分委员到昌都市开展考察学习活动

2023年10月23日，隆子县政协党组书记、主席古桑旦增（右一）在准巴乡卡雄拉执勤点同干部群众维修水管

议室召开，县政协主席古桑旦增主持会议。会议应到常委12人，因病请假1人，实到11人。会议审议通过《县政协三届七次常委会会议议程(草案)》《政协常委会工作报告决议(草案)》《提案工作情况报告决议(草案)》《政治决议(草案)》。

三届八次会议　2023年11月3日，政协第三届隆子县委员会第8次常务委员会议在政协513会议室召开，县政协主席古桑旦增主持会议。会议应到常委12人，因事请假1人，实到11人。会议传达学习《习近平总书记关于人民政协工作的重要论述摘编》《习近平总书记关于党的建设的重要思想》《习近平在文化传承发展座谈会上的重要讲话精神》、浙江"千万工程"经验案例，会议审议通过《隆子县边境一线地区乡级行政区划调整的报告》及《政协提案办理经费使用方案》。

【主题教育】 2023年，县政协聚焦"学思想、强党性、重实干、建新功"总要求，坚持高站位谋划部署、高质量推动落实、高效率统筹推进、高标准协调保障，常委会班子成员积极参加县委举办的"联合读书班"、专题研讨交流等，结合在职党员"双报到"，积极开展为民办实事活动，根据主题教育工作要求，精准确定调研课题，围绕"改善边境卡点执勤环境""县城蔬菜稳价保供""垃圾转运""校园周边食品安全""助力服务企业发展"等课题，深入开展调查研究，帮助广大群众解决了一批急难愁盼的问题，履职能力进一步提升，干事创业热情持续高涨。加强党的创新理论武装，始终把深学细照笃行习近平新时代中国特色社会主义思想摆在首位，组织委员以亲历、亲见、亲闻的感人故事，用飘着糌粑香、带着泥土味的语言，深入各乡(镇)、村居、学校开展"委员讲故事"活动、政协班子成员深入各村居、寺庙和边境卡点等，开展"西藏和平解放72周年""西藏民主改革64周年宣讲报告会""道德模范来宣讲传递榜样正能量""守边担责 强边固防"等宣讲活动15场次，受教群众达1200余人次，生动阐释习近平新时代中国特色社会主义思想的真理力量和实践伟力，助推党的创新理论"飞入寻常百姓家"，广大农牧民群众更加深刻感受到党的恩情无时无处不在，更加坚定了感党恩、听党话、跟党走的信心和决心。

【社情民意】 2023年，县政协积极为助力隆子长治久安和高质量发展建言献策，广大政协委员围绕政治、经济、文化、社会等领域，聚焦群众关切的热点难点问题，切实反映农牧民群众心声。2023年，共收集社情民意信息49条，采纳8条，并及时向上级部门推送优秀社情民意信息3条，其中《加强外卖配送人员交通管理的建议》《着力解决农牧民群众就近看病难问题的建议》得到市委主要领导的批示交办，充分展现了新时代政协委员的履职风采，"群众有所呼、政协有所应"更加彰显。

【"两联系"活动】 2023年，县政协建立完善党组成员联系界别、党员委员联系党外委员"两联系"工作制度，深化委员"交朋友"活动，通过结对子、交朋友等活动，进一步畅通委员联系渠道，为联系服务群众、密切党群关系，开展矛盾纠纷化解，发挥了积极作用。

【结对帮扶】 2023年，县政协班子成员按照“三联两包”要求，全年深入联系学校、寺庙村居（社区）走访了解情况、检查指导和宣讲政策人均3次，政协全体党员干部坚持每季度深入结对户，开展定点帮扶，扶智教育人均4次，累计帮扶物资折合人民币15300余元，为高校毕业生就业创业提供指导和帮助5次。联合县委统战部组织召开新年茶话会暨“三大节日”慰问活动，慰问基层农牧民政协委员27人，共发放慰问金13500元。

【清廉机关建设】 2023年，县政协严格执行中央八项规定及其实施细则精神，围绕深入贯彻落实习近平总书记关于新时代办公厅工作的重要指示精神，全面优化政协机关办文、办会、办事的工作流程，扎实推进学习型、服务型、创新型、清廉型机关建设，办公室“三服务”水平持续提升，营造起艰苦奋斗、担当实干、勤俭节约、风清气正的良好工作环境。全年共组织开展红色教育活动3场次、警示教育7场次，党员干部服务意识进一步增强，机关工作效能进一步提升。

政协履职

【视察调研】 为拓宽委员建言献策思维，对比先进找差距、寻突破、谋发展，提升政协委员履职能力，充分激发委员工作新活力，努力开创政协工作新局面，根据政协隆子县委员会2023年协商计划安排，5月，组织部分委员到昌都市围绕“城镇建设、产业发展、旅游开发、乡村振兴、生态环境保护”等方面先进经验进行考察学习；6月，组织部分委员到阿里地区围绕“边境管控、旅游开发、生态环境保护、文物保护和寺庙管理”等方面先进经验进行考察学习。考察结束后将考察过程中的所思、所想、所看、所听情况认真加以分析和提炼，形成考察报告经县政协主席会议审定后呈送县委、县政府决策参考。

【协商议政】 2023年，县政协充分发挥人民政协作为专门协商机构的作用，本着“协商于民”“协商为民”的原则，紧扣人民群众对美好生活的新期待，聚焦“保护耕地、确保粮食安全”和“新时代青少年爱国主义教育的新特点、新趋势、新路径”为议题，先后组织委员开展专题协商议政3次，各乡镇政协委员联络办通过构建基层协商平台与政协协商有机结合，将解决群众实际问题融入群众生产生活开展协商，有效发挥了协商民主的积极作用。

【民主监督】 “3·15”消费者权益日来临之际，县政协联合市场监督管理局在县城范围内围绕“提振消费信心”主题开展消费者权益日活动。活动通过分发宣传资料、讲解消费者权益知识、接受消费者投诉举报登记、邀请政协委员深入县域各超市、茶馆、学校食堂等地监督是否存在假冒伪劣商品等方式，一定程度上增强了隆子县消费者群体鉴假维权能力，也促使广大经营者坚守诚信守法经营底线。广大政协委员充分发挥委员主体作用，先后共15名委员通过参加征求意见会、述职评议会、中考小考等活动，对涉及群众切身利益、社会各界关注度高的问题进行民主监督，有效发挥了政协协商式监督的重要作用。

【委员提案和提案办理】 三届三次会议期间，广大政协委员围绕乡村振兴、道路交通、“三农”工作等共提出提案44件，经审查立案40件，截至年底，已全部办复。在县委、县政府的重视和各承办单位认真办理下，许多意见建议被采纳，并体现到县委和政府相关政策、发展规划和部门工作中，为促进隆子县社会经济高质量发展，推进社会主义协商民主建设中发挥了积极作用。此外，在县委、县政府的高度重视和大力支持下，从2024年起，县政府每年从本级财政中安排300万元用作政协委员提案办理专项资金，为推动提案办理工作从“办结”向“办好”转变，从“答复满意”向“结果满意”转变提供了强有力的资金保障。

【综合委员会工作】 2023年，县政协综合委员会在县政协党组的领导下，以习近平新时代中国特色社会主义思想为指导，认真贯彻落实习近平总书记关于加强和改进人民政协工作的重要思想，

2023年4月17—19日，政协隆子县委员会举办政协第三届隆子县委员会第一期委员培训班

积极协同政协办公室围绕中心，服务大局，与时俱进，求真务实，切实履行综合委员会各项职能。开展“书香政协”活动，强能力聚共识。大力开展“书香政协”活动，通过组织委员开展每月一学，持续增强委员的政治把握能力、调查研究能力、协商议政能力、联系群众能力及合作共事能力。开展“委员讲故事”“村史”“家史”活动，谈变化感党恩。结合身边人、身边事，通过一个个看得见、摸得着、得实惠的鲜活事例，组织委员到加查、琼结等兄弟县围绕《在变化中感受新时代的幸福生活》开展巡回宣讲14场次，受教育群众达1000余人次。委员能力建设。成功举办三届政协委员第一期培训班，围绕“政治协商、民主监督、参政议政、履职尽责、人民政协提案及反映社情民意信息”等重点业务知识，邀请市委党校专家学者、市政协提案委员会业务骨干等到隆子县授课讲授，11个乡（镇）政协委员联络办负责人及29名基层政协委员积极参加培训，进一步提高了委员提案撰写能力和收集反映社情民意信息的水平，有效激发了委员的履职活力。

中国共产党隆子县纪律检查委员会
隆子县监察委员会

综述

【纪律监督】 2023年，隆子县纪委监委围绕乡村振兴领域集中开展监督，及时召开乡村振兴专项监督例会，对乡村振兴专项监督工作进行安排部署。制定《隆子县纪委监委巩固拓展脱贫攻坚成果同乡村振兴有效衔接专项监督检查方案》，细化5个方面、18个监督事项，统筹县乡监督力量，抽调精干人员，组建7个专项监督检查组，对18家县直单位、11个乡（镇）、38个村（居）、8个边境搬迁点开展为期10天的综合监督。

【纪检监察体制改革】 2023年，隆子县纪委监委按照自治区纪委监委有关工作要求，及时组织专人开展相关工作，研究制定《隆子县纪委监委关于深化县级纪检监察体制改革实施方案》，并完成内设机构的更名挂牌、职责调整等工作，通过内设机构的整合、撤并、重组，使内设机构设置更加科学、职能更加优化、权责更加协同、监督更加有力、运行更加有效。

纪检监察协作片区成立。按照地域相近、优势互补、增强合力、便于协调的原则，由两名纪委副书记、监委副主任牵头抓总，将11个乡（镇）纪委（监察室）划分为2个纪检监察协作片区。制定印发了《隆子县纪检监察协作片区工作实施办法（试行）》《关于组建隆子县纪检监察工作协作片区的通知》，召开纪检监察协作片区成立大会，切实解决了乡（镇）纪委（监察室）人员力量分散、日常监督缺位、作用发挥不够等问题，进一步加强了基层监督工作，推动全面从严治党向基层延伸，促使基层反腐败工作在决策部署指挥、资源力量整合、措施手段运用上更加协同高效。

【村务监督】 2023年，隆子县纪委监委召开加强和规范村务监督委员会工作探索试点碰头会议，在全县3个乡（镇）、6个行政村村务监督委员会开展试点工作。制定下发《隆子县纪委监委关于加

2023年7月4日，西藏自治区党委常委、纪委书记、监委主任王卫东到隆子县开展调研

2023年9月5日，隆子县纪委监委组织召开纪检监察干部队伍教育整顿检视整治工作推进会

强和规范村务监督委员会工作探索试点实施方案》《隆子县村（居）务监督委员会权责监督清单》《村务监督委员会日常工作台账》《村务监督委员会工作流程图》《县乡（镇）纪委与村务监督委员会沟通机制和沟通渠道》《隆子县村务监督委员会考核和奖励办法》，细化5项工作权力责任，8大类监督职能34小项监督事项，切实提升乡村治理水平，从源头上遏制群众身边的不正之风和腐败问题。

【反腐倡廉】 2023年，隆子县纪委监委坚持反腐败力度不减、节奏不变、尺度不松，共受理问题线索43件（含遗留件20件）。已办结36件，其中初核了结14件，函询了结2件，立案办结15件，移送行业部门办理5件；未办结7件，其中，函询中1件，初核中6件。涉及赌博4件，占问题线索总数的9.3%，涉及酒驾8起，占问题线索总数的18.6%。坚持赌博、酒驾等线索处置"一案双查"，对2起酒驾案件既查公职人员违纪违法事实，又查案件背后的"四风"问题，将涉及"四风"问题18人交相关单位党委（党组）严肃处理。运用监督执纪"四种形态"批评教育帮助处理共68人，其中，运用"第一种形态"批评教育帮助34人，占总人次的50%；运用"第二种形态"处理27人，占总人次的40%；运用"第三种形态"处理2人，占总人次的3%；运用"第四种形态"处理5人，占总人次的7%。

【监督检查】 2023年，隆子县纪委监委紧紧围绕县委中心工作，常态化开展专项监督。聚焦学习贯彻习近平总书记重要指示批示和党中央重大决策部署，组织召开十届县纪委三次全会和反腐败工作协调领导小组推进会和党委（党组）书记述责述廉会议，听取6个党委（党组）书记大会述责述廉和48个党委（党组）书记书面述责述廉。年内，跟进开展党内政治生活监督，列席和参与22个党委（党组）民主（组织）生活会，引导督促各级党组织严明政治纪律和政治规矩。全年开展政治监督24次，发现问题91条；围绕宗教维稳领域开展监督检查28次，督促整改问题20条；开展医药领域专项监督3次，发现问题12条，发送工作提示单3件；开展边境搬迁专项监督6次，发现并反馈问题15条，其中涉及惠民政策方面2条、搬迁政策方面3条、产业配套政策方面2条、群众急难愁盼方面8条，发送工作提示单9件，责令相关单位人员作出情况说明1次，下发问题整改函3件，与相关部门沟通对接解决群众急难愁盼问题8件；开展耕地非农化非粮化专项监督14次，发现问题1条；开展民生领域专项监督30余次，发现问题87条，推动解决65条；开展统计领域专项监督5次。围绕乡村振兴领域集中开展综合监督，共发现9个大方面10个类别74个具体问题，向38家单位下发工作整改函47件，向1家单位下发纪律检查建议书1份，推动整改问题64个，正在整改10个。督促相关部门兑现各类补偿补贴资金共计88万元，兑现民工工资和机械费190.9万元。对各乡（镇）"四个不摘"责任落实情况进行督导检查，向县乡村振兴局反馈主体责任问题8个，督促4个乡（镇）解决饮水安全等项目管护不力、后续服务跟不上等方面问题9个，推动解决且巴村灌溉水源建设资金24.2万元。动态监督防返贫工作的进展成效，督促整改返贫监测帮扶问题1个，新增防返贫监测对象9户39人，进一步压紧压实各乡（镇）属地管理责任。坚持作风建设永远在路上，紧盯重点领域、敏感时期和关键环节，开展经常性督导、突击性检查，查问题、促整改，全年持续协助县委做好改进作风狠抓落实工作，联合县委作风办开展会风会纪等党员干部作风监督检查7次，督促整改问题5条，下发通报1期，通报和责令作出检讨9人次，联合县公安机关开展作风建设专项整治，对违规出入高档娱乐场所、接受有偿陪侍、赌博和酒驾醉驾等问题专项监督检查10次，持续开展违反中央八项规定及其实施细则精神的监督检查33次，发现立行立改问题并督促整改问题7条，深入县直各部门、各乡（镇）开展监督检查3次，发现并督促整改违规发放津补贴、违规重复报销加班和出差补助问题13个，收缴违规资金3350元上缴国库。通过一系列措施的实施、手段的运用，全县各级各部门执纪更加严明、风气更加清正。

【宣传教育】 2023年，隆子县纪委监委自觉把纪律建设摆在更加突出位置，教育引导干部把铁的纪律转化为日常习惯、自觉遵循。组织观看《永远吹冲锋号》《说案明纪——交通局长借“路”敛财自毁“人生路”》等警示教育片。全方位、多渠道动态展示全县纪检监察工作开展情况，坚持正反两面教育，组织纪检监察干部集中观看《榜样7》专题片1次，形成正面典型教育观后感62篇；组织62名纪检监察巡察干部观看《国家监察》全集、《忠诚与背叛》《庭审实录》等典型案例4次，形成反面典型警示教育观后感124篇；充分依托资源，做好结合文章，邀请央宗儿子索郎顿珠为纪检监察干部讲述父辈守边护边的亲身经历，组织25名纪检监察干部深入列麦乡纪念馆开展《传承红色基因·赓续红色血脉》主题党日活动，以“用实际行动诠释纪检监察人的初心使命”主题为全县纪检监察干部开展先进典型报告会2次，激发纪检监察干部学先进、争先进、做先进的热情。在全县单位内开展“以身边案 警身边人”集中警示教育活动，警示教育展板精选隆子县纪委监委近年来办结的“四种形态”典型案例，活动参与单位有48家261人次活动，共发放各类廉政宣传品648个。全年向市纪委监委报送信息简报75期。运用“清廉隆子”微信公众号发布转载宣传、党规党纪、廉政提醒412条，及时更新廉政建设长廊。全年组织18批187名党员干部到县廉政警示教育基地参观学习。坚持反腐败力度不减、节奏不变、尺度不松。

【党风廉政建设】 2023年，隆子县纪委监委对于廉政意见回复严格按照相关程序做好逐级把关，严防“带病提拔”“带病评优”“带病上岗”，共回复廉政意见106批次852人次，对1名干部提出暂缓使用意见。有效减少不符合规定的集体类廉政意见征求函，确保廉政意见回复工作精准有序，切实把好党风廉政意见回复关。

【教育整顿】 2023年，隆子县纪委监委开展纪检监察干部队伍教育整顿工作。自2月开始至12月底结束，用10个月时间集中开展教育整顿。共分学习教育、检视整治、巩固提升3个环节。其中学习教育环节2个月，检视整治环节6个月，巩固提升环节2个月。严格落实“第一议题”学习制度开展教育整顿学习会37次，形成读书报告186篇、心得体会62

2023年5月31日，隆子县召开纪检监察协作片区成立大会

篇、警示教育观后感102篇，撰写党性分析报告62篇，开展谈心谈话2轮、形成谈话记录124份，开展自查自纠并形成报告和问题整改清单62份、检视问题1074条、列出有针对性的整改措施1092条。开展违规办案行为等5个专项整治工作，共发现问题19个，全部问题都已得到有效整改。

2023年1月29日，隆子县纪委监委、县委组织部、巡察机构组织人员到县委第二轮巡察县商务局督导整改情况

巡察工作

【概况】 2023年，隆子县委巡察办在县委和巡察工作领导小组的统一部署下，严格按照要求开展巡察工作，始终准确把握政治巡察定位，以"发现问题、形成震慑"为主线，紧扣"三个聚焦"精准发力，稳步推进巡察工作有形有效全覆盖。在十届县委常委会（扩大）会议上传达巡视巡察文件、会议、讲话精神5次，召开书记专题会和巡察工作领导小组会听取巡察情况汇报9次。组织在岗全体巡察机构干部召开专题学习会7次，传达学习二十届中央纪委二次全会精神、自治区纪委十届三次全会精神和市纪委二届三次全会精神以及相关巡视巡察文件、会议、讲话精神15次。年内开展两轮巡察，对11个县直单位党组织、2个乡镇党委、6个村级党组织、11个寺管会党支部完成巡察，有效发挥了巡察"政治显微镜"和"政治探照灯"作用。

【巡察监督】 2023年，隆子县委统筹整合县纪委监委、县委组织部、县委巡察办成立2个督导组，对4个乡镇党委，3个县直单位党组织，7个党支部开展了实地督导工作，发现问题11个，已整改9个，提出整改建议12条，第一时间向被巡察党组织主要负责同志以及班子成员进行反馈，压紧压实被巡察党组织整改第一责任人责任，督促领导班子其他成员认真履行"一岗双责"，持续巩固和拓展巡察工作成果，做深做实做细巡察"后半篇文章"，同时，将巡察发现的共性问题和深层次问题，向有关职能部门进行通报，提出工作建议，督促加强调查研究和分析研判，着力在堵塞漏洞、源头治理、推动改革、促进发展上取得实实在在的成效。

【巡察制度建设】 2023年，隆子县委巡察办根据县委巡察领导小组要求，对照《十届自治区党委巡视工作规划》和《二届山南市委巡察工作规划》文件精神，对《中共十届隆子县委员会巡察工作规划（2021—2025年）》进行修订，草拟了《十届隆子县委巡察工作规划（征求意见稿）》《隆子县委巡察工作领导小组工作规则（讨论稿）》，以制度建设助推巡察工作高质量发展，不断推动县委巡察工作规范化运行。

【教育培训】 2023年，隆子县委巡察办坚持"一轮一培训"，通过举办专题培训班、编印巡察工作流程、精心准备培训课件等方式，突出培训实效，提高巡察队伍发现问题能力。县委巡察机构人员和常设巡察组组长、副组长向抽借调巡察干部进行授课，通过"以会代训"的方式，让巡察干部在学中干、干中学，强化"实战培训"，切实把上级巡视巡察的好经验好做法传导下去。积极从巡察人才库中选派9名骨干参加区党委巡视和市委巡察。2023年，县委巡察机构开展综合性业务培训2次，参加培训人员达50人次，有效提升了巡察工作业务能力。

【廉洁建设】 2023年，隆子县委巡察办坚持“打铁必须自身硬”要求，加强巡察干部日常教育监督管理，筑牢党员干部拒腐防变、强化“不敢腐、不想腐、不能腐”的思想意识，带头遵守中央八项规定及其实施细则精神。组织在岗巡察机构干部集中观看《作风建设永远在路上》系列专题廉政教育片，自觉接受党性、党风、党纪的思想教育洗礼，对自己严苛就是对百姓负责，着力打造一支忠诚干净担当的巡察“铁军”。

2023年4月14日，隆子县召开十届县委第四轮巡察动员部署会

对口支援

综述

【概况】2023年，常德市援藏工作队共有13人，其中领导干部3人、医疗组团队员8人、对口支援专业技术人员1人、短期援藏队员1人。全体队员全面落实常德市委市政府、隆子县委县政府决策部署，把隆子县当作第二故乡，发扬“老西藏精神”，坚持“缺氧不缺精神、艰苦不怕吃苦、海拔高境界更高”的工作要求，在2022年工作基础上，继往开来、开拓创新，在项目建设、产业发展、招商引资、教育、医疗、交流交往交融等方面扎实工作，取得了较好的效果。

【队伍建设】2023年，隆子县援藏工作队始终将习近平新时代中国特色社会主义思想作为第一学习课题，抓紧抓实党的二十大精神、中央第七次西藏工作座谈会精神和中央、区党委、湖南省委、常德市委、山南市委相关会议精神以及“老西藏精神”等内容学习，及时跟进学习领会习近平总书记最新重要讲话、重要指示精神，深刻领会援藏工作重大意义。组织队员参加主题教育活动，认真开展集体学习和个人自学，全年召开学习讨论会8场、组织生活会2场、撰写心得体会50篇，进一步坚定了全体队员的理想信念，增强了贯彻落实党的基本路线、方针政策、履行援藏工作责任的思想自觉和行动自觉。严格执行《关于加强第十批援藏干部人才教育管理的通知》，加强援藏干部管理、经常性开展谈心谈话活动，教育引导援藏干部守住作风和安全底线，全力为常德援藏工作争取荣誉。定期开展工会活动，倡导家文化，举办生日会，组建阅读、烹饪等兴趣小组，丰富文化生活，让援藏干部感受到家的温暖。定期组织集体观看主旋律影片、开展主题党日活动、召开组织生活会，进一步坚定理想信念，增强奉献意识。

2023年9月10日，常德市第十批援藏工作队开展主题教育学习讨论活动

【两地交往交流】2023年，隆子

县援藏工作队组织隆子县卫生系统15名业务骨干到常德市交流学习,13名医务人员在常德开展为期3个月的进修培训;组织医疗系统职工到武汉中部战区总医院、湖南省直中医院交流学习,先后外送7名医务人员到两家医院进修培训;对接常德市六中来隆子县中学开展交流活动,组织隆子县教育系统代表团到常德交流学习;促成隆子县人大到常德市考察学习;对接常德市保密局来隆子县开展保密工作指导,获国家保密局高度肯定;对接湖南团省委、常德团市委、常德市发改委先后来隆子县调研指导工作;对接常德市电视台来隆子县指导文化广播工作及隆子县形象宣传片制作工作;对接永州市文艺团体来隆子送演,湖南省文联来隆子开展采风创作活动;联系4名常德医务人员到隆子县为农牧民开展白内障手术;打造“三交”特色品牌2个:开展五同(同学习、同劳动、同吃住、同歌舞、同戍边)、五进(进村居、进学校、进机关、进寺庙、进部队)活动15次。

2023年8月10日,隆子县人大代表团到常德市开展考察学习

人才与就业援藏

【人才培训】2023年,隆子县援藏工作队主要从培养本地专技人才、提升开放意识、转变工作理念等方面着手,把内地好的经验做法带到隆子县,力求在智力援藏方面取得实实在在的成效。先后组织隆子县人大代表团到常德交流学习,百名“村主干”到常德、长沙和湘潭参观学习,对接常德市委党校举办山南市城管系统培训班,部分县直单位到武汉和长沙等地参观交流,组团参加长沙和深圳等地旅游推介会,引导隆子县干部群众感受内地的发展变化,开拓视野、增长见识,积极以开放的姿态虚心学习内地、融入内地。针对隆子教育卫生领域人才短缺、管理机制不顺、干部职工工作积极性不高等问题,制订人才培养三年规划,健全培养机制,选苗、培养、考核、激励一体推进。依托援藏医生开展医疗人才“师带徒”,建立双向考核机制,压实帮带责任;分期分批开展乡村医生体系化轮训,理论与实操同步开展,教学与考试一并推进,确保学得会;外送本地医生进修学习,每月听取学习情况报告,期满进行严格考核,确保学习效果,8名本地医生可独立开展常见手术,

2023年11月17日,隆子县基层干部素质能力提升班在常德举办

妇产科手术量从去年20余台增加至今年170余台，医护人员医技水平显著提升。主持研究出台医疗系统绩效考核办法、教育质量提升考核奖励办法，打破平均主义，干部职工积极性得到进一步提升。2023年，隆子县医疗援藏工作获中组部、国家卫健委调研组高度评价，在国家卫健委评估考核中获评山南市唯一优秀；隆子县教育质量提升至全市第二位；对接协调常德市蘑菇种植专家到隆子县开展为期4个月的技术培训；对接湖南省蔬菜种植专家、印遇龙院士团队到隆子县开展种养技术指导，共计培训农牧民群众400余人。

【促进就业】 2023年，隆子县援藏工作队协调湖南省、常德市有关方面，累计举办各类就业招聘活动4场，推动15名西藏籍高校毕业生到区外就业。

卫生医疗援藏

【概况】 2023年，隆子县援藏医疗工作组进一步优化各类诊疗流程，制定规章制度，完善应急预案，规范医务人员的行为，制定完善各类管理制度18项、工作流程10项，规范各类预案8项。同时组织援藏医务人员到卫生院指导、坐诊等方式，提高卫生院管理水平。根据隆子县卫生健康系统的整体现状及群众需求，投资100万元购买眼科设备用以开展白内障等眼科手术；投资700余万元购买64排CT，显著提升医院放射诊断水平。创新医疗援藏“师带徒”模式，召开“师带徒”启动会，明确医院、援藏老师及学员的责任与要求，对老师与学员进行考核与奖罚，探索并推广1名援藏医生带好1～2名徒弟，工作队进藏后带教隆子本地医务人员17人次，开展业务培训、专题讲座25余场，营造比学赶超的学习氛围，医务人员业务水平提升明显。建立医疗培训基地，制订三年医疗人才培训规划，分期分批对乡村医生开展轮训，缺什么补什么，培训内容征求学员建议，培训后进行理论与操作考核，确保培训实效，全年开展两期四批次共计180人次乡村医培训班，大大提升了基层医务人员业务能力。同时采取“引进来和走出去”相结合的策略，选派隆子本地医护人员13名到常德进修培训，邀请中部战区总医院医务人员20人次来医院指导病案管理、血库建设、重症监护室建设、药房管理等。

【学科建设】 2023年，隆子县援藏工作队与医院科室一起讨论制定了医院学科建设方案，大力提升学科水平。妇产科方面。严格按照妇产科常见疾病的诊疗指南及操作规范进行教学查房，指导诊疗，制定妇产科门诊、产房、抢救室管理及流程制度，妊娠合并症处理流程。开展业务培训12场，组织疑难病例讨论、病例分析、临床实操36次，收治住院患者179人次，分娩新生儿85人次。开展无痛清宫术37台、剖宫产术15台、腹腔镜手术18台、利普刀手术7台、子宫肌瘤切除术4台、前庭大腺囊肿切除3台、铲钳助产2台，住院总手术量86台；开展红外线治疗103次、新生儿沐浴116次、射频电疗1417次；门诊接诊5852人次、门诊手术总量1209台、开展新项目4项；完成“两癌”免费筛查1067人次，创办孕妇学校，周月授课1次。全县危急重症孕产妇转诊率明显下降，孕产妇死亡率为零，自然分娩率高。2023

2023年6月8日，常德市第十批援藏工作队组织开展隆子县乡村医生医疗能力提升体系化培训

年 6 月,医院妇产科申报了西藏自治区重点专科培育项目。

外科方面。开展各类骨科、普外科等常规手术 56 台,其中胆总管探查加 T 管引流手术为隆子首例,总手术量、三级手术量、微创手术量有较大增长。常德市第一人民医院眼科专家团队来隆子免费为 29 名白内障患者手术治疗,所有患者均恢复良好、重见光明。

内科方面。开展业务学习,加强病历质控,成立神经内科专业学组,开展脑出血、脑梗死等疾病规范治疗。投资 1200 余万元新建的高压氧室投入使用,为山南市首个开展高压氧治疗的县级医院,给高原缺氧等所致疾病的患者带来了福音、惠及了当地群众、部队官兵,累计治疗 170 人次。

放射科方面。开展 CT 增强、动脉血管成像、静脉肾盂造影等检查 42 人次,极大满足了群众的就医需求。

超声科方面。开展血管、心脏超声,提高了超声科诊断水平,积极参加湖南省第十批援藏工作队组织的儿童先心病筛查,得到工作队肯定。

教育与文化援藏

【教育援藏】 2023 年,隆子县援藏工作队围绕“育人为本、德育为先”的发展理念,以培养学生良好思想品德和健全人格为目标,以促进学生形成良好行为习惯为重点,配齐思政课教师队伍,实施完成 5 所中小学德育室、5 所乡(镇)小学德育长廊、1 所学校法治基地和 2 所学校国防教育基地规范化建设,严格落实意识形态工作责任制,深化学校爱国主义教育,开展系列主题教育活动 228 场次,累计参与师生达 9.1 万人次。制定出台《隆子县中小学教育教学质量提升攻坚行动实施方案》和《隆子县教育教学业绩奖励实施方案(试行)》,对全县各中小学书记、校长、教师办学理念、教学成绩、学校管理、政策执行、“一考三评” 等方面进行综合考评,将输送内地西藏班学生人数等业绩纳入重点考核范围,实施奖惩机制。全年兑现教育资金 75.47 万元,涉及师生人数达 365 人。初中学业水平考试生物学科单科成绩全市第一名,物理、化学单科成绩全市第二名,高中升学率达 76%。小考内地西藏初中班录取 17 人,成绩位居全市第二名。组织 450 名教师参加了 “一考三评” 业务考试,合格率达 99%。2023 年,评选市级学科带头人 4 名,骨干教师 23 名,县级学科带头人 6 名,骨干教师 44 名,对符合条件的 10 名教师进行了交流轮岗,组织参加各类国培、区培、教师能力提升等项目培训的教师达 1654 人次,成为推动隆子教育高质量发展的领头雁。

【文化援藏】 2023 年,隆子县援藏工作队将常德丝弦和西藏锅庄舞相融合,编排了歌舞 “常德隆子心相连”,在隆子县玉珞文化旅游节开幕式上进行展演,反响强烈。对接常德市电视台来隆子县指导文化广播工作及隆子县形象宣传片制作工作; 对接永州市文艺团体来隆子送演; 湖南省文联来隆子开展采风创作活动,进一步促进了文化交流交融。

项目建设

【概况】 2023 年,隆子县援藏项目建设投入 2593 万元,实施项目 10 个。其中投入 500 万元整合至隆子县洋兄村人居环境项目,打造乡村振兴建设示范点; 投入 625 万元用于基层医疗综合提升,实施了加玉乡卫生院周转房建设和 5 个标准村级卫生室建设; 投入 530 万元用于教育综合提升,实施了加玉、列麦学校操场改造,实施了校园安饮工程(列麦学校安饮工程、隆子县中学和隆子镇小学的净水系统工程),惠及师生 3000 余名; 投入 360 万元采购了 8 辆垃圾收集压缩车; 投入 229 万元实施了一批基层民生工程,为三林乡三林村建设水磨坊、三林乡格西村建设桥涵、5 个乡镇政府所在地实施了一批便民基础公共实施建设; 投入 350 万元在斗玉珞巴历史展馆进行布展。投入 150 万元进行人才培养和两地交流交往交融。

【城乡住房建设】 2023 年,隆子县援藏工作队在住房建设中,实施了加玉乡卫生院职工周转房建设和 5 个村级卫生室建设。

【民生工程】 2023 年,援藏资金

投向民生领域2593万元，占到位资金的94.5%。

招商与产业发展

【招商引资】 2023年，隆子县援藏工作队制定完善招商工作机制、组建招商专班、完善招商手册及宣传片，推动隆子"走出去"和"引进来"。对接常德市商务局、工商联、湖南省驻外商会等单位，促成县主要领导到长沙、深圳等地招商，走访各类企事业单位14家；促成湖南省农投集团、湖南二建等5家企业到隆子县考察投资合作事宜，奶制品深加工、藏香猪二期、高原菜籽油加工等项目有望落地；对接湖南宿野清溪旅游文化发展公司、中城信业有限公司等10余家企业到隆子县考察投资，湖南宿野清溪2000万元文旅项目、日出东方5000万元太阳能平板集热生产线项目进入实质落地阶段；对接湖南湘佳牧业、海利集团、中科院亚麻研究所等企事业单位，就藏黑鸡养殖和农业育种等达成初步合作意向；牵头组织筹备隆子县玉珞文化旅游节招商推介会，对接区内外50余家客商参加推介活动，意向签约1.7亿元。

【产业援藏】 2023年，隆子县援藏工作队立足"四黑"（藏香猪、黑青稞、藏黑鸡、黑白花奶牛）资源，利用援藏优势全力支持"四黑"产业做大做强。帮助玉麦湘万头藏香猪养殖基地成功办理屠宰证，新建育种科研中心，启动饲料加工厂、采购冷链物流设施，使其成为西藏第一家全产业链藏香猪养殖企业。帮助企业扩宽市场，促成藏香猪进入湖南省委食堂，与江苏、林芝等地签订年销售合同达5000头。对接雅砻商贸公司、湖南省株洲市莫德里商贸公司推介销售隆子县特色产品；组织隆子县特色农产品到长沙市参加中国中部（湖南）农业博览会，进一步扩大销售市场；协调隆子机场成功开通货运业务，降低物流成本，为隆子县特色产品出藏销售打下坚实基础。

人民团体

隆子县总工会

【概况】 隆子县总工会成立于1990年12月，自成立以来，始终坚持解放思想、改革创新、锐意进取、扎实苦干，切实保持和增强党的群团工作和群团组织的政治性、先进性、群众性，组织动员广大人民群众更加紧密地团结在党的周围，把广大人民群众对美好生活的追求汇聚成强大动力，共同谱写实现“两个一百年”奋斗目标、实现中华民族伟大复兴中国梦的新篇章。

【基层组织建设】 2023年，隆子县总工会为丰富乡镇干部职工业余时间休闲娱乐，先后在三安曲林乡、准巴乡建设职工之家、建设职工书屋及购买设施设备。截至年底，全县共有7个乡镇建立了职工之家及职工书屋，共接待10万余人次；为更好地凝聚优秀职工，“八大群体”的建会入会工作，进一步向新兴领域、新兴群体延伸工作触角，有效维护职工合法权益、构建和谐劳动关系。截至年底，全县共有基层工会组织197个（其中县直联合工会委员会63个、乡镇工会委员会11个、行政村工会委员会83个、非公企业、协会工会委员会40个），会员3816人。

【工会活动】 2023年，隆子县总工会开展消费扶贫一次，发放价值430200.00元的隆子本地农产品。3月8日，联合县妇联司法局开展“3·8妇女节”专题讲座、为县政府食堂、商铺等地的妇女同志以及过往妇女群众赠送康乃馨、组织64名妇女同志在县城开展职工志愿者和巾帼志愿者巡逻等系列活动；7月13日，县总工会到“两新”组织开展以“清凉度盛夏 安康伴我行”为主题的慰问活动；9月26日，深入吉塘社区开展“庆丰收 送温暖”农民工慰问活动；10月12—13日，山南市总工会联合隆子县总工会在扎日乡开展“五送”活动，300余名职工群众参加。

2023年12月29日，隆子县人大委员会副主任、县总工会主席次旦央吉（前右四）慰问环卫工人

2023年6月5日，隆子县总工会组织干部职工到福建疗休养

【职工合法权益维权】 2023年，隆子县总工会开展了“公开解难题、民主促发展”主题活动，以民营企业为重点，推动厂务公开建制扩面，签订集体合同20家。开展工会“八五”普法，先后举办工会法律知识竞赛、安全生产知识竞赛和防疫知识宣传活动，动员职工学习《民法典》《工会法》等法律知识，扎实开展送法进基层活动，受益职工500余人。5月17日，隆子县总工会对生病住院工会会员进行探望慰问，为他们送去工会组织的问候、祝福与关怀，共慰问2名生病工会会员。年内，为促进广大职工身心健康，激发劳动热情和工作积极性，组织28名职工会员到厦门疗休养。积极跟区总工会、市总工会对接，推荐六批11人参加区总组织的区内疗休养活动。积极与中华全国总工会对接，推荐两批8人企业技术人员到内地参加疗休养活动。按照县委、县政府的统一部署，承担扶贫结对工作，帮扶对象是列麦乡列麦村2户5人。为做好女职工的关爱工作，切实保障女职工身体健康，县总工会对女职工开展“两癌”筛查工作。

【困难职工帮扶】 2023年，隆子县总工会推动建立预防返困监测机制、梯度帮扶机制、帮扶送温暖协调机制等，用足用好各项帮扶政策，保障在档困难职工基本生活，精准做好帮扶救助工作，坚持“主动服务”“上门服务”原则，采取下发文件、工作人员入户调查、召开座谈会征求意见建议等方式，持续开展困难职工摸底调查工作。“三大节日”期间为2022年解困脱困3名职工和15名相对困难退休会员开展以“工会伴你行、温暖职工心”为主题的“三大节日”送温暖活动，送去节日慰问金共计1.8万元。

【劳动竞赛】 11月9日，隆子县总工会深入企业开展“安康杯”竞赛活动。通过“安康杯”竞赛活动，贯彻落实《安全法》，切实把安全生产落实到日常工作中，进一步增强广大企业职工的安全意识，进而在保护自身生命安全上做到“早预防”，更体现出职工积极劳动、顽强拼搏、团结奋斗的精神，在全县范围内营造出安全、和谐、积极、进取的文化氛围。

【活动调研】 3月9日，中华全国总工会研究室主任王利中带领全国总工会调研组到隆子县调研“县级工会加强年”专项工作开展情况。中华全国总工会研究室副主任徐世鼎一同调研。西藏自治区总工会党组成员、副主席边巴，山南市人大常委会副书记、副主任、市总工会主席沈百存等陪同或参加相关活动。10月12日，隆子县总工会联合山南市总工会开展“加强民族团结守边有你温暖有我”“尊法守法·携手筑梦——服务农民工公益法律行动”。山南市总工会党组书记、常务副主席白玛顿珠全程参与。11月15日，自治区总工会党组成员、副主席次仁卓嘎到隆子县开展新时代工运事业和工会工作专题调研。

中国共产主义青年团隆子县委员会

【县域共青团基层组织改革】 2023年，隆子县已完成县域共青团基层组织改革。拓宽团的骨干来源渠道。从非公有制经济组织选拔一名兼职副书记，从县中学选拔一名挂职副书记，争取3名西部计划志愿者充实县域团的工作骨干，实现项目化用人；建立工作目标责任制。制定《隆子县挂兼职团干部管理制度》，以加强对挂兼职团干部的目标激励和日常管理，调动挂、兼职团干部积极性；健全县域团的组织体系。配齐配强乡（镇）团的工作力量，各乡镇均配备1名团委书记，1名团干部。加大非公有制经济组织、新兴社会组织团建力度，2023年在隆子县20家非公有制经济组织中成立共青团组织20家，覆盖率达100%，8家社会组织中成立共青团组织8家，覆盖率达100%；依托新时代文明实践中心（所）建立青年之家，2023年已完成青年之家实体阵地全覆盖，乡（镇）11家，县城2家，为青年和团员提供服务；推进资源配置方式社会化。充分发挥青年志愿者协会引领作用，2023年招募青年志愿者65人加入；严格入团标准和程序。制定《隆子县青年学生入团标准》，将政治标准放在首位。建立积分入团制度，细化入团积极分子培养、考察、评价、审核等程序。优化规模结构，严格将团学比控制在20%内。

【助力民族团结进步模范区创建】2023年，团县委以铸牢中华民族共同体意识为主线和战略性任务，引导全县各级共青团、少先队组织积极投身创建全国民族团结进步模范区生动实践。2023年全县包含县级团委在内的3个乡（镇）团委、31个村（居）团支部、4所中小学少先队大队、31支少先队中队已完成本级民族团结进步模范团组织建设。

【聚力助学助团，共享发展成果】2023年，团县委争取各类助学金合计7.9万元，其中“中国茅台国之栋梁——2023希望工程圆梦行动大型公益助学活动”受助学生3名，助学金合计1.5万元，“芙蓉学子”大型公益活动·2023年度大学新生助学行动受助学生2名，助学金合计1万元，“幻方助学计划”受助学生54名，助学金合计5.4万元；争取援藏资金10万元，在三安曲林乡边久林村选取10户困难学生家庭实施“希望小屋”建设，已投入使用，旨在为困难学生打造个人学习生活空间；成功向青基会申请“希望小学提质升级——2023建行五室项目”改造基金0.93万元，获赠152套扶智爱心玩具包，已全部发放至学生手中；以“六一”、春节、元旦、藏历新年等重大节日为契机开展慰问活动，进一步营造留守儿童和贫困学生及五类重点青少年学习、生活、健康成长的良好氛围。慰问5名困难团员，送去价值0.25万元的慰问品，“六一”期间开展送温暖活动3次，累计慰问师生295人次，送去物品价值1万余元。

【西部计划志愿者专项工作】2023年，团市委分配10名西部计划志愿者均已在各个服务单位适应工作。严格落实《大学生志愿服务西部计划服务西藏专项管理办法》，积极组织大学生西部计划志愿者参加各类志愿活动，累计志愿服务300余小时；做好西部计划志愿者权益维护工作，保障隆子县西部计划志愿者工作生活补贴及时足额发放、重大节日志愿者关心慰问及探亲假经费保障工作；做好西部计划日常管理及年末考核工作。注重对西部计划志愿者的身心健康和情绪管理、健康管理，定期开展座谈交流会和用水用气用电安全检查，确保志愿者健康平稳顺利地完成志愿

2023年5月17日，隆子县西部计划项目办组织西部计划志愿者到玉麦乡开展志愿服务活动

服务工作。建立西部计划志愿者档案，严格执行请销假制度，对志愿者进行年度考核并评奖评优。

2023年，团县委根据《关于印发大学生志愿服务西部计划服务西藏专项管理办法》（藏团联发〔2020〕9号）文件精神，隆子县项目办组织西部计划志愿者开展为期3天的“喜庆西部计划二十年·5月青春志愿服务行”活动。全体在岗西部计划志愿者深入列麦乡、玉麦乡、扎日乡、加玉乡参观了列麦精神纪念馆、玉麦精神纪念馆、桑杰曲巴旧居，在将军崖追悼张贵荣将军。进一步加深了对新老西藏的对比了解，使志愿者们深刻认识到革命胜利和幸福生活的来之不易，真切感受到了“家是玉麦 国是中国”的爱国情怀及玉麦乡薪火相传的爱国血脉。

志愿者们深入玉麦乡小学、扎日乡小学、加玉乡小学开展“学习二十大 争做好队员”活动，宣传党的二十大精神、卫生健康知识、网络防沉迷等知识，以绘画的形式表达对于2035年的中国畅想，进一步提升了少先队员们爱国爱党爱队之情，丰富了网络安全知识、卫生健康知识。活动累计开展知识宣讲5次，发放彩笔64盒，参与学生137人，志愿者10人。

【预防青少年违法犯罪】 2023年，隆子县组织各成员单位开展五类重点青少年摸底排查3次。通过排查全县境内无闲散青少年、服刑人员未成年子女3人、留守儿童17人、单亲家庭未成年子女479人、返贫监测户子女16人。“三大节日”期间慰问7名困难学生，救助金合计0.7万元，为4名失孤儿童送去书包、被褥、保温杯、牛奶等物品。为10名困难青少年送去被褥、书包、文具盒、牛奶等物品。充分利用“开学第一堂课”“青年大学习”“红领巾爱学习”“学习二十大 争做好队员”等主题活动，3月、6月、“9·16”宣传日、“六一”等重要节日，发挥以政法干警为主的法制副校长27人，校外辅导员89人作用。联合成员单位围绕“青少年为什么要学习法律、学习什么法律、如何学习法律、怎样通过法律维护自身权益”、防艾、禁毒等主题，通过宣传《预防青少年违法犯罪》《未成年人保护法》等一系列法律法规，增强了青少年的法制意识、遵纪守法的意识及对违法犯罪的防范意识，提高他们的自我保护能力，全年累计宣传18场次，涵盖1100余人次，发放相关宣传资料1200余份。

2023年5月30日，隆子县团委、政协办、妇联联合开展“情暖六一·与爱童行”慰问活动

【青春建功行动】 2023年，团县委积极发挥组织动员功能，响应党委和政府中心工作，在经济社会重要领域和急难险重任务面前，发动青年积极参与、贡献力量。在3月安全月期间，组织县（中）直共24家单位的平安志愿者以巡逻的方式参与社会治安防范工作，充分发挥志愿者队伍在平安创建中的作用。3月5日，团县委联合宣传部、教育局、法院、司法局、政法委、公安局等多家单位设立服务点，为群众宣传党的各项惠民知识和法律法规政策，共计发放宣传品100余件，各类宣传册200册，惠及群众300余人。5月26日，团县委联合县委宣传部、乡村振兴局等部门开展全县干部职工、青年志愿者和西部计划志愿者开展“美丽中国·河小青在行动”爱国卫生运动，集中清理县城母亲河及周边的卫生死角，参与人数200余人。8月8日，全国青联服务团医药卫生界别委

2023年6月26日，在第36个国际禁毒日，隆子县团委联合县禁毒办组织中学生参观县禁毒教育基地

员到隆子开展爱心义诊，组织10余名西部计划志愿者前往维持现场秩序，保障活动有序进行。9月23—25日，招募70余名青年志愿者确保文化节的顺利进行。10月20日，组织7名青年志愿者到隆子镇叶巴村开展"双报到"实践活动暨"青春在我心，环保在我行"志愿服务活动。11月30日，共青团隆子县委员会结合主题教育组织隆子县团员和青年10名开展文明交通引导志愿服务活动。

【青年就业创业】 2023年，团县委建立青年帮扶机制，做好梳理青年就业创业、培训意愿需求，建立工作台账，确保青年帮扶工作有目标、有计划。建立微信群，联系大学毕业生100人，及时在群内发送招聘、招考信息，为未就业大学生及时提供就业信息；组织隆子县1名创业青年到山南方圆职业技能培训学校参加IYB创业培训。

【选树典型】 2023年推报隆子河酒店为山南市青年安全生产示范岗，并于10月19日完成2023年度山南市青年安全生产示范岗授牌仪式；2023年推报隆子县邮政分公司、隆子县税务局为自治区级青年文明号，于12月25日完成认定；推报1名共青团员为自治区级优秀团员，于5月4日完成表彰；2023年，隆子县团委在全县中小学范围内积极开展"红领巾争章"评选及推报工作，本年度评选"红领巾奖章"个人一星章118人，少先队中（大）队集体一星章28个，个人二星章32人，少先队中（大）队集体二星章16个；推报个人三星章12人，少先队中（大）队集体三星章4个，于8月4日完成评定；2023年隆子县西部计划项目办严格执行西部计划志愿者年度考核办法，评选县级优秀志愿者2人，推报市级优秀志愿者1人、自治区级优秀志愿者1人，已完成表彰。

隆子县妇女联合会

【概况】 隆子县妇女联合会（以下简称隆子县妇联）核定编制2人，实有干部4名。2023年，全县干部职工1765人，其中女性干部职工795人占比45.04%。女性党员1961人占比35.19%，女性党代表、人大代表、政协委员分别占比31.04%、32.56%、26.98%，女性就业在全县就业人员中占比45.71%，妇女参政议政的能力得到进一步提高，女性干部、女性高级知识分子队伍得到逐渐壮大，人才结构得到不断优化。

【妇女儿童基本情况】 2023年，全县孕产妇住院分娩率98.9%，孕产妇死亡率0，孕产妇系统管理率72.6%，"两癌"筛查率107%，"两癌"防治核心知识知晓率80 %，艾滋病母婴传播率为0，感染艾滋病及梅毒的孕产妇及儿童采取预防母婴传播阻断措施率90%，孕产妇贫血患病率减少到14.73%。宫颈癌HPV疫苗免费接种率99%，宫颈癌防控知识知晓率80%。2023年末，全县共有各级各类学校74所，其中初级中学1所，乡（镇）小学9所，教学点9所，双语幼儿园55所，教学点附设幼儿园1所；全县初级中学在校生1096人，女生537人，占总人数的49%，初中毛入学率达106.72 %，小学在校生共有2674人，女生1302人，占总人数的48.69%，小学入学率达100 %；全县在园幼儿1091人，女童540人，占总人

2023年5月26日，西藏自治区妇联主席江措拉姆（右四）到隆子县扎日乡调研妇女儿童之家提质扩容建设情况

数的49.5%，学前三年毛入园率达91.59%。2023年全县生育保险参保人数为2239人，其中女性1120人。完善医疗保障体系，实现基本医疗保险覆盖所有妇女，待遇保障公平适度。全年基本医疗参保人数34026人，其中女性17446人。提高妇女养老保险覆盖面，待遇水平稳步提高，健全分层分类社会救助体系，困难妇女生活得到保障。

【重要活动】 2023年，"3·8"妇女节县妇联组织开展专题法治讲座活动，邀请广和（隆子）律师事务所律师罗倩为妇女同志开展法治讲座，发挥这次讲座的作用，推动隆子全民学法用法活动向纵深发展。组织巾帼志愿者在县城开展巾帼志愿者巡逻活动，活动现场为志愿者赠送康乃馨并送上节日祝福；"3·28"百万农牧解放纪念日当天，县妇联联合团县委、准巴乡以"守土固边 巾帼不让须眉"为主题发动巾帼志愿者、青年志愿者开展巡边护边主题活动。对巡边员的辛苦工作表示感谢，准备了被子、米、油等慰问品共计4800元；4月18—25日，县妇联组织玉麦乡妇女干部群众21名到林芝市墨脱县开展加强民族团结共建小康边境交流群众性主题宣传教育活动；5月8日，自治区政府妇儿工委、西藏自治区母子保健协会组成的义诊团到隆子县斗玉乡开展"阿佳讲堂乡村行"健康义诊暨党的二十大精神宣讲活动；5月26日，自治区妇联主席江措拉姆到隆子县调研妇女儿童提质扩容建设后的运行情况；5月30日，县妇联联合政协办、团县委开展"情暖六一·与爱童行"慰问活动，看望慰问第一中心幼儿园、第二中心幼儿园全体师生；6月12日，自治区政协党组成员、副主席卓嘎一行到隆子县调研"建立西藏非公经济女性从业者就业创业数据库及现状"；10月18—19日，市妇联党组书记马玉玲一行调研组到隆子县2个乡镇4个村，围绕"美丽家园幸福人家"推进工作、妇女儿童之家发挥作用情况、巾帼志愿者队伍组建情况、妇女儿童之家发挥作用等开展专题调研。

【维权服务】 2023年，隆子县各级妇联组织依托"7+1"维稳防控模式，排查矛盾纠纷3024次，化解24起婚姻家庭纠纷，切实维护了家庭的和谐安宁；推动反家暴工作做深做细。用好"12338"妇女维权服务热线，认真办理来信、来访、热线咨询和投诉等，开通妇女儿童维权绿色通道，对涉家暴等案件，有针对性地及时提供法律帮助；推动家庭家风家教教育工作健康发展。邀请自治区人大代表卓玛老师和县人民妇产科医生举办妇女维权、家庭家教家风宣讲暨女性健康知识讲座活动，提高知毒、防毒、拒毒的意识和能力，营造珍爱生命、远离毒品的禁毒氛围，开展一次禁毒进家庭活动。截至年底，开展家庭家风家教宣传活动6场次，受益人数1200余人次。

【公益服务】 2023年，县妇联联合县卫生院妇产科大力开展"两癌"免费宣传筛查活动，"两癌"筛查妇女1050人。隆子县雪沙乡卡堆村格桑卓玛身患宫颈癌，符合全国妇联"低收入妇女'两癌'救助"中央专项彩票公益金发放条件，县妇联为患者发放了救助金10000元。推进"儿童之家"的创建工作，将妇联组织的服务和活动延伸到儿童工作生活的各个领域，打通密切联系儿童等未成年群众的最后一米。5月31日，隆子县妇联联合县民政局在隆子县未成年人保护中心举行中国儿童少年基金会项目“儿童快乐家园”授牌仪式活动。

【创业就业】 2023年，县妇联进一步规范劳动用工制度，切实保障妇女的劳动权益，拓宽妇女就业领域，不断完善社会保障体系，全年女性就业人员占全部就业人员的56.2%，城镇新增就业和非农就业中女性占48.3%，高级专业技术人员中女性占60%。在妇女就业工作上相关部门主动为女大学生提供求职登记、失业登记、职业指导、劳动人事代理等服务，提供见习平台，开发符合大学生的公益性岗位，优先安置家庭困难的女大学生就业，使全县女性就业人员不断增加。

【关爱行动】 2月7日，县妇联为进一步做好关爱儿童工作，与团县委共同组织开展了“把爱带回家，暖童心护成长”主题活动，10名贫困儿童及监护人参与了此次活动。慰问活动发放被褥10套，牛奶10箱，水果10袋，共计人民币3158元；2月15日，县妇联为进一步做好关爱儿童工作，与团县委共同组织开展了“慰问失孤儿童”主题活动，4名失孤儿童及监护人参与了此次活动。慰问活动发放被褥4套，牛奶8箱，共计人民币1120元；2月10日，县妇联开展“暖冬巾帼送健康”活动。慰问了特殊困难妇女、女护林员、65岁以上困难妇女、精神残疾女性共计31人，发放31个爱心健康包，包内包含日常药品、消毒液、口罩、体温枪等，且为特殊困难妇女家中儿童准备了牛奶、书包、文具盒等物品，共计资金15270元。

【关爱特殊困难群体】 2023年，县妇联开展每季度单亲、困境母亲救助工作。截至年底，救助50名单亲、困境母亲，每人救助1000元，共计兑现救助资金50000元；为了帮助服刑人员安心服刑改造，让服刑人员的家属感受到关爱和温暖，2月10日隆子县妇联到日当镇、曲果塘村开展了“关爱服刑人员家属送温暖”活动，把党和政府的关心关爱送到妇女群众心坎上；开展“慰问失孤儿童”主题活动。县妇联为白玛康珠小朋友因为父母失踪而且年纪尚小，不清楚自己的生日，为了鼓励孩子坚定信心，继续保持对美好生活的向往，在儿童节这一天为她过一个“生日”；小朋友索朗德吉高度近视，并且一直没有配戴眼镜，为了鼓励孩子坚定信心，继续保持对美好生活的向往，为她配了一副眼镜，并勉励孩子好好学习，健康成长。

【职业技能培训】 2023年，县妇联积极与上级业务部门对接、申请资金。从市妇联争取到2个技能培训项目：9月5日，扎日乡珞瓦新村组织20名妇女群众开展“藏式毛毯”技能培训；12月9日，市妇联主办，隆子县妇联、斗玉乡妇联承办的“巧手编织巾帼梦 指尖开出幸福花”手工毛线编织培训在斗玉乡绕让自然村抵边搬迁点正式开班，参加培训妇女50名，培训天数31天。

【妇联组织和队伍建设】 2023年，县妇联坚持以“党建带妇建，妇建服务党建”的原则，不断探索妇联组织建制模式，延伸妇女工作手臂，努力实现妇联工作的更大覆盖。截至年底，隆子县经济组织

2023年12月11日，山南市妇联、隆子县妇联在隆子县斗玉乡绕让自然村开展“巧手编织巾帼梦 指尖开出幸福花”手工毛线编织培训班开班仪式

2023年3月8日，隆子县妇联“三八”活动合影

建立妇女组织17个，新社会组织中建立妇女组织数7个，建成率100%。年内，县妇联认真落实乡镇妇联主席由同级党政班子中女性成员担任或兼职，并选好配强专职副主席、委员；村（社区）妇联主席由“两委”成员担任，确保实现“两委”班子100%有女性、妇联主席100%进入“两委”班子。2023年，共选派3名基层妇联干部区外培训学习、2名县妇联干部参加区妇联举办的妇女维权、家风家教培训。12名乡镇、村级妇联主席参加市妇联举办的基层妇联“领头雁”培训。

【树典型引领示范】 2023年，县妇联积极向区妇联推荐1户“最美家庭”，向市妇联推荐12户“美丽家园 幸福人家”示范户和12户最美家庭。评选85户县级“美丽家园 幸福人家”示范户。乡、村级妇联组织积极开展“平安家庭”“最美家庭”“民族团结家庭”“文明家庭”等评选活动，形成了户户争优的景象，创建了良好社会氛围。

隆子县工商业联合会

【概况】 隆子县工商联成立于2012年8月，正科级建制。截至2023年年底，共发展会员企业47家。2016—2023年连续四次荣获全国“五好”县级工商联称号。

【政治引领】 2023年，隆子县工商联以加强民营经济人士思想引导为抓手，经常性组织会员企业及民营经济人士深入学习贯彻党的二十大精神和习近平总书记关于民营经济的重要论述、优化营商环境的重要指示精神等内容，传递党和政府鼓励企业发展的坚定立场，提振民营企业发展信心，引导民营经济人士在政治立场、政治方向、政治道路上同党中央保持一致。全力配合“两新”工委设立非公企业党委，规范党组织活动场所，扩大了组织建设覆盖面。2023年，非公企业党委所辖民营企业党组织达到3个，党员人数达到83名。严格落实工商联联系指导民营企业党建工作职责，强化对新组建民营企业党支部标准化规范化建设工作的全程指导。

【企业管理服务】 2023年，隆子县工商联始终把专心致志搞服务作为切入点，经常深入会员企业走访调研，了解企业发展存在的困难和问题，积极协调有关部门帮助民营企业解决困难问题3次。进一步强化会员企业管理，优化完善会员企业信息库，并建立会员企业信息档案，全县会员企业达到47家。落实山南市关于扶持民营企业贷款贴息政策，帮助符合条件的3家会员企业申报贴息贷款。利用春节、藏历新年节庆契机，先后走访慰问民营企业5家、慰问企业职工30名，送去慰问金2万元。

【法律宣传】 2023年，隆子县工商联深入开展“八五”普法宣传教育，邀请援藏律师深入民营企业开展了“法治宣传进企业”活动，举办了“践行二十大、法律进企业”法治讲座，引导民营企业依法经营、诚信经营，并为民营企业解答有关法律知识。联合县人民检察院召开营造法制化营商环境座谈会，引导企业共同营造法制化营商环境。

【乡村振兴】 2023年，隆子县工

商联聚焦县委、县政府中心工作，抓住全国工商联西藏边境“百企连百村”行动5年规划实施契机，先后到4个边境村开展“百企连百村”调研走访，形成“百企连百村”行动帮扶清单，助力固边兴边富民，同时，加强与对口援藏省市工商联系统联动，与常德市工商联签订友好工商联合作协议，两地结对援助工作进入常态化。积极引导广大民营企业增强爱国情怀，弘扬企业家精神，动员民营企业主动承担社会责任，积极参与万企兴万村行动，助力乡村振兴工作。2023年，10家民营企业主动开展未消除易返贫监测户结对帮扶26户，投入帮扶资金12万余元。引导民营企业开发就业岗位，助力隆子县12名高校毕业生稳定就业增收。

2023年6月17日，全国工商联党组书记、常务副主席徐乐江（左一）一行到隆子县工商联检查指导工作

军 事

人民武装部

【概况】 2023 年，隆子县人武部坚持全面学习、全面把握、全面落实党的二十大精神，以习近平新时代中国特色社会主义思想为指导，深入贯彻习近平总书记强军思想，深入贯彻新时代军事战略方针，锚定建军一百年奋斗目标，奋力抓好各项工作。

【思想政治教育】 2023 年，隆子县人武部把思想政治教育作为抓基层打基础的经常性工作抓紧抓实，切实守住官兵思想防线。持续推动真学习。全年拟制教案 66 份，在有序推进教育实践活动、主题教育的基础上，对“十个正确对待”、预防犯罪、安全稳定、倾向性问题整治以及形势政策、战备工作等重点内容实现了全涵盖，对全体官兵、全部时段实现了全覆盖；集中组织 3 次体会交流，收集汇总交流文章 22 份，教育效果较好。营造氛围真落实。按照党的二十大精神学习、教育实践活动、主题教育等不同阶段要求，3 次更新更换主干道灯箱 18 幅，开支 1 万余元将围墙外因风吹日晒损毁的宣传条幅全部更换为“半永久”的 PVC 板横幅，制作主题教育专题板报 2 块，提高理论灌输质量；主动联系县退役军人事务局、周边部队，共同开展“学习列麦精神，重温入党誓词”专题活动，在学习西藏人民奋斗史、建设史中摆正党员自我认识。民兵教育真组织。结合民兵驻哨、维稳演练、重大演习等活动，将思想政治教育融入其中，在民兵群体中大力开展党的二十大精神宣讲以及国防政策、战斗精神、形势战备等辅导授课，全年开展民兵教育 16 次 32 课时，超额完成教育任务。

2023年9月15日，隆子县人武部举行新兵入伍欢送仪式

【战备训练】 2023 年，隆子县人武部结合自身实际，常态化开展人武部官兵军事体技能训练考核，积极参加分区集中组织的训练抽考。注重建强基层武装部及民兵队伍，组织完成基干民兵整组，新任命专武干部、民兵干部，

2023年11月2日，隆子县人武部组织开展学习列麦精神重温入党誓词

预设民兵党支部、党小组，组织专武干部培训；落实民兵训练制度，全年完成民兵训练，相较去年增长了近1倍，有效推动民兵训练落地落实；在分区组织的民兵比武活动中，县人武部选派11人参加，取得3个单项考核第一、二、三名各1人的好成绩。

【军地联创共建】 2023年，隆子县人武部协调县委、县政府帮助轮战驻训部队、边防部队解决吃水、用电、取暖及垃圾处理等实际困难。配合县退役军人事务局开展国防教育和学生进军营参观等活动，积极参加全国“双拥”模范县评比。组织参加县军警民联防演练，组织驻哨巡逻，组织联合演练，受到上级领导高度肯定。积极组织斗玉乡武装部处置斗玉乡雪崩灾害，协调附近连队官兵紧急撤离至饶让幼儿园、村体育馆，组织民兵参与抢险救灾。年内，县人武部开支5.8万元向周边部队慰问训练器材1套；开支2万元慰问军队定点帮扶对象；党委委员自掏腰包6000元，慰问6户结对帮扶对象。

【征兵工作】 2023年，隆子县人武部组织协调完成隆子县2023年度潜力数据完善更新，开展国防动员系统改革；按要求对隆子县应征青年进行兵役登记，严格落实新兵征集体检、政治考核等各项要求。

【后勤保障】 2023年，隆子县人武部协调县委、县政府并入集中供暖工程，在值班室、办公室、宿舍等位置全面安装水暖管道；结合新建县党校，对前期无场地、无设施的民兵训练基地进行重新规划，抓紧补齐硬件建设；预算14万元，开展作战室电子沙盘制作，进一步规范值班设置；采购国产化打印机、电脑、保密柜、报靶器，购买更换乒乓球桌、台球桌布、SWITCH等设施，满足工作生活娱乐需求；集中采购留样柜、压面机、豆浆机、消毒柜、调料车，满足伙食保障需求。

武警隆子中队

【概况】 中国人民武装警察部队西藏自治区总队山南支队执勤二大队隆子中队，前身系西藏自治区山南地区公安民警大队，1983年8月中国人民武装警察部队山南地区支队成立，公安处民警大队隆子县中队正式更名为中国人民武装警察部队西藏自治区总队山南地区支队隆子县中队。2018年新体制编制改编命名为武警山南支队执勤二大队隆子中队。

【结对帮扶】 2023年，隆子中队根据县“强基办”扶贫分配名额，与隆子县5户困难边民家庭建立结对关系，根据扶贫对象情况积极对接所在村委会，了解相关情况和有关扶贫政策，并与县有关单位积极协调，为贫困户送去慰问品，切实为贫困户解决实际问题。

【军事训练】 2023年，隆子中队按纲施训科学组训，坚持以新的《军事训练大纲》为依据，以人物为牵引，用好“六种组训模式”和“军事训练八落实”，正规军事训练秩序，训练制度落实有效：突出干部和士官训练，落实官兵分训，组织干部学习作战基本标图，编组作业，进行指挥训练，提高干部和士官指挥、组训、教育和管理能力；结合教练员队伍素质，抓好教练员的教学法训练，突出“两官”

2023年8月11日，隆子中队组织开展抢险救援任务演练

编组作业训练，提高“两官”组织指挥能力，“四会”教练员达标率得到提高；训练采取以老带新、以强带弱结对训练，“五小练兵”辅助训练的方法，增强训练的灵活性，寓训于快乐训，评比奖励激励训，营造“训练有为、训练有功、训练有责”的氛围，调动官兵“尚武、练武、精武”的积极性。

【政治教育】 2023 年，隆子中队开展以“铁心向党铸忠诚，同心奋斗担使命”为主题的政治教育，搞好党史、军史专题教育，坚持用主题教育实践活动统领其他教育，坚持其他教育紧紧围绕主题教育实践活动设置课程，确保主题鲜明、内容聚焦。利用每周三教育日和周五下午党（团）活动时间开展，全年开展教育共 51 天。

【后勤保障】 2023 年，隆子中队进一步修订完善后勤应急保障预案，加强后勤战备教育，增强战备观念，配齐战备物资和经费，搞好战备演练，提高快速出动能力，确保遇有处突、反恐、维稳、抢险救援等任务，后勤工作能够提供保障支撑，做到保障不断线。加强后勤队伍管理教育，强化后勤人员服务意识，做到安心本职，爱岗敬业，努力工作，加强后勤队伍监管检查，提高后勤队伍业务水平。同时搞好农副业生产和战备物资储备，提高任务期间自给自足能力。

【队伍建设】 2023 年，隆子中队坚持党对军队的绝对领导，增强“四个意识”、坚定“四个自信”、做到“两个维护”，贯彻军委主席负责制，听党指挥、献身强军事业的思想政治根基牢固；党组织政治功能和组织力强，战斗堡垒作用好；党员骨干素质过硬，模范作用明显；共青团、军人委员会组织健全、工作活跃，作用发挥好。加强对党员的教育、管理、监督和服务，建设政治合格、执行纪律合格、品德合格、发挥作用合格的党员队伍，坚持党管干部原则，落实基层军官管理规定，建设对党忠诚、善谋打仗、敢于担当、实绩突出、清正廉洁的军官队伍，落实军士管理相关规定，建设对党忠诚、专业精通、爱岗敬业、作风过硬的军士队伍。

退役军人事务

【政策宣传】 2023 年，隆子县退役军人事务局结合“三大节日”“八一”慰问和常态化联系退役军人制度，开展入户走访活动，用通俗易懂的语言向退役军人及其他优抚对象宣传退役军人待遇保障、抚恤优待等政策规定，及时传递习近平总书记对退役军人的关心关爱；结合 3 月综治宣传月和 9 月民族团结宣传活动，参加集中宣传活动，通过发放宣传册、现场解答等形式，以《退役军人保障法》、优抚政策常识、就业创业等政策法规为抓手，围绕群众最关心的参军入伍、退役安置、教育培训、优待抚恤、退役军人权益保障等内容，用通俗易懂的语言耐心解答群众的疑惑，现场发放宣传手册100余本。

【帮扶援助】 2023 年，隆子县退役军人事务局为 2 名困难军人报销住院自费部分 8131.13 元。

【教育培训】 2023 年，隆子县退役军人事务局派 11 名退役军人到山南市职业技术学校参加计算机和挖掘机技能培训。

【待遇保障】 2023 年，隆子县退役军人事务局发放家属优待金和一次性自主择业金共计243万元；兑现“三属”、伤残补助、带病回乡退役军人生活补助、60岁以上农村籍补助资金共50.8万元，无军籍工资93.5万元，兑现8名逐月领取退役金人员工资共计151.6万元、1名军队退休干部27.98万元。

【荣誉奖励】 2023年，隆子县退役军人事务局为隆子籍6名三等功获得者、19名“四有”优秀士兵获得者送喜报，发放慰问金0.98万元，以资鼓励。

【重大纪念活动】 2023年4月4日，县退役军人事务局、三林乡、斗玉乡、准巴乡、边防派出所、驻军部队联合开展清明祭扫活动；9月30日，隆子县联合驻地部队、组织退役军人、民兵、群众等代表，在张贵荣将军纪念碑前举行2023年烈士纪念日向人民英雄敬献花篮仪式，学习先烈英勇事迹、祭奠陵墓。

2023年2月18日，隆子县举行退役军人及其他优抚对象优待证首发仪式

【服务保障】 2023年，隆子县退役军人事务局按照《退役军人事务部办公厅关于印发退役军人和其他优抚对象建档立卡工作方案及实施细则的通知》要求，对退役军人和优抚对象建档立卡信息采集400人，优待证发放581张。为强化局党组织凝聚力，增强党员志愿带头模范作用，积极落实常态化联系退役军人制度，对退役军人特别是伤残军人、“三属”、带病回乡退役军人、困难退役军人等开展慰问，日常关怀做到“六必访”，每季度开展一次常态化联系，并形成详细的台账。全年开展入户走访4次。通过“一站式”服务，全面做好退役士兵返乡报到工作。在“三大节日”和“八一”建军节期间，慰问退役军人及优抚对象，发放慰问金12.65万元，让退役军人和优抚对象切实感受到党和政府的温暖。

2023年7月14日，隆子县委双拥办、退役军人事务局联合县人武部、武警中队在隆子县中学开展国防教育进校园宣讲活动

【“双拥”工作】 2023年，隆子县退役军人事务局在县委主要领导的带领下，由县四大班子领导分别组成慰问小组，在“三大节日”和“八一”建军节期间，对全县各驻军单位、驻训点进行走访慰问，送去慰问物资共计19.4万元。此外，隆子县各级党委、政府和县直有关单位，按照县委、县政府的统一部署，广泛开展形式多样、内容丰富的拥军优属活动。年内，隆子县委、县政府先后为驻军部队投入资金260多万元，用于部队基础设施建设。

法　治

政法委与综治

【概况】 2023年，隆子县委政法委在县委的正确领导和市委政法委的大力指导下，以习近平新时代中国特色社会主义思想为指导，深入贯彻落实新时代党的治藏方略，深入贯彻中央政法工作会议、区党委政法工作、市委政法工作会议精神，紧紧围绕维护社会大局稳定、促进社会公平正义、保障人民生活安居乐业的总任务，以打造“平安隆子”为目标，大力宣传平安隆子建设工作成果，进一步推动平安隆子建设深入开展，不断提高广大人民群众对平安建设（综治）工作的知晓率、参与率和满意率，坚持“打防”结合的方针，确保政治更安全、社会更安定、人民更安宁、网络更安静、基础更牢固，让人民群众的获得感更加满足、幸福感更可持续、安全感更有保障。

【平安隆子建设】 2023年，隆子县委政法委强化社会面管控，始终把维护社会大局稳定作为政法工作的主线，周密部署，狠抓防控，落实责任，强化措施。按照“归口调处，分级负责”的原则，认真落实矛盾纠纷“零报告、月报告”制度，坚持创新发展“枫桥经验”，排查化解各类矛盾纠纷90余起，对发现的各类隐患做到立行立改、限期整改，做到真排查，真化解，真整改。

2023年3月10日，隆子县委政法委组织群防群治力量开展治安巡逻

采取县、乡、村三级逐级培训方法，对联户长工作职责、“先进双联户”创建评选标准、“双联户”优惠政策、联户长工作台账填写、日常工作开展等相关内容进行了层层培训，确保全县90%以上的联户长通晓先进双联户创建评选业务知识。全年开展县培训4场，乡（镇）培训22场，村级培训100余场，狠抓联户平安，确保社会局势稳定。全县1285名联户长组织动员本联户单位，积极参与重大节日、敏感节点矛盾纠纷调解、安全隐患整治、社会治安巡逻、流动人口登记、情报信息收集等工作。截至年底，开展矛盾纠纷排查

3.5 万余次，安全隐患排查 1.2 万余次，环境卫生整治 3 万余次，环境卫生评比 9000 余次，联户群众学习二十大精神 1700 余次。扫黑除恶。3 月 16 日，隆子县召开 2023 年县委政法工作会议，县委书记次仁加措对扫黑除恶工作进行了安排部署，各乡镇对扫黑除恶工作也进行了安排部署。9 月 22 日，召开 2023 年常态化扫黑除恶斗争工作推进会，听取了日当镇、列麦乡、教育局、市场监督管理局 2023 年扫黑除恶工作开展情况，对下步常态化扫黑除恶工作进行了再安排、再部署。县扫黑办充分协调各单位利用微信公众号、县级融媒中心、抖音等平台开展《反有组织犯罪法》宣传，切实提升常态化扫黑除恶斗争工作宣传实效。各乡镇、各成员单位结合自身工作领域情况，深入辖区开展《反有组织犯罪法》宣传工作，取得了较好效果。

2023年3月16日，隆子县委召开政法工作会议

平安建设宣传。以深化“平安隆子”建设为主线，为深入推进基层社会治理体系和治理能力现代化建设，切实发挥综治宣传引导作用，进一步弘扬社会正气，营造和谐氛围，充分调动广大人民群众参与平安建设和社会治理的主动性、积极性、创造性。2023 年，开展集中宣传活动 150 余场次，受教群众达 16000 余人，悬挂横幅 35 条，发放宣传资料 10000 余份、宣传品 1.2 万余份、发放宣传书籍 2000 余本、全县参与联户长达 1200 余人次。

基层治理。按照市委二届六次全会精神、县委十届六次全会研究基层治理体系和治理能力现代化水平的实施方案要求，县委政法委结合辖区人口、群众数量、行政区位、按照就近就便等工作任务实际情况，调整优化了网格 183 个，其中基础网格 158 个，专属网格 25 个，配备网格长 183 人，专（兼）职网格员 193 人，网格民警 115 人。人民防线。2023 年，县委、县政府召开专题会安排部署人民防线工作 1 次、理论中心组总体国家安全观专题学习研讨会 1 次，全县 11 个乡镇分别成立人民防线建设小组，负责各辖区内的人民防线工作；针对边境一线防渗透、反蚕食的实情，充分利用 3 月宣传月、“4 · 15”国家安全教育日、6 月综治宣传周为契机，先后开展法制宣传活动 6 次，受教群众达 1 万余人次，发放 1 万余张宣传单、4 箱纸杯，播放教育片 5 次。县防线办联合县保密局召开保密工作会议 1 次，全面安排部署保密工作。协助市安全局开展保密专项检查 2 次，联合县保密局开展保密专项检查 1 次，发现隐患 1 处，已整改完毕。对机场周边村居开展基础调研工作 2 次，重点了解掌握其地理位置、人口数量、生产方式、外出人员、寺庙僧尼、经商人员、非法出境人员、合法出境人员、从事间谍活动可疑人员；全面调研各拆迁、劳资纠纷等情况。根据实际情况不断创新工作方式，积极沟通、协调市国安局，结合藏族元素制作出一套完整的藏汉双语版《反间谍法》、“12339 举报电话”宣传单，为隆子县今后的反奸防谍宣传工作奠定了基础。

【“三个活动”】 2023 年 1 月 20 日，隆子县委政法委召集法院、检察院、司法局全体干警，公安局科级以上领导，召开全县政法系统学习宣传贯彻党的二十大精神“三个活动”动员部署会，在县活动办的具体指导下，政法委认真开“三个活动”。铁军铸忠魂活动。深刻领悟“两个确立”的决定性意义，增强“四个意识”、坚定“四个自

2023年4月12日，隆子县委政法委组织开展乡镇政法委员培训

信”、做到“两个维护”。截至年底，签订政治忠诚及不信仰宗教承诺书200余份。知识竞赛活动。为进一步激发干警深入学习贯彻党的二十大精神及贯彻落实好《学习宣传贯彻党的二十大精神“三个活动”任务工作方案》文件精神，4月3日，积极组织干警参加县活动办举办的政法系统“学习二十大·铁军铸忠魂”党的二十大知识竞赛活动；廉政文化建设活动。根据三个活动开展要求，组织在岗干警参观列麦精神纪念馆和廉政警示教育基地，参与干警200余人。

法治政府建设

【依法治县】 2023年，隆子县司法局切实发挥依法治县牵头抓总作用，对全县法治工作进行动员和部署，强化党政主要负责人履行法治建设第一责任人职责，着力提升各级领导干部运用习近平总书记法治思想推动工作和解决问题的能力。召开全面依法治县委员会会议暨“八五”普法工作推进会，社区矫正委员会第二次全体会议，统筹推进隆子县道路交通安全和运输执法领域突出问题专项整治活动。

【法律法规服务】 2023年，隆子县围绕县委、县政府中心工作和重点工作，加强涉及经济社会发展战略、产业发展、制度改革等方面的文件审查，前置审查重大行政决策7件。办理政府涉法事务，开展政府合同、协议合法性审查及履行法律论证、处置工作，审查政府投资协议、合作协议、框架协议等共计52件，切实维护政府合法权益；围绕环境保护、城市建设与管理等县委、县政府重点工作，开展规范性文件合法性审查工作，出具规范性文件合法性审查意见报告3件；有效开展持证、新增、拟注销行政执法人员信息汇总审核和数据录入，认真做好全县行政执法证件换证工作，通过“法制教育网”开展线上法律知识培训、模拟考试等规定动作。截至年底，全县持有执法证人员33名，2023年5月新申请(更换)执法证人员116名，申请执法监督证人员7名，已办理并发放执法监督证7个，执法证116个。

公安

【平安建设】 2023年，县公安局紧紧围绕春节、藏历新年、“3·14”、“萨嘎达瓦”、全国两会、自治区两会等重要节点期间的安全保卫等重点工作任务，结合辖区治安防控实际，周密制定敏感节点、重点时段治安防控方案，突出敏感节点和常态化防控特点，以车巡、步巡、设卡检查、联合巡逻等方式，最大限度将警力下沉到基层，不断提高见警率、管事率，不间断开展社会面治安防控，有力预防和震慑各类违法犯罪活动。全年共出动警力9355人次、警车2707台次、巡逻6500余次。

【执法规范化建设】 2023年，县公安局持续深入学习贯彻党的二十大精神、习近平法治思想作为民警日常学习的重要内容，开展集中法律知识学习6次；完善行政执法与刑事司法衔接机制。对案情重大、复杂、疑难、性质难以认定的案件，主动与检察院、法院沟通，实现行政执法和刑事司法无缝衔接、双向衔接。全年开展执法监督与协作3次、案情分析会1次；规范行政执法。深入推进行政执法三项制度落实，做到执法决定公示制度，实现执法全过程可追溯管理，行政执法决定源头把关。2023 年，县公安局严格执法人员管理，加大培训指导力度，开展案件指导和执法办案系统录入培训 10 余次，提升执法人员综合素质。

【社会治安治理】 2023 年，县公安局强化对重点单位、“九小场所”、施工领域的安全检查工作，及时发现整治各类安全隐患，确保辖区社会持续安全稳定。全年共检查重点单位 160 余次，发现隐患 25 处，均已整改到位，检查九小场所 42 次，发现问题 37 处，均已整改到位。检查施工领域 52 次，发现隐患 35 处，现场整改 15 处，责令限期整改 20 处；有序开展“大排查、大服务、大起底”专项行动，开展矛盾纠纷排查 150 余次，发现矛盾纠纷 58 起，调解 53 起，移交相关职能部门 5 起；紧盯涉毒人员管理，开展涉毒人员清查行动 3 次，签订各类责任书 20 份，对从业人员尿检 70 余人，吸毒前科人员尿检 10 人，采集毛发 30 份送检；常态化开展扫黑除恶专项工作，开展扫黑除恶领域内清查行动 2 次，(集中、入户)线索摸排 1 次，走访群众 50 余人次。开展扫黑除恶宣传 6 次，发放资料 200 余份，张贴海报宣传标语 20 余张；全力劝阻和预防电信诈骗，国家反诈系统推送反诈预警 302 次、通过电话预警 111 人、发送短信预警 15 条、见面预警 176 人、有效劝阻资金 100 余万元、指导帮助 5000 余人下载国家反诈 App；狠抓法治宣传工作，由法制部门牵头，各职能部门有序联合，以各主题宣传日等宣传活动为契机，开展各类宣传活动 209 次，出动警力 382 人，发放宣传资料 5138 份，受教育群众达 14985 人。2023 年，共受理治安案件 23 起，案件查处率 100%，查处行政违法人员 56 人，行政拘留 10 人(1 人因未成年不执行拘留)、罚款 35 人，行政拘留并罚款 11 人，收缴赌资 25420 元、麻将机 5 台，追缴非法获利 6110 元。

【案件侦破】 2023 年，县公安局在局领导的支持和各警种部门全体人员的共同努力下，110 接报警服务台做到了及时接警、记录准确、指挥有力、处置迅速，累计接处警 1973 起，有效接警 218 起。同时始终牢固树立“必破”理念，全年共立刑事案件 16 起，破获 12 起，破案率 75%，抓获犯罪嫌疑人 16 人，其中 2 人已移送起诉、取保候审 12 人、撤案 2 起(2 人)。

【交通安全管理】 2023 年，县公安局围绕道路交通事故预防“减量控大”专项工作、夏季道路交通安全专项整治等专项行动，开展酒醉驾夜查行动、突出违法行为整治、“两客一危”车辆专项整治、货车非法改装、“百吨王”、拼包车超员载客、“一盔一带”安全守护行动、礼让斑马线等专项整治行动 170 余次，出动警力 3000 余人次，警车 180 余台次。受理交通刑事案件 3 起，结案 1 起，移交起诉阶段 1 起，正在办理 1 起；共查处交通违法行为 304 起，行政拘留 3 人次，处理违章行为 2607 起，罚没金额 238450 元。

【队伍建设】 2023 年，县公安局紧盯锻造“四个铁一般”公安铁军目标，多措并举，着力提升民警业务技能和身体素质，加强各警种协同配合，提高协同作战能力，确保队伍关键时刻拉得出、冲得上、

2023年9月23日，隆子县公安局开展玉珞文化旅游节安保勤务

打得赢，确保一旦发生突发事件，能够第一时间有效处置。开展常态化练兵，以公共科目常态化大练兵、实战化演练、科所队日常岗位练兵等活动为载体，经常性开展武装拉练，常态化开展警务实战训练；落实“一晨三学”制度（即利用每日晨跑后时间，学习一招擒拿格斗技术、一首红色歌曲、一条法律法规），进一步强化民警的整体能力素质，增强纪律意识，提升队伍形象；以局直各部门联系各派出所机制、业务大队技能培训、送教下乡等形式，充分发挥“小教官”和业务骨干“传、帮、带”作用，通过“走出去”和“请进来”的方式，做到全覆盖、人人参与。全年累计开展各类演练50余次，开展5批次警务实战大练兵、参与民辅警200余人次；狠抓队伍督导检查，持续巩固和拓展政法队伍教育整顿成果，推动工作纵深发展。全年累计开展各类督导检查130余次，发现共性问题7条，均已整改完毕。

【专项整治活动】 2023年，县公安局结合辖区实际情况，围绕“做宣传、打基础、推治理”三项重点工作。开展打击整治缉枪爆、管制刀具清查收缴专项行动70余次，开展民爆物品、油气领域安全生产专项整治工作43次，发现安全隐患6处，已全部整改完毕；强化重点人员管理和舆情管控工作，全年巡查上报负面网络信息2325条，抖音火山版221条，微信公众号131条，本地舆情13条，均已落地核查处置，开展网上舆情引导和舆情反制2553条。成功办理未成年沉迷游戏充值3起，共计追回资金22395元，调解网上讨薪1起，帮助群众追回工资67453元；强化情报信息搜集研判工作，全年搜集情报信息115条，被上级公安机关采纳29条；开展“昆仑2023”专项行动，开展“食药环”领域、森林草原防火安全检查25余次，发现问题11处，均已整改到位。各项专项行动有力推进，为隆子长治久安和高质量发展创造了和谐稳定的社会环境；开展夏季治安清查行动，共检查学校55次、医疗单位15次、娱乐场所65家次，检查加气站6家次、加油站18家次、出租房屋130间次，盘查流动人员和相关场所从业人员490人次，发现隐患52处，已限期整改完毕。

2023年12月11日，隆子县公安局举行冬季大练兵动员仪式

【基础建设】 2023年，县公安局争取县政府解决1739000元，配齐配强警用车辆9台，为隆子公安工作注入新的动力，提升了公安工作效率和服务效能，另外县公安局投入资金10万元采购智能信息检索设备1套，为公安工作开展奠定了坚实科技信息化基础，投入资金78万元配齐配强警务装备，为应对各类突发事件提供装备支撑；落实生活保障，聚力抓好“从优待警”新举措，争取资金25万元，自筹资金8万元，对公安局民警职工食堂改造升级，极大提升了民警职工的幸福指数，使他们以更加饱满的警力和热情投入到工作中；优化基础设施保障。县委、县政府切实关注一线公安民辅警身心健康，从细从实落实好“暖警爱警”措施，紧盯供暖关键节点，及时解决各类困难和问题，优先为公安局建设供暖设施，切实让广大民辅警感受到组织的关怀和关爱。

【行政事务审批】 2023年，县公安局优化窗口服务，提高办事效率。交警、治安、户政等一线窗口部门主动入驻县政务服务中心办证大厅，指定专人服务办事群众，

2023年12月27日，隆子县公安局举行接收配发新警车仪式

全面推行办事服务一证办、一窗办、异地办、就近办、网上办，解决了群众异地往返奔波、窗口长时间排队等烦心事，提高服务事项办结率，全年累计登记外来人员3300余人，办理边境通行证介绍信5200余张、居住证1002人次、居住登记卡2870人次，办理出生入户333人、死亡注销260人、市外迁入513人、迁出84人、五项变更19人、换证办理二代身份证4062张、办理区外户籍人员身份证116张；办理车驾管业务306笔，办理团队旅游证件5张；2023年，深入乡镇、村居开展“送证上门”服务170余次，为200余名行动不便的老人、弱势群体等送去了身份证；精简办事流程，规范审批流程。立足治安管理职能，县公安局在调整和简化油料审批程序的基础上，健全完善监管制度，规范日常监管监察，让群众真正感受到了更快捷、更方便、更实在的服务。2023年，共审批炸药316416千克、导爆管185200枚，审批柴油584450公升、汽油6710公升、审批工地用油1571吨（柴油）。

检察

【打击刑事犯罪】 2023年，隆子县人民检察院受理审查逮捕案件1件2人，依法批准逮捕1件2人，批捕率达100%；受理审查起诉案件10件11人，提起公诉4件5人，有罪判决4件5人，有罪判决率达100%，不起诉4件4人，正在审查起诉2件2人，积极适用认罪认罚从宽制度，全年适用率达100%，提出确定刑量刑建议采纳率达100%。发挥侦查监督与协作配合办公室作用，全年开展联席会议5次，案件讨论会5次，提出口头建议27条；针对侦查机关侦查活动违法问题发出纠正违法通知书1份、侦查监督活动通知书2份，均被侦查机关采纳并书面回复整改情况。监督立案1件，提前介入案件1件1人，提出书面侦查监督意见17条，正确引导侦查机关调查取证。依职权受理涉财产刑执行检察监督案件3件，制发类案财产刑执行监督意见书1份，县法院采纳并书面回复整改情况。

【民事行政检察】 2023年，隆子县人民检察院认真开展“延伸执法司法案件回头看”专项活动，调取县法院民事生效裁判和民事执行案件卷宗共564册，受理民事生效裁判检察监督案件6件、民事执行检察监督案件6件，向县法院制发类案检察建议书2份，县法院均采纳并书面回复整改情况。

【行政检察】 2023年，隆子县人民检察院开展“道路交通安全和运输执法领域突出问题”专项整治活动，调取县公安局道路交通行政处罚案卷15册，受理行政违法检察监督案件5件，对行政机关在办理行政处罚案件中存在的办案程序及适用法律错误问题，向县公安局制发检察建议书1份，县公安局采纳并书面回复整改情况。开展“个人信息保护行政检察监督”专项活动，深入全县11个乡（镇）摸排个人信息保护检察监督案件线索11件，受理线索11件，制发类案检察建议书1份，抄送10个乡（镇），各乡镇均已整改并书面回复。

【公益诉讼检察】 2023年，隆子县人民检察院围绕生态环境和资源保护、国有财产保护、安全生

2023年6月1日，隆子县检察院开展“检爱同行　共护花开”检察开放日活动

产、未成年人保护等领域，受理行政公益诉讼案件线索12件，立案8件，向行政机关发出诉前检察建议书1份，诉前磋商6件，正在办理1件，其中办理未成年人综合履职公益诉讼案件1件。与县市场监督管理局联合印发《关于建立食品药品安全工作衔接配合机制的意见》，凝聚“市场监督+检察监督”合力，提升社会治理效能。

【队伍建设】 2023年，隆子县人民检察院牢牢把握检察机关政治属性，全面加强检察队伍政治理论学习，全年参加各类培训18余次，累计参加培训45人次。坚持推动全面学习、全面把握、全面落实党的二十大精神与学思践悟习近平法治思想紧密结合，通过“三会一课”、周例会等方式开展学习，全年开展周例会学习22次，检委会学习会7次，干警自学15次，通过形式多样的学习进一步深化思想认识、提高政治站位，充分发挥集中学习和领导干部领学促学作用。强化以理论清醒保持政治坚定的思想淬炼，增强党组第一议题、党组理论中心组学习制度执行力，持续用习近平新时代中国特色社会主义思想凝心铸魂。通过开展法律进企业、法律进抵边村活动，不断增强“学思践悟”内生动力和“实干笃行”发展合力。围绕吃准摸透、学懂弄通习近平新时代中国特色社会主义思想，开展党组理论学习中心联学研讨，进一步统一思想、凝聚共识。

【信访工作】 2023年，隆子县人民检察院践行“有求必应”，认真落实“群众信访件件有回复”制度，畅通信件、来访、来电信访渠道，落实院领导带头接访机制，检察长接待来访群众7人次，及时回复群众信访问题7条。为玉麦乡玉麦村群众追回民工工资14.8万元，帮助纽林塘村群众挽回经济损失0.7万元，及时就地息诉化解矛盾纠纷，从源头上消除信访隐患。

【社区矫正】 2023年，隆子县人民检察院以开展社区矫正交叉巡回检察工作为契机，检查县司法局社区矫正执行档案和工作档案30册，对社区矫正活动和社区矫正交付执行情况是否合法进行检察监督。全年社区矫正决定机关交付并执行社区矫正对象累计10人，解除9人，在册1人。在监督检察过程中，对社区矫正机构超权限批假问题，向县司法局下发纠正违法通知书1份，县司法局采纳并书面回复整改情况。对社区矫正决定机关交付、社区矫正机构接收矫正对象中存在的违法问题，分别向县法院和县司法局下发纠正违法通知书1份、检察建议书1份，2家单位均采纳并书面回复整改情况。为加强与社区矫正机构沟通联系，成立“社区矫正检察官办公室”并与县司法局联合签订《关于加强社区矫正法律监督协作工作的规定》。

【司法服务】 2023年，隆子县人民检察院坚持依法平等全面保护民营企业合法权益，纵深推进“充分发挥检察职能，助力打造一流营商环境”专项检察活动，邀请7家民营企业代表参加座谈会，检察官讲解营造法治化营商环境方面的检察职能，让民营企业代表进一步了解检察机关在营造法治化营商环境中的职能作用。院领导走访县域民营企业4家6次，开展法律进企业2次，解决法律问题6条，全方位为企业发展提供司法服务。

2023年11月27日，隆子县检察院联合县司法局成立“社区矫正检察官办公室”

【司法救助】 2023年，隆子县人民检察院全力做好困难群众救助保障工作，办理司法救助案件1件，发放救助金0.3万元。常态化做好驻村点日当镇塔新村防返贫监测与帮扶工作，派驻1名干警担任驻村工作队队长、1名干警担任派驻村第一书记。对脱贫群众结对帮扶13户4次，帮扶物资1.24万元。

【人大监督】 2023年，隆子县人民检察院走访各级人大代表3人次，邀请全国党委政法委系统“新时代政法楷模”视察检察工作1人次，征求意见建议共2条。主动向县人大及其常委会专题报告工作2次，积极配合市人大常委会开展规范性文件备案审查工作。举办以高质效检察履职服务保障“四件大事”“四个创建”为主题的检察开放日活动，邀请人大代表、政协委员、学生代表等14人走进检察机关，零距离感受检察工作。邀请15名听证员分别对4件案件进行公开听证，并对检察工作进行监督，让检察权在阳光下运行。

法院

【案件受理】 2023年，隆子县人民法院共受理各类案件438件，结案399件，结案率91.10%，其中刑事案件4件，民商事案件233件，执行案件196件，非诉保全审查案件5件。

【刑事审判】 2023年，隆子县人民法院受理各类刑事案件4件5人，审结4件5人，结案率100%。其中危害公共安全罪3件3人，侵犯财产罪1件2人。

【民商事审判】 2023年，隆子县人民法院受理各类民商事案件261件，审结212件，结案率81.23%。受理案件中：合同纠纷类193件，婚姻家庭纠纷类40件，人格权纠纷类5件，侵权纠纷类3件，劳动争议、人事争议纠纷1件，其他类纠纷19件。已结案件中：判决结案26件，其他程序处理结案15件（含移送及宣告死亡案），撤诉或按撤诉处理24件，调解结案147件，调撤率为80.6%；适用普通程序办理76件、特别程序办理8件、简易程序办理128件，简易程序适用率为60.38%。

【司法服务】 2023年，隆子县人民法院认真落实乡村振兴领域司法需求，选派2名干警开展驻村工作，其中1名干警担任第一书记，深入开展入户摸底工作3次88户253人，集中宣讲相关法律知识4次，自筹资金3000余元开展“为民办实事送温暖”活动3次，宣讲党的二十大等重要会议精神4次，发放便民服务卡88份。年内，开展集中结对帮扶4次，筹集资金9300元。抽调院领导1名参与人居环境整治专项活动。

司法救助。坚持案件审理全过程方便群众诉讼的原则，积极为困难群众提供诉讼服务。针对困难群体，认真审查相关申请，积极为困难当事人减免缓诉讼费19704.16元，并为当事人提供法律咨询。

“车载流动法庭”。结合隆子县乡镇分散实际，充分利用“车载流动法庭”，派出干警42人次开展巡回立案、巡回办案、上门化解工作，同时进行以案释法和法治宣传，不断延伸参与基层治理的途径。2023年，以巡回审判方式审理各类案件29件，开展“以案释法”法制宣传16场次，接受法

2023年9月20日，隆子县法院党组书记、院长张文君（中）主持召开学习贯彻习近平新时代中国特色社会主义思想主题教育部署会议

律咨询320人次，共计发放普法双语资料1050余份，受教育群众1500余人。

多元解纷与社会治理。主动融入党委领导的社会治理体系，坚持和发展新时代“枫桥经验”，完善《深入推进诉源治理工作的实施方案》和《建设工程领域专项诉源治理方案》等机制体制。2023年，参与调处县相关部门案件3件涉及群众60人，开展人民调解员专题集中培训1次23人。

维护稳定。着重围绕春节、藏历年、两会等重要节点，进一步完善细化方案预案，努力做到早安排、早部署，切实将维稳安保各项工作措施落到实处。严格落实“7+1”维稳防控模式有关要求，加强对外来人员、车辆登记检查，并积极参与县城主要街道、片区、人口密集地区的巡逻检查。2023年，共投入干警814人次，车辆120余次参与维稳安保工作。

【执行工作】 2023年，隆子县人民法院受理各类执行案件196件（含旧存1件），已结187件、未结9件，结案率95.41%。申请标的金额2043.1432万元、结案标的金额2072.2052万元、实际到位金额1255.9474万元、标的到位率61.47%。收、结案与2022年度同比分别上升34.24%、下降3.91%。年内，县法院执行局在院党组的领导及院各部门的协助配合下较好地完成了年度工作既定目标，维护了胜诉当事人的合法权益，把生效文书最大限度地兑现成真金白银，执行工作在全市执行专项排名由2022年末位跃居中游偏上，受到上级单位的充分肯定和表扬。2023年，县法院执行局共计抽调派出执行干警40余人次，到各乡镇开展法制宣传及纠纷矛盾排查工作。投入100余人次警力参与安保值、带班工作，安排司法警察配合做好庭审、调解、解押送服刑人员、司法拘留人员、布控人员等共计400余次。

【诉讼服务】 2023年，隆子县人民法院通过采购诉前调解终端和服务软件、指导当事人通过手机、电脑等终端应用软件参与远程调解工作，实现调解协议、笔录网上签字，调解过程同步录音录像，从而节约司法资源，减少当事人诉累。通过采购智能服务诉讼终端、指导来院当事人应用智能服务诉讼终端，形成引导式问卷和选项，减轻当事人诉讼成本。年内，通

2023年12月27日，隆子县“一站式”矛盾纠纷调解中心入驻法院诉讼服务中心挂牌仪式

过互联网立案 22 件,互联网庭调解案件 98 件,接受人民群众电话咨询各类纠纷 150 件,现场解答 350 件。2023 年 8 月,对立案庭(诉讼服务中心)和综合审判庭力量进行重组,成立速裁快审和繁案两个办案小组,逐步实现简案速审、普案细审、繁案精审,切实减轻当事人诉累。人员组成方面,成立由立案庭(诉讼服务中心)1 名法官,2 名法官助理和 2 名书记员组成的速裁快审小组,实行主要以调解、速裁为主,并分流全院 60% 的民商事案件。由综合审判庭的 3 名法官,1 名法官助理和 2 名书记员组成的繁案小组,并分流全院 40% 民商事案件。同时制定案件分流方式和繁简判定标准,审理期限和程序转换。2023 年,受理诉前调解案件 45 件,结案 45 件,调成 45 件,调解成功率 100%,平均审理天数仅 2.8 日。

司法行政

【概况】 2023 年,隆子县司法局按照全面从严治党的要求,立足司法行政职能,紧贴工作实际,狠抓建章立制,通过科学完备的制度来规范引领全局党员干部的思想和行为,把抓班子带队伍作为发展司法行政事业的重中之重来抓。坚持集体领导制度,实行集体领导和个人分工负责相结合;凡是重大问题,按照集体领导、民主集中、个别酝酿、会议决定的原则,由集体讨论、按少数服从多数作出决定。年内,召开党组会议 12 次。

【业务培训】 2023 年,隆子县司法局举办了一期司法行政业务培训,培训会邀请县委副书记向龙飞授课,司法局业务骨干人员参加了业务培训。9 月 21—22 日,为提高专职人民调解员能力素质和化解矛盾纠纷能力,打造一支政治过硬、业务精通、公道正派、作风扎实的调解员队伍开展了专职人民调解员业务培训。

【行政复议】 2023 年,隆子县司法局认真履行行政复议职责。10 月底,县行政复议机构共收到行政复议申请 1 件,受理申请 1 件;已审结 1 件。

【法治宣传】 2023 年,隆子县共组织开展法治宣传活动 237 余场次,受教群众达 2.6 万人次,发放各类宣传材料 2.8 万余份。根据全县“八五”普法规划目标要求,2023 年,投入资金 16 万余元,在全县 24 个村制作了村法治文化宣传栏。

【法律明白人】 2023 年,隆子县司法局深入实施村居“法律明白人”培养工程,在全县各村居共选任“法律明白人”249 人,并颁发了乡村“法律明白人”证书,开展培训 11 场次,参训“法律明白人”177 人次。

【村居法律顾问】 2023 年,隆子县司法局以法律援助律师为依托,结合驻村干部、村第一书记、乡镇干部、驻村民警,积极建立“法律援助律师 + 法律顾问”模式,全县 83 个村居法律顾问已进村入户开展法律服务。2023 年,山南市委依法治市办统筹安排 3 名村居法律顾问,其中山南市公安局警官 4 名、山南市检察院 3 名,山南市中级人民法院法官 6 人,在隆子县法官、检察官、警官以及律师中选拔出 18 人担任村居法律顾问,为人民群众提供便捷高效的法律服务,为基层社会治理提供法律支持。

2023年3月5日,隆子县司法局参加由县委宣传部牵头开展的“学雷锋”法律志愿活动

【两类人员】2023年，隆子县司法局严格落实社区矫正对象监管措施，严格请销假外出管理，最大限度预防和减少脱管和漏管现象，全年共接收4名社区矫正人员，解矫0名，在册社区矫正人员10名，全部管控在县城范围内；安置帮教接收8人，衔接率、安置率、帮教率均达100%，解除安置帮教人员8人，其中死亡1人。截至年底，在册安置帮教人员54人。全年共开展“两类人员”走访排查62次，帮扶慰问6次，在全国两会和维稳敏感期间共开展走访排查18次，开展社区矫正调查评估3起，出具建议适用社区矫正意见3起，建议不适用社区矫正0起；组织社区矫正人员公益劳动5次，集中组织学习8次，一对一谈话58次。全年社区矫正人员无脱管、漏管，无重新犯罪，安置帮教人员无失联，无重新犯罪。

2023年3月15日，隆子县普法办协同广和（隆子）律师事务所在县商业步行街开展了“3·15消费者权益保护日”专项法治宣传活动

【人民调解】2023年，隆子县各级人民调解组织通过日常排查、专项排查、重点排查紧紧抓住矛盾纠纷这个“牛鼻子”，做到排查工作不留死角，实时动态隐患排查，全年共开展矛盾纠纷排查1890次。针对排查出的矛盾纠纷，提前介入主动化解，做到应调尽调，切实把矛盾纠纷解决在基层、化解在初始，成功调处矛盾纠纷47起。在全国两会和3月敏感期间隆子律师事务所律师参与调解民事纠纷2起，用非诉手段为群众提供可供选择的解决方式，促使双方在法律框架内达成和解，缩短纠纷化解时间，减轻了当事人的诉累。

【法律援助中心】2023年，隆子县司法局开放和投入使用公共法律服务中心，为人民群众提供多元化、“一站式”的法律服务。隆子县公共法律服务中心2023年共接待850余人，法律咨询670人、代写诉讼状304件、认罪认罚案件8件，参与刑事案件5件、民事案件1件。

经济管理

宏观经济管理

【概况】 隆子县发展和改革委员会（简称发改委），属政府部门的正科级机构。

2023年，隆子县发改委在县委、县政府的领导下，在县人大和县政协的支持下，在援藏省市的援助下，坚持以习近平新时代中国特色社会主义思想为指导，深入贯彻落实党的二十大精神、中央第七次西藏工作座谈会精神，贯彻落实习近平总书记视察西藏重要讲话精神，立足新发展阶段，完整准确全面贯彻新发展理念，服务融入新发展格局，深入推动高质量发展。紧紧围绕“四件大事”，不折不扣落实区党委、区政府和市委、县政府各项决策部署，统筹发展和安全，积极主动适应经济发展新常态，稳扎稳打推进疫情后经济发展新局面，狠抓投资落实，狠抓营商环境优化，确保全县各项事业总体回升向好。

【项目审批】 2023年，隆子县发改委大力推行互联网+政务服务、联审联批、限时办结、容缺受理等在线审批工作，积极开展项目在线审批、联审联批，2023年累计录入在线审批平台项目134个，总投资15.43亿元，顺利承接中央和自治区投资3000万元以下项目审批权限，累计下达各类项目批复207份。

【重点项目】 2023年，隆子县累计开复工项目99个，总投资68.4亿元，其中：纳入市级的重点项目开复工58个，完成投资实物量17.16亿元；县本级项目开复工41个，完成投资实物量10.04亿元。投资500万元以上开复工项目72个，总投资67.79亿元，完成固定资产投资实物量26.59亿元。招商引资项目开复工3个，完成投资实物量1.06亿元。统计在库项目共112个，其中投资5000万元以上项目15个。

专栏：2023年重大项目建设清单

水利。投资0.5亿元的塘东

2023年12月13日，西藏自治区人大常委会副主任、山南市委书记许成仓书记（前左一）在隆子县扎日乡阿让琼边境搬迁新村督导检查群众搬迁情况

2023年12月20日，隆子县发改委主任扎西东久（左四）在搬迁点宣传有关政策及注意事项

水库工程已完工。总投资1.7亿元的“一河两岸”生态修复工程基本完工。投资0.2亿元的斗玉乡集中供水工程基本完工。投资0.39亿元的玉米河玉麦乡段防洪堤和洛河扎日乡曲桑段防洪堤已完工。

交通。总投资0.38亿元的雪沙乡斯巴村公路和隆子县热荣乡加绕村公路工程已完工；总投资6.4亿元的朗扎公路(山南段)形象进度达78%；总投资0.78亿元的三林完小至乃加村公路项目形象进度达62%；总投资0.64亿元的朗县登木乡左嘎村岔口至玉麦乡接国道219线公路形象进度达28%；总投资0.28亿元的色吉雪至叶巴公路形象进度达15%。

商务。投资1000万元隆子县内外贸商贸一体化建设项目，改造升级县城商贸服务中心1个、新建乡镇商贸服务中心2个、改造乡镇商贸服务站7个，提升改造冷链物流中心1个、新建冷链物流库5个，于9月竣工验收并投入使用。

公共服务。总投资0.83亿元的12个教育领域项目竣工投用；投资0.55亿元的玉麦景区旅游基础设施建设项目和玉麦景区项目已完工；总投资3.25亿元的隆子县太阳能集中供暖建设项目启动试运行。

生态建设。总投资0.29亿元的生活垃圾无害化处理二期项目已完工；总投资0.29亿元的县城污水处理厂二期工程已完工；总投资0.29亿元的城市公园项目形象进度达75%以上；总投资0.4亿元的隆子机场周边环境提质工程已完工。总投资0.09亿元的山南市隆子县小型医疗废物处理中心项目形象进度达10%。

农业及产业。总投资0.56亿元的隆子县2023年小型农田水利建设项目、隆子县2022年高标准农田建设项目、隆子县玉麦湘藏香猪养殖基地能力提升项目、隆子县2021年农田水利建设项目、隆子县优质人工饲草料基地建设项目、隆子县集中牲畜棚圈建设项目、隆子县准巴乡农牧业防抗灾物资储备库项目、隆子县乡镇农牧业科技服务体系能力提升建设项目、隆子县斗玉乡顶江村蓝孔雀试养基地项目等已完工。总投资0.15亿元的黑青稞发酵基地升级项目工程形象进度达84%以上。

住房保障。总投资0.23亿元的2021年周转房建设项目已完工；总投资0.49亿元的机场搬迁安置点二期项目已完工。总投资0.27亿元的隆子县2020年市直公租房指标建设项目形象进度达75%。

市政设施。投资0.18亿元的南城大桥项目工程形象进度达90%；投资0.29亿元的老旧城区功能提升项目已完工；投资0.25亿元的自来水厂改扩建项目已完工。

乡村振兴。总投资1.08亿元的4个村庄乡村振兴巩固提升项目已完工；总投资0.26亿元的日当镇卡当村美丽宜居项目已完工；总投资0.23亿元的列麦乡洋兄村人居环境整治项目已完工；总投资0.14亿元的隆子县色吉雪村人居环境整治项目已完工；总投资0.23亿元的雪沙乡米西村人居环境整治项目形象进度达85%。

招商引资。招商引资项目开复工3个，完成固定资产投资1.06亿元，其中南城商业广场已完工。

隆子机场。机场建成通航。投资1.6亿元的机场场外配套设施项目有序实施，进场道路、泥石流处理、供电工程均已完工。

【抵边搬迁】2022年结转的6个抵边搬迁安置点均已建成并实现1421人入住。新开工的安置点已建成并实现180人入住。2023年，累计3411人迁入抵边居住，入住率73%。

【粮食储备和购销】2023年，隆子县粮食储备库存有自治区储备粮130万公斤，全部为青稞；存有山南市级储备粮30万公斤，其中青稞20万公斤、大米5万公斤、面粉5万公斤；县级储备粮4万公斤，其中大米3万公斤、面粉1万公斤。粮食购销。2023年，购买青稞、大米、面粉等共计19.71万公斤。其中，根据上级增储任务要求，12月收购数量为5.6万公斤，收购价格为4元/公斤。通过学生"三包"向各学校供应及零散市场销售共计73.3万公斤。成品粮轮出(入)。按照成品粮轮换计划，2023年共完成成品粮轮换28万公斤。年内，西藏自治区隆子粮食储备库同时开展军粮供应工作。

【物价调控】2023年，隆子县发改委积极开展重要民生商品物价波动监测，协助公安部门开价格认定工作，及时出具《价格认定书》，全年累计出具《价格认定书》4份。

【项目建设】2023年，隆子县发改委全面落实"狠抓投资落实年"各项工作部署，健全完善十五大类重大项目包保机制，做到重大项目抓投资、重点项目抓进度、成熟项目抓资金、谋划项目抓前期，持续落实项目建设"一周一协调、半月一调度、一月一汇总"工作机制，以"马上就办出实招、真抓实干见成效"的工作作风和"夜夜睡不着觉、时时放心不下"的责任感，不断夯实全县高质量发展基础。年内，成功举办隆子县2023年度重点项目集中开工启动仪式。申报2024年中央预算内西藏专项投资计划项目28个、总投资2.15亿元，申报2024年中央预算内投资计划项目67个、总投资14.55亿元。按照"十四五"中期评估总体要求，结合全县项目建设实际和发展需求，储备并申报规划外新增项目66个、总投资达611.86亿元。

【产业发展】2023年，隆子县第一产业增加值完成1.65亿元，增长24.2%。完成粮食播种4.56万亩，全部实现测土配方施肥，完成指标任务的102.4%，其中黑青稞播种3.05万亩，隆子县被确认为"世界最大黑青稞种植基地"。投入资金39.37万元，在全县7个乡(镇)38个行政村建立县级种子田，推广优势良种4017亩，累计完成整治抛荒撂荒耕地180亩。全县粮食产量达到20132.5吨，同比增长0.16%。全县粮经饲比达到90∶8∶2。狠抓粮食安全，扎实开展粮食收购工作，累计收购粮食54吨，累计储备区、市、县级储备粮分别为1300吨、300吨、40吨。全县牲畜存栏16.42万头(只、匹)、家禽存栏3.47万羽、生猪存栏1.24万头、黄牛改良牛0.91万头，改良率达到100%以上，重大动物疫病免疫率达到100%。肉、蛋、奶产量分别达到0.2万吨、0.012万吨、1.25万吨。合理采挖林下资源助增收，全年虫草产量725.71斤，产量同比下降1.86%，整体创收5624.25万元，同比增长38.29%。积极兑现草奖补助、农机购置补贴、种粮一次性补贴、科

2023年12月20日，隆子县委、县政府主要领导和搬迁群众合影留念

2023年12月20日，隆子县加玉乡莫嘎搬迁新村举行安置点住房钥匙发放暨入住仪式

技特别派员生活补助、耕地地力保护补贴等惠民政策资金2675.23万元。总投资0.46亿元的高标准农田等7个涉农项目全部完工，进一步夯实全县农牧业基础设施条件。第二产业增加值完成10.04亿元，增长10.1%。完成工业增加值3.47亿元，增长1.1%。华钰矿业累计完成矿石采选43.59万吨，缴纳税金4924万元。积极培育推进中伏源光伏电站“小升规”工作，电站全年发电量达2900万度。西巴霞曲流域水电开发被列入全市2035年远期建设规划，规划开发装机量54.2万千瓦。国电投、华能、华电等企业多次到隆子县对接新能源开发事宜，申报2024年度新能源项目建设计划2个，规划总投资16亿元，其中光伏装机75万千瓦、风电装机20万千瓦。投资10亿元的隆子县现代物流综合保障基地建设项目完成预可研编制。第三产业增加值完成8.87亿元，增长5.2%。社会消费品零售总额预计完成2.5亿元，增长10%。帮助企业和个体商户纾困解难，激发消费热情、提振消费水平、促进群众增收，举办2023年隆子县玉珞文化旅游节，参展商户共239家，商品成交额达60.48万元；举办隆子县第39届聂雄物资交流会，参展商户共391家，完成销售额700余万元；积极组织参加山南市第43届雅砻物资交流会，参展商户共118户，商品成交额达1126.7万元；大力推进边境互市贸易，加玉乡、准巴乡2个边境贸易综合市场正式托管运营。投资0.1亿元的县城商业体系建设项目（标准化冷链物流）建成使用。全县新增各类市场主体793家，总量达到5179家，累计注册资金达44.86亿元。推进地理标志评选工作，隆子黑青稞糌粑入选国家知识产权局“第二批地理标志运用促进重点联系指导名录”。

【招商引资】 2023年，隆子县发改委把招商引资工作作为全县经济发展的源头活水，作为推动全县经济发展工作的重中之重，及时成立工作领导小组及工作专班，邀请专业团队，结合隆子实际制作招商引资专题宣传片，制定招商手册。坚持“走出去”与“请进来”相结合，招商专班多次到拉萨、山南等地对接招商、2次到内地开展上门招商，考察拜访湖南农业发展投资集团等17家企业。积极参加山南市雅砻文化旅游节，现场签约3个项目。举办玉珞文化旅游节招商暨旅游线路推介会，邀请22家企业参加，并与5家企业现场签约，签约资金达1.2亿元。截至年底，森达商砼项目正式落地实施，总投资0.3亿元；华钰光伏电站项目取得备案，总投资0.15亿元；大型太阳能平板集热生产线建设各方达成共识，已完成厂房租赁协调工作，总投资0.3亿元。全县招商引资开复工项目3个，固定资产投资完成1.05亿元，完成任务105%。

附件 1

2023 年主要经济指标完成情况

指标名称	单位	2022 年下算数		2023 年下算数	
		下算数	增长(%)	下算数	增长(%)
一、地区生产总值	亿元	18.6	1.0	20.56	9.4
其中:第一产业	亿元	1.05	5.4	1.64	24.2
第二产业	亿元	9.11	0.5	10.04	10.1
第三产业	亿元	8.44	1.9	8.88	5.2
二、地方一般公共预算收入	亿元	0.82	4.7	1.07	29.9
三、全社会固定资产投资	亿元	22.81	64.3	18.22	–20.1
其中:国家投资(含援藏投资)	亿元	21.52	76.2	17.17	–20.2
招商引资	亿元	1.29	–23.1	1.05	–18.4
四、社会消费品零售总额	亿元	2.29	–7.1	2.72	18.6
五、农村居民人均可支配收入	元	18779	8.6	20525	—
六、税收收入	亿元	1.03	–5.5	1.43	39.3
七、工业增加值	亿元	3.19	–3.8	3.47	1.1
八、粮食产量	吨	20101	1.4	20132.5	0.16

附件 2

2024 年度国民经济和社会发展计划综合指标计划表

指标名称	单位	2024 年计划数		备注
		计划数	增长(%)	
一、地区生产总值	亿元	21.90	8.0 左右	
二、地方一般公共预算收入	亿元	0.85	–20.6	
三、全社会固定资产投资	亿元	11 以上		
其中:国家投资	亿元	10 以上		
招商引资	亿元	1.0		
四、社会消费品零售总额	亿元	2.77	10.0	

续表

指标名称	单位	2024年计划数		备注
		计划数	增长(%)	
五、农村居民人均可支配收入	元	增长快于城镇居民收入		
六、税收收入	亿元	1.2	-16.1	
七、工业增加值	亿元	3.25	5.0	
八、粮食产量	吨	20000	基本持平	
九、城镇登记失业率	%	控制在5以内		

附件3

2024年隆子县重大项目建设计划安排

援藏工作队：要推进2024年援藏项目建设工作。

发改：要加快扎日乡桑巴东村、庄那、珞瓦新村安置点扩容建设，确保按照既定目标落实建设任务；积极向市发改委争取新能源项目；做好华钰自发用电光伏电站建设工作；力争2024年度招商引资固投完成1亿元。

水利：要加快县城集中饮用水源地、阿涡夺水库除险加固项目建设进度，对接争取隆子县砂琼水库工程、宿麦郎僧毕段治理、隆子镇冲沟治理工程、隆子县县城防洪堤工程、隆子县热荣乡灌区工程、隆子县县城防洪排涝工程等6个项目落地。

教育：要积极争取热荣乡教师周转房和2个幼儿园、日当镇多功能健身活动场所、斗玉乡小学改扩建、健康饮用水等项目资金，力争年内开工建设一批。

乡村振兴：要重点对接23个、总投资3.04亿元的2024年乡村振兴项目，积极争取资金，力争年内开工建设一批。

交通：要加快推进总投资1.9亿元的三林完小至乃加村公路等4条农村公路建设，力争尽快建成通车。重点对接争取投资2043万元的省道509交叉口至日当镇日当村果组公路等。

农业农村：要加快推进总投资9334.10万元的高标准农田等16个项目建设工作；积极争取玉麦乡农牧业防抗灾物资储备库建设项目、隆子县畜禽粪污资源整县推进项目。

旅发：要对接推进扎日乡桑巴东村、珞瓦新村民宿提升改造建设项目。争取军民文旅活动中心项目落地。

商务：要积极开展投资580万元的斗玉顶江边贸市场建设。

公安：要加快实施总投资1316万元的交警大队和雪沙乡派出所项目。

住建：要积极推进山南市隆子县2024年市直公租房指标建设项目、隆子县日当镇污水处理及收集系统建设项目、隆子县扎日乡污水处理及收集系统建设项目、隆子县饮用水水源点配套工程项目；重点推动资金已到位的总投资5154万元的隆子县机场搬迁安置点人畜分离建设项目和隆子县玉麦乡玉麦村、纽林塘村村委会建设项目、隆子县城市公园建设项目。

林草：要加快推进投资2297万元的隆子县2023年退化草原修复项目、隆子县2023年天然林保护与造林项目、隆子县斗玉村绕让村搬迁安置点绿化项目。

生态环境：要加快推进隆子县小型医疗废物处置中心建设项目。

商务

【概况】 1996年6月，成立隆子县贸易局。2011年3月，县贸易局改称县商务局，正科级建制。2023年，隆子县实现社会消费品零售总额22857万元。

【商品销售】 2023年，隆子县商务局以“促消费、提信心、稳主体”

为重点，提振信心、活跃市场、促进消费，增加农牧民收入，着力打造商务工作特色亮点。组织当地特色产品企业参加第五届中国西藏旅游文化国际博览会，销售额5万多元；参加山南市雅砻文化节展销活动，销售额21.69万元；参加隆子县玉珞文化节活动，参展商户销售额60.48万元；隆子县2023·第39届聂雄物资交流会，参展商户391家，销售额700多万元；参加山南市第43届雅砻物资交流会展销商品，参展商户118户，销售商品成交金额1126.9万元。

2023年9月1日，隆子县商务局举行玉麦供销合作社乔迁挂牌仪式

【项目建设】 2023年，隆子县投资1000万元，建设隆子县内外贸商贸一体化建设项目，改造升级县城商贸服务中心1个、新建乡镇商贸服务中心2个、改造乡镇商贸服务站7个，提升改造冷链物流中心1个、改建冷链物流库5个、配备冷链物流车8辆。施工期间组织专门力量监督管理工程，每月至少3次深入实地监督检查工程质量、施工安全、施工进度、农民工工资支付等，排查解决工程建设中遇到的困难和问题，确保项目顺利实施。

【市场监管】 2023年，隆子县商务局按照“管行业必须管安全”的原则，全面落实安全生产行业主管部门监管责任，专人负责、落实制度，深入开展市场监督检查管理工作，掌握市场供求情况。开展检查企业经营资质、管理制度、安全运营、诚信经营等情况，要求企业引导群众理性消费，年内未发生囤积抬价、抢购商品等现象；深入农贸市场、超市、餐饮店等实地掌握物资库存、商品供应状况和供应质量、商品销售现状、商品价格等情况，2023年全县商品总体供需平衡，物资储备充足；加大县域内加油站的汽油、柴油等危化品销售监督检查，核查县直单位加油站值班、加油实名制登记等情况，保证加油站健康有序经营，社会安全和谐稳定，全年组织开展安全检查活动12次。

【乡村振兴】 2023年，隆子县商务局完成玉麦乡基层供销合作社乔迁挂牌，与聂雄投资公司、洛丹合作社、金谷堂合作社签署长期协议，共同搭建工业品下乡和农特产品展销的商业平台，焕发合作社新风新貌，完善合作社服务功能，提升“格桑花”品牌效应，促进特色商品流通，挂牌当天销售额达10225元；督导检查玉麦乡供销合作社工作，清理整顿玉麦乡供销合作社账目，提出整改意见，促进供销合作事业健康发展；完成隆子县电子商务进农村综合示范项目成果移交工作，并制定后续工作实施方案；探索创建电商直播平台，选拔、培养直播网红，提高网络直播质量；协助新建扎日乡桑巴东二级加油站，正在办理土地审批等工作手续；批准建设撬装加油站1座（机场撬装加油站），方便当地工程建设需要。选派精兵强将驻村，积极开展驻村工作。

审计

【概况】 隆子县审计局2018年4月正式挂牌成立。2023年，隆子县审计局计划审计项目4个，实际完成4个，共审计14家单位，专项审计调查1个。查出问题金额65866.33万元，出具审计报告3篇，移送有关部门处理事项2件，移送处理金额91.93万元。

审计促进整改落实有关问题资金 65866.33 万元，违规收缴资金 23.78 万元；审计提出建议 13 条，有效发挥了审计在隆子县经济发展过程中的监督作用。

【财政审计】 2023 年 5 月 13 日至 8 月 31 日，隆子县审计局开展 2022 年度本级财政预算执行和决算以及其他财政收支情况审计。重点审计了 86 家预算单位预算编制、预算执行、预算绩效管理等情况，还对雪沙乡村财乡管和工会经费进行了延伸审计。共查出 9 大类 33 条问题，违规发放资金 11.46 万元，提出审计意见建议 4 条。截至年底，已整改问题 32 条。

【经济责任审计】 2023 年，隆子县审计局开展斗玉珞巴民族乡原乡长扎西央宗离任经济责任审计，查出审计 6 个方面 21 条问题，涉及资金 817.19 万元，违规收缴资金 4.66 万元，提出审计建议 3 条。截至年底，审计反馈问题均已整改完毕，整改率为 100%；开展实施日当镇毕念村村党支部书记洛桑班登、村主任格桑美朵、村务监督委员会主任洛桑达瓦离任经济责任审计，查出问题 17 项，提出审计建议 3 条，移送 1 项，主要问题为“私设小金库”并擅自私分村集体资金 5 万余元。

【专项资金审计】 2023 年，隆子县审计局开展 2022 年新冠疫情防控资金和捐赠款物专项资金审计，审计共查出 3 个方面 8 条问题，涉及资金 9.58 万元，违规追缴资金 2.99 万元，提出审计建议 3 条。截至年底，已整改 7 条。

【审计整改】 2022—2023 年，山南市审计局先后派出审计组对隆子县实施了 2021 年本级预算执行和预算以及其他财政收支审计和加玉乡人民政府原乡长、四级调研员向玲玲自然资源资产离任审计、“十三五”政府投资项目进行审计。其中：预算执行审计向隆子县反馈了 11 个方面 92 个问题；自然资源资产离任审计反馈了 14 条问题；“十三五”政府投资项目审计反馈 12 条问题。针对上级审计机关反馈的问题，隆子县审计局第一时间召开整改部署会议，研究部署审计整改工作，成立了整改工作领导小组，制定审计整改工作方案，细化整改措施，明确整改责任领导、责任部门和整改时限，多次召开整改工作推进会、协调会，研究解决整改过程中存在的问题和困难，确保审计整改工作有序开展。截至年底，92 条问题中已完成整改，整改率 100%，其中：追缴并上缴国库资金 7194.42 万元，归还原渠道 140.22 万元、统筹盘活资金 2685.41 万元，加快拨付资金 17752.89 万元、调账处理资金 655.77 万元、完善制度等方式处理 57257.96 万元。

2023年11月8日，隆子县审计局局长陈金（左一）到准巴乡开展审计整改“回访”督导工作

统计

【概况】 2023 年，隆子县统计局在县委、县政府的领导和上级统计部门的指导下，坚持以习近平新时代中国特色社会主义思想，落实中央经济工作会议精神和区党委、市委、县委经济工作会议精神，不断提高隆子县统计数据质量和统计服务水平，以服务全县经济工作为宗旨，完成了县委、县政府和上级业务部门布置的各项工作任务。

2023年9月10日，隆子县统计局工作人员开展法人单位、个体户经济普查前期清查工作

【统计执法】 2023年，隆子县统计局认真严格落实统计造假专项整治工作，持续强化统计督导检查和执法力度，明确要求局全体统计人员深入学习《统计法》《统计违法行为处分规定》等相关法律法规，集中观看学习"统计造假违纪典型案例"，组织全县统计人员系统集中学习了《防范和惩治统计造假、弄虚作假督查工作的规定》，对统计数据的采集、审核、调整、公布等环节进行了进一步规范。截至年底，统计局只有1名干部持有中华人民共和国统计执法证，参加山南市统计执法活动2次。

【统计服务】 2023年，隆子县统计局主要对全县国民经济、社会发展、科技进步和资源环境等情况进行统计分析、统计预测和统计监督，向县委、县政府及有关部门提供统计信息和咨询建议。

数据共享工作主要采取编写统计分析；编印统计年鉴；报表资料装订存档；撰写统计公报等，始终坚持为社会无偿服务，法定数据向社会全面公开，为全社会提供统计服务。

【第五次经济普查】 2023年，隆子县统计局按照山南市普查办的工作要求，对接政府办印发《隆子县第五次全国经济普查工作通知》，成立以分管副县长为组长的第五次全国经济普查工作领导小组，申请县级普查全周期预算经费15万元，成立了普查领导小组办公室，组建100多人的普查指导员和普查员。9月6日，开始组织普查指导员进行初步入户登记工作，收集并解决实际登记过程中存在的问题，9月8日组织全县普查员召开第五次全国经济普查清查工作动员暨业务培训会议，县普查办、各乡镇按时间节点陆续组织单位清查登记工作，全年完成了全县1019家单位和4969个体户底册核查工作，采集单位和个体户分别为743家2805户，采集率分别达72.9%、56.45%，保质保量完成了隆子县单位清查登记和底册核查工作。

【住户调查工作】 隆子县住户样本轮换登记工作于2022年12月正式开展，全县共设立10个调查点，样本覆盖5个乡镇的10个村（社区），每个村（社区）调查10户。截至2023年底，隆子县100户调查户中，城镇户50户116人，农村50户177人。

自然资源管理

【耕地保护】 2023年，自然资源部下发隆子县耕地核实处置面积为586.41亩，其中已报批耕地56.29亩，未报批耕地530.12亩。未报批占用的耕地已恢复耕地面积619.73亩，耕地恢复率105.68%。

永久基本农田核实处置。部下发隆子县永久基本农田核实处置面积为173.05亩，完成异地补划永久基本农田173.05亩。

耕地卫片督察与进出平衡处置。部下发隆子县2022年、2023年耕地卫片督察与进出平衡矢量数据面积1703.47亩，其中经合法批准772.13亩、系统仍为耕地的有609.77亩、需异地恢复的有321.57亩。完成异地恢复619.73亩。

耕地占补平衡指标整改。全县耕地占补平衡指标19.40亩，信用账户指标-2840亩。已完成2023年年度变更数据提交，完成660亩新增耕地指标的备案。

违法占用耕地处置。隆子县

2019—2023年违法占用耕地涉及地块17个，已整改17个，违法用地整改率为100%。2023年拆除违法占用耕地4处。

【城乡规划】 2023年，隆子县自然资源局先后组织召开征求意见会3次，开展专家评审会5次，征求各乡镇意见1次，对涉及重大项目、重大规划在征求各行业部门并对照规划进行了调整，完成全县“三区三线”划定。完成《隆子县国土空间总体规划（2021—2035）》的县级、市级审查。完成13个乡村振兴项目点的“多规合一”村庄规划编制和审查。

完成1个城市批次、4个村镇批次、3个独立选址项目的农用地转用，涉及项目27个，用地报批面积72.09公顷。2023年，隆子县自然资源局受理审批用地90件，办理建设工程规划许可证1个，办理建设用地规划许可证6个，办理建设项目预审与选址意见书32个，办理乡村规划许可证7个，办理土地确认证明44件。完成土地出让7宗，土地出让收入13981742.30元。

【不动产确权登记】 2023年，隆子县自然资源局开展农村宅基地不动产资料收集、数据确认、信息录入等工作。完成全县所有行政村的草原确权调查、测绘、公示工作。完成10座寺庙的不动产确权工作。

【矿产资源管理】 2023年，隆子县已发现各类金属和非金属矿产共计11种，其中：金属矿产有5种，分别为铅、锌、银、金、锑；非金属矿产有6种，分别为水晶、花岗岩、建筑用砂石、建筑用砂岩、辉绿岩、饰面用板岩。铅锌矿、岩金矿、建筑用砂石、辉绿岩、花岗岩属于隆子县优势矿产。

隆子县现有采矿权5家，其中1家金属矿权、4家非金属矿权。规划设置探矿权17家，均为落实上位规划，属探矿权保留。规划设置采矿权5家，均为已设置探矿权保留。规划设置采矿权17家，为空白区新设，其中14家为采石采砂场；3家为金属矿，分别为查拉普金矿（阳光矿业）、柯月铅矿（华钰矿业）、则当铅多金属矿（玉峰矿业）。规划重点调查评价区域为日当镇、雪沙乡、热荣乡，重点勘察矿种为铅锌和岩金，禁止勘查区为扎日风景名胜区，名胜区内未设置探矿权和采矿权。规划开展矿山地质环境治理1家，为扎西康铅锌多金属矿矿山地质环境恢复治理。

2023年8月8日，隆子县委书记李宁（右三）带队为企业用地纾困

【城乡建设用地增减挂钩拆旧复垦】 2023年，隆子县自然资源局完成2019年、2020年增减挂钩项目的终验，立项指标面积1057.23亩、最终核定指标1093.80亩，超额完成任务，节余指标收入到账4526.29万元。

【地质灾害治理和矿山安全监管】 2023年，隆子县自然资源局完成全县地质灾害“三查”，全县地质灾害隐患点373处，较2022年新增10处，新增点主要在准巴乡哲村、三林乡格西村、扎日乡桑巴东村。新增准巴乡政府旁危岩治理项目入库。年内，在准巴乡哲村开展应急演练1次。开展扎西康矿山安全生产专项检查7次，督促完成整改事项5件。

【执法管理】 2023年，隆子县自然资源局共核查农村乱点耕地图斑1713宗，核查土地卫片疑似违法图斑118个，核查矿产疑似违法

2023年3月28日，山南市自然资源局到列麦乡检查地灾治理项目实施情况

图斑6宗，完成2017—2019年占用基本农田不属实图斑的核实举证，完成成都督察局提出的7个疑似图斑的举证及处置工作。全年兑现临时用地费用2294150.04元；兑现村集体和群众增减挂钩补助6261744元；解决处理完成信访问题1宗，兑现拖欠民工工资441808元。规范全县临时用地、设施农用地的管理，对全县项目的临时用地、土地复垦与生态修复进行执法与监管，为机场、边防公路、搬迁安置点等重大项目提供土地要素保障，同时，在生态保护方面进行强有力的检查、指导和监管。全年共受理4家招商引资企业的用地申请，积极贯彻落实县委、县政府提出"为企业提供保姆式的服务"的要求，为企业及时提供咨询服务工作，指导企业办理临时用地手续11宗。

【项目建设】 2023年，隆子县自然资源局投资624.18万元的机场渠路改迁工程完工，保障了机场开工和群众灌溉用水。完成3个地质灾害治理项目申请债券资金的报备。

市场监督管理

【概况】 2023年，隆子县新增各类市场主体592户，同比增长12.8%。其中，新增企业81户、新增个体工商户509户、新增农民专业合作社2户，同时，新办食品经营许可证246户，食品加工小作坊登记证33户，小餐饮登记证104户，小食杂登记证88户。截至年底，隆子县实有企业444户，同比增长11.8%；农牧民专业合作社173户，同比增长-0.6%；个体工商户4214户，同比增长12.2%。

【食品药品安全监管】 2023年，隆子县市场监督管理局进一步强化食品安全隐患治理，紧盯人民群众最为敏感、反映最强烈的食品安全突出问题，结合"守查保"专项行动，深入开展农村食品安全、旅游景区、校园及周边、碘盐质量、节日食品安全、保健食品等重点领域食品安全专项治理，先后组织各类专项检查20余次，检查各类食品市场主体700家次，下达责令改正通知书34份，食品简易程序案件8起，共罚款0.17万元。年内，完成重大活动、重要会议、各级调研组在隆子调研期间的食品安全保障工作，共出动执法人员30余人次，完成食品快速检测90余批次，合格率99.4%，不合格处置率100%。

药品安全风险防控。2023年，隆子县市场监督管理局先后召集食药安委会成员单位召开疫苗安全监管联席会议2次，优化落实疫苗质量安全风险会商、研判、处置工作机制，进一步推动疫苗监管工作。扎实推进药械安全专项整治。开展药品经营和使用专项检查、疫苗储存运输质量等专项检查，狠抓基本药物、含特殊制剂药品、藏药材饮片、医用卫生材料及敷料类产品以及医疗器械经营使用企业管理等专项监督检查。认真落实"两品一械"不良反应监测报告。督促指导辖区内的医疗机构、药品经营企业对相关药械的不良反应监测与录入，药品和医疗器械不良反应监测上报工作已形成常态化，能够及时主动上报。2023年，共上报不良反应数据42条，为国家"两品一械"数字监测提供支撑。2023年，完成3家药品经营企业、13家医疗机构、4家诊所、18家化妆品经营使用的专项检查，督促整改问题8条，

2023年10月21日，隆子县市场监督管理局党组书记、局长郝庆豪（左一）带队在格尔东赞酒店开展食品安全和特种设备安全监督检查

整改整治率达到100%。

【质量技术监管】 2023年，隆子县市场监督管理局开展产品质量抽检处置工作。针对第三方抽检机构反馈的工业产品抽检检验报告，抽检样品不合格7起，立案7件，共罚款0.6万元。开展了危险化学品及其包装物、消防产品、农资产品、食品包装用塑料制品、"一老一小"等各类涉及人身财产安全重要产品质量专项整治行动。在食品安全宣传周等各类宣传节点，强化工业产品"两个规定"落实的宣传引导，切实压实工业产品销售主体责任，推动"两个规定"责任落地落实。

【市场价格调控】 2023年，隆子县市场监督管理局在春节、"五一""十一"等重大节日期间，加强与群众生活密切相关的粮、油、肉、蛋、菜等重大民生领域商品价格的检测，对可能引起价格异常波动的倾向性、苗头性问题及时预警。加强分析和预测调查研究，对隆子县民生领域价格监管工作开展督导调研，陪同县政协委员调研民生领域商品、详细了解价格监管工作开展情况、深入农贸市场、"菜篮子基地"（隆子县绿健蔬菜就业利民科技有限公司）和大中型商超，开展价格督导调研研究，撰写居民生活必需品价格调研报告。2023年，检查出动执法人员80余人次，出动执法车辆30余次、检查市场主体2000余家，针对个别企业在执行价格中存在违法行为，立案查办1起，罚款5万余元。

【品牌建设】 2023年，隆子县市场监督管理局持续推进地理标志评选工作，动员企业提交申报材料。2023年，隆子黑青稞糌粑入选国家知识产权局"第二批地理标志运用促进重点联系指导名录"，为促进区域特色经济发展奠定坚实的基础。年内，围绕2023年中国主题"标准塑造美好生活"在县城十字路口悬挂横幅，向过往群众发放宣传资料，并向群众讲解标准在促进可持续发展、标准化建设与推动高质量发展的重要意义等知识。通过宣传进一步提高人民群众的标准意识，引导标准化工作向高质量高水平发展。活动发放宣传资料80余份，宣传物品4种150余件。

【燃气安全专项整治】 2023年，隆子县市场监督管理局联合消防大队、城市管理和综合执法局、商务局开展燃气行业气瓶专项整治工作，督促燃气企业落实使用气瓶安全主体责任，做到重点场所每日巡查、重点部位每日巡防，发现安全隐患立即整改，检查燃气器具及配件销售单位9家，液化气充装单位2家。按照文件要求开展违规使用"气液双相瓶""黑气瓶"专项检查，未发现违规使用"气液双相瓶""黑气瓶"情况。

【行政执法】 2023年，隆子县市场监督管理局进一步加强对食品药品、医疗器械、化妆品、特种设备安全、产品质量安全等领域监督检查，坚决依法惩处违规违法的市场行为，注重综合运用警告、行政指导、行政约谈告诫、责令整改、行政处罚等手段，追究市场主体相应的法律责任，规范市场行为。2023年，共出动执法人员100余人次，检查市场主体2000余家次。查办食品简易处罚案件8起，罚款共0.17万元；查办价格违法案件1起，罚款5.101914万元；查办产品质量抽检不合格案件 7 起，罚款共 0.6 万元。

【市场主体诚信体系建设】 2023 年，隆子县市场监督管理局扎实开展企业信息公开工作，强化企业年报服务，认真做好宣传普及、咨询解答、操作指导等工作，完成企业年报告工作，全县 2022 年度企业年报率达到 95.47%，个体年报率为 100%。

【消费维权】 2023 年，隆子县市场监督管理局组织开展“3·15”消费者权益保护日、“5·20”世界计量日、“10·14”世界标准日、食品安全宣传周、安全用药月等各类主题宣传活动，有效提高了人民群众的消费知识。全年共接待消费者咨询 120 余人次，受理消费投诉 11 起，已办结 11 起。

【打击传销】 2023 年，隆子县市场监督管理局将县城及城乡接合部、农牧区等区域纳入重点整治地区。充分利用“12315”投诉举报工作平台，加大社会共同监督力度，畅通投诉举报渠道，同时严格市场监管，加大巡查工作力度和频次。深入乡镇开展打击传销活动 4 场次，营造了良好的氛围，通过宣传造势，全县没有发现传销活动行为。

【特种设备安全监管】 2023 年，隆子县市场监督管理局开展隐患排查，加强对设备存在安全隐患的使用单位责任人的安全教育并跟踪督促其隐患整改，认真落实好年度特种设备安全监管工作，坚持日常检查、重点检查和专项整治相结合，落实特种设备监管“一岗双责”制确保安全生产形势持续稳定。以锅炉、电梯、气瓶充装单位为重点开展特种设备安全风险隐患排查。共检查特种设备 44 台，检查使用单位 9 家，发现一般安全隐患 6 处，已全部整改完成。

【知识产权保护】 2023 年，隆子县市场监督管理局从生产源头、流通渠道、消费终端多管齐下，集中开展农资打假专项行动、地理标志保护专项行动，重点检查农牧民群众最关心的食品、种子、农药、农机农具等是否存在销售假冒伪劣违法行为，严厉打击各类违法行为。全年共出动执法人员 26 人次，检查各类商户共 230 户次，没收过期食品 12 种。

2023年12月1日，隆子县市场监督管理局党组书记、局长郝庆豪（左二）带队在小作坊开展食品安全监督检查

西藏华钰矿业股份有限公司山南分公司

【概况】 西藏华钰矿业股份有限公司成立于 2002 年，注册资金 5.55 亿元。公司拥有 2 座生产型矿山（拉屋矿山、扎西康矿山）、4 宗探矿权项目和 9 宗风险勘查矿权项目。山南分公司成立于 2006 年，现有生产矿山 1 座（扎西康矿山，公司主力矿山），选矿厂 1 座和探矿矿山 1 座，总承包单位 1 家，从业人员 650 人。

【山南选厂】 山南选厂位于隆子县日当镇宗那村，采用破碎、磨矿、浮选、过滤工艺进行选别，选矿处理能力 2500 吨 / 日，选矿最终产品为铅锑精矿和锌精矿。近几年，通过选矿实验、流程查定、选矿设备工艺自动化升级改造等方式，极大提高了矿产资源的综合利用水平，与原设计相比，精矿综合品位提高了 10%，选矿综合回收率提高了 18%，精矿含水量降低了 2%，原矿入选品位降低了 3.9%。

【生产经营管理】 2023年，山南分公司共采出矿量53.1万吨，入选品位6.653%，生产铅金属量15084.978吨，锌金属量15245.648吨，锑金属量2022.123吨，银金属量58721.996千克，实现工业产值5.91亿元，上缴税金5081万元。

【矿山建设管理】 扎西康铅锌多金属矿位于隆子县日当镇扎西康村，于2004年开工建设，生产能力60万吨/年，开采方式为地下开采。采用竖井—斜坡道联合开拓方式，浅孔留矿嗣后充填采矿法和上向分层充填采矿法采矿，最低的开拓标高为4275米中段。扎西康铅锌多金属矿采选改扩建工程开采标高为4925～3800米，4425米及以上中段采用斜坡道—盲斜井开拓，4425米以下中段采用竖井开拓方式，生产以4375米、4425米中段为主生产中段，4475米中段以上主要进行老采场存隆矿体的出矿及边角矿体的回收。中段运输采用有轨和无轨运输相结合，4425米和4275米中段为有轨运输方式，其他中段为无轨运输方式。2023年，按照国家相关要求，矿山配齐了五职矿长、五职科长，成立了技术管理委员会、安全管理委员会，建立健全了安全管理机构，配备专职安全人员30人。同时，设立了安全科、技术科、生产科、机电科、后勤科等科室。

【安全生产管理】 2023年，扎西康矿山为进一步加强对外包单位的安全管理，严把企业、人员安全资格准入关，推行实施“人员准入过筛子”和“单点管理机制”，努力提升人员安全意识。年内，完成扎西康矿山、尾矿库安全生产环境进行风险辨识评估动态更新，完成编制双重预防机制报告。推动井下矿用产品强制更新，新购置了井下遥控铲运机等矿用设备，减少危险作业岗位人员暴露频次，提高本质安全水平。

隆子县聂雄投资有限责任公司

【概况】 隆子县聂雄投资有限责任公司成立于2013年10月31日，出资1800万元，法定代表人扎西江村，由隆子县人民政府以货币方式出资，占投资的总额及占有国家资本100%。公司直属隆子县人民政府，具备一级独立法人资格实体。公司作为政府的信息平台和融资平台，是政府从事金融投资、产业投资的专业化投资公司及经营性资产经营管理者。

【经营范围】 许可项目：非煤矿山矿产资源开采；建设工程施工；房地产开发经营；一般项目：人力资源服务；劳务服务；对外承包工程；物业管理；非居住房地产租赁；运输设备租赁服务；机械设备租赁；水资源管理；自有资金投资的资产管理服务；以自有资金从事投资活动；工程管理服务；旅游开发项目策划咨询；建筑材料销售；建筑用石加工；融资咨询服务；停车场服务；寄卖服务；航空运输货物打包服务；租赁服务；公共事业管理服务；生态恢复及生态保护服务；房地产经纪。

【项目经营】 隆子县聂雄投资有限责任公司名下扶贫项目有隆子县日当镇萨琼村才木齐山采石场；产业项目有聂雄标准化奶牛养殖基地；3家砂石场（忙错砂石场、斗玉砂石场、加玉砂石场），2020年8月，聂雄投资公司将隆子县隆子镇忙错砂石场承包给西藏隆耀实业有限公司，合同期限为16年；隆子县加玉砂石场和斗鱼乡恰麦砂石场由投资公司在经营。经营性收集租金商品房有170户。

【资源补偿】 隆子县加玉乡共拉村开采砂石一次性给予资源补偿费20万元、斗玉珞巴民族乡加麦村上开采砂石一次性给予资源补偿费25万元、隆子县扎日乡洞村上开采砂石一次性给予资源补偿费22.5万元。

财税·金融

财政

【财政收支】 2023年预算收支完成情况。

2023年，县本级预算收入完成10679万元，同比增长30%。上级补助收入221280万元，同比增长5%，其中：返还性收入2650万元、一般性转移支付收入152025万元、专项转移支付收入66605万元。地方政府债券资金771万元。动用预算稳定调节基金15947万元。上年结转结余资金101146万元。全年预算总财力349823万元。

2023年，全县完成预算累计支出255023万元，支出率为73%。其中：一般公共服务支出38012万元、公共安全支出8614万元、教育支出23826万元、社会保障和就业支出14610万元、卫生与健康支出13262万元、节能环保支出5910万元、城乡社区支出24453万元、农林水支出82919万元、住房保障支出4631万元；上解支出101万元。

2023年，全县预算总财力达到349823万元，全县完成预算支出总计255023万元，结转结余下年52993万元，预算稳定调节基金41807万元。

政府性基金收支完成情况。2023年本级政府性基金收入996万元，上级下拨政府性基金补助1338万元，上年结转结余1475万元，全县政府性基金总财力达到3809万元。

2023年，全县完成政府性基金支出2833万元，同比增长126%。2023年，全县政府性基金总财力达到3809万元，全县完成政府性基金支出2833万元，结转结余下年976万元。

地方政府债券收支情况。2023年隆子县地方政府债券资金共计21771万元，其中：一般债券21771万元。重点用于支持城乡建设、隆子河两岸生态综合治理、抵边农村公路建设。截至2023年底，地方政府债券已支出17324万元，支出率80%，资金余额4447万元。

2023年2月5日，隆子县财政局组织开展2022年决算集中办公

2023年6月30日，隆子县财政局开展“发挥党员先进性 我为党旗添光彩”主题党日活动

全县行政事业单位固定资产情况。2023年全县固定资产总额为94566万元。其中，土地、房屋及构筑物面积33万平方米，价值总额69067万元；专用设备数量9355件，价值总额4797万元；通用设备数量10610件，价值总额10851万元；机动车数量164辆，价值总额4297万元；家具、用具、装具及动植物数量48462件（只、头），价值总额5742万元；图书档案数量51091册，价值总额107万元；文物及陈列品数量602个，价值总额18万元。

【财政监督管理】 2023年，隆子县财政局为确保2021年预算执行审计反馈问题整改到位，从2022年12月开始，对审计提出的未按人员定额预算编制人员公用经费、预算资金打捆预算、未将预算资金细化到具体使用部门等问题进行提前整改部署，先后两次召开会议，进一步学习财经法律法规，指定专人负责，明确工作职责，一级抓一级压实工作责任。在县委、县政府的高度重视下、在各预算单位的大力配合下、在市审计局业务指导下，制定了整改方案，及时上报整改落实情况，涉及财政共32个问题，已整改31个，正在整改1个。2023年，隆子县财政局为确保预算一体化平衡运行，提高政府财务报告编制质量，成立专班，制定财务监督检查工作方案，对全县46家（含11所学校、10个寺管会）预算单位进行了财务监督指导工作，主要对单位零余额账户、代管资金账户、财务管理内部控制情况、固定资产管理使用规范等情况进行检查与抽查。通过抽查发现问题135个，反馈问题135个，提出指导建议130条。同时配合四川监管局开展隆子县重大民生政策落实情况督查工作，提出的19个问题已整改完毕。

【民生保障】 2023年，隆子县财政局积极发挥财政职能作用，注重巩固拓展脱贫攻坚成果同乡村振兴有效衔接。落实乡村振兴资金27061万元（含本级保障10%），并督促指导各县统筹整合各方资源，推动资金政策落实落地，推动巩固脱贫攻坚成果与乡村振兴有效衔接，支持推进高标准农田建设、黑青稞推广种植、农村综合改革、人居环境整治等，加快推进农业现代化；落实资金34516万元，重点支持自治区和山南十大民生工程、棚户区改造、农村公路建设、公租房配套等，不断增进民生福祉。落实资金1983万元，重点支持就业创业补助、就业扶持、职业培训等；落实资金14426万元，重点支持低保、特困人员救助供养、医疗救助补助、退役安置及优抚对象补助等；落实资金22711万元，重点支持十五年免费教育、教育“三包”、特殊教育、大学生资助等；落实资金13018万元，重点支持疫情防控、医疗服务能力提升等。

【创建全国民族团结进步模范区】

2023年，隆子县财政局落实资金3143万元，支持开展民族团结、爱国主义教育、反分裂斗争和主题教育活动，推动党建示范点、“五共五固”阵地、新时代文明实践站建设。落实资金12725万元，推动基层“枫桥经验”治理，完善社会治理模式和维稳制度体系，开展打击非法组织、扫黑除恶、禁毒、反恐等行动，保障道路交通安全，提升治安管理体系和治理能力现代化水平。深入实施干部驻村驻寺、城镇网格化管理、先进双联户创建评选、民族团结进步模范区创建等活动。

【创建高原经济高质量发展先行区】 2023年,隆子县财政局支持重点市政工程建设。落实资金26031万元,支持城市维护改造建设、隆子“一河”两岸生态建设、城市供暖、城市公园等市政工程建设。积极发挥政府债券稳投资功能。紧盯国家政策导向和资金投向,立足隆子发展实际,申请政府债券项目4个债券资金771万元,争取14个国家债券项目,涉及资金59700万元。重点支持抵边农村公路、中小型水库、防洪堤、乡镇卫生院、应急指挥中心、地质灾害治理等建设。

【创建国家生态文明高地】 2023年,隆子县财政局落实生态环保领域相关资金20152万元,全力打好污染防治攻坚战、山水林田湖草沙冰一体化保护、重要江河流域生态环境保护修复,推进隆子河流域水污染生态修复工程和城市地下水污染防治,强化县城区域垃圾清扫清运、污水处理厂以及医疗废物集中处置等托管运营,推进国家生态文明高地和美丽隆子建设。同时,紧盯中央环保督察组反馈的问题,结合财政部门职责,按照县委、县政府统一部署,全力支持问题整改。

【创建国家固边兴边富民行动示范区】 2023年,隆子县财政局落实各项资金33045万元,重点支持抵边搬迁、边境建设、兴边富民等重要决策部署,落实边民补助、护边员补助资金6558万元,支持军民融合,着力推进创建国家固边兴边富民行动示范区,推进边境物防技防建设,加快推动抵边搬迁和边境村镇建设,补齐边境地区公共服务设施短板,落实边境地区群众教育、医疗、就业等特殊优惠政策,吸引腹心地区、非边境乡高海拔地区群众向边境一线转移,不断壮大守土固边力量,维护国家主权和领土完整。

2023年8月11日,隆子县财政局组织各单位会计开展《预算法》培训

【预算执行】 2023年,隆子县财政局为进一步加快预算执行,创新工作思路,利用财政职责督促各单位提前发放干部职工法定工资补助,利用信息平台每月初提醒各单位特别是项目单位依法依规及时拨付已产生的费用,利用项目调度会传达上级预算执行通报情况和全县各单位预算执行进度、直达资金支付进度、衔接资金支付进度,多措并举,采用统一报账时间、集中办理会计核算、上报财务报表等方式,让全县形式联动,高质量推动隆子县预算执行。

税务

【概况】 2023年,国家税务总局隆子县税务局(下文简称为隆子县税务局)在山南市税务局党委,隆子县委、县政府的领导和支持下,紧紧围绕年初确定的各项工作目标,坚持以组织收入为中心,强化税费征管,深化依法治税管费,加强干部队伍建设,优化纳税缴费服务,全局各项工作都取得了长足发展。严格遵守中央“八项规定”和各项廉政纪律,深入推进一体化综合监督“1+6”制度体系落实。持续贯彻落实上级局党委的各项决策部署,较好地完成了税费征管、减税降费等年度工作任务,不断优化隆子县税收营商环境,始终践行“为国聚财为民收税”初心使命。2023年,隆子县登记在册的各类市场主体434

户，其中个体工商户357户，企业63户，其他社会团体14户。

【税务工作】 2023年，隆子县税务局聚焦区局“10字工作建设”，以创建“规范提升年”为契机，充分发挥税收职能作用，纵深推进全面从严治党，着力抓好党务、干好税务、带好队伍，较好完成了落实组合式税费支持政策，组织税费收入，深化税收征管体制改革，优化税收营商环境，加强干部队伍建设等工作任务，以高质量税收现代化服务中国式现代化，努力为隆子长治久安和高质量发展贡献税务力量。

【组织收入】 2023年，隆子县税务局组织各类税费收入39083万元，同比去年增收16109万元，增长70.12%，其中税收收入14291万元，同比去年增收4033万元，增长39.32%，社保收入18095万元，非税收入4950万元，其他收入1747万元。县级税收收入6835万元，同比去年增收2104万元，增长44.47%，占税收总量的47.83%。

【税收征管】 2023年，隆子县税务局全面加强税收征管，严格落实各项管理制度建设，在日常工作中严格遵循税务登记、发票管理、纳税申报、税款征收、税源监控、纳税评估、纳税服务等各方面的规章制度。在明确规定实体性内容的同时，注意程序性内容的规范，做到征纳双方在程序、手续上有章可循、有法可依，准确无误，从而切实促进税收征管工作的法制化、规范化、现代化。

【税收法治】 2023年，隆子县税务局按照依法治税的要求，不断强化依法治税、规范执法的力度。干部职工牢固树立依法治税理念，将依法行政、依法治税贯穿税务工作始终。把推进“三项制度”（重大执法决定法制审核制度、执法过程全记录制度、行政执法公示制度）作为法治税务建设的重要抓手，从行政执法公示、行政执法全过程记录和重大执法决定法制审核着手，不断创新执法新思路，优化执法新方式，全力提升税收执法透明度。着力以法治思维和法治方式推进税收工作开展。坚持按照“树立依法治税理念、规范依法治税行为、加强执法监督责任、开展税法宣传教育、有效化解社会纠纷”等多举措建设法治型税务机关。

2023年5月5日，隆子县税务局工作人员深入企业开展税费政策调研

【税种管理】 2023年，隆子县税务局严格按照《中华人民共和国税收征收管理法》及其他税收法律法规规定要求，依法做好税种分类管理，按照普遍登记的原则，不断完善各类市场主体的登记工作，加强税收基础管理，杜绝漏征漏管户。征收的税种主要有：增值税、企业所得税、个人所得税、契税、资源税、耕地占用税、车辆购置税、城市建设税、环境保护税等10余个税种。按照依法治税，规范执法的要求，不断强化依法治税，加大税收执法的力度。

【税务稽查】 2023年，隆子县税务局稽查工作在国家税务总局山南市税务局稽查局的领导下进行工作。根据国家税收法律、法规、查处税收违法行为，保障税收收入，维护收税秩序，促进依法纳税，保证税法实施。

【纳税服务】 2023年，隆子县税务局持续推进“放管服”改革，进一步开展“便民办税春风行动”，着力做好第32个税收宣传月的

2023年7月5日，隆子县税务局召开深化税收征管改革意见座谈会

各种宣传活动。通过开展税宣活动，向辖区内纳税人缴费人宣传各项便民办税缴费服务措施，宣传辅导继续实施和新出台的优惠政策，着力提高社会公众对税法的知晓度和遵从度。在税费征收工作中，设立党员示范窗口、民族团结示范岗、纳税服务微信群等便民办税缴费措施，从细微处入手，实现了与纳税人缴费人语音交流、视频通话、文件传输等全天候的便捷高效贴心服务。通过开展学习习近平新时代中国特色社会主义思想主题教育、"我为群众办实事"实践活动、纳税人缴费人满意度提升等活动，在保证法律的"刚度"，坚守执法"尺度"的前提下，积极释放执法"温度"，进一步增进纳税人缴费人的认可和支持，形成和谐的征纳关系。

【减税降费】 2023年，隆子县税务局以纳税人缴费人对税费政策的正当需求为导向，持续优化纳税缴费服务，严格落实各项减税降费优惠政策，切实减轻纳税人缴费人税费负担，维护纳税人缴费人的合法权益。2023年，共减免各种税费3231.48万元。

中国农业银行隆子县支行

【营业经营】 存款方面。截至2023年12月底，农行隆子县支行各项存款日均余额17.95亿元，较年初增加2.5亿元。其中：对公存款日均余额6.72亿元，较年初增加0.3亿元；个人存款时点余额为12.45亿元，较年初增加1.74亿元，年日均余额为11.23亿元，较年初增加2.21亿元。贷款方面。截至2023年12月底，隆子县支行各项贷款余额10.78亿元，较年初增加1.9亿元，增速21.4%。对公贷款余额4.97亿元，较年初增加0.66亿元，增速15.31%。全年对公贷款累计发放22笔8278万元，累计收回1639万元，其中：普惠型小微企业贷款余额5462万元，较年初增加2867万元，增速111.56%。普惠型小微企业有贷户数30户，较年初增加17户；首贷户及千户计划完成率均达到113%。个人贷款余额5.8亿元，较年初增加1.2亿元，增速26%，其中：农户贷款余额3.34亿元，较年初增加0.22亿元，增速7.05%；非涉农个人贷款余额2.5亿元，较年初增加1.01亿元，增速67.78%。

【金融戍边服务】 2023年，农行隆子县支行辖内8个网点均设有自助服务区、客户等候区、业务办理区、填单区、低柜、高柜等，共配备了12台ATM存取款机，每个网点均配备超级柜台，超级柜台除了对公业务外，一般个人业务均可以办理，而且不需要客户填写各类凭证等，极大地提升了业务办理效率，各网点还指定客户经理、后台人员等为弹性厅堂服务人员，共同分流、引导客户在超级柜台快速处理个人业务，减少日常一般业务办理的时间。同时近两年对辖内网点进行了翻新靓化，使得县域网点服务环境面貌得到了全面改善，为解决地域广阔、居民交通不便，服务好辖内空白网点乡镇金融服务，农行隆子县支行先后在玉麦乡、列麦乡、准巴乡、斗玉乡设立"三农"金融服务站，在玉麦乡专门设立了智慧学校、离行式ATM存取款机、智慧医院等设备，在位置偏僻的行政村布放助农取款点共计86个，主要满足农村居民小额取款、转

2023年1月20日，农行隆子县支行召开2023年“银企合作 共谋发展”迎新年座谈会

账等基础金融需求，并以网点为服务阵地，配备多种金融服务设备，组建外拓服务团队，送金融服务上门。

【实体经济发展支持】 2023 年，农行隆子县支行高度重视实体经济发展，始终坚持服务“三农”、助力县域经济发展理念不动摇，强化责任担当，立足市场需求，创新信贷产品，优化办贷服务，全力做好信贷投放。2023 年，累计投放县域企业贷款 23 笔 8278 万元，为支持县城实体经济、助力乡村振兴贡献自身力量。

【优惠政策投放】 2023 年，农行隆子县支行累计投放扶贫小额到户贷款 2879 万元，对有更高信贷需求的贫困户投放追加贷款，充分满足建档立卡贫困户生产生活融资需求；始终坚持完成富边兴藏、金融戍边的庄严承诺，用行动践行固边的政治使命。全年累计投放小康示范村贷款及抵边搬迁贷款 12134 万元，贷款余额 1703 万元，399 户，涉及 6 乡 29 个行政村。2023 年共计发放固边贷款 2892 户 32165 万元。

【转型业务发展】 2023 年，在隆子县委、县人民政府的大力支持下，农行隆子县支行顺利开通智县平台、玉麦乡智慧小学、智慧营房。同时持续推进“掌上银行村”，陆续实现惠农 e 贷全覆盖，惠农机械担保贷款、惠农 e 贷抵押、四卡增信担保贷款等惠农金融产品投产有了前所未有的突破，让老百姓充分享受现代化金融服务。为支持“三农”小微实体经济，全面贯彻落实两级分行下发的政策制度文件，简化贷款流程，将抵押 e 贷、账户 e 贷、资产 e 贷、中期 e 贷、微捷贷、结算 e 贷等优质小微企业金融产品带给身边的个体户、私用企业主以及小微企业类客户。2023 年，累计投放 21 笔、3978 万元贷款，真正做到“让数据多跑路，让群众少跑腿”，让边境群众共享金融科技成果，全面提高客户金融服务体验。

【系统和数字化工具运用推广】 2023 年，农行隆子县支行充分利用经营数据管理平台、CMM 等系统分析全行各项指标完成情况，利用 DCRM、营销宝、网点普惠图谱、智迎客等系统分类客群，充分挖掘潜在客户、稳住优质客户。依靠大数据系统，分析客户资金流动情况，采取不同应对措施，大力挖掘贡献型和潜力型客户进行上门一对一拜访，必要时提供上门服务，提升客户体验。贷款客户链主要还是通过 CMM、工商提供的企业类清单，同时结合全县各项目单位的项目进度等渠道获取最新信息，主动上门对接有融资需求的客户，引导有融资能力但无融资需求的客户体验我行优质信贷产品，将躺平式潜在客户转化为优质信贷客户。

农业农村·水利

农业农村综述

【概况】 1959年，中共隆子县委、县人民政府成立后，县委设农牧部，负责全县农牧工作。1962年，县委农牧部撤销，工作职能移交县财粮科。1976年，设立县农牧科，具体负责全县农牧工作。1984年，县农牧科更名为县农牧局。2019年，县农牧局更名为农业农村局。

【农业工作】 2023年，隆子县农业农村局为了深入贯彻落实中央一号文件和区、市、县三级农村工作会议精神，大力推进机械强农行动，促进农业机械化发展，不断夯实粮食安全基础，助力乡村振兴。4月18日，县农业农村局在隆子镇娘嘎村开展了2023年度区、市、县三级技术联动示范农业机械化播种示范活动，正式拉开了隆子县农机助力农业生产序幕。本次机械化播种示范聚焦麦类作物生产种植，配套施肥新技术、新产品、新服务"三新"技术，为稳粮保供、高效生产、绿色发展提供有力支撑。

2023年，自治区农业技术推广中心隆英主任率领各地市专家组成的交叉验收组对隆子县种植业各项工作开展情况进行了自治区级终验；经世界纪录认证（WRCA）官方人员现场审核，西藏隆子县被确认为"世界最大黑青稞种植基地"。2023年，隆子县黑青稞种植总面积5.1545万亩。

【项目建设】 2023年，隆子县农业农村局实施了农牧业基建项目共5个，涉及投资2381.99万元，分别为2023年隆子县集中式牲畜棚圈建设项目、隆子县乡镇农牧业科技服务体系能力提升项目、2023年小型农田水利建设项目、隆子县优质人工饲草料基地建设项目、隆子县准巴乡农牧业防抗灾物资储备库建设项目。

【农畜产品质量安全监管】 2023年，隆子县农业农村局不定期组织工作人员检查全县农贸市场肉

2023年4月18日，隆子县举行2023年度区、市、县三级技术联动示范农业机械化播种示范活动仪式

2023年9月7日，隆子县举行玉麦湘生猪定点屠宰场揭牌仪式

类（冻肉）产品检疫合格票据、进货台账登记、是否有三无肉类产品、过期产品，食品卫生等，累计检查8次；不定期深入各类规模养殖场和养殖专业合作社进行排查是否存在使用饲料添加剂等现象，全年累计排查6次；严格查阅牲畜春防重大动物免疫登记卡，检查运载车辆消毒措施，出具交易活畜动物检疫电子出证。据动物检疫电子出证统计，2023年，隆子县牲畜出栏共计32549头（只、匹），其中：牛7650头（奶牛350头）、羊21023只、生猪3892头；动物肉产品出售量达到2001.92吨，其中牛肉产量1545吨，羊肉258.9吨、猪肉198.02吨；年内，组织各村农业科技特派员，指导农民群众合理使用农药量，按照《农药管理条例》要求，加强农药储存管理，防止出现农药安全隐患。

【农村劳动力转移】 2023年，隆子县严格按照“六稳”“六保”工作有关要求，紧紧围绕自治区、山南市关于农牧民转移就业工作的总体部署，大力推进农牧民转移就业工作。实名制转移就业人数13119人，累计创收1.49亿元，分别完成年度目标任务的101.28%、104.92%，其中建档立卡脱贫户转移就业2358人，占就业人数的18%。

【四黑产业】 隆子黑青稞。黑青稞作为当地特色品种，因其籽粒表皮呈黑紫色而命名，形状为椭圆形或菱形。2017年以来，先后荣获国家地理标志认证、隆子黑青稞无公害认证、商品条码证书认证，隆子黑青稞国家地理标志产品保护、隆子黑青稞糌粑国家地理标志产品保护及隆子黑青稞地理标志商标注册。同时，在“2018年国际商标博览节”上荣获金奖，2019年隆子黑青稞获批“中国气候好产品”荣誉，2023年经世界纪录认证（WRCA）官方人员现场审核，隆子县被确认为“世界最大黑青稞种植基地”荣誉。

隆子黑白花奶牛。隆子县2007年被西藏自治区确定为“黄牛改良种源基地县”。2018年，以脱贫攻坚工作为契机，隆子县实施了聂雄标准化奶牛养殖基地，累计投资1.53亿元建设总占地面积180亩。2022年，隆子县聂雄标注化奶牛养殖基地被农业农村部门认定为畜禽养殖标准化示范场。现有奶牛837头，日产奶量6吨。通过订单式销售同山南雅拉香布公司、拉萨净土公司签订了牛奶销售协议，同时和县城内中小学签订牛肉、奶渣、酥油销售协议，实现年创收860万元。

隆子黑藏鸡。黑藏鸡属本地藏鸡品种，具有较强的抗高反和觅食能力，肉质细嫩，味道鲜美，具有药用保健功效。在隆子县热荣乡、隆子镇、日当镇、加玉乡均有饲养习俗。2022年，在西藏地勘局局属地热地质大队帮助下打造了全区首个富硒产品——隆子绿色富硒鸡蛋产品。截至年底，隆子县已培育2家较具规模的藏鸡养殖合作社，其中隆子镇忙措藏黑鸡养殖专业合作社存栏达到1.9万只，2023年产蛋量达60万枚，实现产值230万元；堂徒村藏黑鸡养殖专业合作社2023年产蛋量达22万枚，实现产值58万元。

隆子黑藏猪。2020年5月，湖南省第二工程有限公司、湖南新五丰有限公司、隆子县聂雄投资有限公司共同注资成立西藏隆子县玉麦湘科技发展有限责任公司，公司下辖隆子万头藏香猪标准化养殖基地、玉麦散养基地2

个生产基地，占地面积413.8余亩（含流转土地250亩），猪群存栏8194头，其中种猪816头（公猪24头，母猪792头）。2023年，实现产值927.96万元。

林业和草原

【概况】 2023年，隆子县林业和草原局围绕林草中心工作、政府重点涉林涉草任务，牢固树立“绿水青山就是金山银山”的发展理念，全面推进造林绿化行动，力促全县生态林草持续快速发展。全年完成植树造林7500亩，病虫害防治2.8万亩，人工种草5万亩，改良草原3万亩，开展草原防火隐患排查专项督导检查26次，各级林长开展巡林巡草6176次，加大开展森林和草原行政执法工作力度，确保了全县境内无森林草原火险、火灾。

【林业和草原资源】 隆子县地处山南市南部，喜马拉雅山北麓东段，全县林地面积698.43万亩，其中森林面积606.89万亩，森林覆盖率40.26%。草地面积640.71万亩，草地覆盖率42.5%。

【绿化造林】 2023年，隆子县林业和草原局累计统筹资金1300万元，实施植树造林7500亩，累计植树25万余株；其中组织全县400余名干部职工参与义务植树，各乡镇也同步启动了义务植树及四旁植树工作，全年累计植树造林面积达1500亩；开展“双重”项目植树6000亩。

【有害生物防治】 2023年，隆子县林业和草原局根据有害生物的种类、数量、发生程度等因素，制定针对性的防治措施，针对不同的有害生物，采用物理、化学、生物等多种防治方法相结合，确保防治工作的有效性。2023年，森林病虫害检测面积3.7万亩，防治面积达2.8万亩，参与人数1488名，发放防治补贴21.95万元。深入各乡镇摸底调查松材线虫疫情采集面积达4万亩。

【林业和草原资源保护】 2023年，隆子县林业和草原局在全县范围内开展森林防火宣传16余次，发放宣传资料、物品3200余份，开展森林草原防火隐患排查专项督导检查26余次，切实营造了森林防火人人参与、人人知晓的氛围，全年全县境内无森林草原火险、火灾；积极做好基本草原划定优化调整工作，确保全县基本草原保持稳定和保护；积极开展虫草采集交易管理工作，出台了《隆子县草采集交易管理实施方案》《隆子县草采集交易管理应急预案》，规范采集工作。

【林业和草原执法】 2023年，隆子县林业和草原局严格按照《中华人民共和国森林法》《中华人民共和国草原法》等相关法律法规赋予的执法责任，对违法违规破坏林草资源开展严肃执法。第一季度5个森林督查案件于年底已完成全部整改；为了确保县域内各类项目的合规性、安全性和有效性，进一步加大执法力度，定期对实施项目开展督导检查。对未批先建和少批多占等违规行为，严格依法进行整改，确保各项工程项目的合法性和合规性；加大林业行政执法人员培训工作，组织干部参加网上林业行政执法培训和考核。截至年底，有林业行政执法证6人。

2023年3月24日，隆子县组织开展义务植树活动

【野生动物资源和自然保护地建设】 2023年，隆子县林业和草原局救助国家二级重点保护野生动物1只，收缴捕兽夹2只，制作野生动物保护宣传警示牌11个，配备了11个野生动物救助药箱；年内，有序推进外来入侵物种和草原有害生物普查工作，委托第三方完成隆子县森林草原外来入侵物种和草原有害生物普查。通过普查，切实摸清了隆子县森林草原14种外来入侵物种和草原有害生物22种分布情况和危害程度，建立林草外来入侵物种和有害生物数据库，为隆子县做好森林草原病虫害防治工作提供了全面、准确、客观的基础数据信息。

【林业和草原工程建设】 2023年，隆子县林业和草原局在日当镇雪村实施退化草原生态保护修复项目，持续加大退化草原修复力度，项目总投资2038万元，实现人工种草5万亩，改良草原3万亩。

【林长制工作】 2023年，隆子县林业和草原局为各级林长发放巡林登记本600余本，护林员巡护登记本1700余本。全年各级林长开展巡林6176次，其中市县级林长巡林97次，乡级林长巡林895次，村级林长巡林5184次；推进林长制乡村级责任区域划分工作。根据火灾风险、生态区位、人为活动强度、旅游景区、电网布设线路等因素，将每个管护区落实到具体的护林员、草监员，确保管护责任落实到位；加大林长制宣传力度。制作林长制公示牌96个，其中县级公示牌2个，乡级林长制公示牌11个，村级林长制公示牌83个，印制林长制宣传海报2500张，宣传横幅标语50余条、宣传物品3500余件。并充分利用下乡调研契机，深入各村开展宣传活动，提高群众对林长制知晓率，真正形成家喻户晓，人人皆知。加强乡镇林业工作站能力建设。今年以来，不断加强对各乡镇林业工作站的组织领导，明确其职责定位，完善乡镇林业工作站的制度建设，建立健全各项管理制度，规范工作流程。各乡镇林业工作站的组织协调能力、业务水平和人才队伍建设得到明显提升，各项工作得以高效推进，为乡村振兴战略的实施提供了有力保障，推动了林业绿色发展。年内，对全县1646名公益林护林员和1901名生态岗位护林员进行了动态平衡清理，确保履职要求。

2023年11月6日，隆子县林草局在日当镇组织护林员开展病虫害防治培训

乡村振兴

【概况】 2023年，全县脱贫户1952户5922人，人均收入为19752.61元，完成年目标任务的101%，增速达到14.45%。其中具体收入构成为：工资性收入10939.21元，占总收入的55.3%；生产经营性收入3387.73元，占总收入的17.1%；财产性收入746.99元，占总收入的3.8%；转移性收入4699.68元，占总收入的23.8%。

【安排部署】 2023年，隆子县组织召开8次县委常委会（扩大）会议、理论中心组学习会议，政府党组会议7次，及时跟进学习习近平总书记关于“三农”工作的重要论述，深入学习党的二十大、中央农村工作会议、中央一号文件精神，以及自治区、山南市各类会议、文件精神，切实增强全县上下抓“三农”工作的思想自觉、政治自觉和行动自觉。召开县委常委会（扩大）会议、县政府党组会议、常务会议、县委农村工作领导小组（县委实施乡村振兴战略领导小组）会议等52次，及时听取巩固拓展脱贫攻坚成果同乡村振兴有效衔接工作推进情况汇报，认真研究解决存在的困难问题，全面谋划部署推动工作。县委、县政府及时部署“十项排查”行动，听取排查情况汇报。

2023年4月26日，隆子县政府副县长坚阿次仁（左四）带队同乡村振兴局项目现场负责人到日当镇2023年乡村振兴项目开（复）工现场开展全面安全隐患大排查

【统筹谋划】 2023年，隆子县乡村振兴局强化“三农”领域资金保障，2023年全县财政统筹整合涉农资金总规模为2.51亿元（中央、自治区、市级三级统筹整合涉农资金1.96亿元，县级配套资金0.08亿元、援藏资金0.05亿元、其他资金0.42亿元），实施建设项目22个。制定《2023年巩固拓展脱贫攻坚成果同乡村振兴有效衔接的实施方案》《贯彻党的二十大精神认真落实“三农”工作实施方案》，积极推进乡村建设、扶贫产业项目提档升级、脱贫人口增收、农村人居环境整治、乡村治理等工作，大力支持产业发展、重要农产品保障等重点工作，持续推动各项重点任务落实落地。

【责任落实】 2023年，隆子县认真落实“四个不摘”要求，压实各乡镇、各部门工作责任，强化工作措施，做到了组织领导、人员力量、推进力度、工作质量只增不减。调整充实县委农村工作领导小组（县委实施乡村振兴战略领导小组）办公室和10个专项组工作职责，建立各乡镇各单位分工负责、协同配合，协同抓落实的工作机制，确保了各项工作高效开展。建立县、乡、村三级书记抓乡村振兴和各部门齐抓共管的管理体系，形成县级干部包乡、乡镇干部包村、村干部和党员包监测户脱贫户的责任体系，全面督促指导抓好巩固拓展脱贫攻坚成果同乡村振兴有效衔接各项工作。县委、县政府主要领导率先垂范、以身作则，经常性深入基层开展走访调研，帮助基层解决在工作中遇到的难点堵点。

【问题整改】 2023年，隆子县乡村振兴局主动认领12个方面19项问题，针对性研究制定了《隆子县关于西藏自治区2022年度巩固拓展脱贫攻坚成果同乡村振兴有效衔接考核评估反馈问题的整改方案》，提出55条整改措施，均已取得实质性整改成效并长期坚持。

【防返贫致贫监测帮扶】 2023年，隆子县乡村振兴局建立《隆子县防返贫动态监测和帮扶部门联席会议制度》《隆子县防返贫致贫监测对象专项救助方案（试行）》，设立115.28万元的防返贫基金，把所有农村人口纳入监测范围，发挥基层干部的主力军作用，动态掌握住房、饮水、医疗、教育、就业、收入、社会兜底保障等情况，对脱贫不稳定户、边缘易致贫户、突发困难户进行重点监测和帮扶。动用防返贫致贫专项救助资金5万元，帮助2户6人。截至年底，全县累计监测三类重点对象29户98人，通过一对一、多对一帮扶，落实医疗保障、社保兜底、就业帮扶、产业带动等措施，消除风险监测对象3户7人，存量监测对象25户89人。累计组织动员883名县、乡、村三级干部群众，在全县范围内先后开展两轮防止返贫监测帮扶集中排查，排查涉及全县10232户32456人，第二轮排查涉及全县10181户。

【义务教育】 2023年，隆子县持续强化控辍保学，坚持因人施策对14名学生开展送教上门服务活动，残疾儿童、少年受教育率均达100%。2023年落实“三包”经费1150.33万元，兑现计划内大学生资助金744.2万元，建档立卡大学生资助金13.6万元。义务教育巩固率达100%，实现脱贫人口家庭零辍学。

【医疗卫生】 2023年，隆子县严格按照城乡居民基本医疗保险和城乡医疗救助政策，落实医保各项待遇。全县城乡居民参保人数33115人，职工参保1388人、异地居民参保193人、参军56人、服刑8人、本县干部职工参保2609人，全县基本医疗保险参保率达到99.25%，其中脱贫户参保率达到100%。全县男性年满65周岁、女性年满60周岁共计3396人，按最高缴费档次资助参保待遇执行。截至10月20日，城乡居民手工零星医疗报销共551人次，报销金额299.6万元；拨付县域定点医药机构一站式结算医保资金480.28万元、结算22367人次。截至年底，城乡居民手工零星医疗救助90人次，救助金额66.61万元；拨付定点医疗机构一站式结算医疗救助资金5.71万元、685人次，做到了应保尽保和应救尽救。

【住房保障】 2023年，隆子县持续开展农村住房安全排查整治，全面排查农村房屋特别是六类重点群体住房安全，累计排查农村住房7058户。投入346.95万元实施224户农牧区危房改造和抗震加固。

【饮水安全】 2023年，隆子县乡村振兴局制定出台《隆子县农村饮水安全管理“三个责任”实施方案》《巩固拓展农牧区供水脱贫攻坚成果动态监测台账》，进一步完善农村饮水安全管理制度，动态监测全县162处饮水工程。总投资2495.36万元，新建农村饮水工程2处，维修养护9处，惠及群众4112人；投入166.84万元，有效解决高海拔农牧民季节性缺水问题，惠及群众683人；投入40万元，日常维修农村饮水工程，保障饮水安全；投入62.2万元，对全县所有农村饮水工程进行水质检测，累计检测样品300份，达标率100%。目前，全县集中供水率100%，水质达标率100%。

【社会保障】 2023年新增低保64户106人，其中：农村低保63户105人；城镇低保1户1人。截至年底，共落实城乡低保金144.17万元（含边境增发10%低保金），落实农村低保金115.37万元（188户375人）、城镇低保金28.8万元（32户48人），清退低保对象18户27人。对51户133人，兑现常规临时救助金39.5万元。落实特困人员345人，补助资金190.3万元。兑现1716名残疾人“两项补贴”及“十大民心”资金428.28万元。

【易地扶贫搬迁后续扶持】 2023年，隆子县乡村振兴局坚持以增强搬迁群众内生发展动力为出发点，扎实推进易地搬迁后续扶持工作。县域2个集中搬迁安置点7个配套产业项目已全部投产使用，累计带动易地搬迁群众226人增收，72名群众实现长期稳定就业，月平均工资3500元。投入289.4万元，建设6栋物资存放仓库，解决56户南城搬迁安置点群众燃眉之急；投入90万元，实施南城搬迁安置点饮水安全提升项目；投入385万元，实施热荣乡扎当搬迁安置点排洪沟治理工程。结合农牧民群众的意愿，采取订单式、定向式的培训方式，开展了包括汽车驾驶、民族手工艺等技能培训35期，参与人数946人（含易地搬迁群众72人），完成年度目标任务的90%。

【脱贫群众稳定增收】 2023年，隆子县乡村振兴局制定出台《隆子县脱贫人口增收行动实施方案》，精准落实后续帮扶措施。坚持就业帮扶，通过“以工代训”“以工代赈”等方式，提高群众外出就业组织化程度，推动全年转移就业农牧民12671人，实现创收1.34亿元，分别完成年度目标任务的97.8%、95.7%。实现2720名脱贫人口就业，超额完成年度目标任务。落实生态岗位3417人，兑现岗位资金896.1万元；全县城镇新增就业681人，完成年度目标任务的101.5%。为2162名脱贫群众兑现产业分红资金313.73万元。全年累计发放小额信贷1085万元。充分发挥驻村工作队作用，全县3200余名干部职工，通过“以买代帮”“帮买帮卖”“送教育、送政策”等多种帮扶措施，确保结对帮扶工作落实全覆盖，累计帮扶资金投入151.76万元，为民办实事787件，购买或代销农畜产品91.12万元，开展送智扶志教育8313场次，落实草补奖励资金1727.55万元。

【扶贫产业项目管理】 2023年，隆子县乡村振兴局认真落实区、市两级关于加强扶贫项目资产后续管理要求，研究制定《隆子县扶贫产业项目资产清产核资工作实施方案》，召开专题会议对相关工作进行安排部署，着力摸清扶贫产业项目底数，加强项目资产管理，明晰产权关系。委托第三方专业团队对符合条件的33个扶贫产业项目进行资产清产核资，形成扶贫产业项目资产清产核资报告。截至年底，隆子县扶贫产业项目共形成资产规模2.94亿元、长期股权投资10091万元、核增经营性资产0.34亿元。

【规划储备项目】 2023年，隆子县乡村振兴局完成编制《隆子县“十四五”巩固拓展脱贫攻坚成果同乡村振兴有效衔接规划》，积极谋划“十四五”期间项目，组织召开12次专题会，对“十四五”时期脱贫县财政涉农资金统筹整合项目进行了深入分析、研究审核，拟定隆子县“十四五”期间脱贫县统筹整合使用财政涉农资金项目109个、计划总投资12.52亿元。优化调整2024年项目库，计划实施项目23个、总投资3.04亿元。

【乡村建设】 2023年，隆子县乡村振兴局制定《隆子县乡村建设行动实施方案》，完成13个村庄建设规划，明确“十四五”期间乡村建设任务。2021—2023年，共实施美丽宜居乡村振兴示范村12个，总投资2.5亿元，其中2023年实施和美乡村建设3个、人居环境整治2个，总投资1.12亿元。

【人居环境整治】 2023年，隆子县成立了以政府主要领导为指挥长的人居环境专项整治指挥部，开展“30天攻坚”专项行动，全县开展生活垃圾清理308次，农牧民群众参与80200余人次，拆除私搭乱建1505个、残垣断壁整治2093处、拆除“一户多宅”531户、乱堆乱放整治2412处，户厕改造需求203户已全部改造完成，全县户厕普及率达95%以上。2023年全县人畜分离任务2262户，完成实施2262户，其中分散式1012户、集中式362户、项目式888户。

【巩固拓展脱贫攻坚成果同乡村振兴有效衔接】 2023年，隆子县乡村振兴局深入贯彻落实习近平总书记“举全党全社会之力推动乡村振兴，促进农业高质高效、乡村宜居宜业、农民富裕富足”的重要指示精神，全面推动乡村五大振兴。产业振兴。积极开展产业扶贫项目提档升级行动。按照“四个一批”要求，及时对“十三五”时期实施的总投资3.4亿元、33个产业扶贫项目进行整合。截至年底，已整合至27个项目，并实现带动249名群众稳定就业，人均月工资3200元，自2019年以来，年均为2116名脱贫群众产业分红300万元以上。梳理完善了“巩固一批”5个项目、“提升一批”20个项目、“盘活一批”2个项目、“另起炉灶一批”6个项目。同时，通过邀请第三方评估机构对“盘活一批”2个项目、“另起炉灶一批”6个项目进行了资产评估，及时止损，有效盘活了扶贫资产。有效盘活日当镇加洛村粮油加工厂和加玉乡普玉村粮油加工厂项目，实现村集体年收益6.9万元以上，充分发挥了带动群众增收致富的作用；通过发布“聂雄”区域公共品牌，邀请援藏省市企业调研指导，商讨品牌营销渠道，供应链提升等方式，隆子县“四黑”农牧业产业加快发展，提升产品知名度、附加值，产业效益凸显。忙措藏黑鸡养殖专业合作社、聂雄标准化奶牛养殖基地运行稳定，隆子县玉麦湘标准化养殖一期基地已建成并投入使用，年底可出栏藏香猪5000～6000头。2023年，隆子县粮食播种面积为4.56万亩，产量20170.76吨，指标任务完成率达102.4%，青稞播种面积为3.98万亩，产量17931.56吨，指标任务完成率达100%。全县改良黄牛10188头，改良率达到95%以上。坚持旅游惠民，依托国道219边境红色旅游项目，蓄力打造以玉麦为代表的边境乡村旅游示范村，持续加强旅游规划编制、基础配套设施建设、宣传促销、生态环保等工作，争取资金4730万元重点对玉麦、列麦红色美丽村庄旅游基础设施建设、民宿改造提升，有力补齐短板，为隆子县旅游产业高质量发展打下坚实基础。2023年，全县共接待游客59714人次，同比增长39.15%，实现旅游综合收入1452.2万元，同比增长46.73％。人才振兴。启动实施“农牧区乡土人才培训”工程，进一步加大乡土人才技能培训力度。全年举办40期技能培训，参训人数达1243人，完成年度目标任务的118%，培训后实现就业366人，就业率达到29%。实现2023年应届高校毕业生就业279人，就业率达99.3%，其中脱贫户高校毕业生就业34人，就业率100%。分配新录用专业技术人员20人，吸纳12名大中专毕业生到基层一线投身乡村振兴。年内，全面落实村党组织书记县级党委备案管理制度，84个村（社区）党组织书记均已备案，建立村级后备干部库，培养村级组织后备干部653人。2023年，组织村干部区外培训147人。聘用“三农”领域专业技术人员109人。引进乡村振兴相关行业领域高层次人才、急需紧缺人才及相关专业短期人才2人。招录大学生西部计划志愿者10人。举办“三区人才”培训1期，参训人数62人，举办1期增收业务培训，参训人数105人，举办1期农业科技特派员培训，参训人数160人。投资2000万元建设的隆子县公共职业技能实训基地，已进入收尾阶段。隆子县创业孵化基地，已有60余家企业入驻，运行平稳。文化振兴。推动党的创新理论大众化，充分发挥新时代文明实践中心所（站）、基层理论宣讲示范基地和基层农牧民宣讲员作用，大力宣传宣讲党的二十大精神以及习近平总书记关于西藏工作的重要指示和新时代党的治藏方略，全年开展宣讲1436场次，受众人数达10.35万人次。全县共有新时代文明实践中心1个、新时代文明实践所11个、文明站83个。全年累计组织群众开展志愿服务活动1352场次，参与群众9.52万人次。全县所有行政村农家书屋均已建立，利用率100%。以斗玉珞巴民族乡、玉麦乡两个全国民族团结进步示范区为基准，加强民族团结创建工作，累计开展文艺会演、知识竞赛等形式的宣传教育活动1300余场次，全面普及推广国家通用语言文字，切实让“三个离不开”“五个认同”思想深深扎根于各族人民心中。生态振兴。2023年，投资2980万元实施县城污水处理厂二期建设项目；投资2950万元实施生活垃圾无害化处理项目；投入170万元，为乡镇添置环保设施设备；投入1000万元实施小型医废处理项目；投资1473.23万元，推进8个边境小康村、抵边安置点国土绿化项目，全年完成种植树苗12万株，落实生态岗位补助资金896.1万元，涉及生态岗位人员3417人。充分利用中央生态环境保护督察及第二轮第一批西藏自治区生态环境保护督察，综治宣传、“6·5”世界环境日等时间节点，开展系列环境保护宣传活动，发放各类宣传资料1400余份、宣传物品4000余个、悬挂宣传横幅20余条，全力营造人人参与环境保护工作的良好氛围。组织振兴。组织第一书记、驻村工作队、乡村振兴专干等333人举办乡村振兴领域培训班，实现基层干部培训全覆盖。2023年申请创建党建示范点7个，召开调度会3次，培训会1次，做到提前争创，早日验收。结合村“两委”班子换届“回头看”工作，对全县84个村（社区）党组织进行专项摸底和分析研判，健全完善《村规

2023年7月8日，隆子县乡村振兴局工作人员开展入户调查

民约》,落实“四议两公开”制度,全面完善法治德治自治体系建设。严格落实“五个一”责任机制,对2个软弱涣散基层党组织进行有效整改,按照“一支部一方案、一问题一对策”制定整改方案,狠抓整改落实。选优配强84个村(社区)“两委”班子成员458名,持续巩固村“两委”班子成员100%是党员的成果。引进卫生、科技、农业等领域援藏干部和短期援藏人才9名。新录用5名乡村振兴专干,配齐配强乡村振兴专干队伍。深化村干部培养,举办1期村干部国家通用语言文字集中培训班,村干部国家通用语言文字A等级人数提升5个百分点,村干部履职能力、综合素质不断提升。基层党组织和乡村两级干部、驻村工作队服务群众能力不断提升,截至年底,隆子县84个村(社区)集体经济收入达2999.53万元,村集体经济发展体系不断健全。2023年,已完成81个行政村活动场所建设工作,稳步推进玉麦乡纽林塘村、斗玉珞巴民族乡顶江村、隆子镇吉塘社区3个村级活动场所建设。

2023年5月16日,隆子县水利局局长刘继宇(左一)带领水利工程质量监督办相关人员对隆子县“一河两岸”防洪堤及生态修复工程开展督导检查

水利

【概况】 2023年,隆子县水利局在县委、县政府的领导下,在上级水利部门大力支持和关心指导下,坚持以习近平新时代中国特色社会主义思想为指导,紧紧围绕“水利工程补短板,水利行业强监管”的工作总基调,大力弘扬“忠诚、干净、担当,科学、求实、创新”的新时代水利精神,凝心聚力,众志成城,勇于担当,主动作为,着力抓好水利重点项目建设、农田水利灌溉、水旱灾害防御、项目前期、推行河(湖)长制、最严格水资源管理、农村饮水安全等工作。

【水资源管理】 2023年,隆子县水利局根据市局下发的文件要求,对8家县级重点用水单位下发2023年用水计划批复,并上报相关用水统计表格。委托第三方,在全县域开展水资源区域评估和配置规划编制工作,全面摸清境内水资源底数、用水需求、供水能力、用水缺口,挖掘水资源开发利用潜力,优化水资源配置格局。2023年县域水资源论证评审已通过,待评审意见。3月22日,隆子县水利局在热荣乡且康村开展“世界水日　中国水周”宣传活动,向群众发放水法律法规宣传手册、节水宣传手册、山洪灾害防御手册、河湖长制宣传手册等相关资料200余份,实用手提宣传袋300个,现场接受群众咨询10余人次,进一步增强广大群众的水法规意识,呼吁全社会节约用水。

【水利基础设施建设】 2023年,全县重点水利工程开复工项目8个,总投资5.4268亿元,同比增长34.56%,其中续建项目2个,总投资0.6568亿元、新开工项目6个,总投资4.7700亿元。续建项目:隆子县隆子镇新巴村水保综合治理工程项目,总投资1496.11万元,项目已完工;隆子县塘东水库工程项目,总投资5072万元,项目已完工。

新建项目:隆子县“一河两岸”防洪及生态修复建设项目,总投资16715.62万元,工程进度达到90%;隆子县玉米河玉麦乡段防洪堤工程项目,总投资2416.02万元,工程于2023年3月10日开工,7月6日完工;隆子县洛河扎日乡曲桑段防洪堤工程，总投资1499万元，工程于2023年4月1日开工，8月6日完工；隆子县斗玉乡集中供水工程，总投资2023.44万元，工程于2023年4月10日开工，10月8日完工；隆子县阿涡夺水库除险加固工程，总投资9484万元，工程于2023年11月15日开工建设，工程进度达到5%。

【水旱灾害防御】 2023年，隆子县水利局投入2.96亿元实施隆子县阿涡夺水库除险加固工程、隆子县"一河两岸"防洪及生态修复建设项目、隆子县玉米河玉麦乡段防洪堤工程等9个水旱灾害防御工程，有效治理隆子县城及玉麦、三林等5个乡镇8处河道，提升防灾减灾能力。2023年已支出11863.41万元。同时加强关注雨水灾情，组织清淤17处河道沟渠，投资27万元。

【中小河流治理】 隆子县洛河扎日乡曲桑村防洪治理工程，总投资1499万元，项目位于隆子县扎日乡曲桑村境内，该工程河道综合整治长度18.2千米（中心线），新建堤防总长度为2.914千米，新建建筑物15座，工程于2023年4月1日开工，8月6日完工，项目的建设有效保护扎日乡曲桑村及搬迁点共计71户202人及124亩林草地的防洪安全；隆子县玉米河玉麦乡段防洪堤工程，总投资2416.02万元，该工程位于隆子县玉麦乡玉麦村、纽林塘村境内，该工程综合治理河道总长10.60千米，新建堤防总长为3.018千米，安装堤防栏杆长2.415千米，岸披防护1处；堤防沿线布置排水涵管7座、亲水平台5座及重点段景观树栽植等工程，工程于2023年3月10日开工，7月6日完工，项目的建成有效保护了玉麦乡乡政府、玉麦村村委会、派出所、卫生站、学校、文化广场及纽林塘村等城镇设施。生产建设实现现代化和迈向小康社会起到了重要作用。

2023年6月28日，西藏自治区水利厅交叉考核组到隆子县玉米河玉麦乡段防洪工程开展项目法人履职情况检查

【工程安全与管理】 2023年，隆子县水利局扎实开展工程质量与安全监督工作，做到"监、帮、促"相结合，以监督为主，通过帮助督促建立健全质量保证、质量检查和质量监督三个体系来提高工作质量、促进工序质量、保证工程质量。在日常质量安全检查基础上，不定期组织开展面上水利项目质量安全专项巡查，对检查中发现的问题，及时建立问题整改记录，使发现的问题得到了及时、有效的处理，整个在建工程始终处于受控状态。2023年，隆子县水利局累计40余次深入工地现场对在建工程开展监督检查，下发8份整改通报函，并要求限期整改104处问题，做到闭环管理，水利建设领域全年未发生任何安全事故。

【河湖长制工作】 2023年，全县共有县级总河长1名，县级河长13名，乡镇级河长44名，村级河长82名，设立县级总河长公示牌1块，县级河长公示牌13块。截至年底，开展县级河湖长巡河湖32人次、乡级巡河78人次、村级320人次，召开河长制工作领导小组会议1次，县河长办与县检察院、县公安局开展联合执法5次，查处非法河道采砂案件3起，下达行政处罚决定书3份，没收砂石500方，收缴罚没款3.12万元。2023年，全县各级河长开展巡河1032次，累计时长2798小时，累计里程4106公里，通过手机巡河

App 上报 4 处问题，均已整改完成。同时，按照上级的部署要求，定期组织各乡镇开展白色污染防治和河湖“四乱”问题排查整治行动，共清理河道垃圾 231.62 吨，整治河道 285.7 公里。根据卫星遥感疑似河湖问题现场复核情况，责令县交通局对阻碍河道行洪安全的加木岭桥进行拆除，现已全部整改完成，河湖生态得到修复，河湖面貌得到改观。

【饮水工程建设】 2023 年，隆子县委、县政府将农村饮水水质监测列入每年的财政预算，落实水质检测经费 62 万元，于 4 月完成枯水期的水质检测工作，10 月完成丰水期的水质监测工作，全县水质达标率 99%。2023 年，累计实施 5 个项目共 11 个饮水工程点，总投资 2495.36 万元用于解决 4391 人的季节性吃水困难问题。其中隆子县斗玉乡集中供水工程总投资 2023.44 万元，资金来源为 2023 年乡村振兴衔接资金，解决 1461 人；2023 年隆子县农村饮水维修养护工程总投资 281.08 万元，资金来源为本级财政资金，解决 1832 人；隆子县 2023 年人大民生实事票决项目总投资 47.84 万元，资金来源为本级财政资金，解决 349 人；隆子县人饮维修项目总投资 114 万元，资金来源为乡村振兴衔接资金，解决 553 人；隆子县雪沙乡林麦村人饮维修项目总投资 29 万元，资金来源为市级财政资金，解决 196 人。同时，加强饮水动态监测，发现问题及时整改。2023 年，共解决管道 4146 米，保障饮水畅通。

城市建设·环保

住房和城乡建设

【保障性住房建设】 周转房建设项目：隆子县2021年周转房建设项目。工程进度达到100%，该项目已于5月6日竣工验收并安排入住。公租房建设项目：隆子县2020年市直公租房指标建设项目，项目总投资2713.32万元，于2023年7月10日开工建设，工程进度达75%，已拨付资金2041万元。年内，申报2024年隆子县公租房建设指标56套，隆子县周转房建设项目、隆子县老旧小区改造项目。

【安全生产监督】 2023年，隆子县住建局积极开展本部门的执法检查工作，全年开展安全生产检查35次，对发现的问题，严格依法采取现场处理、责令整改、行政处罚等措施，对拒不整改的施工企业纳入建筑施工领域安全生产不良信用记录和安全生产诚信"黑名单"。坚持"四不放过和科学严谨、依法依规、实事求是、注重实效"的原则，防止重（特）大事故发生。

2023年3月28日，隆子县住建局协同相关单位邀请隆子镇所涉及的3个村"村两委"，对征用耕地、林地、草地的测量和补偿标准等相关事宜进行商议

【危房改造】 2023年，隆子县住建局共排查自建房7058户，其中A级3817户、B级3043户、C级198户。纳入改造198户，截至年底，已完成改造。

【项目建设】 2023年，隆子县住建局开展建设项目：隆子县自来水厂改扩建建设项目，已竣工验收；隆子县污水处理厂二期建设项目，已竣工验收；隆子县老旧城区功能提升工程项目，工程进度达到100%，已竣工验收；隆子县机场搬迁安置项目（二期），已竣工验收；隆子县机场周边村庄环境提质工程，已竣工验收；隆子县太阳能集中供暖建设项目：项目总投资33747万元，工程进度达85%，已达到试运营条件；隆子县南城大桥建设项目：项目总投资1850万元，于4月23日开工建设，工程进度达90%，已拨付资金1509万元；隆子县城市公园建设项目：项目总投资2965万元，于4月20日开工建设，工程进度达60%，已拨付资金1974万元。

2023年6月30日，隆子县城市管理和综合执法局组织环卫工开展支部书记讲党课活动

城市管理和综合执法

【城管执法】 2023年，隆子县城市管理和综合执法局以提升县城品质、提高城市精细化管理水平为重点，结合城市管理领域重点任务，全面开展了城区环境整治提升行动。以人居环境整治为契机，全面加强县城区占道经营、流动摊点、乱搭建等各类影响市容市貌整治力度，县城市容秩序整体提升；采取错时执勤、联动执法、定人定岗等措施，发现日常管理存在的不足之处，上下联动强化管控，进一步构建长效治理机制，巩固成果。对群众投诉举报问题及时处理，取缔严重违规占道流动摊点等违规行为，坚持全天候、无缝隙管理，做到执法、巩固相结合，有效改善市容环境；执法队员采取“宣传引导，教育说服”相结合的方式，对经营者、流动小贩和群众进行法律法规的宣传，教育引导其理解、支持、配合和参与市容环境秩序综合治理工作，切实营造“人人参与城市管理，城市管理人人受益”的良好社会氛围。2023年，累计劝退流动摊贩400余次，出店经营、占道经营2000余次。

2023年6月5日，隆子县城市管理和综合执法局工作人员维修市政设施

【环境卫生管理】 2023年，隆子县城市管理和综合执法局立足职能，着力推动环卫保洁市场化运作，充分发挥“日常检查、月度检查、社会监督”机制，督促、指导第三方公司提升环卫保洁作业水平，形成政府主导、市场运作、公众参与的环卫管理格局。督促环卫公司加强城区普扫，完善人工清扫、机械清扫、水车冲洗、喷雾抑尘的“四位一体”作业模式，推动环卫保洁工作走上正轨。全县5个乡镇，50个行政村实现“户收集、村集中、乡转运、县处理”城乡生活垃圾收运体系，日产生活垃圾25吨实现日产日清日运。2023年，加大了城区环境卫生巡查执法力度，共查处制止垃圾乱倒行为120余起，处置门店装修建筑物料、垃圾占道行为80余起。要求建筑工地在运输建筑垃圾（渣土）时需签订《建筑垃圾处置许可证》，明确施工工地、运输路线等，建筑垃圾运输得到有效监管。督促城区环卫公司严格执行冲洗、

抑尘环卫作业，最大限度地降低扬尘污染。要求在建项目及时清运土方或建筑垃圾，垃圾运输车按要求规范运行，杜绝撒漏。按“高标准、高要求”，对24座公厕进行保洁和管理，完善公厕管理制度。每个公厕严格按照“定人管理、定时清扫、定时消杀”的要求进行每日不少于3次的保洁工作，公厕环境卫生都能做到无蝇蚊、无杂物、无异味。全年共发放保洁员工资82.8万元，投入22.8万余元对公厕进行维护和修缮，确保群众如厕更加方便、舒适。

2023年8月19日，山南市委督导组到华钰矿业开展督导检查工作

【生活垃圾填埋场及中转站管理】 2023年，隆子县城市管理和综合执法局加大对垃圾填埋场的管理力度，全年组织人员对县生活垃圾卫生填埋场运营单位进行不定期检查30余次，共下发限期整改通知5份，要求对检查中发现的问题及时整改。每日消杀除臭，及时转运处理，做到垃圾日产日清，提高垃圾中转效率。

2023年，隆子县城市管理和综合执法局根据县政府工作部署，牵头实施隆子县生活垃圾无害化处理项目建设工作。该项目已竣工。

生态环境保护

【概况】 2023年，山南市生态环境局隆子县分局把生态环境保护纳入县委经济社会发展总体规划和年度工作计划，研究制定《县委常委会2023年度工作要点》，对生态环境保护工作进行认真谋划，明确全年目标任务及重点工作，做到生态文明建设与经济社会发展各项工作同安排、同部署、同推进、同落实。

【会议学习】 2023年，山南市生态环境局隆子县分局以深入学习贯彻习近平总书记新时代中国特色社会主义主题教育为契机，先后召开县委常委会（扩大）会议、理论学习中心组学习会议、县着力推动生态文明建设走在全区前列工作领导小组会议等40余次，县人民政府召开政府党组会20余次，及时跟进学习贯彻习近平总书记在参加首都义务植树活动时的重要讲话精神、在首个全国生态日作出的重要指示精神、在全国生态环境保护大会上的重要讲话精神等内容，安排部署贯彻落实工作。组织开展习近平总书记生态文明思想专题研讨1次，深刻领悟习近平总书记生态文明思想蕴含的丰富内涵和实践要求，坚持好、运用好贯穿其中的立场观点方法，以更高站位、更宽视野、更大力度谋划和推进新征程生态环境保护工作。严格落实每季度至少听取1次生态环境保护的要求，谋划部署生态环境保护各项工作，研究协调解决重大问题。

【生态保护】 2023年，隆子县及时调整充实县委生态文明建设工作领导小组，着力推动生态环境保护，加强党对生态环境保护工作的组织领导、督促检查等工作，积极主动研究新情况、及时研究解决新问题。年内，县政府安排生态环境保护类资金13429.62万元，用于人居环境整治、乡村“四旁”植树、“两山”基地创建验收、生态文明示范村建设、生态治理修复、污染防治等工作。充分利用“6·5”世界环境日等各大宣传节点，落实环境宣传教育工作，普及环境保护法律知识、规章制度，让更多的群众感受环保、参与环保、提倡环保、享受环保，倡导全县上下自觉保护隆子的山山水水，一草一木。全年发放各类宣传资料2300份、宣传品3600余个、横幅7条，进一步提高了干部群众生态环境保护意识。

【生态环境保护与建设】2023年，山南市生态环境局隆子县分局深入学习借鉴浙江“千万工程”经验，坚决贯彻自治区党委、市委有关决策部署，始终把人居环境整治作为全面推进乡村振兴的战略工程，及时成立以县委书记为组长的人居环境整治工作领导小组，建立以政府县长为指挥长的人居环境整治指挥部，高位推动人居环境整治工作。先后召开常委会会议、县委专题会议等听取全县人居环境整治工作汇报，安排部署人居环境整治工作。抓住学习借鉴浪卡子县人居环境整治典型经验做法有利时机，精心组织全县人居环境整治现场会，谋划部署人居环境整治“30天攻坚”行动，在全县掀起人居环境整治浓厚氛围。专门预算人居环境整治工作经费981.29万元和办公经费15万元，全力保障人居环境整治工作。按照“统筹抓、抓重点，拓宽度、挖深度”总体思路，聚焦“整”和“治”，持续在深化人居环境整治内涵上下功夫，做到“质”和“效”并重。聚焦“四项整治”。把全面摸底作为重点整治的先手棋，动员组织县、乡、村三级党员干部2100余名，全面摸排一户多宅、残垣断壁、私搭乱建、乱堆乱放等5904处重点难点问题，并建立“一户一策”台账4808个，为整治工作奠定了基础。先后整合各类资金223万余元，投入1.6万余人、458台车辆全力推动“四项整治”工作取得突破性进展，累计拆除一户多宅443户，整治残垣断壁1915处，私搭乱建1024处，乱堆乱放2010处。聚焦“厕所革命”。按照“因地制宜、因村施策，先试点示范、后面上推广”的形式，加大户厕改造力度，2023年户厕改造任务提前完成，兑现户厕奖补资金40.6万元，全县卫生户厕普及率达到95%以上。投入1060万元建设智能生物降解公厕3座。积极推进“政府建设+市场管理”公厕运行模式，全县旅游公厕实现托管运行全覆盖，做到了共建共管。聚焦“人畜分离”。科学制定《隆子县人畜分离工作实施方案》，采取以奖代补和群众投工投劳等方式，加快推进人畜分离工作。截至年底，已完成人畜分离1771户，完成率达69%以上。聚焦村庄“清洁战役”。发挥生态岗位员优势作用，发动党员干部、群众持续深入开展“四清两改”专项行动，加大村庄公共环境卫生整治力度，着力解决村庄环境“脏、乱、差”问题。全年累计组织群众3.04万余人次，开展整治活动1680余次，清理生活垃圾125.8吨，清理秸秆等堆放点5416处，卫生死角3946处。聚焦“污水治理”。投入资金2980万元新建隆子县二期污水处理厂。全面落实河湖长制，充分发挥县、乡、村河湖长作用，常态化开展白色污染整治和河湖“四乱”问题排查整治行动，全年整治河道430公里、河道垃圾336.27吨。聚焦“垃圾转运”。加大农牧区生活垃圾治理基础设施建设力度，不断完善生活垃圾收集、转运、处置体系，投资7012万元建成垃圾转运站4座、压缩站1座、垃圾减量化处理点1处、垃圾填埋场2座。立足实际，县本级财政投入580万元，创新建立“政府主导+市场托管+群众参与”的生活垃圾处理体系。聚焦“创新推广”。充分

2023年9月23日，隆子县委常委、副县长高荣（左二）带队到雪沙乡米西村开展自治区生态环境保护督察举报案件核实工作

2023年3月30日，隆子县生态环境分局局长达杰（中）在污水处理厂开展日常监督执法

借鉴兄弟县（区、市）好经验、好做法，在各乡（镇）推广设立4个“垃圾兑换积分超市”，实行积分兑换制，实现垃圾源头减量化、收集分类化、处理资源化，极大调动群众整治人居环境的积极性。聚焦“风貌革命”。投入237.5万元开展“多规合一”实用性村庄规划编制工作。建成美丽宜居和美乡村项目11个。投入资金1.55亿元（含县本级配套资金830万元），实施4个行政村生活污水处理及化粪池等提升项目。各乡村围绕美丽宜居和美乡村建设目标，大力开展村庄清洁、村庄扩绿、丰富群众精神文化生活等行动，人居环境整治质效日益凸显。

【生态环境污染防治】 2023年，山南市生态环境局隆子县分局坚持把绿色低碳发展作为解决生态环境问题的治本之策，加快形成绿色生产方式和生活方式，在绿色发展转型中推动发展实现质的有效提升和量的合理增长。着重培育壮大“四黑”特色优势农牧生态产业、文化旅游、清洁能源等绿色产业，县农业现代产业园被认定为市级产业园。清洁能源产业不断发展壮大，全县电力装机容量达到2万千瓦、发电量2703.8万千瓦、上网电量2662.6万千瓦；谋划申报新能源项目5个，规划总投资68亿元，光伏装机量达15万千瓦、风电装机量22万千瓦。全面统筹山、水、林、田、湖、草沙、冰一体化保护和系统治理，加强生态保护修复，着力提升生态系统多样性、稳定性、持续性。科学开展国土绿化行动，持续开展群众性义务植树活动，全年完成植树造林7500亩、25万余株，消除“无树村”“无树户”成果持续巩固。科学实施生态环境保护工程，一大批水土保持、污染防治等生态保护项目落地实施并建成使用，投资1.7亿元实施“一河两岸”生态修复工程，投入200万元用于农村饮用水水源地保护工程，投资2980万元实施隆子县污水处理厂二期建设项目，投资2950万元实施隆子县县城生活垃圾无害化处理设施建设，投资2939万元实施隆子河流域水污染防治及生态修复工程二期项目，投资920万元实施隆子县小型医废处置建设项目，美丽隆子建设加快推进。

【生态环境监测】 2023年，山南市生态环境局隆子县分局坚持科学、精准、依法治污，认真贯彻落实“水十条”“大气十条”“土十条”行动计划，保持力度、延伸深度、拓展广度，深入推进环境污染防治，持续改善生态环境质量。抓好重点排污企业综合治理，推进汽车维修等“散乱污”综合整治，加强建筑扬尘污染管控，不断巩固提升主要城镇环境空气质量，2023年，全县环境空气质量达到Ⅱ类标准，空气质量良好天数保持在99%以上。统筹水资源、水环境、水生态治理，强化水源地水源监测和动态跟踪，全面落实河湖长制，地表水各项监测指标达到国家Ⅲ类标准，集中式饮用水水源地（县城供水站）各项指标均达到国家Ⅱ类标准，达标率100%。

【环保督察问题整改】 2023年，山南市生态环境局隆子县分局举一反三、主动认领中央第二轮第四生态环境保护督察组反馈问题17项、71条，已整改销号8项、51条，剩余9项涉及的20条问题均属于长期坚持整改的问题，正在按照序时进度加快推进整改。全面做好自治区第二轮第一批生态环境保护督察工作,转办案件4件已全部整改销号,反馈涉及隆子县的个性问题5条,抓紧抓实整改,已取得阶段性成果。

【生态环境示范建设】 2023年,山南市生态环境局隆子县分局以更大力度深入扎实开展生态文明示范创建工作,在已完成8个自治区级生态文明示范村(居)创建的基础上,扎实推进75个自治区级生态文明示范村创建准备工作,力争到2024年底,全县自治区级生态文明示范村(居)、示范乡(镇)的创建率达到80%以上。投资380万元邀请第三方开展"两山"理论实践创新国家评估工作。截至年底,已完成全部前期工作。探索推进"无废城市"建设,玉麦村成功创建山南市"无废社区(村落)"、隆子县玉麦湘科技发展有限公司、隆子黑青稞种植场成功创建"无废农场"。

【生态环境执法管理】 2023年,山南市生态环境局隆子县分局持续加大生态环境监管力度,严格落实环保"第一审批权"和"三同时"制度,深入开展各类环境监督执法工作,坚守生态红线,严格落实项目审批环评手续,网上建设项目环境影响评价登记备案66个,严禁高投入、高污染、高能耗企业进入隆子。坚决打击破坏生态环境的违法行为,持续加大对其生态环保监督力度,防范化解重点领域环境风险。截至年底,累计出动生态环境执法人员120人次,检查排污单位80家次,下达现场检查记录53份,立案查处违法企业2家,罚款116万余元。全面推进重点污染源、非重点源自动监控设施现场核查,全县现有2家企业在线监测设备实现联网。2023年,受理群众信访投诉举报5件,其中"12369"环境举报管理平台4件,网络舆情1件,已全部办结并按照信访案件办理要求及时回复投诉人。

交通·邮政·通信

交通运输

【道路交通基础设施建设】 2023年，全县公路通车里程1221.776公里，11个乡镇已实现乡乡通油；83个建制村通路率实现100%，其中78个行政村已实现硬化，通畅率94%，339个自然村通路率实现100%，通畅率84.07%。2023年，隆子县实施交通基础设施项目7个，总投资197677.14万元，其中道路5条，48.141公里，危桥改造2座，64延米。

【道路运输管理】 2023年，隆子县交通运输局针对农村公路网的分布，采取三种方式开通客运班线。对路况较好、沿路乡镇及村开通固定班次常年班线；对路况较好且因季节性变化导致封路的较偏远乡镇，采取预约通车的形式进行通车；对路况较好，不受季节性气候封路且客流相对较少的乡镇村，采取农村客运在原有线路的基础上进行延伸，以此保障群众的出行。2023年，隆子县有乡村综合运输站5座，三级客运站1座，设立客运站牌15块，由于县城客运站建设时间较长，且已不能满足运行条件，投资约1500万元，改（扩）建约3100平方米，在现有基础上完善基础设施，增加安检设备等，不断提升隆子县公共服务水平，方便乘客出行。

2023年12月13日，隆子县交通局在日当镇省道509开展非法营运车辆执法检查

【公路养护】 2023年，隆子县交通运输局坚持“统一领导，分级负责”的原则，建立完善《隆子县关于深化农村公路管理养护体制改革实施方案》《隆子县农村公路路长制实施方案》，将农村公路养护经费全部纳入财政预算，已配套到位87万元。同时构建县、乡、村、养护人“四位一体”公路养护长效机制，形成全县农村公路“分段到村、责任到人”养护模式，各乡（镇）分管交通的班子成员纳入养护责任体系，负责各自辖区内农村公路养护工作的组织和管理，力争实现列养率100%，好路率50%以上的目标。年内，严格执行《西藏自治区脱贫攻坚指挥

部生态补偿脱贫组关于进一步做好生态补偿脱贫岗位管理工作的通知》(藏财农〔2020〕23号)文件要求,对全县现有的152名公路养护岗位,按次管护时长不小于4小时的,每年管护时间设置90天。每次管护时长在5小时以上的,每年管护时间设置60天的出勤要求进行考勤监督,并严格按出工考勤发放生态岗位补贴,坚决杜绝"一刀切"式发放补贴的情况。2023年,开展常规养护16次,累计投入养护资金408万元,其中预防性养护资金23.5万元,养护里程752余公里,清理土石方58000余立方,清理涵洞25道,清理公路排水沟500余米,清理冰雪14000余立方,抛撒除雪盐0.7吨,修复路面0.8公里,增设路长制公示牌48个。

2023年3月22日,西藏自治区山南市公路事业发展和应急保障中心隆子养护段正式挂牌

【项目建设】 2023年,隆子县交通运输局实施重大交通项目2个,总投资14182.86万元(其中三林完小至乃加村公路总投资7800.64万元、朗县登木乡左嘎村至隆子县玉麦乡接国道219岔口项目投资6382.22万元)。截至年底,分别完成项目整体工程进度的64%、34%,完成投资7162万元。

【质量安全监督】 2023年,隆子县交通运输局为进一步落实项目质量安全监督责任,制定了工程项目的质量管理制度,明确了质量目标,严格落实专人负责质量管理,并加强质量检测工作,通过组建或者委托具有相应能力等级的检测机构,开展农村公路建设质量监督抽检,全年开展质量抽查5次,钻芯取样及其他的规范指标检查4次,开展安全生产督导排查21余次,出动机械保通18台次,清理路面滑坡泥沙、落石约2500立方,保通道路7条,投入资金16万余元,设置警示标志16处。

【公交建设】 2023年,隆子县际内客运班线由政府下属国有企业隆子县聂雄客运有限责任公司经营,该公司现有管理人员8人,客运班线12条,营运车辆17辆,其中县际6条,县内6条,带动了67个建制村通班车,乡镇通班车率100%,建制村通班车率80.7%。2023年度完成客运量74477人次,发车量6040趟次。

【道路交通安全】 2023年,隆子县交通运输局为全面管好农村公路保障道路安全畅通,突出重点领域,强化联合执法,深入摸排农村公路安全隐患,加强对交安防护设施的设置,确保群众安全出行。年内,开展道路巡查14次,发现问题7处,已整改7个。

【综合执法】 2023年,隆子县交通运输局以打造和谐、生态的交通环境为目标,通过设卡、突击检查等方式不定期地开展非法营运车辆整治,全年共开展"非法营运"整治27次,警示车辆20余辆。按照《公路法》等相关法律法规的要求,通过开展公路日常巡查的方式,对公路、公路用地、公路附属设施、公路建筑控制区全面监管,有效地保护了公路的畅安舒美。年内,联合隆子县养护段积极开展路巡路查工作,全年开展公路巡查42次,路政执法15次,办结行政赔补案件4件,收缴赔补款1.124万元。

【公路应急抢险保通】 2023年,隆子县交通运输局为应对县公路因汛期出现塌方、水毁、落石、泥石流、地基下沉等自然灾害阻断公路

2023年1月5日，隆子县三林完小至乃加村公路工程正式开工

和造成交通安全隐患等现象，年初制定《隆子县交通运输局2023年自然灾害公路抢险保通应急预案》（以下简称《预案》），并在发生灾情时立即启动《预案》，确保了人民群众安全便捷出行。2023年，隆子县交通运输局累计开展抢险保通42处，投入机械57台次，投入人工160余人次。

邮政

【概况】 中国邮政集团有限公司西藏自治区隆子县分公司（以下简称隆子县邮政分公司），全县邮政营业网点12个。2023年，12个营业网点82个村邮站发挥作用，更好地让隆子县邮政分公司普遍服务全面满足农牧民群众用邮需求再上新台阶。隆子县邮政局有员工总人数38人，A、B类10人，C类1人，外包县城投递员2人，外包乡邮投递司机14人、乡镇营业员11人。全年计划收入302万元，累计完成收入305万元。

【业务经营】 2023年，隆子县邮政分公司以党建促发展，以党建增收入，做好普遍服务工作，将党报党刊作为邮政的重点工作，以普服为“根”抓好邮政农村市场，将党的“喉舌”传递到农牧民群众心中，将百姓期盼的包裹及时安全送达。以走访、揽储、分销、函件、报刊、集邮、政务图书营销、信用卡发放和贷款业务作为工作重心，围绕“十大营销项目”开展上门营销，提高邮政知名度和邮政形象，发展好各项业务。在劝储方面，县邮政分公司做好商户、客户走访工作，以“余额涨不涨，就看你怎样访”作为走访成效的标准，通过“金融+走访”和“金融+寄递”，每一位员工对县城所有商户真情式走访，亲情式宣传，以达到成功劝储。发动乡邮队伍、通过乡邮介绍主动上门劝储，攻占农村市场。

【邮政服务】 2023年，隆子县邮政分公司以服务为中心，做好各乡镇网点普遍服务，将党报、党刊及时投至各乡镇、各寺庙、各驻村，起着上传下达的工作职能，同时各乡镇网点满足当地农民群众的用邮需求。增强邮件到达时限，从市到县天天有邮车；县城报刊达到次日见报；增加乡邮频次及乡邮工作时长，各乡、镇邮件频次达到每周5班，乡到村达到每周

2023年3月10日，隆子县邮政分公司组织开展安全学习

3班，部分村提升至每周5班，乡邮营业时长达到每周5天、每天6小时，保质保量地做好普遍服务工作。

【安全生产】 2022年，隆子县邮政分公司坚持“安全第一，预防为主，综合治理”的工作方针，落实“党政同责、一岗双责，齐抓共管、失职追责”。严抓寄递渠道安全，严格执行实名收寄、安全验视、过机安检三项制度的执行，坚决杜绝禁限寄物品流入邮政渠道。严抓交通安全管理，强化投递人员交通安全意识，杜绝疲劳驾驶和带病上路，确保安全生产。严抓消防安全和隐患排查工作，时刻检查消防通道、消防设备等，加强消防安全知识培训和消防器材操作，提升员工消防安全意识，严防发生火灾等安全事故。严抓风险合规精细化管理落实落地，夯实合规文化，确保全年“五个不发生”。

电信

【概况】 中国电信集团有限公司隆子电信局是中国电信集团有限公司山南分公司下属县级分支机构，位于隆子县城雄哲路1号，承担着全县党、政、军、财政、金融、大中型企业及各行业重要通信保障服务和边境偏远乡（镇）、村电信普遍服务任务。主要经营固定电话、卫星电话、移动通信、互联网接入、机房托管及智慧云端应用等综合信息服务。

【业务范围】 2023年末，已建设开通38个5G基站，5G网络已覆盖全县城及11个乡镇，网络质量有了质的飞跃。经过多年超常规的网络建设和持续优化，4G网络的规模、优势凸显，城区、乡（镇）村域4G网络覆盖率达到100%，真正实现了电信网络全覆盖，网络速率行业领先。普遍服务光纤到户已覆盖80多个行政村，广大民众享受电信宽带的高速稳定和电信IPTV电视高清节目的全新体验并在节目中融入了藏语频道、空中课堂、地方频道等功能。还为176户家庭更换了千兆光猫，组建“全屋Wi-Fi”，让全家共享电信高速网络服务。截至年底，千兆端口数为514个，主要是小区、街道具备千兆能力。

【通信服务】 近年来，先后投资400余万元，光宽、无线网络100%全覆盖，开通了西藏自治区电子政务外网云专线服务、乡卫生院医保网络、乡完小教育云网等项目工程，开拓了玉麦乡通信建设的新局面，创造了玉麦乡人民信息智联的新生活。2023年6月，隆子县已实现5G网络全覆盖，以信息化手段助力维护国家领土主权完整，促进边境地区政治持续稳定和经济快速发展。年内，为保障人民群众便捷，创立以0893-7342124为局专属的服务热线，承诺“7×24小时”不打烊全时服务，对用户的安装维修、投诉处理、业务订单等提供一点通查，让用户足不出户速办业务，享受便捷舒心的服务体验。将客户对电信业务的需求及不足通过拨打专属服务热线联系到公司主要领导，再通过以主要领导记为“点”，将客户相关业务需求发送至县局业务及故障处理沟通群，从而快速有效地处理以客户为“面”的一张网服务，提供优质便捷的服务。为有效改善边境居民生活条件，提高边境群众的基本生活质量及便捷，隆子县电信局在边境扎日乡建设了扎日乡电信营业网点，并

2023年6月17日，隆子县电信局工作人员在扎日乡冒雨抢修光缆

配齐下沉了1名营业员、2名智慧工程师。提升了当地人民群众、边防部队、驻军部队等守边人的通信便捷度。

移动

【概况】 2023年，隆子县移动公司摒弃以往的管理方式，引入全新的更为先进的网格化管理模式，凭借完善的技术、周到的服务、卓越的品质，为隆子县百姓提供了更加优质的通信服务，并始终坚持用高水平的服务去打动隆子县各族群众。实施战略转型能力打造工程，以客户为中心，以市场为导向，以执行提升为保障，面向智慧家庭时代转型，打造可持续发展新能力，推动山南移动隆子县分公司可持续健康发展。

【市场运营】 2023年，隆子县移动公司紧扣市公司市场发展工作，夯实服务基础，在存量保有的基础上，以拓展潜在市场为动力，以效益增长为目标，全面推进各项工作，扩大行业领先地位。在农村市场、家庭市场和集客市场通过常态化营销、驻点服务等方式提升市场掌控能力，扩大宣传覆盖面和影响力，第一时间让广大客户知晓公司各类营销活动。为加强高价值集团、普通政企集团的保有和维系，对所有集团进行认真梳理，查缺补漏，严格要求客户经理组织全员定期对集团业务进行培训，扩大基层员工对集团业务的熟知度，并将各个集团分配到集团客户经理及网格手中，做到每个集团有人、有服务、有产品，并对有合作往来的集团单位提供定期的专线巡检服务。2023年，隆子县移动公司主动为终端速率不匹配客户免费提供网关更换服务，更换网关367余部，有效提升用户网络感知。同时，隆子县分公司加大渠道点服务力度，通过统一组织培训、跟班学习、帮扶等措施提升所有业务员的整体业务、服务能力。

2023年4月12日，隆子县扎日乡、玉麦乡信号中断，工作人员在紧急抢修

【网络质量提升】 2023年，隆子县移动公司从网络触点出发，以投诉为抓手，优先解决，投诉量大、感知差的弱覆盖区域，主动加强网络指标测试，通过路测、实测等方式做到先于客户发现问题，提升网络质量，打造良好的客户口碑。真实反映网络、家宽等热点投诉问题，全程全网做到端到端，便于公司上下加强协同，做到一并优化、改进。2023年11月，开通县城、各乡镇5G基站15个，填补了隆子县各乡镇没有5G的历史空白。年内，建设隆子县第一个综合业务区并投入使用，积极着手5G数字机房建设，为隆子县5G时代发展提供坚实保障。

【服务水平提升】 2023年，隆子县移动公司优化营业员业务培训和考核制度，提高营业员的业务能力、服务规范、主动服务意识和工作态度。及时处理客户投诉，做好基础服务工作，给客户满意的答复。套餐、活动推荐做到量身定制，树立“客户第一”的服务意识，加大重点集团驻点服务力度，提高客户感知。

文化·旅游

文化·文物

【概况】 2023年，县文化（文物）局深入贯彻落实习近平新时代中国特色社会主义思想，深刻领悟“两个确立”的决定性意义，切实承担起举旗帜、聚民心、育新人、兴文化、展形象的使命任务，坚定坚决贯彻落实各级党委、政府的决策部署和上级文化部门的任务要求，围绕“四件大事”“四个创建”“四个走在前列”和山南市“六个走在全区前列”的战略任务，立足本职工作岗位，扎实开展文化各项工作。

【完善公共文化服务体系】 加大免费开放力度。进一步优化服务内容，坚持县文化活动中心向干部群众免费开放，圆满完成了第二期扎聂琴培训班，举办“共绘民族团结情　书香满园润初心”主题书法比赛，开展“阅读 悦心 约未来”主题读书心得分享会，开展“图书进军营”暨军民融合流动图书活动点揭牌仪式等公共文化免费服务活动62场。加强基层文化阵地建设。投入10万元开展加玉乡强木金村、扎日乡庄那村两个村级群众性文化阵地示范点建设，强化行政村文艺演出队伍建设，进一步完善文艺队伍基础条件。积极对接争取了扎日乡、玉麦乡文化站项目建设资金540万元；投入400万元实施艺术团排练场项目。深入实施“美丽西藏　可爱家乡”优秀文化产品乡村供给工程。召开隆子县文化系统工作座谈会，并为隆子县81个行政村文艺演出队发放“美丽西藏　可爱家乡”优秀文化产品。全面推动广场文化活动。县艺术团新编排了13支群众喜闻乐见、耳熟能详的广场舞，同时注入了珞巴舞、朗玛堆谐等非遗、民族优秀传统文化元素。4月起，县艺术团充分发挥示范带头作用，每晚7点准时开展广场舞活动，每晚平均参与人数200余人。

【文化惠民工程】 举办各类文艺晚会。举办了2023年春节藏历

2023年7月3日，隆子县文化局开展娱乐场所检查

2023年7月10日，隆子县文化局工作人员对出版物市场开展检查

新年联欢晚会、第二届乡村“村晚”暨隆子歌手大赛、隆子县玉珞文化旅游节系列活动。持续开展文化润边行动。开展“踔厉奋进新时代 勇毅前行向未来”学习宣传贯彻党的二十大 喜迎新春专题文艺演出活动，“翻身农奴把歌唱 永远跟着共产党”为主题的庆祝“3·28”西藏百万农奴解放纪念日文化润边行动，广场舞培训进边境乡镇等活动。县艺术团共开展文艺下乡演出65场次。不断提升文艺创作水平。加大文艺创作投入力度，2023年创作了《相约隆子》《爱在扎日》《珞巴姑娘》《过大年》《隆子儿女心中诉》《绿色沙棘林》等6首隆子专题歌曲；《扎西康桑》《共同家园》《和美乡村》《硕果累累》《四季之歌》《虎之林》等6个原创舞蹈；《颂扬党的二十大》《石榴花开隆子美》等2个表演唱作品。

【非遗保护和传承】 积极申报推荐各级非遗项目。成功申报忙措木器制作技艺项目补助费10万元，用于忙措木器制作技艺提升活动。开展“文化和自然遗产日”系列活动。组织全县非物质文化遗产传承人到琼结、乃东等地进行交流学习，吸收兄弟县非遗保护传承好的经验做法，座谈心得交流，极大地提升了非遗传承人责任意识、担当意识；开展以“加强非遗系统性保护 促进可持续发展”为主题的“文化和自然遗产日”系列活动，开展非遗产品展销、藏戏展演、非遗政策宣传等系列活动；同时深入部分学校开展以“多彩非遗进校园 文化传承润童心”为主题的非遗进校园活动，进一步提高小学生非遗保护意识、传承弘扬中华优秀传统文化；组织叶巴藏戏队赴扎日乡、玉麦乡，开展进景区看非遗展演活动。参加山南市非物质文化遗产展演活动。举办艺术团演员、各行政村文艺演出队骨干非物质文化遗产歌舞展演培训班，非遗舞蹈《扎西康桑》成功参加山南市“舞动春潮 多彩非遗”主题非物质文化遗产歌舞展演，山南市民族团结晚会和以“美丽西藏 唱响山南”为主题的山南市首届思金拉措旅游民歌盛典。全面完成自治区第二次非遗普查工作。积极开展全县非物质文化遗产普查工作，在原有24个非遗项目的基础上，新挖掘具有一定价值的项目5个。

【文物保护】 开展文物安全隐患排查。按照全区文物安全工作部署要求，结合重点节假日，组织相关部门开展文物安全隐患排查整治活动，全年共检查64次，出动153人次，检查30家次文物保护单位。加强文物安全巡查工作，不断提高文物安全监管云平台App巡查使用。解决文保单位“急难愁盼”问题。先后6次邀请自治区、山南市文物部门领导和专家深入安全隐患较大的文保单位进行实地调研指导，及时评估研判安全形势，协商解决对策。投入500万元实施了扎果寺主殿维修保护项目，投入22.3万元对丢热寺遗址等13个文物保护单位进行了修缮保护，同时进一步加大对上请示和对下沟通，对人居环境综合整治行动中出现的疑似古建筑、旧民房、遗址、佛塔等，积极配合相关乡镇，通过深入实地、电话了解等形式，提出意见建议，做到推动人居环境整治工作与保护文物两手抓两不误。文物复核工作全面完成。按照寺庙财税监管改革工作要求，邀请市文物局与考古工作专家对隆子县26处文物保护单位的可移动文物进行了复核，并对68个新增文物进行测量、拍照、建档等工作，全面清点了私藏文物，全面完成了今年文物复核任务，保证了私藏文物底数清、情况明。

【文化市场执法】 进一步明确责任。召开2023年文化市场经营业主综合培训会，并签订目标责任书。召开文化市场领域安全生产工作安排部署会议。开展普法教育活动。联合县执法大队、县政法委等深入学校开展《中华人民共和国未成年人保护法》普法教育进校园志愿服务活动。持续强化执法检查力度。深入辖区娱乐场所、网咖、出版物市场等开展联合检查，共开展21次检查，共出动128余人次。并邀请山南市文化综合行政执法队办理娱乐场所接纳未成年人案，下发《行政处罚决定书》处以警告、罚款1.5万元。

【文旅融合发展】 选派县艺术团演职人员深入扎日乡、玉麦乡分别开展了为期7天的“文化馆服务宣传周——广场舞培训 走进边境乡村”活动，不仅丰富了边境农牧民群众的精神文化生活，同时达到了促进文旅融合的效果，为乡村特色旅游发展增添了色彩，为促进边民增收致富注入了文化的力量。创新工作方式方法，今年玉珞文化旅游节突破往年的单一方式，充分融入了旅游元素，首次举办了招商暨旅游线路推介会，结合上级旅游部门活动，在边境乡镇开展了开放式旅游线路体验活动，进一步宣传推广了隆子深厚的文化底蕴、丰富的旅游资源和各类特色产品，树立了隆子美好对外形象。

融媒体·广播电视

【“村村通”建设】 2023年，在县委、县政府的支持下，在县广电局的指导下，隆子县融媒体中心（隆子广播电视台）严格按照政府采购程序，使用广电业务资金20.4万元购置新一代广播电视直播卫星“舍舍通”设备300套，为136个僧尼提供高清广播电视信号，推动隆子县新一代直播卫星广播电视“舍舍通”实现全覆盖。12月15日，隆子县新一代直播卫星“舍舍通”设备发放仪式在日当镇仲嘎曲德寺举行。

【新闻采编与播放】 2023年，隆子县融媒体中心（隆子广播电视台）围绕党的二十大和学习宣传贯彻党的二十大精神主题主线，结合脱贫攻坚成果同乡村建设有效衔接、边境小康村建设、居民生活改善等中心工作，打造广播、电视、网站、“三微一端”等一体的融媒体宣传阵地，紧贴全县中心大局，每月进行2次专题策划新闻选题、精准报道。推动传统媒体与新媒体从相加到相融，全年累计采写发布各类新闻324条，抖音号推送视频246条。同时自入驻“珠峰云App”平台以来，积极发送稿件和视频。

【为民办实事】 2023年，隆子县融媒体中心（隆子广播电视台）为五保集中供养中心新入住的老人能及时收听收看电视节目，2月9日广电先锋·隆子分队到县五保集中供养中心开展为民办实事活动。活动共向县五保集中供养中心36名老人、综合活动中心及医务室发放和安装了地面卫星无线数字电视设备共计38套。这些

2023年12月17日，广电先锋·隆子分队在玉麦乡教学点安装2套助教系统

设备将方便集中供养中心的老人们收听收看 CCTV-1、西藏卫视、西藏藏语频道、山南台等 16 套电视节目，使党的声音传遍千家万户，让老人们了解更多党的惠民政策，极大地丰富了老人们的业余文化生活；12 月 14 日，广电先锋 · 隆子分队在扎日乡 3197 高地某班和庄那村安装、调试集中观看点设备 2 套（显示设备）；12 月 16 日，广电先锋 · 隆子分队在玉麦乡养猪场安装 1 套集中观看点设备。

【智慧校园建设】 2023 年，隆子县融媒体中心（隆子广播电视台）深入学习贯彻习近平总书记关于"打造智慧媒体、发展智慧网络"重要指示批示精神，率先实施"智慧广电助教"系统，推进智慧广电公共服务从"看电视"到"用电视"转变，把北京等地名校的课堂直播"搬"到基层，助力教育资源均等化发展，夯实教育脱贫攻坚成果。10 月 21 日，广电先锋服务队在隆子县列麦乡完小安装"智慧广电助教"系统，切实解决了隆子县师资力量不足、教育资源匮乏的问题，覆盖师生达 108 人。12 月 17 日，广电先锋 · 隆子分队在玉麦乡教学点安装 2 套助教系统。

【项目建设】 山南市隆子县智慧广电固边工程项目于 2023 年 12 月底开工。智慧广电固边工程围绕"一个网络，两个平台"进行建设，其中"一网"指的是边境地区广播电视传输网络，主要实现网络未通达或较薄弱地区、边防部队和中小学的网络覆盖，以及城乡地区网络接入能力和高清传输能力的提升，增强边境地区的网络综合服务水平和安全可靠性。广电惠民工程。全年维护维修共上门服务 755 户、更换高频头 130 个、更换机顶盒 49 台、更换馈线 50 个、更换接收天线 30 个、发放馈线 25 个，受到广大人民群众的一致好评，确保人民群众正常收听收看电视节目。

2023年2月9日，隆子县融媒体中心工作人员在五保集中供养中心安装、调试地面卫星无线数字电视设备

【应急广播宣传】 2023 年，隆子县融媒体中心（隆子广播电视台）充分利用应急广播系统宣传党的二十大精神和《西藏民主改革 64 周年宣讲提纲》《铸牢中华民族共同体意识和牢固树立国家意识公民意识法治意识》宣讲提纲，《主题教育学习内容》藏语版微音频，以群众听得懂、听得进的方式，让党的声音传到千家万户，飞入寻常百姓家，全年累计开展空中宣传 14000 余分钟。

地方志工作

【概况】 2023 年，隆子县地方志办公室在县委、县人民政府的正确领导下，以及自治区方志办和山南市地方志办公室的指导下，隆子县地方志办公室积极为 15 个单位提供资料借鉴和文化服务，向县直各单位及 11 个乡镇发放了 150 余册年鉴，有力地为各单位工作提供了资料支撑。

【二轮志编修工作】 2023 年，《隆子县志（2001—2010）》从体例到文字，从内容到版式，均进行了逐字逐句的认真修改调整和细致校对，于 11 月形成验收稿并呈送至自治区、山南市方志办审核。

【年鉴编纂工作】《隆子年鉴（2023）》（总第七卷）由中国文史出版社正式出版。该年鉴共计 58.5 万字，图文并茂，全面翔实地记述了 2022 年隆子县在自然、政治、经济、社会、文化、生态文明建设等各个领域的基本情况以及所取得的新进展、新成就。

档案工作

【概况】 隆子县档案室于1959年成立,1994年9月20正式挂牌,1995—2000年由县人民政府办统一管理。2000年9月28日根据上级业务部门的文件精神和本县的实际情况划归县委办公室管理。机改后为县委办直属事业单位(副科级),实行局(馆)一体制,两块牌子,一套班子履行两种职能,既承担对档案事业的行政管理,又承担对档案的保管利用,对各门类各年度档案实行集中保管。

【档案业务指导】 2023年,隆子县档案局(馆)为进一步加强和规范全县档案管理工作,进一步贯彻落实新《"十四五"西藏自治区档案事业发展规划》和《"十四五"山南市档案事业发展规划》要求,先后到县委组织部、融媒体中心、公安局、审计局、民政局、农业农村局、公安局等20余家单位开展档案业务指导工作。围绕机关档案分类方案、归档范围、保管期限及归档目录、档案保管机制等内容,重点从文件材料的收集、分类、排序、编目、上架等各环节,对档案员开展进行手把手、面对面的业务指导,使隆子县档案工作进一步规范。

2023年10月16日，隆子县档案局（馆）组织人员到加查县学习档案数字化建设

【档案征集】 2023年,隆子县档案局(馆)文书档案有共计42777件、1941盒,案卷共有10930卷,其中:疫情文书档案11盒200件;脱贫攻坚69盒1000件;土地确权档案9614卷。接收重大活动(扎日转山)档案63盒315册;影像档案119张;群众感谢信6封,科技类212盒,基建类1065件(卷),人事档案(退休、死亡)114卷,收回旧章子112章,资料档案87盒2996件,实物档案176件。今年以来,接收简化文书档案87盒1683件:其中,永久30盒932件;定期30年42盒648件;定期10年3盒69件。接收传统文书档案16卷,接收资料档案方面,县委党风廉政、党建等资料档案25册,实物档案1件。

【档案法治宣传】 2023年6月9日,隆子县档案局(馆)开展以"奋进新征程 兰台谱新篇"为主题的国际档案日宣传活动。活动现场悬挂主题宣传横幅,布置宣传展板,发送藏汉双语宣传资料,积极融入全县"普法宣传日""综治宣传日"等活动,围绕《档案法》、档案文化、档案知识等法律法规及相关知识进行普及宣传,为更有效地达到宣传效果,专门从档案业务经费中列支1万元制作了印有档案宣传标语的围裙、帽子、折叠包等宣传物品800余份,共发放宣传资料、宣传物品2500余份、接收档案咨询服务100余人次,增加了群众对档案知识的了解,构建了档案与群众交流的桥梁,有力提升了档案工作社会认知度。

【档案资源利用】 2023年,隆子县档案局(馆)按照上级业务部门要求,依法档案利用,建立健全档案制度,规范查阅借阅制度,简化查阅手续,依法推动馆藏档案的利用,及时周到为各单位和人民群众提供档案查阅利用服务。规范机关企事业单位档案部门档案查阅审批程序,及时满足本单位档案查阅利用需要,为领导提供决策依据,为部门提供凭证依据,

2023年11月29日，隆子县档案局（馆）到县委组织部开展档案业务指导工作

不断提高档案的利用价值。全年接待查阅档案60余人次，调阅档案200余件，为落实政策、草场纠纷、土地纠纷编史修志、补缺人事档案资料、综合考评工作等问题发挥了重要作用，取得了一定的社会效益。

【档案信息化建设管理】 2023年，隆子县档案局（馆）根据区、市档案部门工作要求，结合县档案馆馆藏实际，先行对县“四大家”“四大办”文书档案进行数字化建设，“四大家”“四大办”现有传统文书卷宗889卷、简化文书26382件。年内，向县政府申请档案馆馆藏档案数字化建设经费90.4万元，用于开展馆藏档案数字化建设。

【队伍建设】 2023年，隆子县档案局（馆）要求从事档案管理工作的干部必须专业能力过硬，熟知《档案法》《保密法》等法律、法规及档案专业业务基础知识，组织档案工作人员开展档案业务知识等活动，积极参加上级业务部门开展的档案业务培训。年内，积极响应上级档案部门的要求参加区外培训1次。

【业务培训】 随着办公自动化、信息传输网络化日益普及，传统手工查阅纸质档案服务已不能满足群众快捷查询利用需求。隆子县档案馆为加快推进档案数字化建设工作，2023年10月组织县档案局（馆）工作人员到加查县档案馆学习档案数字化建设相关业务知识1次。

藏语言文字工作

【概况】 隆子县藏语文工作委员会（编译局）为正科级事业单位。2023年，县藏语委办（编译局）在县委、县政府的领导下，牢固树立正确的政绩观，切实践行为民服务宗旨，推动藏语言文字工作高质量发展取得新成绩。

【学习使用藏语文】 2023年，隆子县藏语委办（编译局）以“全县岁末年初集中法治宣传活动”及“民族团结进步宣传月活动”为契机，向全县干部群众发放《汉藏对照术语规范明镜》（2019年版、2020年版、2021年版、2022年版）和《藏语日常用于学习读本》，活动共发放宣传册200余本。通过宣传，不仅把民族团结精神播撒在各族群众之心，而且让全县汉族干部认识到学习藏语的重要性，进一步拉近了干群之间的距离，为加强隆子县民族团结工作奠定了良好基础，同时助推隆子县经济社会和谐稳步发展。

【社会用字】 2023年，隆子县藏语委办（编译局）强化业务能力，积极发挥职能作用，主动配合上级业务部门的各类监督检查。年内，由自治区藏语委办（编译局）牵头的工作组到隆子县开展调研2次，市藏语委办（编译局）调研1次，调研组主要针对隆子县社会用字监督员队伍建设、藏语文社会用字规范使用、基层干部学习“双语”、基层各类文件使用“双语”、《国家汉藏日常用语学习读本》基层使用效果等情况进行督导检查。此外，自治区藏语委办（编译局）工作队到县、乡（镇）、小学、寺庙等地，对“三个意识”宣传教材译文通俗性满意度进行调研。年内，隆子县藏语委办（编译局）牵头组织隆子县社会用字规范工作领导小组各成员单位开展藏语文社会用字规范使用情况监督检查2次，深入各乡（镇）、学校、寺庙以及县城境内开展藏语文社会用字监督检查4次，检查县域内商铺门牌、横幅标语、宣传栏、广告牌、电子显示屏、交通指示牌、旅游景区告示牌等是否存在藏语文翻译不准确，是否存在错字漏字掉字、字体拼接错误等问题，排查出的问题通过发放整改通知单、口头提醒、立行立改等方式要求整改到位，并后期继续跟踪督促整改。全年发现问题71处（其中，网络舆情1处），下发整改通知单18个，问题整改率达81%。2023年12月12日，隆子县藏语委办（编译局）组织召开隆子县社会用字义务监督员座谈会。政府副县长贡党曲珍参加会议，并向选聘的11名乡（镇）社会用字义务监督员颁发证书、敬献哈达，同时从统一思想，充分认识建立社会用字义务监督制度的重要意义；履职尽责，努力推动全县社会用字规范化工作有力开展；强化组织领导，以有力的服务支撑确保义务监督工作长效开展等3个方面对11名社会用字义务监督员们下一步开展社会用字义务监督检查工作提出了具体要求。

【藏汉翻译】 2023年，隆子县藏语委办（编译局）进一步改进工作作风，翻译人员不仅在提高自身业务能力上下功夫，同时业务上始终坚持“内容忠实原文、语言通顺易懂、风格相当优美”翻译工作三大标准，全身心地投入业务服务工作。2023年，为县委、县政府、人大、政协交办的各种材料、文件、讲话以及两会材料规定期限内按时完成翻译任务，同时各乡（镇）、寺管会、县（中）直部门、村（居）以及个体商户等提供藏语文翻译服务。全年各类文件材料、标识标牌、宣传栏、横幅等藏文翻译字数达46余万字。

【业务培训】 2023年7月10日至7月12日，隆子县藏语委办（编译局）利用3天时间，举办首届隆子县国家通用语言文字素养提升汉藏双语翻译骨干培训。培训对象包括各乡（镇）、县（中）直各单位、各寺管会社会用字义务监督员及兼顾翻译人员。邀请拉萨市和山南市藏语委办（编译局）专家及隆子县中学高级教师来授课。通过培训提升隆子县基层翻译人员的业务素质，提高基层翻译质量，同时充分发挥翻译工作在党和群众中的桥梁和纽带作用，更好地向基层群众传达党的声音，进一步密切党群干群关系，促进各民族交流交往交融。在培养基层翻译人才的同时，为提升县藏语委办（编译局）自身业务能力，选派1名干部到自治区藏语委办（编译局）进行为期1个月的跟班培训，另外选派3名干部参加市藏语委办（编译局）举办的“藏汉机器翻译系统应用培训”，同时单位主要负责人亲自参加自治区藏语委办（编译局）在北京举办的“西藏自治区语言文字工作能力现代化高级研修班”。

【理论学习】 2023年，隆子县藏语委办（编译局）坚持高标准，严要求，始终以思想教育方式为先导，采用集中学习和个人自学、讨论交流和通读精读相结合的方式，深入学习贯彻党的二十大精神，学习贯彻习近平总书记关于作风建设、西藏工作的重要指示和新时代党的治藏方略以及各级重要会议精神，通过以坚定贯彻落实党的各项方针政策来不断夯实理论基础，进一步武装头脑，创新工作思路，从而深刻领悟“两个确立”的决定性意义，不断增强

2023年2月13日，西藏自治区藏语委办（编译局）组织拉萨、林芝、昌都、山南4市藏语委办（编译局）主要领导一行到隆子县督导检查社会用字规范使用情况

“四个意识”、坚定“四个自信”、做到“两个维护”。全年，开展党组理论中心组学习 5 次，集中学习 11 余次。

旅游发展

【概况】 隆子县旅游发展局于 2019 年 3 月正式挂牌成立。2023 年，全县共接待游客 7.76 万人次，同比增长 42%；实现旅游综合收入 2049.09 万元，同比增长 35%。

【学习教育】 2023 年，隆子县旅游发展局按照县委统一部署，调整充实各项工作领导小组，以开展改进作风狠抓落实教育和主题教育活动为契机。开展好党的建设、党风廉政教育、意识形态教育、保密教育等学习教育活动，认真履行第一责任人职责，发挥表率作用，继承传统，立足当前，开创未来。全年开展集中学习 30 余次，专题研讨 4 次。

【旅游基础设施建设】 2023 年，隆子县旅游发展局在建重点旅游项目共计 5 个，总投资 7947.72 万元，其中续建项目 3 个，总投资 5830 万元；新开工项目 2 个，总投资 2117.72 万元。续建项目。玉麦旅游基础设施建设项目，已完成竣工验收；隆子县边境民宿提升改造项目，已完成竣工验收并投入使用；玉麦乡公共旅游服务配套设施建设项目，已完成验收并开启招商运营洽谈工作。新建项目。隆子县庄那 2 号、亚绕 2 号搬迁点民宿提升改造项目，已完成竣工验收并投入使用；国道 219 山南段生态旅游厕所及配套实施建设项目，完成竣工验收。

【旅游资源联动推介】 2023 年，隆子县旅游发展局发挥自媒体在地方旅游宣传方面的重要作用，成功签约王子豪为隆子县旅游宣传形象大使。通过王子豪先生在隆子县实地采风、创作，更好地助力旅游资源的宣传与推广，为隆子旅游高质量发展提供广阔的平台；充分运用各节点展开现场旅游宣传。在“3 月综治宣传月”“5·12 防灾减灾宣传日”“5·19 中国旅游日”“6·5 世界环保日”“9·16 平安建设（综治）宣传日”等活动现场，与相关部门在人员密集场所及景区、景点一线，广泛宣传旅游资源、旅游安全生产、旅游行业规范以及生态环保等方面的旅游知识。全年开展宣传活动 13 次，悬挂旅游宣传横幅 6 条，发放各类旅游宣传资料 5000 余份；围绕隆子县特有文化属性积极推进文创产品开发，投入 41.69 万元，制作了 16 款文创单品，在文化旅游节将文创产品作为伴手礼——“隆子的礼物”，赠予来宾，广受宾客及业内好评；大力实施“走出去、请进来”旅游宣传战略，成功举办 2023 年隆子玉珞文化旅游节，为全面展示和挖掘隆子特色美食文化，首次以隆子“四黑”产业为原材料，成功举办首届舌尖上的隆子厨艺大赛，厨艺大赛评出“5+1”特色美食，为塑造隆子精品美食奠定基础。其间，《山南市促进招商引资企业发展优惠政策实施办法》《隆子县旅游产业发展扶持奖励实施细则》的发布使企业受到极大鼓舞，增强了企业落户隆子投资兴业的信心，达成意向投资企业 3 家，意向投资 0.5 亿元。2023 年，先后前往长沙、郴州、广州、深圳、昆明等地开展旅游宣传推介，开启了让更多人认识青藏高原、认识隆子、走进隆子、感受红色隆子盛世边疆的雪域航程。

2023年8月8日，隆子县旅游发展局工作人员对扎日乡精品民宿进行初验

【旅游发展规划】 2023年,隆子县旅游发展局围绕扎日、玉麦、斗玉等重点景区景点,着手实施全县全域旅游发展规划及斗玉珞巴民俗文化体验区和扎日自然风景观光区设计规划,积极开展项目考察和办理前期手续,谋划2024年项目3个,项目总投资5430万元;全面启动旅游资源普查工作。聘请中国科学院地理科学与资源研究所开展隆子县旅游资源普查工作,初步完成旅游资源普查的评级工作;有效完成山水河湖资源保护与石碑设立工作。年内,按照市委、市政府统一安排部署,在县域内组织开展2次摸排调研,完成14处资源保护点位的石碑设立工作。其中:高山10座、湖泊1个、河流3条;积极配合上级旅发部门完善《山南市全域旅游发展规划》《山南市"十四五"旅游发展规划》《山南市边境旅游发展规划》编制工作,将隆子县旅游融入其中,为下一步旅游项目争取、项目落地提供遵循;开展四星级旅游饭店评定工作,11月初隆子县格尔东赞大酒店成功评定为四星级旅游饭店,进一步促进了隆子县旅游产业步入高质量发展快车道。

2023年9月25日,隆子县旅游发展局举办玉珞文化旅游节暨"舌尖上的隆子"美食大赛活动

【为民服务】 2023年,隆子县旅游发展局落实巩固提升脱贫成果同全面推进乡村振兴有效衔接,将民宿发展作为农牧民群众增收的新引擎,持续增加群众经营性收入。全年,按照乡村振兴的要求,筛选识别出符合要求的141户边境家庭旅馆,投资1057.5万元进行民宿提升改造,引导群众参与旅游服务经营,提升旅游接待水平,拓宽群众增收致富渠道;开展家庭旅馆从业人员培训,在县人社部门的大力支持下,完成扎日乡家庭旅馆经营服务培训一期,受益群众45人。通过改善旅游软(硬)件条件,既提升了旅游从业人员公共服务能力和技能水平,也吸引了更多的游客来隆子旅游消费,让更多群众端上旅游碗、吃上旅游饭、走上致富路。

【执法管理】 2023年,隆子县旅游发展局成立以局党组书记、局长为组长,分管副局长为副组长,单位干部为成员的局安委会领导小组,明确工作职责,不定期召开全局安全生产会议,在旅游黄金期对相关工作进行再次安排部署。为进一步加强旅游执法,规范旅游市场秩序,选拔4名同志通过参与《法制西藏》线上学法,先后完成4次线上考试资格认证通过,顺利取得旅游执法资格认证,完善了旅游系统执法人员持证上岗和资格管理。提升隆子旅游行政执法人员素养和执法能力,推进严格规范公正文明执法,为隆子旅游高质量发展保驾护航。

教育·体育

教育

【概况】 2023年，在市教育局、隆子县委、县政府的领导下，隆子的教育事业取得了长足的进步和显著的成绩，教育质量不断提升，教学水平逐步提高。2023年，隆子县各级各类学校共74所，其中初中1所，乡（镇）小学9所，教学点9所，单独幼儿园55所。全县在编专任教师共计450人，其中学前专任教师79人，小学专任教师258人，初中专任教师113人，全县专任教师学历合格率达100%。全县各级各类学校在校生共4861人，其中学前在园幼儿共1091人，学前三年毛入园率达91.59%；小学在校生共2674人，净入学率达100%；初中在校生共1096人，毛入学率达106.72%。全县义务教育阶段巩固率达100%，全县义务教育阶段残疾儿童少年入学率达100%。

【经费投入】 2023年，隆子县不断加大教育经费投入，坚持上年度本级财政收入的20%投入教育。2023年，隆子县财政对教育事业投入资金共计4266.74万元，对教育事业投入占财政收入的51.89%，有效提升了教育经费保障水平，进一步促进了教育公平。

2023年4月15日，隆子县委书记次仁加措（右四）在玉麦乡小学开展调研

【均衡化发展】 2023年，隆子县教育局为进一步巩固提升业务教育基本均衡发展成果，不断缩小义务教育城乡、校级间差距，加快提升全县学前教育普及普惠水平，按照教育部、自治区教育厅、山南市教育局部署要求以及最新指示，积极配合隆子县委、县政府进一步修订工作方案，制定出台《关于做好县域义务教育优质均衡发展工作实施方案》《隆子县创建学前教育普及普惠工作实施方案》，在基本均衡发展的基础上，进一步完善工作措施，完成了县域义务教育优质均衡发展前期所有工作，优化了教育资源配置，为推动落实教育优先发展奠定了坚实的基础。

【项目建设】为持续推进义务教育城乡一体化发展，不断缩小城乡学校间差距，2023年隆子县教育局新建项目39个，自治区投入3094.4万元，实施县中学及37所幼儿园供暖项目建设；国家投入220万元，实施列麦乡小学教师周转房建设。

【教育"三包"】2023年，隆子县教育局坚持把"三包"、营养改善等作为教育事业经济发展重点工作，进一步加强和规范专项资金管理，提高资金使用效益。全年共兑现"三包"经费1150.33万元，享受学生人数达到4718人。兑现学生营养改善经费232.56万元，享受学生3649人。

【师资队伍建设】2023年，隆子县教育局充分利用反面典型案例教育干部，从身边人、身边事吸取教训，警钟长鸣，从而进一步增强全体教职工勤政廉政意识。年内，传达学习违反中央八项规定精神典型案例通知共计8次，组织观看《交通局长借"路"敛财自毁"人生路"》《永远吹冲锋号》警示教育片，要求干部职工每人撰写心得体会2篇，强化了干部职工的宗旨意识服务意识。组织参加国培、区培、教师能力提升等项目培训教师1154人次。2023年5月21日，隆子县教育系统438名教师参加了"一考三评"业务考试，合格率达99.7%，进一步提升了广大教师工作业务水平，规范了教师教育教学行为，有效提高了教师教育教学能力。评选市级学科带头人4名，骨干教师23名，县级学科带头人6名，骨干教师44名，为教师专业发展提供了重要支撑。对符合条件的10名教师进行了交流轮岗，教师专业结构得到了进一步的完善，推进了义务教育均衡发展。2023年10月7日，选派9名县中学教师到常德市第六中学开展交流观摩活动，不断提高隆子县教师专业化水平。

2023年12月11日，隆子县委副书记、县长巴桑次仁（左二）在日当镇小学调研教学工作

【教育信息化建设】2023年，隆子县中小学实现了宽带网络"校校通"，各乡（镇）学校实现了无线网络全覆盖，为教育教学和管理提供了高速、稳定的网络环境。全县中小学教学班均已配备多媒体教学设备，推进了"21+21优质资源全覆盖"及"城乡携手，同步课堂"的工作开展，提高了学校管理和服务水平。年内，组织开展2次线上中小学教师信息技术应用能力提升工程培训，参训教师共128人，开展校本培训20次，参训教师共计480人，有效提高了教师信息技术应用能力。为全面普及校园网络安全知识，增强师生网络安全意识，营造安全、健康、文明的校园网络环境，切实提高广大师生员工的网络完全意识和防范技能，隆子县教育局制定出台《隆子县教育系统2023年校园网络安全工作实施方案》，进一步普及校园网络安全知识，大力营造安全、健康、文明的校园网络环境，切实提高了广大师生员工的网络安全意识和防范技能。

【招生考试】2023，全县报考内地西藏初中班121人，总分300分以上22人，占报考人数的18.2%，总分最高分338.4分，西藏内地代培班录取3人，内地西藏初中班录取17人，较2022年增加11人，小考成绩位居全市第二名。参加初中学业水平考试434人，总均分531分，创历史最高成绩。达到内地西藏高中班分数线53人，生物学科单科成绩全市第一名，

2023年4月，隆子县教育局局长洛桑尼玛（左三）在雪沙乡小学视察学校教育教学工作

物理、化学单科成绩全市第二名，126 名学生达到重点高中提档线，278 名学生达到普通高中提档线，高中升学率达 76%。总分 700 分以上高分段人数名列全市前茅。

【教育督导】 为进一步规范隆子县教育教学管理，不断提高中小学办学水平，全面提升教育教学质量，2023 年 12 月 18—22 日，教育局对全县 10 所中小学各项工作开展情况进行了全面评估考核，为下学年学校综合评比提供了有力支撑，推动了全县学校工作健康持续发展。

【政策落实】 2023 年，隆子县教育局坚持对全县 14 名残疾儿童少年每月 2 次开展送教上门服务，保障残疾儿童少年接受义务教育的权利。每学期向广大学生家长宣传党的惠民政策和相关教育法律法规，确保全县所有适龄儿童少年到校接受义务教育。严格落实大学生资助政策，认真审核受助学生，及时足额兑现大学生资助资金，2023 年落实大学生资助资金 744.2 万元，惠及学生 986 人；兑现建档立卡大学生资助资金 13.6 万元，惠及学生 146 人，确保每名大学生均能顺利完成学业。

【思政教育】 2023 年，隆子县教育局认真落实中小学思政教育工作要求，坚持立德树人根本任务，配齐思政课教师队伍，实施完成 5 所中小学德育室、5 所乡（镇）小学德育长廊、1 所学校法治基地和 2 所学校国防教育基地规范化建设。严格落实意识形态工作责任制，坚守课堂教学主阵地，强化课堂纪律和教材管理，深化学校爱国主义教育，开展“学雷锋、讲文明”“清明缅怀革命先烈”“石榴籽 一家亲”“崇尚科学 抵御宗教”等一系列主题教育活动 144 场次，参与师生 63744 人次，不断增强广大青少年对伟大祖国的认同和热爱。持续推进各族学生混班教学、混班住宿、混合就餐工作模式，促进各民族师生交往交流交融，创建县级民族团结示范学校 7 所，市级民族团结示范学校 2 所，铸牢中华民族共同体意识取得新成效。

【校园安全】 2023 年，隆子县教育局积极协调法制副校长，针对道路交通安全、食品卫生安全、消防安全、禁毒、反恐防恐等主题定期开展安全教育讲座，开展各类安全教育活动 49 次，受益人数 19640 人，进一步提升了全县师生的安全意识。开展校园及周边隐患排查 140 余次，查处问题 19 件，已完成整改 15 件，达到零安全事故。为切实保障广大师生生命财产安全，年初，安排 12 名包校人员深入各学校摸排统计实需安保器材，投入 20.08 万元购买干粉灭火器、微型消防站等设备，结合各学校实际需求配足配齐安保器材，确保教育系统安全稳定。

隆子县中学

【概况】 隆子县中学是一所完全寄宿制农村中学，1961 年建校，已有 60 余年的历史，其前身为建立于县城附近的“德乌拉寺公办”小学；1983 年，验收合格并颁发了初级中学证书；1985 年，初中和小学分离，搬到现校址。每年向内地西藏班输送 20 名左右优秀学生；多次获得自治区、山南市及隆子县政府授予的“先进集体”“先进学校”“民族团结进步模范集体”等荣誉称号。2023年，隆子县中学现有21个教学班，在校学生1096人；学校占地面积60620平方米，运动场地和绿化总面积13909平方米，校舍面积41428平方米，教学及辅助用房面积6711平方米；图书馆藏书42495册。

【师资力量】 2023年，隆子县中学教职工共144人，其中正式教职工114人，工勤员工30人（其中包括3名公益性岗位）；专任教师中高级职称20名，一级职称36名；县级及以上骨干教师和学科带头人22人。

【办学特色】 学校力求在深化教育改革的过程中，走出一条“一品多特色”的办学之路。有效帮助不同层次、不同类别的学生得到转化、提高和发展。成立“格桑花社团”，给学生提供一个舞台，帮助学生发挥在“音体美”等多方面的才艺特长；编写《成长》——汉藏优秀传统文化融合一体的德育校本教材，陪伴学生发现“真善美”、拥有“真善美”；创办“校园之声”广播台，人人皆可成为小小播音员；创建校园周报，隆子县中学校长办兼做编辑部。

【品德教育】 2023年，隆子县中学成立以校长和党支部书记为组长的德育工作领导小组，成员由政教处、团少部、班主任和学生会组成。领导小组制订学校德育工作计划，加强德育工作的针对性、实效性和主动性。为落实德育工作计划，学校从学生入学之初便着手进行爱国主义、集体教育、法律法规、校纪校规，《中学生守则》《中学生行为规范》等系列教育。学校结合道德与法制课、班会、年级会等对学生进行思政教育。年内，开展了每周“升旗仪式——国旗下讲话”；“3·28”专题活动；“4·23”读书日活动、法制进校园活动；庆“七一”建党节、主题板报；庆祝国庆节主题活动。

【校园文化建设】 2023年，隆子县中学以“全面发展，学有所长”为培养目标，通过开展各种文化活动，有效促进学生的全面发展。年内，艺术部组织了“第八届校园艺术文化节”“学生歌舞比赛”“学生足球赛”“学生篮球赛”“23届校运会”“学生拔河赛”“班徽设计大赛”“教职工趣味比赛”“迎新生杯足球、篮球赛”“毕业班告别赛”等活动。

【业务培训】 2023年，隆子县中学教师积极参加网上“国培计划”“区培计划”“三科培训”“县培计划”“钉钉使用培训”“智学网答题卡制作培训”等培训活动。校教务处也积极承办“校本培训”，对任课教师的备课、授课、作业批改等方面进行培训，督促教师业务水平的提高，使之能适应岗位要求。通过研、培、导、练、赛等形式，积极挖掘教师的潜能，发现教师的创新点，提升教师专业成长，为教育教学质量的提升创造有利条件。2023年，隆子县中学现有区、市、县级学科带头人和骨干教师20余人。

【校园安全管理】 2023年，隆子县中学成立了由校长统领全局，分管副校长具体抓，以政教处、总务处为中心，各班主任分管，科任教师、后勤工作人员通力协作的全员安全工作网络和安全工作责任制；建立健全了维稳值班制度、校园周值班制度和安全隐患排查制度。各节日放假前、周末休息前召开动员全校师生安全会议，

2023年12月23日，隆子县县长巴桑次仁（右一）在县中学开展调研

2023年12月13日，隆子县中学举办校园“十佳”歌手大赛

提高师生的安全意识；建立完善安全教育制度、安全工作责任制及责任追究制；定期开展消防安全检查、安全隐患排查，及时整改存在问题，防止事故发生；加强学校食品安全监督管理工作，消除学校食品安全隐患，有效控制学校食品安全事故发生；对师生进行安全常识教育，宣传预防煤气中毒、预防食品中毒、防溺水、防电、防交通事故，防意外伤害等安全知识，树立师生安全意识，制定各种应急预案，做到安全工作警钟长鸣，确保学校财产安全，师生人身安全。门卫室做好人员出入登记，不准外来人员随便进出；发现存在安全隐患，做到第一时间及时维修，避免安全事故的发生。2023 年，学校举办 2 次开学第一堂课、开展 1 次消防安全讲座、2 次交通安全讲座、1 次防火灾知识讲座，1 次防地震疏散演练。建立健全各类应急预案，加强“三防”演练，增强师生的安全防范意识，树立安全第一意识。

【校际交流】 2023 年，隆子县中学选派倪来老师到洛扎中学开展交流，格桑德吉老师、央金老师到山南市完全中学交流，新分配刘海风等 5 人在山南一高跟岗学习，洛桑罗布老师担任西藏内地班藏文老师，进行交流学习。通过校际交流，取其精华，能够促进教师的整体教学水平以及能力的提高。

【党建工作】 2023 年，隆子县中学以党的政治建设为统领，持续增强基层党组织政治功能和组织力、凝聚力，以提升组织力为重点，进一步建强基层党组织，突出学校特点，统筹推进各项工作顺利进行，坚持提高质量、提升素质，进一步加强基层党员干部队伍建设。截至年底，召开 7 次党支部大会，29 次支部委员会，2 次党小组会议，5 次座谈会，精心安排内容开展 5 次党课学习，规范“三会一课”制度，提升组织生活会质量，集中开展 9 次主题党日活动，9 次理论中心组学习。

体育

【体育事业发展】 2023 年，隆子县教育局积极争取国家投入资金 9.12 万元，对隆子县扎日乡桑巴东村、曲桑村、珞瓦新村完成了双杠、平步机、划船器等体育器械安装，为隆子县人民提供了免费健身场地，有效推动了全民健身均衡性发展。

【体育活动】 2023 年，隆子县教育局先后举办、参加了“隆子县第三届民族团结杯”足球比赛、隆子县第四届“聂雄杯”篮球比赛、隆子县首届“园丁杯”篮球比赛、山南市教育系统篮球比赛、山南市“体彩杯”足球篮球比赛等一系列体育活动，并取得优异成绩，为全县体育事业发展注入了新的活力和动力。

卫生健康

综述

【概况】 2023年，隆子县卫生健康委员会（以下简称县卫健委）在县委、县政府和市卫健委的有力指导下，在各级各部门和各级医疗机构的大力配合下，坚持以习近平新时代中国特色社会主义思想为指导，深入贯彻落实习近平总书记关于卫生各项工作重要指示精神，落实王君正书记在区党委会上讲话精神，在县委和县政府统一部署下，全体干部进一步提高政治站位，统一思想认识，严格按照上级关于卫生健康工作的重要决策部署，狠抓疫情防控、卫生惠民政策，加大健康教育宣传力度，推进医疗机构基础设施建设，提升医务人员业务能力水平，强化医德医风建设，为隆子卫生事业发展提供有力保障。

【经费投入】 2023年，县卫健委共发放两项扶助资金235.5万元，扶助人数1303人，其中“一孩双女”奖励补助1119人、发放资金107.4万元，“特扶”184人、发放资金128.09万元。“两降一升”项目的实施按照自治区、市级住院分娩补助标准，共兑现住院分娩补助52.87万元，兑现人数219人。70岁以上农牧民老年人健康补贴1472人，发放资金90万元。

【基础设施建设】 2023年，隆子县中心实验室项目已建设完成投入使用；投资600万元用于医院重症监护室及亚定点医院改造，提升了重症监护及救治能力；投入13万元为格勒淌等边境安置点村卫生室配备了医疗设备和办公设备；通过援藏途径，投入250万元新建加玉乡卫生院职工周转房；投入370万元建设5个村卫生室，极大改善了基层医院的硬件条件。

【医疗卫生服务体系建设】 2023年，建立了医疗培训基地，制订完善《隆子县医疗健康工作三年规划》《隆子县医疗卫生专业技术人员三年攻坚培养计划》，分期分

2023年3月29日，隆子县举行湖南常德市药品捐献接收仪式

批对乡村医生开展轮训，全年组织8批次531人次乡村医生培训，开展39批次975人次院内培训，大大提升了基层医务人员业务能力；创新医疗援藏“师带徒”模式，提高援助效率，探索并推广“1+2+N”传帮带模式。援藏工作队带教隆子本地医务人员13次，开展业务培训、专题讲座23余场次；采取“引进来和走出去”相结合的策略，邀请中部战区总医院医务人员11人次来医院指导病案管理、血库建设、重症监护室建设、药房管理等；选派38名医务人员前往上级医院和受援医院参加进修学习；组织“组团式”援藏医务人员到自治区、日喀则、江孜县等医院交流组团援藏工作；组织卫生健康系统14名工作人员到常德市开展交流学习。

【县级医院综合改革试点】 一是注重学科建设，提升诊疗水平。2023年初制定了总体学科建设方案和各科室三年发展规划，重点强化内科、妇产科等实力较强学科，突破眼科、麻醉科、普外科等较弱的学科，着力提升肺结核、白内障等地方常见病和肺水肿等高原病诊疗水平。2023年开通了援藏专家门诊，先后开设了耳鼻喉科门诊、眼科门诊、感染科等新科室，成立了妇产科孕妇学校，同时，新增了64排CT机、超声乳化仪、眼科A/B型超声诊断仪、非接触式眼压机、心肺复苏模型、腹腔镜模拟等设备。二是开展“常德关爱 情系隆子”助力复明行动。邀请常德市第一人民医院骨干医师，联合中部战区总医院帮扶医务人员、常德市医疗人才“组团式”援藏医务人员和县人民医院医务人员，开展为期7天的白内障复明行动，筛查眼科患者176人，进行复明手术29台，为每名复明患者减免手术晶体费用1000元，切实把便民惠民利民政策送到群众心坎上，落实到卫生健康工作具体实践中。

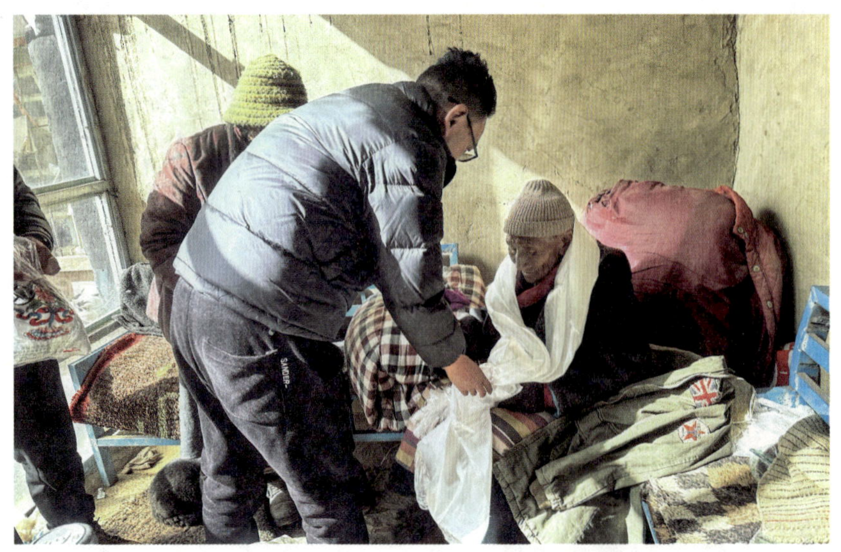

2023年2月15日，藏历新年隆子县卫生健康委员会主任边巴次仁慰问90岁寿星老人

【公立医院改革】 2023年，持续巩固县域综合医改（县乡一体化）工作，进一步完善县乡一体化方案、强化各项机制建设，规范各级机构职能职责，落实落细各项规章制度，以医共体改革为抓手，合理规划县域医共体建设，根据区、市、县三级县域综合医改工作部署要求，2023年7月，成立隆子县中心医院及中心医院党委，深度整合县域医疗服务资源，由县人民医院牵头整合藏医院、疾控、保健、乡镇卫生院按照“六个统一”的要求开展县域医共体工作，按照“三不变、六个统一”原则，重点推进医共体内资产财务、业务、绩效、药械、党建等六个统一管理办法，制定完善了《县人民医院绩效考评办法》《基本药物制度实施办法》《基本公共卫生考核办法》，并加大资金落实力度，进一步提升县乡村医务人员文明服务意识和服务能力，进一步规范县域医共体工作规范化、制度化。

【藏医药事业】 2023年，为进一步提高隆子县基层医疗卫生机构藏医药服务能力，尤其是村级卫生室能够达到4类6项的藏中医适宜技术服务要求，各村卫生室选派条件相对成熟且有一定藏医药业务的10名村医在藏医院进行为期10天的跟班学习，主要学习藏中医适宜技术临床运用和技术要点，通过严格的考核，10名学员均合格结业。跟班学习完成后，藏医院解决20600元，为其配备了中医拔罐、电子波治疗器、熏蒸肢体桶等设备，为更好推广藏中医适宜技术提供了保障。根据全县常见病、多发病的特点,建立风湿骨病科、心脑科两大市级特色专科,有效提升诊疗水平。

【乡镇医疗卫生】 2023 年,隆子县共有 11 个乡镇卫生院,总编制 114 人,总人数 128 人(包括公益性),日当镇中心卫生院:编制人数 12 人,实有 14 人;三林乡中心卫生院:编制人数 13 人,实有 18 人;隆子镇卫生院:编制人数 11 人,实有 14 人;热荣乡卫生院:编制人数 12 人,实有 15 人;列麦乡卫生院:编制人数 11 人,实有 11 人;雪沙乡卫生院:编制人数 13 人,实有 14 人;加玉乡卫生院:编制人数 12 人,实有 14 人;准巴乡卫生院:编制人数 7 人,实有 6 人;斗玉乡卫生院:编制人数 8 人,实有 8 人;扎日乡卫生院:编制人数 7 人,实有 7 人;玉麦乡卫生院:编制人数 7 人,实有 7 人。

【应急处置】 2023 年,隆子县疾控中心组织召开突发公共卫生应急事件工作办公会,起草制定了《隆子县疾控中心 2023 年突发公共卫生事件应急预案》《隆子县 2023 年突发公共卫生事件应急联动协调机制》和《隆子县 2023 年重大传染病防控工作方案》等,并调整了 2023 年隆子县突发公共卫生事件应急处置小组成员名单及职责。同时组织举办了突发公共卫生事件应急演练(小规模)和全县卫生应急工作知识培训。2023 年 5 月隆子县境内发生一起鼠间鼠疫(动物间)疫情,为确保疫情不扩散不蔓延、防止波及人,县疾控中心第一时间启动鼠疫防控应急预案,并逐层报告上级领导,以“科学指导、精准实施”为方针,政府主导、责任到位、严防严控、联防联控、群防群控,全面、及时、有力、规范地处置疫情,有效防止了疫情向人间扩散蔓延,取得了良好的阶段性成果,同时也得到了宝贵的实战经验,提高了隆子县县、乡、村三级专技人员应对突发疫情联防联动处置能力,进一步强化了疫情防控意识,能在最短时间、最小范围内迅速、有效地开展应急处置,为以后的卫生应急工作奠定了良好的基础和强有力的保障。

2023年8月2日,隆子县卫健委联合县人民医院、藏医院组织开展2023年度医师节拔河比赛

【妇幼保健】 2023 年,深入开展“两降一升”工作。全县产妇总数共计 285 人,其中死胎 4 例,双胎 2 例,住院分娩产妇 283 人,住院分娩率 98.9%,孕产妇死亡 0 例,5 岁以下儿童死亡 1 例,发放叶酸人数 243 人次。0 ~ 6 岁以下儿童总数 2288 人,其中保健管理数为 2041 人,儿童保健管理率 89.2%;3 岁以下儿童总数 902 人,其中系统管理 715 人,系统管理率 79.2%。13 ~ 14 岁在校女生应接种疫苗 388 人,实种 386 人,疫苗接种率 99.48%。2023 年“两癌”筛查任务数 1066 人;应查数 1066 人,实查数 1149 人,筛查率 107%。

公共卫生服务

【概况】 隆子县卫生服务中心(疾控中心、妇幼保健院、各乡镇)是一所集医疗、预防、保健、教学、科研为一体的国家二级甲等综合医院。2023 年,医院编制床位 36 张,开放病床 49 张。

【医疗业务】 2023 年,隆子县卫生服务中心全体干部职工锐意进取,医疗质量不断提升。通过各种形式的培训学习,业务水平不断提高，医疗质量显著提升。本年度门急诊接诊总数40842人次（其中门诊27742人次、急诊13100人次），住院830人次，检验科：全年病人总数54261人次；B超室：全年病人总数9225人次；放射科：全年病人总数11493人次；手术室：全年手术开展总数74台。无痛人流及清宫术78台；胃镜室病人总数：113人次，其中无痛胃镜47台，高压氧舱治疗病人986人次。

【学科建设】 2023年，隆子县卫生服务中心设有门诊楼、医技楼、综合住院楼、传染病房等业务区，设内科、外科、妇产科、儿科、急诊科、五官科、传染科等一级临床科室和消化内科、心血管内科、呼吸内科、普外科、骨科等多个二级临床科室。年内，中心扎实推进“一院对一病”工作，重点强化骨科、内科、妇产科等实力较强学科，突破眼科、麻醉科、普外科等较弱的学科，着力提升肺结核、白内障等地方常见病和肺水肿等高原病诊疗水平。2023年医院妇产科申报了自治区县级医院重点专科。2023年9月，妇产科孕妇学校成立，2023年11月感染科开科。合理安排援藏专家门诊，并加强外科系统、急诊急救、传染病及院感管理、五官科、医技科等重点学科建设。

【人才培养】 2023年，隆子县卫生服务中心组织开展院内培训，培训内容有浅谈呼吸生理和机械通气、医患沟通、超声医学临床应用、骨科常规知识、外科急救措施等共计开展35次培训，参加人数875人次。年内，中心组织分期分批开展乡村医务人员体系化培训，培训内容有基层卫生系统管理信息系统、儿科处置、处方管理规范、高血压处理情况等共计开展8次培训，参加人数450人次。4月，中心开展组团式援藏专家和对口帮扶援藏专家进行师带徒等方式利用结对帮带本地医生并加强人才培养工作力度。年发表医学论文3篇。

2023年12月21日，隆子县三林乡卫生院医务人员在辖区内开展家庭医生签约服务

【护理工作】 2023年，隆子县卫生服务中心在中心领导的带领和支持下，完成院方下达的临时性指令性任务，积极协同其他职能部门做好全院的各项管理工作；进一步完善护理质量管理体系成立质控小组、细化质控，坚持日常督查与月质量检查相结合、单项检查与全面检查相结合，随时掌握各病区护理动态，科室每周不定期检查，护理质控小组检查8次、护理部不定期质控6次。质控全年平均达到94.3分；严格把控、零事故，医院对护理安全与风险管理高度重视，严格把控每一个护理环节，实施有效的风险防范措施，实现全年护理零事故。继续执行SBAR交班模式，对危重病人、特殊病人严格进行床头交接，对有安全隐患的患者进行风险评估，如压疮、跌倒/坠床等制定护理防范措施，确保患者安全。本年度全院跌倒/坠床筛查359例，其中高危患者194例，全年无跌倒/坠床发生。压疮筛查129例，其中高危10例，接收院外压疮8例包括难免性压疮4例，全年无发生院内压疮；为了更有效地提供优质护理服务，对出院病人发放满意度调查表并每月总结一次、出院病人两周内主动电话回访询问患者的康复情况，不断拉近与患者的距离，通过实施优质护理服务，使患者满意度得到提高，充分体现了护理团队的专业水平和服务意识。全年发放

患者满意度调查表448份，满意度平均达到99.43 %；全年对全院护士进行三基技能考核1次，平均93.5分，考试合格率90%以上，护理部组织本院护理人员培训7次、各乡镇卫生院及村卫生室8次，临床科室按照计划每月坚持业务讲课和护理业务查房，每季度技能考核1次。

2023年10月30日，隆子县卫生服务中心医护人员开展边境村进小学“温暖边疆，照亮希望”义诊活动

【医疗质量管理】 2023年，隆子县卫生服务中心制定完善病案管理相关制度5项，特别是病历的书写，确保病历回收及质量。院领导参加科室交班、疑难病历讨例6次，强调科室管理、医患沟通、病历书写、业务学习等。年内，到卫生院指导、督查11次，内容包括合理用药、医院管理、医院发展等。医师节期间开展了病历书写比赛，提高了病历质量。

【药物管理】 2023年，在中心班子的领导和全院各科室支持下，紧紧围绕中心工作的要求，团结协作，克服困难，以认真负责的态度开展中心及县藏医院、11乡镇的药品及耗材的采购计划制定和采购、管理、分配工作。药品采购。2023年，隆子县卫生服务中心坚决执行药品网上阳光采购，无线下采购品种，制定了《隆子县卫生服务中心药械采购实施方案》，修订了《隆子县卫生服务中心药事管理与药物治疗学委员会》章程，并在周诗孝院长的主持下召开了药师管理委员会会议，会议上还审议了临床科室申请的新药采购事项，一共收到新增药品申请30个品种，根据临床实际需求，通过了28个品种新增到本院目录，中心药品按照每季度采购一次（每一季度报一次计划采购一次，由于报量很难预测，所以大部分都需要补单来保障药品的供应），由药房及县藏医院、各乡镇卫生院申报采购计划，药械科统计汇总并报中心领导签字后才可下订单。2023年，县医院及县藏医院及各乡镇卫生院药品有390种，其中国家基本药品有201种，占全院药品品种的51.53%，国家联盟药品涉及县医院的有76个品种，占全院药品品种的19.48%；全年药品采购金额达509.98万余元。耗材采购。根据自治区采购中心的要求，大部分低值耗材实现自治区集中采购系统上采购，未挂网的低值耗材按照原先的线下采购模式进行采购，并对未挂网的低值耗材进行了一次询价，按照质优价廉的原则进行采购。2023年，隆子县卫生服务中心采购耗材数量200多种，金额达145.8万余元。

【项目建设】 2023年，隆子县卫生服务中心各科室开展的新项目有：妇产科开展了低频产后治疗、穴位贴服便秘疗法、Leep刀宫颈手术等；检验科开展了总胆汁酸、输血；放射科开展CT血管三维成像；住院部开展了骨密度仪检测、肺功能检测仪、沙库巴曲缬沙坦对心衰规范指南治疗、震动排痰仪促化痰、气压治疗预防血栓等项目。

【交流学习】 2023年，隆子县卫生服务中心选派11名业务骨干赴内地进修学习，提升业务能力；10月，组织医务人员14人到常德市交流学习，开阔了视野。并加强高层次人才和紧缺型人才引进力度，强化全科医生、医技人才、人才队伍建设。后期选派4～5名医务人员和基层医疗机构3～4名医务人员参加上级和对口援助单位的培训进修学习，学习时间

2023年12月14日，隆子县卫生服务中心欢送中国人民解放军中部战区总医院对口支援医疗队

3～6个月。

【医疗设施设备投入】2023年，隆子县卫生服务中心大型采购有：放射科64排CT机、眼科医疗设备、耳鼻喉科医疗设备、超声科办公设备、孕妇学校办公设备、手术室器械及包布类，各科室申请的医疗设备（检验科的五分类血液分析仪、手麻科的麻醉机）等，体检中心医疗设备、培训中心相关模型、乡镇斗玉乡绕让村和隆子镇叶巴村医疗机办公设备，疾控中心学生常见病筛查医疗设备、疾控中心笔记本电脑等医疗设备，疾控中心鼠疫应急物资等设备的采购，共计投入资金1100万元。

【援藏帮扶】2023年，为全面落实中共中央组织部关于做好医疗人才“组团式”支援西藏部分县人民医院工作的决策部署，按照隆子县医疗卫生工作所需，常德市先后选派院长、神经内科等方面业务骨干和医疗人才8人次，组成常德市医疗人才“组团式”工作队，支援隆子县医疗卫生事业。人才培养。经过援藏医生“手把手”的培训，先后在妇产科等科室培养了22名本地医护人员。2023年在全院范围内挑选17名好苗子，由分管副县长亲自谈话，与援藏医生确定师徒关系。结业后，开展双向考核，对学员进行实操考核，帮带成效纳入援藏医生期满考核，2023年评选6名优秀带教老师和6名优秀学员。精细化管理。以二级公立医院绩效考核为抓手，进一步完善薪酬分配制度，调动积极性。参照内地医院做法，继续指导帮助隆子县人民医院制定完善各类管理制度、工作流程21项，推动医疗服务管理精细化水平不断提升。政治理论学习。以党建工作统领医院业务工作，扎实开展医疗义诊“五进”（进机关、进校园、进农牧区、进寺庙、进部队）活动，全年开展送医送药义诊10次，免费发放价值8万元药品，惠及官兵群众近2000人。交流交往。2023年11月，常德市第一人民医院眼科团队到隆子进行白内障手术29台。

医疗保障

【概况】隆子县医疗保障局（以下简称医保局）于2019年3月正式挂牌成立，属隆子县人民政府工作部门，为正科级单位。根据《关于设立12个县（区）医疗保障服务中心的通知》精神，2020年12月24日批准设立了隆子县医疗保障服务中心，为隆子县医疗保障局所属副科级事业单位。

【参保缴费】2023年，全县城乡居民户籍人数为33607人（乡镇上报），实际参保缴费人数33349人，居民参保率为99.61%，脱贫人口参保率达到了99.7%；落实了2023年和2024年的特殊困难医疗救助对象、边民、“6065”人员、低收入脱贫人口全额或定额资助参保政策，确保资助参保全覆盖。

【医保待遇落实】2023年，隆子县城乡居民和干部职工基本医疗保险（住院、普通门诊、门诊慢特病、生育保险）手工零星报销734人次、报销金额502.99万元，通过对月结上传数据进行系统智能审核后，全年为全县定点医药机构结算支付医保资金515.06万元、结算24248人次，确保了全县参保人员的基本医疗保险待遇精准及时足额落实。

【异地就医】 2023年，隆子县医保局严格落实跨省异地就医医疗保险政策，严格执行就医地目录和参保地报销政策规定，认真开展异地就医备案、异地就医政策宣传、手机备案指导等服务工作，县级定点医疗机构认真落实了跨省异地就医门诊和住院费用直接结算，落实了国家联网定点医疗机构开通跨省异地就医费用直接结算政策，为隆子县异地就医参保人员带来了极大便利。

【药品管理】 2023年，隆子县医保局严格落实药品医用耗材集中采购政策。加强指导督促定点医疗机构药品、医用耗材省际联盟集中带量采购工作，有效降低了部分药品、医用耗材价格。对全县定点医疗机构是否落实西藏自治区药品医用耗材集中采购政策执行情况的监督检查，除了政策允许的外，其余药品和医用耗材做到严格按照线上集中采购政策规定执行，确保了药品价格和质量安全可靠。

【医疗救助】 2023年，隆子县医保局严格按照《西藏自治区人民政府办公厅关于健全重特大疾病医疗保险和救助制度的实施意见》规定，认真开展特殊困难人员和重特大疾病患者的医疗救助工作。全年医保居民申请医疗救助97人、救助资金71.79万元(包括零星救助和医保中心一站式救助)；2023年，县医保局结算支付县人民医院和藏医院系统直接结算城乡医疗救助资金共计5.71万元，救助人数685人次。确保了救助对象及时足额享受医疗救助待遇，充分发挥了医疗救助托底保障功能，进一步防止了因病返贫致贫现象出现。

【医疗费用监管】 2023年，隆子县医保局组织人员开展定点医药机构监督检查5次(包括年终考核)，检查定点机构共48家次，发现的问题当场下达限期整改意见，确保及时整改到位。其中成功处理了一起参保人员伪造证明材料骗取医保基金案件，涉及金额59486.47元；开展了对11个乡镇卫生院和部分村卫生室以及2家药店全覆盖监督检查，其中2家药店聘请第三方检查，药店存在的串换药品、进销存不符等违规问题涉及金额共计171663.71元，下达整改通知，并对违规资金进行全部追回，同时进行约谈。在乡村医疗机构检查中发现违规问题共280条、涉及资金0.74万元，其中涉及医保资金方面通过系统智能审核进行拒付处理，对于存在的问题要求及时整改到位。进一步增强了定点医药机构和参保人员医保基金合法合规使用意识，规范了定点机构医药服务行为，维护了群众的看病钱、救命钱。

【政策宣传】 2023年，隆子县医保局把政策宣传作为医保重点任务，采取多种方式和线上线下渠道开展了居民医保、职工医保、医疗救助政策和《医疗保障基金使用监督管理条例》等向干部群众中广泛深入宣传。组织骨干力量深入部分乡村开展医保政策宣讲，精心组织开展医疗保障基金监管集中宣传月活动，协助配合开展雅砻民族艺术团在隆子县以“医保政策进万家 党的关怀伴一生”为主题的医保惠民政策宣传下乡文艺演出活动。全年开展医保政策宣传宣讲16次，参与人数达4000余人次，发放资料(物品)20000余份，解答群众咨询600余人次。

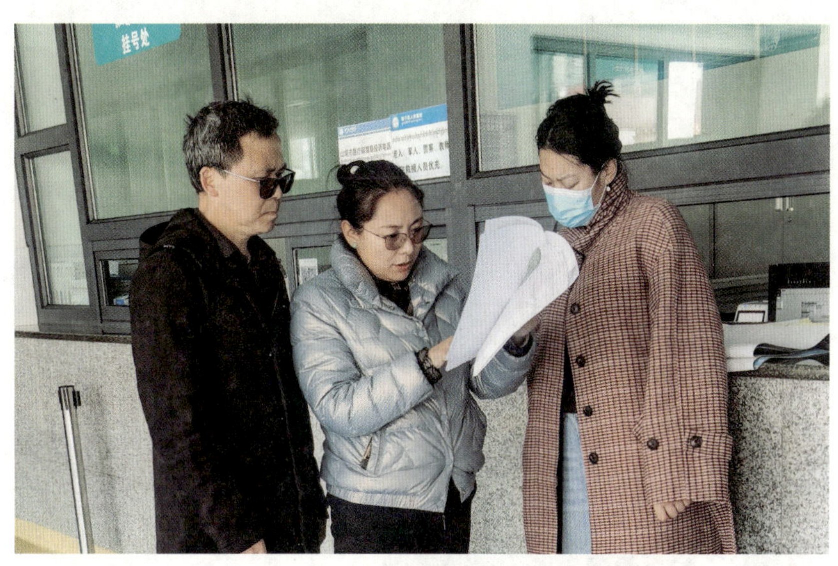

2023年4月6日，隆子县医保局工作人员在定点医院开展医保电子凭证全流程应用检查

【医保公共服务】 2023年，隆子县医保局在扎实落实基本医保、大病保险、医疗救助“一站式服务、一窗口办理、一单制结算”工作基础上，认真做好参保人员跨省异地就医直接结算服务工作，同时抓好乡、村两级医疗机构医保直接结算工作，全年深入乡镇卫生院和村级卫生室督导检查和培训5次，重点督导乡镇卫生院系统结算情况和村卫生室POS机使用情况，乡镇卫生院医保直接结算能力得到了一定加强，村级卫生室POS机使用数据十条以下的仅占13%，缩短了医疗保障服务“最后一公里”的距离。年内，采取各种方式在参保人员中大力宣传推广使用医保电子凭证。县医保局起草联合强基办、卫健委下发了《隆子县医疗保障局关于推广使用医保电子凭证的通知》，明确定点医药机构、驻村工作队职责任务，建立了工作群，专门安排人员调度全县医保电子凭证激活使用工作，从12月开始实行定期不定期调度制，为更好推广使用医保码奠定了基础，同时加强医保码政策宣传，进一步强化了医疗保障服务便捷度和服务效率。

【资金清退】 2023年，隆子县医保局按照区、市两级通知精神，在县委政府安排和大力支持下，协调配合有关部门，及时有效完成了原农牧区门诊医疗制度家庭账户资金清退工作。经统计，应清退资金538.22万元、32330人，实际清退资金536.02万元、32330人，其中除了审计重复计算群众账本余额2.2万元以外，实际清退率达到了100%，及时有效处理了隆子县原农牧区医疗制度门诊家庭账户历史遗留问题，保障了参保群众切身利益。

【医保领域行风建设】 2023年，隆子县医保局严格落实《西藏自治区医疗保障经办政务服务事项清单》和医疗保障十六项便民服务措施，确保了医保业务及时受理、依规审核、按时支付，进一步简化和优化了报销流程，精简了报销手续材料，缩短了报销时间；按照上级要求规范化设立了医疗保障24小时自助服务厅，并已投入使用，解决了参保人员在八小时之外窗口无人办理医保业务的问题。

2023年11月10日，隆子县医保局开展医疗保险基金全覆盖监督检查

疾病预防与控制

【概况】 隆子县疾病预防控制中心（原隆子县卫生防疫站）成立于1980年，于2002年改制为隆子县疾病预防控制中心，现隶属隆子县卫生服务中心。

【传染病防治】 2023年，隆子县网络直报系统共报告法定传染病乙、丙类9种184例，无甲类传染病报告。其中乙类传染病共报告126例，占发病总数的68.4%。分别为乙肝51例（其中推送23例）、结核病40例（其中登记收治32例）、推送梅毒18例、推送新冠肺炎14例、推送淋病1例、HIV1例、细菌性痢疾1例，发病率占全县人口的3.48‰；丙类传染病共报告58例，占发病总数的31.5%。分别为手足口病51例（其中推送4例），推送流行性感冒5例、推送包虫病1例、流行性腮腺炎1例，发病率占全县人口的1.6‰；其他法定传染病17例均为水痘。全年未发生重大突发公共卫生事件及传染病疫情。年内，完成手足口病监测采送样43例，禽流感样监测采送样19例（其中环境样

7 例，人样 12 例），结果均为阴性。SASS 监测送检 1 例、麻疹监测送检 1 例，结果均为阴性。全县 AFP（急性弛缓性麻痹病例）监测 2521 人，未发现疑似病例。

【免疫规划】 2023 年，隆子县一类 9 种单疫苗 20 剂次接种率分别达到 95%，平均接种率达 97%；全县新生儿数 246 人，建证建卡率 100%；11 个乡镇卫生院疫苗储存温度监测系统及免疫规划信息管理系统平台使用率均达到 100%；2023 年，对全县 51 所托幼机构和 10 所小学新生开展入托入学 2 轮次脊灰、百白破、白破、麻腮风、A+C、甲肝等 6 种疫苗查漏补种工作，共查验 3294 人，补种 770 剂次；开展县、乡、村三级免疫规划专技人员岗前培训考核工作，市卫生行政部门对 48 名考核合格人员颁发预防接种上岗证。

【结核病防治】 2023 年，隆子县疾病预防控制中心共收治结核病人 32 例，其中新涂阳 7 例、涂阴病人 25 例，肺外结核 4 例、结核性胸膜炎 2 例。全年初诊登记 166 人次，痰检 101 人次，可疑耐药病人 7 例；菌株运送 7 例进行耐药检测工作；密切接触者筛查 37 人次；追踪上级医疗机构上报的结核病人 16 例并进行登记治疗管理。对 11 各乡镇开展 3 次督导检查，全年对结核病患者进行了 516 人次随访。年内，对全县教育工作者及中小学生开展结核病筛查，对教师进行 PPD 试验和 X 拍

2023年4月30日，隆子县疾病预防控制中心工作人员在列麦乡周围对不明原因病死旱獭进行鼠疫抗体检测

片 565 人，小学生及幼儿园学生 PPD 试验 1536 人，中学生 PPD 试验 414 人。其中 X 拍片异常 11 人次，4 人为陈旧性肺结核，PPD 试验强阳性 2 人。筛查 15 ~ 59 岁目标人群 14144 人，60 岁及以上目标人群 2149 人，结核菌素实验人数 13838 人次、X 胸片人数 7213 人次，胸片异常 132 人，结核菌素实验阳性 149 人，确诊病例 3 例，预防性治疗 1 例。

【鼠疫防治】 2023 年，隆子县疾病预防控制中心按照自治区、山南市鼠疫防控要求，结合本县实际，制定鼠疫防控方案，严格执行鼠疫“零报告”和“周报告”制度，深入基层广泛开展鼠疫“三报、三不”为主要内容的宣传教育，并签订了 34 份疾病预防责任书，累计旱獭密度调查 5666 公顷，其中流动监测 3526 公顷，见獭数 27 只，平均旱獭密度为 0.008 只 / 公顷，固定监测 2140 公顷，见獭数 20 只，平均旱獭密度为 0.009 只 / 公顷，布夹数 350 个，捕鼠数 3 个。共堵洞数 5645 个，其中主洞投药 2623 个，废弃堵洞 3022 个，使用了 150 桶磷化铝。探洞 147 个，染蚤洞数 8 个，获蚤数 11 个。病死动物快速检测共 9 只，其中 1 只结果为阳性（5·24 鼠间鼠疫）。县疾病预防控制中心立即启动突发公共卫生事件应急预案，组织 3 名专技人员赶赴现场开展密切接触者隔离管控、疫源地处置等防控和医疗救治工作，同时将 4 名密接人员隔离观察于防控驻点。在整个疫情处置中，4 名密接人员接受鼠疫菌抗体检测两次、疫区及周边牧犬鼠疫抗体血清 14 份、羊血清 20 份，均为阴性。6 月 14 日组织县、乡、村三级医护人员鼠疫防治知识培训，县疾控中心工作人员、县人民医院、各乡镇卫生院共 40 余人参加培训。

【包虫病防治】 2023 年，隆子县包虫病患者病案建档累计 73 人，其中外因死亡 6 人，手术治愈死

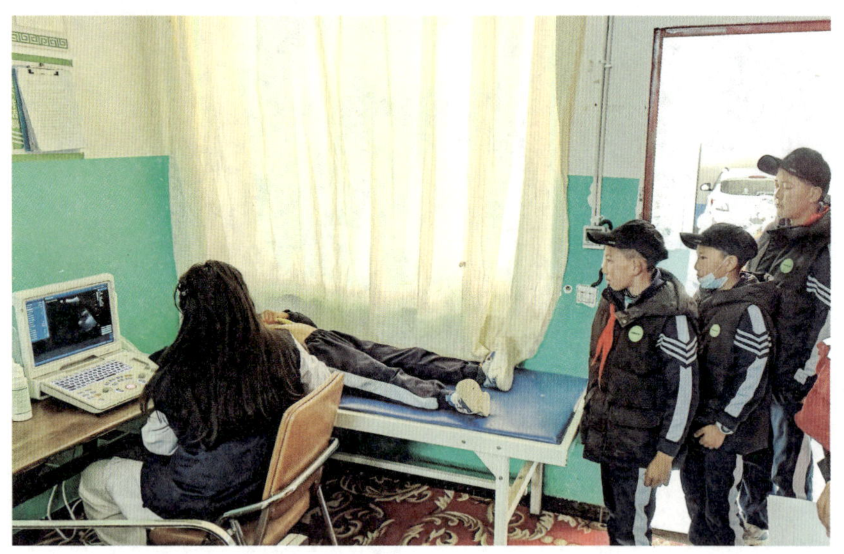

2023年10月17日，隆子县疾病预防控制中心工作人员在热荣乡小学开展包虫病筛查

亡1人，现规范管理包虫病患者66人，规范管理率达99%，现有术后复发药物治疗患者2人，年度随访88人次。年内，开展居民包虫病监测1088人次，中小学生包虫病监测526人次，中小学生包虫病防治知识和行为问卷调查524份，合格率达89%；捕获啮齿鼠类解剖16只，未发现包虫病变；在全县范围内采集家畜（牛）内脏50份，未发现包虫病变；采集包虫病家犬粪抗原327份、野犬犬粪样本13份，经检测包虫病粪抗原阳性家犬1例、野犬1例。

【疾病筛查】 2023年，隆子县疾病预防控制中心开展8～10岁学生及孕妇食用盐随机采样352份，经检测352份盐样含碘量均符合国标；开展全县25岁以上氟骨症筛查共19435人，初筛异常3883人，入户调查采集家庭砖茶样本830份，采集饮水样品83份，检测结果氟含量均符合国标；开展7～12岁儿童大骨节筛查1778人，未发现疑似或确诊病例。对全县开展成人大骨节病筛查19005例，疑似大骨节患者13例，经援藏专家确认后有8名患者符合手术指征，并在援藏免费手术项目中手术治疗，其余5名患者因禁忌证未能手术。同时对上述13名患者建档建卡，全年进行入户随访4轮次，已手术的8名患者术后恢复情况良好，自主活动正常。

【慢性病防治】 2023年，全县35岁以上高血压患者登记管理数3041人、规范管理数3041人、规范管理率100%，血压控制数2590人、血压控制率达85%；65岁以上老年人健康管理数2529人、老年人健康管理率100%；糖尿病患者登记管理38人、规范管理38人、规范管理率达100%，血糖控制数32人，控制率达84%；严重精神障碍在册患者登记管理85人、规范管理85人、规范管理率达100%，服药患者53人、服药率达62.4%。2023年，全县死因监测报告死亡数160人，死亡率为总人口的4.8‰，死因排前五的分别是高血压心脏病、呼吸系统、恶性肿瘤、脑血管疾病、意外事故等。

【性病、艾滋病防治】 2023年，隆子县疾病预防控制中心以“政府主导、多部门支持、全社会参与”为原则，发现一例、直报一例、管理一例、治疗一例。年内，采取进校园、下基层、查娱乐场所等诸多模式开展了一系列预防性病、艾滋病健康干预活动，开展性病、艾滋病检测共440人次，分别为术前检测37人次、孕产期检测173人次、自愿咨询检测（VCT）87人次、娱乐场所检测143人次。2023年报告HIV感染者1例，现抗病毒治疗1例。较往年性病、艾滋病检阳率下降0.39‰。

【健康教育宣传】 2023年，隆子县疾病预防控制中心运用讲座、巡讲、宣传、互动等多种形式进行普及卫生、疾病预防等健康知识。全年印制26种健康教育防治画报、手册、宣传单等4万余份；定制印有健康知识纪念品如购物袋、餐具、太阳帽、毛巾、洗脸盆、手套、雨伞等11种24000余份。联合各乡镇卫生院在全县范围内累计开展宣传咨询活动156场次；以进校园、走基层、到重点场所等方式开展健康巡讲活动14次、知识讲座24场次；展出固定健康教育宣传栏111次；播放健康教育音像资料267场次；悬挂主题横幅90余条；接待健康教育咨询人数7501人次；受教育群众累计达2.9万余人次，累计发放宣传手册、纪念品共6万余份，宣传覆盖面达到80%以上。根据《关于自治区印发居民健康素养监测方案通知》的要求，随机对隆子县日当镇、斗玉乡、三林乡3个乡镇6个行政村进行非集体居住15～69岁常住人群健康素养知识知晓情况问卷调查，共问卷调查240人，调查结果合格率为72.8%。

【卫生监督管理】 2023年，隆子县疾病预防控制中心在全县范围内开展学校卫生、各公共场所、医疗卫生机构、饮用水卫生、放射卫生、矿区职业卫生领域日常监督检查3轮次。对5家公共场所和1所小学、1所乡镇卫生院开展"双随机"抽检工作，卫生标准均为合格；对县域随机抽取餐饮、蔬果交易市场、养殖基地、加工类食品商户进行蔬果类、肉制品、加工类食品、牛奶等食品安全采样12份，卫生标准合格；随机抽取6所中小学开展裸眼视力、电脑验光、口腔检查，身高体重及血压、脊柱等六项共监测2520人，并对其开展关于饮食、运动行为问卷调查1385份。

【饮用水监测】 2023年，隆子县共设置31个饮用水监测点，分别为24个农村饮用水监测点和4个县城监测点、3个学校集中供水监测点，共采集出厂和末梢水样94份，监测范围覆盖率100%。经检测，菌落总数超标样15份、大肠菌群超标样22份、大肠埃希菌超标样17份、水质总硬度超标样3份，硫酸盐超标样3份，肉眼可见物（泥沙颗粒）超标样6份，色度超标样2份、浑浊度超标样2份、六价铬超标样1份，检测结果均已反馈给各相关单位，责令进行整改。

【职业病防治监测】 2023年，隆子县疾病预防控制中心对县人民医院放射科DR和CT机子进行不同方位的医用辐射防护检测，并对建筑业、矿业等重点人群进行职业健康素养监测与干预措施。截至年底，共监测食源性疾病5例，分别是县人民医院4例、雪沙乡卫生院1例。

【突发公共卫生应急处置】 2023年，隆子县疾病预防控制中心组织召开突发公共卫生应急事件工作办公会，起草制定了《隆子县疾控中心2023年突发公共卫生事件应急预案》《隆子县2023年突发公共卫生事件应急联动协调机制》和《隆子县2023年重大传染病防控工作方案》等，并调整了2023年隆子县突发公共卫生事件应急处置小组成员名单及职责。同时组织举办了突发公共卫生事件应急演练（小规模）和全县卫生应急工作知识培训。2023年5月，隆子县境内发生一起鼠间鼠疫（动物间）疫情，为确保疫情不扩散不蔓延、防止波及人间，隆子县疾病预防控制中心第一时间启动鼠疫防控应急预案，并逐层报告上级领导，以"科学指导、精准实施"为方针，政府主导、责任到位、严防严控、联防联控、群防群控，全面、及时、有力、规范地处置疫情，有效防止了疫情向人间扩散蔓延，取得了良好的阶段性成果，同时也得到了宝贵的实战经验，提高了县、乡、村三级专技人员应对突发疫情联防联动处置能力，进一步强化了疫情防控意识，能在最短时间、最小范围内迅速、有效地开展应急处置，为今后的

2023年12月17日，隆子县疾病预防控制中心工作人员同山南市疾病预防控制中心结核防治科工作人员格桑尼玛（左一）在雪沙乡开展结核病、氟骨症筛查工作

卫生应急工作奠定了良好的基础和强有力的保障。

隆子县藏医院

【概况】 隆子县藏医院成立于2019年4月，2020年1月13日正式投入使用。在县委、县政府的领导和上级业务主管部门大力支持下，隆子县藏医院已发展成为集医疗、康复、基层藏药制剂为一体的县级藏医院。医院开设有民族医学科（藏医学）、藏医外科、康复理疗科、口腔科、医学检验科、医学影像科、藏医制剂室。

【医疗业务】 2023年，隆子县藏医院在全院干部职工的共同努力下，医院的各项业务稳步发展。门诊6538人次，住院225人次。其中涂擦治疗252人次，针灸治疗106人次，放血治疗30人次，药浴治疗39人次，牵引治疗10人次，拔罐治疗27人次，超短波治疗30人次，穴位贴敷治疗81人次，微波治疗40人次，磁振热疗90人次，火麦治疗110人次，察杜治疗107人次，蜡疗26人次，TDP治疗358人次。全年各项指标病床使用率为53%，入（出）院诊断符合率为100%，治疗有效率为94.8%，转诊5人次，病死率0例，病床周转次数9.6次，藏药使用率100%，全年无伪劣药品，无差错事故。

【学科建设】 2023年，隆子县藏医院根据全县常见病、多发病的特征，成功建立风湿骨病科、心脑科两大市级特色专科，添置了专科设备，配备了专业人员，并研究确定专科优势病种，制定以藏中医为主、西医为辅的诊疗方案，做到持续完善，受到群众欢迎。

【人才培养】 隆子县藏医院为全面提升藏医特色医疗服务水平，切实满足基层广大群众健康服务需求，于2023年6月26—28日，开展为期3天县、乡、村三级藏、中医适宜技术推广培训，共有33名医务人员参加。为乡、村两级全面开展藏医适宜技术奠定了坚实基层，真正让基层群众享受到更好、更优质的医疗服务。9月4—13日，各乡（镇）卫生院选派条件相对成熟且有一定藏医药知识的10名村医进行为期10天的跟班学习，主要学习藏中医适宜技术临床运用和技术要点，跟班学习人员覆盖6个乡镇，9家村卫生室，培训结束后，通过严格的考核，10名学员均合格结业。跟班学习完成后，针对以上9家村卫生室设备简陋的问题，县藏医院解决20600元，为其配备了中医拔罐、电子波治疗器、熏蒸肢体桶等设备，为更好地推广藏中医适宜技术提供了保障。2023年，隆子县藏医院选派10名骨干医务人员到山南市藏医院、山南市人民医院、西藏自治区食品药品检验研究院、湖南中医药高等专科学校附属第一医院开展进修学习。

【科研创新】 2023年，隆子县藏医院为加速藏医药科技创新发展，依据《西藏自治区藏医药管理局关于发布2023年度局级科研课题申报指南的通知》要求，组织骨干医务人员开展局级科研课题申报工作。白玛卓嘎提交的“藏医巴泻疗法对银屑病的临床疗效评价与安全评估”局级课题顺利通过。

【护理工作】 2023年，隆子县藏医院由护士长带领大家主动协助

2023年1月19日，隆子县藏医院组织骨干医务人员到斗玉珞巴民族乡（抵边搬迁村）开展以“关爱搬迁群众 守护健康安置”为主题的免费巡回义诊活动

病人日常生活护理，协助其洗脸、洗头梳头、剪指甲，协助病人翻身，为病人按摩等。全年服务共计 40 余人次，健康宣教 214 人次。另外，察杜具有缓解急症、消化不良和解痉、止痛等作用，服务人数共计 142 人；鹤麦适用于失眠、贫血引起的隆性体质、眩晕等隆性引起的各种体质，共服务人数 120 人；涂擦具有舒筋活络作用，服务人数 246 人；藏药浴主要有疏通经络、改善气血循环、清热解毒、祛风散寒、增强新陈代谢、提高免疫力、缓解腰身疼痛和筋骨疼痛、明目安神、美容养颜、调和三因、消除人体疲老等作用，共服务人数 46 人，得到了患者一致认可。

【项目建设】 2023 年，隆子县藏医院为进一步加强藏药制剂室的规范化建设，达标 GPP（医疗机构制剂配制质量管理规范）质量要求，9 月 1 日，选派 2 名专业技术人员到西藏自治区药品监督处进行为期 3 个月的进修学习，主要学习药品检验技术；通过推进藏医药文化素养调查工作，全面了解藏医药在基层群众中的知名度及使用率，并通过义诊形式加强宣传引导，确保人人了解藏医、使用藏医、信任藏医；根据最新藏药管理办法和区、市、县政府关于加大藏药产业发展目标，县藏医院投资 175 万元新建制剂室检验室，县政府解决藏医院制剂室实验室设备购置经费 240 万元。

2023年7月28日，湖南省直中医医院驻隆子县藏医院康复治疗师邱宇（左六）和藏医院副院长嘎玛次旺（左四）带领骨干医务人员到雪布下边境检查站开展免费义诊活动

【交流合作】 2023 年，隆子县藏医院为进一步巩固帮扶成果，补齐医院技术短板，11 月 8 日组织 2 名骨干医护人员到湖南省中医药高等专科学校附属第一医院开展为期 3 个月的进修学习。

【医疗设施设备投入】 2023 年，隆子县藏医院购置了价值 9 万元血气分析仪；价值 5.6 万元的浅表彩超探头；价值 5.6 万元的心脏彩超探头；价值 4.8 万元的电脑恒温电蜡疗机；价值 5.6 万元的全自动血液细胞分析仪。

【援藏帮扶】 2023 年，援藏专家康复治疗师邱宇针对县藏医院实际开展学习新技术为主，为医护人员进行相关培训；参与县中医适宜技术推广培训班授课，给藏医院授课老师的针灸等中医课件内容进行修改指导，为县乡镇医生提供适宜的中医治疗如针灸、火罐等技术；开设院内小课堂，重点培训治疗医生们不熟悉、使用较少的推拿手法，临床中指导进行推拿手法操作；多次参与下乡义诊及周边残障儿童康复治疗义诊活动，为有治疗需求因各种原因无法到院治疗的患者提供治疗服务以及康复宣教，提升医院影响力。全年组织开展培训 3 场次，参与义诊 4 场次。2023 年，隆子县藏医院争取到了一位口腔援藏老师。在院长和援藏专家的带领下，口腔科的日诊量大幅增长，从原来每天最多接诊 2 ~ 3 名患者增加到最高门诊量 20 人次。年内，援藏医学影像专家对医学影像人员进行了技术培训，内容涵盖医学影像基础理论、常见疾病的影像诊断方法以及医学影像设备的操作等。

社会事业

民政·残疾人事业

【概况】 隆子县民政局是县政府主管社会行政事务的职能部门。主要职能包括部门社会保障和部门社会事务管理、基层政权建设等工作。

【社会救助】 2023年，隆子县民政局按照西藏自治区人民政府关于印发《西藏自治区最低生活保障实施办法》的通知，进一步规范城乡社会救助工作，保障困难群众基本生活。坚持“应保尽保、应退尽退”的审批原则，全县兜底保障工作已全面实现了动态管理，形成了城乡低保有进有出，低保资金社会化发放、按标施保，救助资金严格按照有关规定安排使用，让低保扶贫更为精准。2023年，落实农村低保资金114.83万元（含边境增发），涉及146户332人，落实城镇低保资金28.8万元，涉及32户48人。2023年，新增农村低保16户43人，清退农村低保14户26人，新增城镇低保1户2人；清退城镇低保1户1人。年内，按照“应救尽救、适度救助”原则，充分发挥社会救助托底线、救急难作用，解决城乡困难群众的突发性、紧迫性、临时性基本生活困难，强化社会救助兜底保障工作，全年兑现临时救助（含农牧民失业困难农民工、未就业大学生）资金81.4万元，涉及378人。2023年，全面实施残疾人“两项补贴”制度，对困难残疾人生活补贴和重度残疾人护理补贴，实行应补尽补、应退尽退的动态管理，补贴发放及时。落实残疾人“两项补贴”资金302.8万元，涉及1711人，落实重度残疾“十大民心”资金125.5万元，涉及389人。进一步推进残疾人无障碍改造项目，不断改善残疾居住环境，为18户重度残疾人、11户残疾人实施无障碍改造，涉及资金66.85万元。

2023年1月2日，隆子县召开2023年社会救助联席会议第一次全体会议

【养老服务】 2023年，隆子县民政局落实特困人员生活补助资金490.03万元（其中分散特困人

员生活补助资金121.2万元，涉及149人；发放集中特困人员零花资金69.1万元，涉及196人；丧葬费5.4万元；分散特困人员照料护理补贴55.7万元；特困人员集中供养中心日常生活支出294.33万元）；发放事实无人抚养儿生活补贴资金3.14万元，涉及7人；投入14万元为隆子县40户特殊困难老年人家庭开展适老化改造；推进农村“幸福院”建设项目。截至年底，隆子县农村幸福院已投入使用，开展各类活动达30余次。

2023年6月7日，隆子县社会工作者为残疾儿童辅导作业

【基层建设】 2023年，隆子县民政局根据《中国共产党章程》《中华人民共和国居民委员会组织法》等法律法规以及上级有关文件精神，隆子县新设2个社区，即南城社区命名为叶巴社区和北城社区命名为吉塘社区，撤销叶巴村改设叶巴社区。成立后，吉塘社区和叶巴社区划于隆子镇党委、政府管理。

【社工服务】 2023年，民政部决定实施“抵边村社工服务工程”，按照“建成一个抵边村、设立一个社工站”的原则，加快推进抵边搬迁安置点的社工站建设，力争5年时间推动隆子县抵边社工站全面覆盖。2023年，隆子县共投入资金300万元，建成11个乡镇及4个抵边村社工站建设工作，率先在山南市内实现乡镇社工站全覆盖工作。站点建设以来，社工积极采取上门入户、调研走访等形式，针对各类困难家庭开展入户调查工作，总服务人员达3500人次以上，开展个案服务7个，组织开展大型公益活动3场次、受益群众1000人次以上。

【帮扶慰问】 2023年，隆子县民政局“三大节日”期间对困难群众家庭开展走访慰问，慰问城乡低保户171户，慰问残疾人98人，分散特困老人148人，慰问事实无人抚养儿童5人，慰问山南市儿童福利院孤儿13名，慰问隆子县特困人员集中供养中心10000元，慰问山南市儿童福利院20000元，慰问资金共计466000元。为进一步保障和改善残疾人民生，更好维护残疾人合法权益，营造关心关爱残疾人的浓厚社会氛围，2023年5月19日开展第三十三次“全国助残日”活动，向41名残疾人发放203包尿片尿裤、向残疾人就业基地6名职工发放6口蒸锅共计5995元；深入隆子县扎日乡亚绕2号搬迁安置点开展“预防先天残疾 守护美好未来”——隆子县残联开展残疾预防日系列活动，向残疾人发放13件棉被、四件套等慰问物品。2023年，西藏自治区慈善总会为隆子县特困人员老人、环卫工人、困难群众等344名群众捐赠价值344400元的防寒衣物。

【婚姻登记】 2023年，隆子县民政局全面加强婚姻登记工作，严格按照《中华人民共和国民法典》有关婚姻登记要求开展婚姻登记工作。全年共登记结婚证252对、离婚证99对，补领结婚证44对、补领离婚证8对，补录婚姻登记2条。

人力资源和社会保障

【就业创业】 2023年，隆子籍高校毕业生281人，已就业281人，就业率100%。县人社局严格按照自治区提出的“一对一、多对一”帮扶机制，安排全县科级以上

2023年9月10日，隆子县人社局局长洛桑（右二）入户了解高校毕业生区外就业意愿

干部认真开展结对帮扶活动，帮扶干部与高校毕业生结对帮扶电话对接率达到100%、政策宣传次数330人次、岗位推荐次数300余次。开发常德市“组团式”就业岗位205个，区外就业43人（其中：“组团式”市场化30人、区外创业1人、公职岗位12人）；2023年，隆子县城镇新增就业681人，完成年度目标任务的101.5%，实名制转移就业人数13134人，累计创收1.49亿元，分别完成年度目标任务的101.39%、104.92%（其中建档立卡脱贫户转移就业2497人，占就业人数的19.01%），城镇登记失业率控制在5%以内；2023年，结合农牧民群众的培训意愿以及各企业、合作社的订单式、定向式培训需求，开展了中式烹调师技能、缝纫技术、护林员等培训工种，全年组织开展40期技能培训，共计1243人，完成年度目标任务的118.38%；共举办“春风行动・就业增收”招聘会、常德援藏网络招聘会、隆子县特困人员集中供养中心招聘会、补录基层购买服务岗位、政府购买岗位等6场次，提供就业岗位727个，参加企事业单位80余家，涵盖电子商务、行政文案、前台服务、财务会计、市场专员、市场营销等多种职业，招聘会进场达到520余人次，收集求职登记表300份，就业174人；2023年，兑现高校毕业生市场就业补贴27人，110.42万元；大中专毕业生创业启动资金39人，247.5万元；高校毕业生租房、水电补贴6人，10.08万元。

【人才队伍建设】 2023年，隆子县人社局加大对专业技术干部的培养力度，制定了《隆子县事业干部队伍建设情况调研工作实施方案》，为第二批县乡干部交流工作打好基础；全面开展事业单位管理岗位职员等级晋升制度，落实事业单位专技人员职级待遇，持续推进事业单位人事制度和职称制度改革工作；2023年，共招录31名专业技术人员（含1名转招生），安置退役士兵1名，研究调入12名、调出23名；完成16名“三支一扶”人员的工作分配；聘任初级职务16人、中级职务84人（含双定岗位52人）、副高级职务3人，聘任工勤人员高级工1人、技师1人；批准合同制工人退休7人（其中包含2名提前退休）；根据工作需要调整11名事业单位专技人员（含工勤人员）工作岗位。

【劳动保障法律法规宣传】 2023年，隆子县人社局深入村居、田间地头、工程建筑领域项目、企业开展宣传活动20场次，大力宣传《保障农民工工资支付条例》《劳动法》《劳动合同法》《劳动保障监察条例》《工伤保险条例》等相关法律法规，提高农牧民群众、农民工维权意识，受众群众达1000余人，发放宣传材料3000余份。

【劳资纠纷处理】 2023年，隆子县共受理劳资纠纷案件36起，为890名农民工解决被拖欠工资款1246.35万元。

【劳动保障】 2023年，隆子县人社局严格按照相关文件要求，对落实农民工实名制、专户开立、银行代发、工资保证金等情况，联合相关部门实行月调度制度，住建实名制管理平台录入项目共计44个，已落户实名制数34个，实名制覆盖率77.27%；已落实农民工工资专用账号数43个，工资专户覆盖率97.93%，已落实线上代发项目数33个，线上代发覆盖率75%。共有66家单位以第三方担保形式缴纳民工工资保证金，担保额度4456.72万元；设立专户用于农民工工资保证金的缴存及退还，做到保证金专户专管，县财政预算欠薪应急周转金50万元，切实保障劳动者合法权益，构建和谐劳动关系，促进社会和谐稳定发展。年内，严格按照《重大劳动保障违法行为社会公布办法》，经县级审核，向社会公布4家全县第一批重大劳动保障违法企业（个人）的相关信息，并上报市级，有力震慑违法企业，净化劳动力市场，彰显社会公平正义，取得良好社会效益。

【联合执法】 2023年，隆子县人社局联合县信访局深入隆子县各项目实施地开展联合执法检查10余次，涉及建筑领域项目及劳动密集型企业150个。对9家施工方下达了《西藏隆子县人力资源和社会保障局劳动保障监察行政处罚（行政处理）事先告知书》。

【基础设施建设】 隆子县公共实训基地建设项目，总投资2000万元（实际到位资金），资金来源全部为中央预算内投资，建安工程面积为4760.2平方米以及配套设施设备。新建综合实训楼2709.58平方米，学员宿舍875.44平方米，食堂教员宿舍综合楼879.72平方米，建筑、汽修室外培训场地251.11平方米，门卫室44.37平方米，道路硬化以及附属设施。截至年底，除公共实训基地院内绿化，其他均已完工。

【社会保障】 2023年，隆子县人社局到各乡镇讲解城乡居民养老保险政策，引导农牧民群众参加城乡居民养老保险，参保率达到100%。2023年实现参保人数22218人，已完成缴费申报人数16945人，征缴资金351.07万元，为建档立卡贫困户、低保、重症残疾人等符合政府代缴人员1845人按100元实行代缴，代缴资金18.45万元；为4343名年满60周岁以上待遇领取人员发放养老金（含丧葬费）1560.39万元。截至年底，隆子县企业职工基本养老保险实现参保人数792人，征缴基金1017万元，机关事业单位基本养老保险实现参保人数1783人，征缴基金6200.6万元，职业年金实现参保人数1783人，征缴基金1550万元，失业保险实现参保人数1829人，征缴基金142.1万元，工伤保险实现参保人数2574人，征缴基金57.3万元。

2023年10月14日，隆子县人社局组织召开2023年秋季高校毕业生专场招聘会

气象

【概况】 隆子县气象站承担隆子县城河谷地带的气温、降水、风、地温、气压等10多个基本气象要素的观测任务和气象通信工作任务，属国际气象资料交换站，是国家基本气象观测站、工作量最大的气象台站之一。除气象观测外，还承担气象公益服务、气象科技服务、地方气象事业人工影响天气和防雷监管等工作。

隆子县属于高原温带季风干旱半干旱气候，夏季温和、较湿润，冬季寒冷干燥、多大风。主要气象灾害有干旱、洪涝、霜冻、冰雹、雷电、雪灾等。2023年隆子县年平均气温6.3℃，较常年同期偏高0.5℃。年极端最高气温为24.2℃，出现在8月18日；年极端最低气温为-18.1℃，出现在1月8日；年总降水量为202毫米，较常年同期偏少83.4毫米，年最大日降水量40.9毫米，出现在7月15日；大风日数为23天，较常年同期偏少12.5天；年最大风速为 14.3 米 / 秒；极大风速 23.0 米 / 秒，出现在 2 月 20 日。日照时数为 2912 小时，年平均相对湿度 51.8%，年最大冻土深度 20 厘米，雷暴日数 35 天。

【气候条件影响】 隆子县从 1960—2020 年，近 60 年来年平均气温变化呈现上升趋势，上升趋势率为 0.2℃ /10a，同时极端最高气温呈上升趋势，而极端最低气温呈下降趋势；年降水量上升趋势率为 3.8 毫米 /10 年。年降水量最高值出现在 2008 年，为 425.6 毫米；最低值降水量为 121 毫米，出现在 1982 年。日照时数整体呈现增加趋势，增加趋势率为 4.08h/10a。大风日数变化呈现减少趋势，减少趋势率为 11.1d/10a；年最大风速变化呈现下降趋势，其中年最大风速下降幅度 0.8m · s –1/10a。年扬沙日数变化也呈现减少趋势，其中扬沙日数的减少倾向率为 3.9d/10a。

【应对气候变化】 在全球气候变暖的背景下，隆子县气象局充分利用气象灾害风险普查成果在隆子县自然灾害易发区通过建设气象观测站，对气象变化进行实时监测及时了解和掌握该地区天气状况，如遇到强降水天气过程及时向广大群众发布预报预警信息；通过多种方式开展气象科普宣传活动向广大群众宣传气象防灾减灾自救的基本常识和气象灾害防御法律法规知识，进一步提升了防灾减灾能力。

【人影天气作业】 2023 年，隆子县气象局多措并举，扎实开展人影作业前各项准备工作。编制《2023 年隆子县人工影响天气工作计划》，并报隆子县人民政府批复后实施；先后与隆子镇、日当镇、热荣乡人民政府签订了 2023 年人影安全责任书；举办人影业务现代化装备系统、安全管理手段综合技能培训暨人影事故处置应急演练；通过张贴公告、微信公众号等多种渠道用藏汉双语发布了 2023 年隆子县人影作业公告；开展人影安全专项检查工作，对人影作业点监控系统、作业环境保护、作业装备维护保养等情况进行了全面检查；联合江西新余公司，完成了 6 个火箭作业装备年检维护及作业人员岗上安全技能培训工作；协助西藏高争民爆运输服务公司弹药运输人员，完成了向作业点配送弹药及弹药出入库工作。2023 年，主汛期（7—9 月），隆子县 3 个标准化火箭作业点开展人影作业 28 次，其中防雹作业 19 次、消雨作业 9 次，共消耗火箭弹 50 枚，辖区内未出现雹灾，有效降低了气象灾害带来的影响。

2023年3月21日，隆子县气象局工作人员到玉麦乡气象观测站开展新增加设备调试工作

【人影安全管理】 2023 年，隆子县气象局根据山南市人影办下发的《关于自查汇总上报人影工作中现实存在问题的通知》要求，对不符合国家有关规定的日当镇日当村火箭作业点和隆子镇忙措村火箭作业点采取了暂停作业措施，并向作业点所在人民政府提出整改建议。作业期间不定期开展针对人影弹药安全管理、作业信息记录、作业点监控系统、作业装备储存和维护保养等情况。针对检查过程中发现的问题，提出具体的整改措施，并要求限期整改。作业期结束后，气象局工作人员深入热荣乡、日当镇作业点，清点作业工具，做好作业装备保养入库工作。同时向作业人员强调，要做好非作业期人影安全管理、装备保管保养、作业点作业环

境保护等工作，为隆子县人影工作安全有序开展提供保障。

【人影事业建设】2023年，隆子县气象局主动加强与分管县长和日当镇人民政府沟通，及时请示汇报萨琼村标准化高炮作业点作业环境不符合规范要求和加快推进隆子县人影标准化建设的有关事项。4月6日，隆子县十四届人民政府第34次常务会议议定，政府投资80万元迁建萨琼村标准化高炮作业点和新建曲古塘标准化高炮作业点，并要求日当镇人民政府牵头，隆子县气象局配合。按照西藏自治区人影办《关于做好人工影响天气作业弹药相关工作的通知》（藏人影办函〔2023〕5号）要求，9月上旬，隆子县气象局主动加强与县政府和财政部门的沟通，及时请示汇报人影作业弹药采购专项经费列入地方政府财政预算的有关事项和历年人影防灾减灾作业服务情况。10月18日，县人民政府第41次常务会议议定，从2024年起，隆子县人影作业弹药采购专项经费列入地方财政预算。

2023年6月21日，隆子县气象局工作人员给作业人员讲解作业流程

【气象科技创新】2023年，隆子县气象局围绕隆子气候、旅游、灾害性天气等撰写并发表气象科技论文《近61年隆子县气候变化特征》《基于数值指标的扎日风景区旅游气候舒适度指数分析及综合评价》《2023年12月14日至17日大风天气过程的气象服务总结》《融媒体时代气象信息传播特征及有效途径》等，揭示了隆子气候变化特征，为隆子县农业生产和生活以及气象灾害防御等提供参考依据，也为当地旅游发展以及科学应对气候变化提供理论基础与决策依据，进而为推动隆子经济高质量发展发挥应有作用。

【学术交流】2023年5月，隆子县气象局业务人员积极参加西藏自治区气象局学会举办的防灾减灾日学术交流；10月，业务人员参加青藏高原气象科技论文交流等气象学术交流活动。其中一名业务人员在防灾减灾日学术交流中，以“全球气候变暖背景下隆子县近30年冻土变化特征及影响因子”为题，获得优秀奖。

【培训学习】2023年，隆子县气象局两名业务人员到湖北省恩施州气象局进行业务学习交流，学习内容包括气象业务知识、应急气象观测、监测预警服务、装备保障业务，于9月参加“西藏自治区气象行业第五届综合业务技能竞赛”，并获应急气象观测三等奖；2023年10月，一名业务人员参加全区综合气象观测业务培训；2023年11月，一名业务人员参加自治区气象局举办的“西藏气象部门业务能力提高”培训。

【气象服务与保障】2023年，隆子县气象局认真贯彻落实县委、县政府和山南市气象局的各项决策部署，着力做好各项气象保障服务工作。针对各类法定节假日、县两会、春运、藏历新年、中小考、玉珞文化节等重大活动发布专题天气预报6期，《短时临近预报》42期、《大风消息》5期、《降水消息》22期、《气象灾害预警信息》4期、《黑青稞农业气象服务专报》16期。

【气象建设】2023年，隆子县气象局向自治区气象局争取单雨量站和积雪监测站建设项目，项目获批后，按照山南市气象局业务科要求，工作人员深入玉麦、扎

2023年7月26日，中国气象局计财司工作组一行到隆子县气象局调研指导工作

日、加玉，经过实地勘察，完成了1个单雨量站、1个气象观测站和1个积雪监测站建设选址工作；3月19—23日，县气象局装备保障技术人员深入准巴乡国家气象观测站和玉麦省级气象观测站，加装固态降水仪器（称重雨量传感器）。该仪器投入业务试运行后，数据采集和传输均正常，增强了对全县非汛期部分乡镇突发性、灾害性天气的监测预警能力，进一步解决了冬春季气象监测预报服务工作中存在的短板。

2023年，隆子县气象局通过政府采购项目，购买气象科普展柜，重新规划科普场所空间布局，摆放新的气象科普展柜，并根据气象仪器设备的更新迭代过程，将仪器设备摆放至科普展柜里，完成了完善科普场所建设工作。

【队伍建设】 2023年，隆子县气象局把强化气象台站科技人才队伍建设摆在谋创新、抓发展突出位置，全方位培养和引进人才。年内，选派一名业务人员参加西藏自治区气象局和工会联合举办的“气象行业技能大赛”，其气象应急观测考试单项成绩获得二等奖。

X波段气象雷达项目建设完成后，选派业务人员参加甘肃省气象干部培训学院组织的第3期X波段气象雷达装备保障技术暨业务应用培训班。本着“一人培训，全局受益”的理念，参训人员总结凝练培训内容，详细认真地为业务人员进行了二次培训，业务人员掌握了新设备的工作原理、操作技能、业务应用相关知识等。

【气象观测体系管理】 2023年4月24—25日，隆子县气象局组织全体业务人员，严格按照自动气象站仪器撤换方法与步骤对隆子国家基本气象站（现用站）和备份站仪器进行了撤换。10月19日—21日，组织装备保障技术人员开展辖区国家级无人自动气象站仪器撤换工作。根据仪器性能的使用情况和要求，技术人员对辖区4个国家级无人自动气象站气象六要素传感器进行了撤换，确保了气象设备稳定运行，有效保证气象观测业务顺利开展，为气象服务提供保障。

通过综合气象观测业务运行信息化平台，装备保障人员加强对国家基本气象站、国家级无人自动气象站、省级区域自动气象站的监控，密切关注仪器设备工作情况，及时排查故障隐患，抢修故障自动气象站，积极开展自动气象站巡检和雨量传感器现场核查工作，确保辖区自动气象站设备稳定运行和可靠性，数据传输正常。

2023年，隆子县气象局及时排查故障隐患，抢修故障自动气象站8次。按照山南市气象局的各项目标任务，保质保量地完成了基础业务观测任务，各项原始数据采集准确率达到100%；常规资料和各类气象预报传输及时率达到100%，无缺报现象；参加全球交换的气象数据传输及时率达到100%，未发生任何责任性事故；数据基本信息和探测环境报告及时填报，综合气象观测业务运行信息化平台录入站网信息及时率达到100%；业务软件升级成功率、软件升级总结报送及时率均达到100%；气象探测环境稳定，没有遭到破坏。

按照中国气象局、西藏自治区气象局统一安排，11月15日，隆子县气象局接受了2023年全国气象观测质量管理体系外部审核，并顺利通过气象观测质量管理体系外审。11月17日，在

2023年9月5日，中国气象局华风集团董事长李海胜（右二）率队到隆子县开展高原气候生态资源调研工作。西藏自治区气象局党组书记向毓意（右三），山南市气象局党组书记、局长罗达标（右五）陪同调研

2023 年全区气象观测质量管理体系认证审核末次会议上，外审专家组对隆子县气象局特色气象服务工作获得通报表扬。

【民族团结创建】 2023 年，隆子县气象局根据《西藏自治区民族团结进步模范区创建条例》规定和区、市两级《气象部门创建民族团结进步模范单位工作方案的通知》要求，结合全局工作实际，建立健全民族团结进步创建相关工作制度，及时成立工作领导小组，由党支部书记、局长白玛群培担任组长，副局长旦增罗央担任副组长，指定索朗仓决专门负责此项工作，要求其他职工积极配合并协助开展相关工作。年内，组织召开民族团结进步创建工作会议 7 次，民族理论和政策专题学习 5 次，开展“气象科普 + 民族团结”专题宣传 8 次、“结对帮扶 + 民族团结”专题宣传 4 次，参加县里民族团结进步创建相关活动 2 次，并在局办公区外墙、篮球场、路边设立民族团结宣传板，营造民族大团结浓厚氛围，为促进民族团结、共建和谐社会起到了积极的作用。

西藏自治区烟草公司山南市公司隆子县卷烟营销网点

【经济效益】 2023 年，隆子县卷烟营销网点共计卷烟销售量达到 1422.2 箱，同比下降 4.6%；卷烟销售额达到（含税）6820 万元，同比增长 3.7%，单箱结构为 4.8 万元 / 箱，同比上升 3.9%。

【烟草打假】 2023 年，隆子县卷烟营销网点职工配合市局（公司）专卖稽查科开展专卖打假打私工作，查处大小案件多起，因隆子县卷烟营销网点未独立设置专卖机构，且并未配备专卖稽查人员，所以案件并为市局（公司）立案。

【管理创新】 2023 年 10 月，隆子县卷烟营销网点开展传统的新商盟订烟方式的转型升级工作。通过企业微信 + 的方式转型升级，企业微信订烟通过将零售客户订烟人与专卖许可证号绑定，实行一户一证一人订烟，确保订烟相关信息传达的时效性、准确性。此外，根据机器分拣卷烟要求“常规卷烟需为 5 和 5 的倍数”的现状新增设筛选模式（仅筛选可订

2023年2月15日，隆子县卷烟营销网点乡镇配送

2023年12月，隆子县卷烟营销网点组织职工前往隆子县热荣乡沃塘村开展结对帮扶活动

购卷烟)，以保证零售客户的订烟过程能够顺畅、简便。区域物流改革后，卷烟配送工作得以顺利覆盖隆子县扎日乡、玉麦乡，实现了隆子县配送全覆盖，同时针对两地搬迁户提供了烟草证随同变更的服务。

【终端监管】 2023 年，隆子县卷烟营销网点辐射区域的电子结算资金交易比重达到 100%，网上订货率达到 100%，跨行结算覆盖 97 家客户。年内，共计发展由烟草行业授予统一招牌的现代零售终端 19 户，其中隆子县 15 户，错那县 4 户；共计发展加盟终端 1 户，位于隆子步行街，为山南市第一批次加盟终端重点建设示范点。

【卷烟营销】 2023 年，隆子县卷烟营销网点在销卷烟品规 129 种，共计销售卷烟 7111 万支，销量前十名的品牌由高到低依次为云烟、芙蓉王、中华、白沙、大前门、娇子、兰州、玉溪、红塔山、黄金叶。全年推出新品卷烟兰州（中支飞天明珠）、牡丹（红中支）等。

【货源投放】 2023 年 7 月，隆子县卷烟营销网点本着“国家利益至上、消费者利益至上”的行业价值观，根据零售客户地理位置分布、消费者群体需求进行了两种投放周期的划分，以求精准投放卷烟，从而维护客户利益以及消费者利益。

【法制宣传】 2023 年，隆子县卷烟营销网点积极组织职工参与局（公司）法治宣传活动，集中开展法律学习共计 12 次；开展烟草专卖法宣传活动 4 次，并在日常拜访客户、走访市场过程中持续不断地向客户及消费者宣传、普及《烟草专卖法》《消费者权益保护法》等相关法律法规。

【学习培训】 2023 年，隆子县卷烟营销网点配合山南市局（公司）开展政治理论知识、业务技能素养等方面的培训工作，从而多方位、全领域提升干部职工队伍素质。2023 年，人均参加 2 次线下学习培训，144 个学时的线上学习，网点职工持证率达 100%。

中国石油隆子县加油站

【指标完成】 2023 年，中石油隆子加油站在全体员工的积极努力和密切配合下，加油站的站容站

2023年2月3日，加油站组织员工开展应急演练

貌、标准化服务和员工的职业素质都有了较大的提高。随着综合水平全面提高，非主油销量同比去年增长13%。年内，公司严格管控数质量相关工作要求，每月开展油品进销存，加油机鉴定、油罐与液位仪比对等数质量工作，确保加出去的油品数量准确性、完整性和一致性。凭借中石油优质足量的品牌形象，截至年底，完成成品油销售7000吨，其中汽油3200吨柴，柴油3800吨。

【安全生产】 2023年，中石油隆子加油站在确保安全生产的同时，要求强化自身的安全责任感，做好风险识别，把安全工作做得更主动更积极，发现隐患及时整改，避免发生事故。坚决落实加油站的各项安全制度，在日常的工作中落实安全责任制度，每日开展设施设备保养及检查工作，每月定期开展安全生产会议、员工培训会议、应急演练等相关工作，增强加油人员应对突发事故救援的信息和意识，提高油站人员的应急处置熟练度和救援水平，达到提高加油站整体应急反应能力。

国网隆子县供电公司

【概况】 隆子县农电公司成立于2008年，单位名称为隆子县水利局农电公司，属水利局下属单位，2013年农电体制改革（代管），2013年12月30日正式改名为西藏隆子县供电有限责任公司，2021年6月26日正式直管工作，公司改名为国网西藏电力有限公司隆子县供电公司，担负2镇9乡、80个行政村455个自然村。主要负责供电范围内输电线路巡视及变电看护，配电运行维护、报装接电、用电检查、电能计量、电费抄、核、收等业务。国网隆子县供电公司供电面积1.05万平方公里，供电范围包括2个镇、9个乡、80个村，乡（镇）通电率、村村通电率均达到100%，户户通电率100%。国网隆子县供电公司35千伏输电线路6条，总长度219.423公里，35千伏变电站6座，10千伏配电线路19条，总长度578.82公里，其中架空线路477.091公里，电缆线路6.35公里。公司属成长型，下设1个职能部门（综合管理部），2个业务支撑机构（供电服务中心、三林供电所）。

【安全生产】 2023年，隆子县供电公司建立健全安全生产责任制度、安全生产教育培训制度、安全生产隐患排查治理制度、安全生产事故应急预案等，完善安全生产管理体系。定期组织员工进行安全生产培训，提高员工的安全生产意识和操作技能。开展应急预案演练5次，提高员工应对突发事故的能力；定期对生产现场进行安全检查，发现问题及时进行整改。对重大隐患，实行挂牌督办，确保整改到位；遵循“谁主管、谁负责”“谁使用、谁负责”的原则，实行“归口管理、专业负责、分级实施”的模式充分利用安全员，严格计划、采购、验收、试验、使用、保管、检查和报废等全过程管理，做到“配置齐备、安全可靠、合格有效”，安全工器具管理；常规化开展应急演练，以演练检验预案的有效性和合理性，组织开展电网迎峰度夏、防汛防台、人身伤亡等应急演练；制定应急基干队伍培训计划和措施，常态化开展体能训练，优化应急基干队伍组成，队伍成员有23人。同时加强应急队员的理论知识学习，推

2023年5月30日，隆子县供电公司党支部书记、总经理（桑旦）到三林完小开展送温暖活动，给小学生发放学习用具

2023年10月20日，国网隆子县供电公司工作人员开展线路抢修工作

进全员的取证工作，加快应急队伍的能力提升，补足补强应急装备。全年共有25个预警，已响应25个。2023年，开展班组安全管理督查、施工作业现场监督、查处和纠正违章、处罚涉及日常安全管理、施工现场安全管理等方面，违章整改率100%，处罚率100%，有效遏制违章行为。

【电网安全运行】 2023年，县供电公司完成辖区6条35kV输电线路、6座35kV变电站、18条配电线路运维巡视排查共27次，35kV输电线路巡视排查中发现问题27项（其中一般隐患16项未消缺已申报停电计划消缺、重大隐患6项未消缺已申报停电计划、完成消缺危机隐患5项），35kV变电站巡视排查中发现问题3项（其中一般隐患消缺1项、重大隐患消缺2项），10kV配电线路巡视排查中发现问题106项，其中一般隐患28项（已消缺13项、未消缺已申报停电计划15项）、重大隐患48项（已消缺13项，未消缺已申报停电计划35项）、危机隐患30项（已消缺9项、未消缺已申报停电计划21项）。

【经营管理】 2023年，县供电公司可控费用率达到98.23%；供电量6640.533万千瓦时；售电量5661.48万千瓦时，线损率14%，电费回收率100%；完成公变台区台户信息核对316台，其中合格台区124台，台区合格率60%。同源系统建档15条配电线路同步推送SG186系统；完成智能表自主改造1732户、项目改造11788个；完成窃电查处共4起，挽回经济损失5.02万元，完成年度指标100%；坚持“人民电业为人民”的企业宗旨，深入贯彻客户为中心的理念，不断提高优质化服务水平，充分利用“95598”平台，对客户的投诉、咨询、报修等业务在规定时限内给予答复并及时处理。网上国网推广并注册13968户，开展用电安全宣传12次，圆满完成两会、村党支部书记和村委会主任培训班、中小考以及各类文化活动等保电任务。

【规范管理】 2023年，县供电公司稳步推进“合规管理提升年”专项行动，规范车辆、食堂管理，执行外出审批制度，加装GPS系统运用，合理化整合派车，减少不必要的车辆损耗及油料浪费，合理使用食堂经费，制定食堂管理方案，成立食堂管理委员会。同时，各项经营管理严格做到符合法律规定，不断加强合同审核流程，全年未发生任何法律纠纷案件，同时实施劳动合同电子化，不断改进班组绩效薪金分配机制。持续跟进生产综合用房项目进度。

应急管理

综述

【概况】 2004年12月，隆子县安全生产委员、安全生产监督管理局成立，负责安全生产的监督管理工作。根据机构改革要求，于2019年3月22日正式更名为隆子县应急管理局，新增抗震救灾、防汛抗旱、森林防灭火、地震救灾、灾害救助等。

【理论学习】 2023年，隆子县应急管理局通过组织集体学习、上专题党课、开展主题党日活动、开展研讨交流、撰写心得体会等多种形式，持续提升党员政治判断力、政治领悟力、政治执行力，确保应急管理工作始终沿着正确的政治方向前进。全年开展支部主题党课共4次，党的二十大精神知识理论测试共1次，集中理论学习共10次，开展主题党日活动共11次。每月开展党员主题党日活动，加强党员干部思想建设。每周五下午确定为党员学习日，组织党员干部进行学习，读报、看新闻、收看远程教育，学习先进人物的事迹，讨论党支部的各种事项，自觉用习近平新时代中国特色社会主义思想武装头脑、指导实践、推动工作。

完善和落实好干部长期受教育、群众真正得实惠的长效机制，健全完善各项制度认真履行支部书记抓党建工作第一职责人职责。学习新党章的有关规定，加强党员干部的理想信念教育和思想道德建设，深入开展学习型党组织建设活动，用科学发展观理论体系武装党员干部。提高党员的认识水平和思想觉悟，逐步建设一支高素质的应急党员干部队伍。

【监督执法】 2023年共检查危险化学品企业和烟花爆竹售卖点44家次，排查隐患56项，已全部整改完毕。非煤矿山。深入开展非煤矿山安全专项整治，督促企业严格落实安全生产责任，杜绝“三违”现象。重点对企业制度和责任落实、矿山“六大系统”

2023年5月12日，隆子县应急管理局组织开展“防灾减灾”宣传活动

2023年5月25日，隆子县召开2023年安全生产重大事故隐患专项排查行动动员部署会议

运行、采掘作业组织、机电运输情况和巷道、支护、顶板、炸药库等方面的安全隐患进行检查。共排查安全隐患125项，下达责令限期整改指令书9份，已完成整改。建筑施工。持续紧绷安全生产这根弦，深入开展建筑施工领域安全专项整治，切实加强重大建设工程项目的安全生产监管工作，重点加强对塔机、起重机械安装拆卸，脚手架、模板支撑系统，桥梁工程，以及特种设备的督导检查。共检查出安全隐患66处、下发隐患整改书7份。截至年底，已全部整改完毕。消防安全。开展“零点”夜查等专项行动，充分发挥部门职能作用，实行纵向分级落实和横向分片定责机制，突出重点领域抓好消防安全专项整治，深化网格化管理，提高火灾防范能力。全年共计接警出动38次，参加重大敏感时间节点和重要勤务安保27次，累计出动车辆157台次，出动人员634人次。检查单位940家，督促整改火灾隐患1087处，下发责令限期整改通知书1084份，下发行政处罚决定书5份，下发临时查封决定书1份，责令“三停”2家，共计罚款金额3万余元。防灾减灾救灾。全县各级各部门高度重视防灾减灾救灾工作，始终坚持“以防为主、防救结合”的工作方针，坚持“人民至上、生命至上”理念，全面开展防灾减灾救灾工作，2023年，投入保通435人次，投入机械45台次，共清理塌方、积雪20余万立方米；基站抢修57个，专线抢修41个，杆路倒塌抢修3.2公里，宽带抢修427个。

【事故隐患专项排查整治】 2023年，隆子县应急管理局精心组织谋划重大事故隐患专项排查整治工作，坚持“问题具体抓、行业专业治、安全系统管、责任共同扛”工作思路，在全县15个重点行业领域以排查整治隐患为首要任务，以预防安全生产事故为重点，推动重大风险隐患治理责任到位、防控措施到位、整改落实到位，采取定期检查与随机抽查相结合、全面检查与专项检查相结合、熟悉救援环境与发现消除事故隐患相结合的形式，深入各企业进行针对性检查。始终按照“全覆盖、零容忍、严执法、重实效”的总体要求，结合《西藏自治区关于推进安全生产领域改革发展的实施意见》中：通过政府购买安全生产服务，通过第三方技术服务机构的力量，加大对企业的技术指导，进一步推进各项安全管理工作的要求。年内，县安委会聘请四川省中安恒升应急科技有限公司对华钰矿业山南分公司安全现状进行了全面体检。专家组针对企业的安全生产基础管理档案、现场设备设施安全、用电安全、从业人员操作行为安全、相关方管理、消防安全等方面进行了全面和细致的安全检查。2023年，共排查出重大事故隐患40条，其中企业自查28条，执法部门检查发现12条。对4条重大事故隐患进行了挂牌督办；对3家企业进行了停产停业整顿处理；对3家（华钰矿业山南分公司、信龙石油销售有限公司、西藏亚光商砼建材有限公司）进行了罚款13.5万元的行政处罚；对1家公司（西藏山南加玉农产品发展有限公司）进行了通报。华钰矿业山南分公司扎西康铅锌多金属矿山7月11日、8月27日连续发生两起生产安全责任事故，事故发生后，县委政府主要领导高度重视，立即成立了事故调查领导小组，依法对事故展开调查，并派遣分管副县长到现场指导救援处置工作。通过现场勘察、调查取证，综合分析论证，按照依法依规、实事求是、科学严谨、注重实效的原则，查明了事故发生经过、原因，提出了故防范措施建议。

【安全宣传教育】 2023年，隆子县应急管理局始终把安全教育作为确保安全生产和防灾减灾、消防安全等基础性工作和最重要的保障措施，深入开展"安全生产月""5·12防灾减灾宣传周""11·9消防宣传月"等活动，持续深入安全生产"八进"活动，以执法带宣传的形式，深入建筑工地、重点企业、学校、农牧区、城乡居民家中，面向广大群众、学生、从业人员宣讲习近平总书记关于安全生产的重要论述，宣传法律法规、安全知识。全年累计发放安全生产宣传资料3000余份（册），悬挂标语20余条（幅）。

【应急演练】 2023年，隆子县应急管理局围绕健全完善全县应急救援保障能力体系建设工作，进一步统筹推进隆子县安全生产监管与防灾减灾救灾能力建设，不断提高在复杂条件下应急队伍的综合应急救援和保障能力。重点围绕地震、火灾等突发事件，组织开展了人员密集场所防震避险暨消防灭火应急救援演练，进一步完善了隆子县事故应急预案联动机制，提高了灾害事故整体应对能力和应急救援队伍救灾实战能力，提高了干部群众防灾意识和避险、自救、互救能力。截至年底，全县共开展各类应急演练活动12次。

消防救援

【概况】 隆子县消防救援大队负责隆子县辖区的灭火及抢险救援、突发事件处置、火灾防控等工作。原副团职建制，下辖消防救援站。2023年，有水罐消防车1辆，水罐泡沫车1辆，抢险救援车1辆，多功能勤务保障车1辆，消防宣传车1辆，行政车1辆，生活保障车1辆。

【消防基础设施建设】 2023年，隆子县消防救援大队投入95.76万元购置装备达标项目，满足日常装备器材消耗，配足、配强特种器材和消防指战员个人防护装备，提升了日常灭火救援、抢险救灾的能力；投入53.49万元用于11个乡镇消防所装备器材建设，为各乡镇配备基本的消防装备，不断促进基层消防规范化建设，夯实各乡镇消防装备基础建设，预防和遏制火灾事故发生，维护各辖区人民群众生命财产安全。投入18.19万元在县城新建消防水鹤并维修市政消火栓，强化县城市政供水消防基础设施建设，解决火灾扑救时消防大量用水的需要，切实加强基层公共消防设施建设，提高辖区综合性消防应急救援能力。

【火灾扑救和应急救援】 2023年，隆子县消防救援大队以"防火灭火 抢险救援"工作为中心，健全全员参训、全员考核、全员达标的岗位练兵机制。年内，开展实战演练267次，六熟悉280次，修订完善补起辖区重点单位预案44份。扑救火灾事故17起。参与社会救助，抢险救援任务48起。参加重大安保任务26次。

【火灾隐患排查整治】 2023年，隆子县消防救援大队积极联合县

2023年6月11日，隆子县消防救援大队在国道开展灭火救援

2023年3月15日，隆子县消防救援大队联合县各职能部门开展消防安全产品检查

应急、民宗、文化、住建、公安、市监等部门成立检查组，开展火灾隐患排查整治工作。对文物古建筑、村居民自建房和燃气领域、物流仓储企业、危化品、公共娱乐场所、学校以及消防安全重点单位等单位进行火灾隐患排查整治工作，对辖区所有企业单位组织开展自检自查和全面排查。利用“双随机、一公开”随机抽查社会单位检查消防设施、器材维护保养情况，确保消防设施、器材完好有效；同时，检查单位安全出口，消防安全通道畅通情况，及时清除影响人员疏散的障碍物。结合当前火灾防控重点，坚持问题导向，查找漏洞，补齐短板，压实责任，全力稳控火灾形势，采取以分点包片、系统化摸排手段，持续紧盯文物古建筑、村居民自建房、“九小”场所、易燃易爆单位等场所开展消防安全大检查工作，实现“早发现、早报告、早治理”的末端消防隐患整治闭环机制。

【消防监督与管理】2023 年，隆子县消防救援大队不断加强精准治患建设，提请县政府每季度召开消防工作会及消防工作联席会研究消防工作，督促各乡镇、相关部门进一步加强住宅小区、自建房等重点场所隐患排查整治。与公安局、应急管理局、市场监管局、教育局、文化和旅游局等部门联合开展专项检查 10 次，全力压实党政机关“一岗双责”。11 个乡镇均成立由主要负责人或分管负责人牵头的消防安全组织，并定期召开会议研究消防工作，每季度分析研判辖区火灾情况和突出问题。优化基层消防力量设置，在全县 11 个乡镇街道设置消防工作所，派驻乡镇消防文职人员 33 名，充实基层监管力量，加强网格化管理体系建设。

2023 年，全县消防机构共检查单位 1115 家，发现火灾隐患或违法行为 1276 处，下发责令改正通知书 693 份，督促整改火灾隐患 1273 处，下发行政处罚决定书 5 份，下发临时查封决定书 1 份，责令“三停”单位 2 家，罚款 30000 元，挂牌督办重大火灾隐患单位 2 家（1 家县级、1 家市级），以刚性执法打造平安隆子。

【专项行动】2023 年，隆子县消防救援大队科学研判全县火灾形势，紧盯节日庆典和重大活动等敏感节点，兼顾常态化监管，扎实推进“社会单位火灾隐患自

2023年12月29日，辖区群众到消防科普教育基地参观消防演练

查”“百日攻坚”“消防安全重大风险隐患”“燃气消防安全”等项行动以来，县委常务副书记、政府常务副县长熊世成带队开展消防联合检查督导1次，县委常委、政府常务副县长欧珠带队开展全县消防安全专项督导3次，县委、县政府组织开展全县各乡镇消防安全暨燃气专项督导检查3次；重点突出对寺庙文物古建筑、居民社区、农牧区、仓储物流场所、人员密集场所、彩钢板简易建筑、易燃易爆危化品、社会福利机构、九小场所、群租房等场所的消防安全检查力度，并多次召开会议研究部署各专项整治工作，结合实际研究印发实施方案，成立领导小组和专项办公室，统筹指挥调度，细化具体工作任务，明确责任部门，实行清单式管理，大队通过进行集中排查，对违规搭建、占道经营、设施老化、管理缺失等突出风险逐一建立隐患清单，从源头上有效遏制了重大安全事故的发生。

【消防宣传】 2023年，隆子县消防救援大队持续落实重点宣传常态化，纵深推进消防安全宣传“六进”，完善“96119”火灾隐患举报投诉机制，建成隆子县科普教育基地；创新推出移动式消防文化主题乐园“边境行”活动；制作消防宣传视频素材并在“西藏消防”等抖音官方自媒体平台推出。2023年，大队在各平台累计推送稿件50余篇，视频15余部；全县共组织开展各类集中消防宣传活动20余次，发放各类宣教品6000余份，消防微信推文20余条，播放消防公益广告及消防安全提示60余条，平安文化深入人心。

乡（镇）概况

隆子镇

【概况】 隆子镇，隶属于西藏自治区山南市隆子县，平均海拔3980米，系县政府所驻乡镇，地处隆子县西南部，东与列麦乡交界，南与错那县觉拉乡毗邻，西与日当镇相接，北与雪沙乡相连。地势连绵起伏，山岭河流纵横交错，呈北高南低走向，属高原温带大陆性季风气候，属于半农半牧区，是全县粮食生产大镇之一，下辖2个社区、12个行政村，28个自然村，农牧民群众2090户6177人。共362个联户单位，其中村级207个，吉塘社区155个，网格长46人，网格员46人，4个专职网格。辖区内共有4座寺庙，1所小学，4个教学点，1所卫生院，13个村级卫生室，1个派出所，民警9人，1个文化活动站，13个村级农家书屋，3个寺庙书屋，11个自治区级生态村，4个自治区级重点文物保护单位——扎果寺、丢热寺、直吾来寺、色吉寺，1个自治区级非物质文化遗产——忙措手工艺品、2个县级非物质文化遗产——叶巴藏戏、娘嘎“扎木聂”琴。

2023年2月16日，隆子镇举办“民族团结一家亲 携手奋进新时代”主题文艺活动

【农牧业发展】 2023年，隆子镇耕地面积为14742亩，林地面积为78324亩，天然草场面积为735326.3亩，主要种植青稞、油菜、豌豆、土豆，主要饲养黄牛、牦牛、绵羊、山羊，特色产业有黑青稞、藏黑鸡、黑白花奶牛、藏黑猪。2023年，全镇耕地总播种面积为14742亩，其中粮食作物面积14072亩（青稞13845亩、杂粮227亩）；经济作物面积600亩（油菜250亩、蔬菜350亩）；饲草种植面积70亩。良种繁育基地建设任务面积为喜拉22号300亩、山青9号500亩及黑青稞1000亩。2023年粮食产量6350.8吨，其中青稞产量达6291.12吨；蔬菜产量546.63吨，油菜产量82.23吨。全镇牲畜存栏数19274头（匹、只），牲畜出栏数5012头（匹、只），肉类产量达240.3吨，奶产量达2641.2吨，禽蛋产量74吨。

【经济发展】 2023年，隆子镇农村经济总收入达13850.7万元；农牧民人均可支配收入达22368.48元，增幅17.08%；完成劳务输出2391人，实现创收达3562.65万元。

2023年3月31日，隆子镇开展“军民鱼水情 团结一家人”植树活动

【生态创建与环境整治】 2023年，隆子镇及时召开人居环境整治动员部署会，通过召开座谈会、上门征求意见、制作宣传专栏、发放宣传资料、悬挂横幅、张贴标语、发放宣传等形式，积极宣传人居环境整治工作中出现的好做法、好典型、好经验，营造宣传氛围，不断增强了党员群众的人居环境整治意识，提高了群众自觉参与人居环境整治工作的积极性和主动性。建立了“户分类、村收集、乡镇转运、县处理”的收集、转运、处理机制，推进农村垃圾生态无害化处理，改善农村环境卫生状况。切实做好农村生活垃圾源头的分类减量，农户就地分类减量达到100%。建立健全保洁长效机制，通过制定《村规民约》、与村民签订了《门前三包责任书》等方式，发动村民清理门前屋后垃圾，配合开展垃圾分类减量。年内，隆子镇以全面开展村庄清洁行动为抓手，全镇14个行政村结合自身实际，每月开展了形式多样的卫生清洁行动，各村集中力量对村庄内外、房前屋后、死角死面、河道、重点交通线路两侧积存垃圾、柴草杂物等进行了全面清理。教育引导广大群众积极参与卫生清理整治行动，各村每月开展一次环境卫生大扫除，“三大”节日等重大节假日前集中开展一次环境卫生大整治，不断增强全镇人民群众人居环境保护意识和责任，确保全镇范围内所有村环境卫生状况得到持续改善。截至年底，全镇出动人工1200余人次，清理农村生活垃圾8.5吨；清理农村白色垃圾数量9吨，清理村内水塘数量37个、清理村内沟渠数量29个、清理村内淤泥数量60吨、开展流动小红旗评比的村庄14个、开展整治庭院评比的村庄14个，全镇上下形成了人人参与、上下一心、齐心协力的良好局面。

【教育事业】 2023年，隆子镇全面巩固义务教育均衡发展，坚持义务教育阶段适龄儿童、少年入学“一个不能少”的基本原则，隆子镇适龄儿童实现全入学。2023年，入学大学生总共71人，其中25名本科、42名专科、3+2学生4名，其中共有9名建档立卡脱贫户。资助标准分为：区外本科10000元、专科8000元；区内本科8000元、专科6000元；免补专业统一5000元。

【医疗卫生】 2023年，隆子镇新增“一孩双女”奖扶家庭32户，特扶家庭1户，根据相关政策，做好数据动态调整及入户核实工作；积极做好2023年度城乡居民基本医疗保险工作，全镇总参保人数达6355人；全年开展医保政策宣传16次，引导群众规范使用医保基金，申请医疗救助5人。

【文化建设】 2023年，隆子镇按照上级要求，以镇文化站为主阵地，开展送温暖、送文艺、送技术、送法律、送知识等符合农牧民需求的各项惠民活动。按照好中选优、优中选强的原则，在各村配齐配强基层文艺演出队力量，并邀请县艺术团对村级演出队进行专业培训。同时利用“三大节日”（“3·28”“5·4”“10·1”）等节庆期间组织开展红歌比赛、演讲比赛、传统舞、藏戏表演等丰富多样的群众性文化服务活动，极大

2023年5月6日，隆子镇小学开展“学习二十大 中华有我共担使命”主题活动

丰富了基层文化生活。全年演出100余场次，观众达8000余人次。2023年，先后向县融媒体推送隆子镇优秀文化叶巴藏戏、娘嘎“扎木聂”、忙措木器制作等；在县文化局的支持下，隆子镇文化传承人到兄弟县参观学习，交流经验，为隆子镇文化产业推动工作奠定良好的基础；挖掘优秀传统文化，积极申报忙措传统四季农业耕作之歌。为了带动更多群众的增收致富，隆子镇文化产业积极参加各级非遗展销活动，截至年底，隆子镇娘嘎“扎木聂”琴收入达5万元，忙措木器手工艺品收入达6万元。

【社会保障】 2023年，隆子镇新增低保7人，取消不符合低保户13户、13人，去世低保户2户2人；新增五保户12人；办理临时救助8户，发放救助金67200元；经济困难高龄老人4人、发放补贴2400元；对村组干部及近亲属享受低保情况进行了新一轮摸排备案，16户均符合低保条件，无违规享受低保情况。2023年，全镇共有重度残疾58人，分散特困供养人员25人，低保24户50人、发放低保资金157384元，发放重度残疾人生活补贴183000元，护理补贴183000元，分散特困供养人员监护人护理补贴137640元。新增阳光社工站1个，社工工作人员2人，完成适龄老化改造7户，开展慰问特困供养人员及重度残疾人员1人次，慰问资金4万元。

【平安建设】 2023年，隆子镇制定相关方案预案，层层压实责任，确保重大节日和各个敏感节点平稳度过，全镇社会大局持续和谐稳定；充分发挥驻村工作队、驻寺工作队、三支队伍、红袖标、四护队、双联户等的作用，持续推进“7+1”工作开展，全方位排查各类矛盾纠纷和安全隐患问题，尤其是排查管制刀具、油料、酒精、雷管、炸药等危险物品；坚持把宗教工作作为全镇工作重中之重，纳入重要议事日程，主要领导亲自安排、亲自部署、亲自过问，树立警钟长鸣思想，夯实民族团结进步事业的社会基础，严格审批重大决策、重大项目、重大活动，实行风险报告制，在重大活动期间，组织力量参加维稳安保工作，严防踩踏事件、冲撞事件、袭击事件发生；坚持贯彻落实自治区25号文件精神，完善“网格”体系，加强全镇网格员、联户长队伍建设，厘清群防群治力量责任，落实“七大员”职责，建立“五张明白卡”，进一步压实责任；高度重视基层社会治理，选定相关人员到乃东区进行“一体化”服务平台相关知识培训，利用综治信息平台打造“党建＋网格＋数字”基层治理模式，构建信息资源共享体系。截至年底，录入隆子镇人员信息6000余条；坚持和发展新时代“枫桥经验”，积极与辖区派出所开展联合演练，对全镇干部职工、应急救援队伍和网格长、网格员、联户长进行专业培训，切实提高人员业务素质；针对隆子镇16名安置帮教人员、3名社会流动从事宗教活动人员、16名精神病患者实行“人盯人、一对一、多对一”的管控措施，及时了解和掌握思想动态；严格执行24小时值班带班制度，实行镇书记、镇长总带班，1名班子成员带班，1名一般干部值班制度，戒备等级调整时及时增加值班人员，坚决杜绝脱岗、漏岗、睡岗现象发生，严格实行零报告和报平安制度，确保各个行业领域安全稳定；加强网络舆情管控和处理，按照“及时准确、公开透明、有效管理、正确引导”的原则开展网络舆情处置工作，妥善处置网络舆情2起。2023年，隆子镇共有红袖标、四护队、治安联防队、女子联防队等72支队伍、294人。

【劳务增收】 2023年，隆子镇经济总收入目标为10741.66万元，人均可支配收入实现21492元。2023年，农牧民转移就业目标2380人，实现创收2500万元，截至目前已完成转移就业2267人，实现创收3528.51万元，完成率达97%。

【党建工作】 2023年，隆子镇狠抓党建工作责任落实，制定党建工作计划和党建工作责任清单，及时调整充实党建工作领导小组及党建办公室组成人员，明确和细化党建工作领导小组的职责分工，并组织召开3次党建工作会议，研究基层党建工作，真正形成了一级抓一级、层层抓落实的工作格局；充分利用理论学习中心组、“三会一课”，积极组织学习党的二十大和中央第七次西藏工作座谈会以及自治区第十次党代会、山南市第二次党代会、隆子县第十次党代会等精神，不断促进全镇党员群众牢固树立“四个意识”、坚定“四个自信”、做到“两个维护”。2023年，召开党委理论学习中心组学习会15次，各党支部召开学习会380余次，开展党组织书记讲党课40场次。持续开展学习国家通用语言文字活动，组织70余名村“两委”班子进行国家通用语言测试，针对成绩较低的村主干，通过参加山南市委党校国家通用语言培训，驻村工作队“一对一”开办夜校等方式开展培训200余场次，推动村“两委”干部、“双联户”户长、后备干部等熟练掌握国家通用语言文字、精准使用国家通用语言常用语句；围绕市级基层党建示范点创建重点工作，率先创建新巴村市级基层党建示范点，并组织开展3次党建观摩交流互学活动，助推全镇基层党建工作再上新台阶。全年组织开展5次党建工作督导检查，组织村干部、第一书记、驻村工作队开展业务培训2次，党建工作质量得到进一步提升，各基层党组织的战斗堡垒作用得到进一步增强。2023年，隆子镇共有党总支8个，党支部29个，共有党员893名，其中正式党员876名、预备党员17名，农牧党员783名，发展预备党员17名，其中农牧民5名。

【党风廉政建设】 2023年，隆子镇强化党风廉政建设，做到重要工作亲自部署，重大问题亲自过问，重点环节亲自协调。定期组织开展形式多样的学习，对全镇干部职工在外出、公务用车、购置办公设备以及财务管理等方面提出了明确的要求，不断规范了镇机关党风廉政建设全面工作。2023年，组织开展讲党课10次，专题调研4次；召开党风廉政建设专题会议7次，推进会议1次，专题学习13次，观看廉政警示教育片7场；参加县纪检监察巡察党支部召开的全体党员学习会34次；镇纪委定期不定期地深入各行政村对基础党务工作公示情况及村级财务支出情况、村级重大决策情况，村务公开栏是否每季度更新情况等开展专项检查6次；检视主题教育问题30条，提出整改措施71条。

【重要活动】 2023年，隆子镇以学习宣传贯彻党的二十大精神作

2023年6月10日，隆子镇叶巴村藏戏演出队开展“戏曲进乡村”文艺惠民活动

为贯穿全年的工作主线，围绕“宣传贯彻党的二十大 聚力奋进新时代”为主题，开展了“民族团结一家亲，携手奋进新时代”“雷锋精神纪念日”服务活动、纪念西藏民主改革64周年主题实践活动、“军民鱼水情 团结一家人”植树活动、“学习二十大 中华由我共担使命”校园流动绿色书站、中小学生雏鹰小队知识竞赛活动、民族团结进步宣传活动月宣传活动、支部书记讲坛等活动，在活动中推进理论学习，进一步教育引导广大党员干部“知信行”贯通。

【乡村振兴】 2023年，隆子镇根据县乡村振兴局通知要求，及时完成每月一次的收入统计工作，在每月规定时间内对230户557人脱贫群众的收入结构进行甄别核算、数据清洗，科学统计，从全年收入构成情况来看，2023年隆子镇脱贫群众人均收入为21772.6元，全镇脱贫户人均可支配收入增幅13.53%，实现全年目标。2023年，全镇收入同比下降的脱贫人口共7户18人，连续两年收入出现负增长情况的共计2户4人。2023年全镇就业帮扶企业共3家，分别是隆子县“聂雄”乳业有限公司、隆子县绿健蔬菜就业利民有限公司、隆子镇忙措村藏黑鸡养殖场专业合作社，全年吸纳农牧民103人，其中脱贫劳动力42人。

2023年，各类产业项目中累计分红脱贫群众375人，其中拉康电站入股项目分红72人，隆子县聂雄标准化奶牛养殖场项目分红114人，隆子县“菜篮子”工程分红177人、隆子镇诺囧滑石粉加工厂建设项目分红6人，隆子镇堂徒村藏鸡养殖场建设项目分红6人。

【环境整治】 2023年，成立隆子镇委员会人居环境整治工作领导小组，制定出台环境整治工作实施方案，镇党委、政府先后召开人居环境整治安排部署会10次、推进会12次，环境整治督导20次，量化考评2次，党委政府班子成员环境整治主题讨论5次，推行“农村垃圾袋装不落地”改革，提升垃圾分类治理模式，实现生活垃圾日产日清、村庄卫生长效保洁，垃圾收集率和处理率均达到100%以上。2023年，全镇户厕改造目标31户，完成24户。色吉雪村人居环境整治项目2023年12月16日竣工。按照上级部门要求，隆子镇人居环境整治专班组到各包村点持续开展督导工作，通过入户宣讲、实地查看等形式，要求各村要充分发挥“两委”班子的凝聚力和党员、村民代表的引领作用，引导广大群众广泛参与、主动参与，通过多种形式，不断增强群众对人居环境整治的思想意识，引导广大群众积极参与人居环境整治工作，提升整治成效，确保农村人居环境明显改善。2023年，隆子镇拆除残垣断壁527处、私搭乱建71处、一户多宅88处，清理乱堆乱放184处。开展日常督导检查20次，召开现场调度会8次，确保了人居环境整治的效果和质量。

2023年11月26日，隆子镇开展“支部书记讲坛”活动

【基础设施建设】 2023年，建设隆子县塘东水库工程，项目投资5156.88万元、扎果村（安置点一、二期项目、加油站、机场航站楼绿化、地质灾害治理项目）、叶巴村乡村振兴项目、色吉雪村（人居环境整治项目）、龙雪村防洪堤维修项目及修建水源点项目、且巴村集中式牲畜棚圈、且巴村灌溉水渠建设项目、色吉雪村污水处理厂

第二期、麦沙村华钰尾矿库加固加高工程建设项目、一河两岸等投资项目已完成。

2023年12月25日，隆子镇召开第十四届人民代表大会第六次会议选举会议

【重要项目建设】 2023 年，为全力配合、支持隆子支线机场建设工作，推进机场建设工作进程，确保隆子机场年底通航的重大政治任务，隆子镇党委、政府调整充实了以索朗次仁书记、李科镇长为组长的双组长制工作领导小组，按照中央、自治区、市、县、镇要求制定了隆子支线机场建设工作实施方案，全面组织领导各级工作力量开展建设工作，定期研究解决项目建设中遇到的重大问题，向县委、县政府专题汇报机场建设情况。

【民生保障】 2023 年，隆子镇牢固树立以人民为中心的发展思想，开展合作医疗缴纳政策宣讲 2 次，组织对辖区内农牧民群众开展城乡居民合作医疗保险参保，采取线上、线下双结合的缴费方式开展缴费工作，全镇 2 个社区 12 个行政村已全部开展征缴工作，有力推动了社会保障事业的快速发展；推进高校毕业生就业创业工作，广泛动员毕业生通过多种形式解决就业难题，2023 年高校毕业生 61 名，已就业 56 人。年内，兑现发放 293 名生态岗位资金 102.55 万元。

【旅游事业】 2023 年，随着隆子机场顺利通航，隆子镇充分利用隆子机场这一重大机遇，积极发挥地域优势和区位优势，为全县旅游事业提供餐饮、住宿、交通等服务。利用国道 219 线通车契机，挖掘沿线独特民族景色、人文风情，全面配合做好朗县—扎日—玉麦—隆子旅游线路景色开发工作。2023 年，全镇共有 4 处旅游景点，即扎果寺、丢热寺、赤列寺、色吉拉康。

【林业管控】 隆子镇现有林地面积 78324 亩，天然草场面积 708500 亩。2023 年，隆子镇认真贯彻落实森林和草原防火相关规定，组织巡山员、护林员开展森林防火巡查工作，建立健全了森林防火巡查制度、值班备勤制度、零报告制度，确保了隆子镇森林防火形势安全稳定，全年未发生一起涉火安全事故。同时，各村护林员经常性不定期开展巡山巡查工作，严禁野外取暖、焚烧秸秆、露天野炊，圆满确保了“去冬今春”防火形势绝对安全，未出现肆意破坏植被、砍伐森林事件。

【防汛抗灾】 2023 年，隆子镇共召开防汛工作会议 4 次，实地防汛抗灾 5 次，宣传动员 5 次，排查洪灾隐患 6 次，认真履行“守一方土、促一方发展、保一方平安”的神圣使命，始终把人民群众生命财产安全放在首位，将防汛抗洪工作不断做深、做细、做实，有效确保了思想到位、组织到位、责任到位、措施到位，扎实有效推进了防汛抗洪和地质灾害治理工作，有效确保了汛期安全。2023 年，根据往年隆子镇防汛工作特点，结合镇情实际和雨季特征与防汛任务，组织专人制定和完善了防汛抗洪和地质灾害治理专项应急预案，组织党政班子成员对专项应急预案进行了可行性研究和讨论交流，第一时间将论证可靠、符合实际的专项应急预案上报县水利局、县国土局，确保在应对突发洪涝灾害和地质灾害时能紧急出动、及时到位、科学救援、有效处置。

【理论学习】 2023 年，隆子镇持续深入推进“两学一做”制度化常态化，以开展“进一步改进作风狠抓落实”工作为契机，不断加强党员思想政治教育，积极开展警示教育，切实加强党性锤炼。充分利用党委理论中心组、班子例会、支部学习会和“学习强国”平台等，积极组织学习习近平总书记系列重要讲话精神、深入学习党的二十大精神、不断促进全镇党员群众牢固树立“四个意识”、坚定“四个自信”、做到“两个维护”。2023 年，全镇开展党组织书记讲党课 60 场次，开展党员志愿者服务活动 120 余次，镇机关及各党支部开展宣讲 45 场次，受众人数 3000 人。

2023年3月30日，隆子县政协副主席、镇党委书记张雪戈（右四）在隆子机场项目部解决群众“双拖欠”问题

日当镇

【概况】 日当镇位于喜马拉雅山东段北麓（属南喜马拉雅地貌，“日当”在藏语里意为“山脚下的坝子”）。日当镇东与隆子镇，南与错那市觉拉乡接壤，西与错那市曲卓木乡和热荣乡相连，北与曲松县邱多江乡、东北与雪萨乡交界，距隆子县城 17 公里。驻地日当镇，海拔 4050 米。全镇下辖 12 个行政村，52 个村民小组，94 个自然村。全镇下辖党总支 5 个，党支部 28 个，党小组 79 个，党员总数 747 人（其中正式党员 730 名，预备党员 17 名；农牧民党员 612 名、机关党员 135 名）。全镇共有耕地面积（基本农田）习惯亩为 15802.9 亩、标准亩为 28252.23 亩；草场面积 110.0125 万亩，可利用草场面积 110.0125 万亩。2023 年，农牧民人均可支配纯收入为 20470.887 元。

全镇 1 所小学，12 所幼儿园，核定编制教师 61 人，在编 64 人，聘任教师 13 人（其中幼儿园代课教师 13 人），公益性岗位 0 人。在校学生 859 名，其中小学生 619 名，幼儿园 240 名。村医 25 人。全镇设立公安机构 3 个，其中日当镇公安派出所 1 个，寺庙警务室 2 个，日当镇公安派出所编制 5 名，在编 15 名。加油站 1 处，日常管理员 6 人和每天安全监管员 4 人；110kV 变电站 1 处、日常管理负责人 2 人。

【农牧业发展】 2023 年，全镇粮食播种面积 15798 亩，经济作物种植面积 645 亩，饲草种植面积 100 亩。良种推广“藏青 3000 种子田”1300 亩，特色黑青稞 1.19 万亩。调运春播化肥 612.4 吨，农家肥积造 28413.79 吨。部署农牧业工作会议 9 次，检查田间管理工作 20 次，各行政村开展田间除草 24 次。2023 年，全镇牲畜总数 41154 头（匹、只），牛共计 11614 头，其中牦牛 8729 头、黄牛改良乳牛 2578 头、黄牛 307 头；羊共计 29540 只，其中绵羊 22305 只、山羊 7235 只。

【经济发展】 2023 年，日当镇农牧民人口共有 2311 户 7535 人。农牧民增收转移性总收入 17476246.32 元（人均 2319.34 元）、工资性总收入 91929509.05 元（人均 12200.33 元）、财产性总收入 2956858.00 元（人均 392.42 元）、经营性总收入 41802992.10 元（人均 5547.84 元）。2023 年，农牧民人均可支配收入 20470.88 元，增幅 14.57%。劳务输出 2976 人，累计收入 3236.51 万元。

2023 年，加洛村村集体壮大项目建设，投资 1378 万余元在宗那组建设两层 80 间门面房进行出租，用于发展壮大村集体经济；

申请中央扶持村集体经济发展资金和强基惠民资金共计 63.65 万元，进行了雪村村集体经济壮大项目建设，在雪村村建设两层 5 间门面房进行出租，用于发展壮大村集体经济，且争取部队捐赠商品房内家具、货架等设施设备；组织带领塔新村、萨琼村、日当村、曲古塘村、才布村、雪村、扎村 7 个村进行飞地经济项目，斥资 928 万元在山南神力时代广场购买商品房 26 套，以发展飞地经济。

【生态创建】 2023 年，日当镇落实生态补偿岗位共 574 个，其中护林员 312 人，草场监督员 141 人，水生态保护员 49 人，农村道路养护员 12 人，旅游公厕保洁员 5 人，地质灾害群访群测员 1 人，村庄保洁岗位 54 人。2023 年，生态岗位资金兑现共 2016875 元。分别由第一季度享受生态岗位人员 578 人，每人 875 元，兑现资金共计 505750 元；第二季度享受生态岗位人员 578 人，每人 875 元，兑现资金共计 505750 元；第三季度享受生态岗位人员 575 人，每人 875 元，兑现资金共计 503125 元；第四季度享受生态岗位人员 574 人，每人 875 元，兑现资金共计 502250 元。

【教育事业】 2023 年，日当镇层层签订责任书并大力宣传学前教育、义务教育相关政策法规。为确保 2023 年隆子县小学毕业生 100% 进入初中接受初级教育，签订了整班移交合同。2022—2023 学年，区内外建档立卡大学生 28 名，享受免费教育补助资金共计 2665 元。2019—2023 年，日当镇考入全日制计划内的区内、外大学生共计 243 名，资助兑现 5206000 元。

【医疗卫生】 2023 年，日当镇定期组织镇卫生院对各类常见疾病进行筛查救治工作，持续开展健康体检、卫生监督、疾病随访、妇幼知识讲座等工作，扎实开展“两降一升”“两癌筛查”“送医送药送健康”“家庭医生签约”活动。年内，镇、村两级共开展各类宣讲、讲座累计 70 场次，家庭医生签约完成 12 个村 2200 户。

【文化建设】 2023 年，日当镇建立 13 个新时代文明实践所（站），包括 1 个镇新时代文明实践所和 12 个村级新时代文明实践站，志愿服务队 14 支、140 人，服务队人员 450 人。年内，组织开展迎“七一”“十一”“3·28”“三八”妇女节拔河比赛等文体活动 143 多场次，受众人数 23450 人次；开展文艺活动并指导 12 个行政村顺利开展了村级文艺演出，同时，组织村级文艺演出队到 6 个行政村开展“戏曲进乡村”文艺巡演，为 2000 名群众送去了丰富的文化盛宴；开展升国旗唱国歌仪式活动 36 场次，“国庆”节开展文艺演出宣讲活动 12 场次。开展“颂歌献给党、齐唱红色歌曲”合唱比赛 1 次；开展“新时代　新征程”明星宣讲员评选进行时国家通用语言比赛 1 次；组织文化志愿者同白卡堂村开展以“军民共守边防 携手共建家园”为主题庆“八一”联谊活动 1 次，受众人数 455 人。

【社会保障】 2023 年，日当镇共有 889 人达到养老金发放条件，涉及资金按照要求及时足额兑现；2023 年应参养老保险人数 4226 人，实际参保 3791 人，参保率为 89.7%；2023 年农牧民参加城乡居民医疗保险人数为 7180 人（一般居民 6407 人，其他政府代缴享

2023年11月14日，日当镇党委副书记、镇长索朗杰布在日当村农村幸福院启动仪式上宣讲感党恩教育

受人员共773人），其中缴费160元2484人、350元4654人、35元42人，共缴费金额为2027810元；农村最低生活保障对象30户73人，兑现低保补助金210484元；全镇残疾人共334人，其中一级残疾22人补助600、二级53人补助550、三级95人补助100、四级164人补助100，残疾年补贴819000元；分散五保户36人（五保户救助金8012元/年），兑现五保户生活救助金288432元；对因病、因残、因灾等各种特殊原因造成基本生活出现暂时困难的家庭，临时救助24人次，发放临时救助款168800元。

【平安建设】 2023年，日当镇共有综治维稳专干人员3名，“双联户”户长243名，群防群治队伍75支、1139人，人民调解员64名。年内，开展“三月综治宣传月”、“六月综治宣传周”、“9·16”平安宣传日、“4·15”全民国家安全教育日、“12·4”宪法宣传日等宣传活动，对“双联户”工作人员进行培训4场次，其中，各村分别培训3次，镇综治中心举办1场次。全年开展宣传60余次，发放各类宣传材料8000余份，张贴标语261处、横幅8条，LED横幅13处，受教育人数7100余人次，极大地提高了群众的参与意识和法制意识，营造了良好的法治环境基础；充分利用各村“三支队伍”“红袖标”“双联户”“网格员”、村“两委”班子、驻村工作队等队伍，组织开展防控活动1958次、参与人数4000余人次、巡逻2877次。全年排查矛盾纠纷1350余次，参与人数300余人，成功调处矛盾纠纷9起，接待来访群众共90批次。在重点人员管控方面，日当镇安置帮教人员14人、社区矫正1人。通过电话、视频等方式与安置帮教人员保持联系，确保重点人员均在辖区管控内，维持动态稳定。

【劳务增收】 为不断促进增收，拓宽就业渠道，提高农牧民带技上岗水平，日当镇积极争取县人社局对农牧民开展雪村举办的民族手工业（藏式毛毯）培训班，24人参加培训；在卡当村举办的缝纫机技能提升培训班，30人参加培训；在玉白村举办的厨艺技能提升培训班，23人参加培训；动员31名群众到泽当开展驾驶技能培训活动；鼓励引导各村富余劳动力外出务工就业，提高收入水平。

2023年3月8日，日当镇开展“爱国卫生运动·巾帼在行动”主题活动

【党建工作】 2023年，日当镇共有党组织18个，其中党委1个、党支部17个（农村党支部12个、机关党支部5个）。共有党员747名，其中农牧民党员612名，机关党员135名。全镇党员干部坚持以习近平新时代中国特色社会主义思想凝心铸魂，扎实开展主题教育工作，各党支部利用“三会一课”时间学习党的创新理论和各级党委会议精神300次，借助新时代文明实践站，宣讲党的创新理论和政策150次，受众42000人次，开展“主题党日”200次，结对帮扶入户为群众服务8次，结合中心工作开展志愿服务活动300次。密切与人民群众的血肉联系。突出村干部队伍建设，举办党建业务培训1次、党员发展对象培训1次，选派村干部参加各类培训17人次。举办国家通用语言文字集中冬训班1期、夜校补习班26次，举办乡村振兴“擂台比武”1场次。

【党风廉政建设】 2023年，日当镇召开党风廉政建设和反腐败工作部署会1次，建立一把手负总责、分管领导集中抓的工作机制。全镇配备纪委书记1名、专干2名，村务监督委员会36名，其中主任12名。紧盯重要时间节点、节假日，召开节前警示教育会5次，通过微信工作群推送廉洁过节提醒通知7次，落实中央八项规定及其细则精神，深挖细查“四风”问题隐形变异表现，监督检查5次；落实维稳、安全生产、值班带班、信访等重点工作情况，开展监督检查5次。

2023年5月26日，日当镇党委召开党建工作安排部署会暨第五批第一书记培训会议

【主题教育】 2023年，全镇各党组织着力推动干事创业，扎实推进人居环境整治工作，累计拆除残垣断壁、旧房屋等78处，完成清运生活垃圾、公路沿线垃圾10余吨。协调驻训部队医疗分队，开展巡诊163人次，测量血压86人次，彩超检查23人次，心电图检查13人次，发放药品、义务完成医疗服务保障11310元。围绕专项整治6个方面共检视三批问题52条，召开专题组织生活会1次，确保主题教育取得实实在在的成效。

【乡村振兴】 2023年，日当镇共有产业项目3个，分别为：沙琼村页岩石加工厂，实现分红3.1万元，带动就业17人，每人平均工资6300元；塔新村牦牛养殖场，实现就业2人，每月平均工资5400元，该厂带动脱贫户5人，每人每年分红1000元，现存栏牦牛数130头；毕念村聂雄肉牛养殖场，带动脱贫户15人，每人每年分红1000元，该厂固定就业3人，其中1名为大学生，每人平均工资3000元，现存栏数为37头，年内出售6头，创收7万余元；市直经营性房屋服务认购项目“老弱病残”产业项目带动分红共计169人，其中：老分红92人、弱分红40人、病分红4人、残分红33人。每人分红2000元/人，共33.8万元。年内，各村按照实际情况，对所有农牧户进行全面筛查，确保不留死角、一个不漏，及时将符合条件的农牧户按程序识别为监测对象，开展2次入户大排查，辖区内排查2311户7546人，识别监测户3户10人，完成入户排查任务的100%。

【环境整治】 2023年，日当镇先后召开9次关于人居环境整治工作专题会议，重点推进以房前屋后乱堆乱放、河道沿线白色垃圾、民房卫生、公路两侧为重点的人居环境整治工作。累计清理农村生活垃圾15吨，白色垃圾256吨，水塘淤泥92吨，河道淤泥141吨，村内卫生死角2672处，公路两侧15吨，环境卫生教育入户宣讲348场，参与群众22300人次，逐步解决农村“脏、乱、差”突出问题，有效改善了农村人居环境。

【基础设施建设】 争取部队援助资金53万元，实施白卡堂村水塘重修项目，用于周边农田灌溉；争取部队帮扶资金55万元和县级财政资金55万元，完成雪村军民民族团结广场项目，用于丰富群众精神文化生活；完成卡当村乡村振兴美丽宜居项目和日当村、萨琼村和曲古塘村乡村振兴整村推进项目的前期设计工作。

【危房改造】 2023年，日当镇发动驻村干部、村“两委”成员等力量80余人深入辖区开展农村群众自建房隐患排查，将存在隐患并符合改造条件的64户农户自建房纳入改造范围；密切关注脱贫户、低收入群体、弱势群体等人群住房安全，完成残疾人危房改造19户。年内，全镇共完成危房改造83户，兑现资金1295000元。

【旅游事业】 日当镇受自然条件和地理因素所限，旅游事业薄弱，辖区内有日当寺、仲嘎曲德寺等文物保护单位，其中仲嘎曲德寺为国家级重点文物保护单位。2023年，全镇共有73家餐馆，3家旅馆。

【林业管控】 2023年，日当镇深入学习贯彻习近平生态文明思想，开展义务植树15000余株；林长制工作稳中有进，镇级林长共开展巡林70余次，村级林长共开展巡林1900余次；全面落实国土用途管控制度，严格管控农牧民群众乱占耕地、林地和草地，严格宅基地审批程序，进一步加强落地项目的用地审批和林勘环评监督工作。

【防汛抗灾】 2023年，日当镇召开防汛工作专题会议1次，防汛工作推进会议1次，防汛工作部署会议3次，积极宣传防汛抗灾知识和技能，下村开展督导检查10余次。在汛期前期，及时排查存在的安全隐患，加强对河流水位的监测预警，发现和处理多起隐患。同时加强对堤防等水利设施的检查和维护，积极采取措施，加强对水源地的保护和管理，增加灌溉设施的投入，提高灌溉效率，及时修复损坏设施，提高防汛能力，确保人民群众生命财产安全。

2023年7月1日，日当镇开展“颂歌献给党 齐唱红色歌曲”主题党日活动

【理论学习】 2023年，日当镇开展理论学习中心组会12次，交流发言36人，视频观看5次，参加学习人数260人。开展巩固拓展脱贫攻坚成果同乡村振兴有效衔接政策学习教育1次。各行政村开展宣传政策72次，受众人数达到22300余人次。

加玉乡

【概况】 加玉乡，藏语意为“鸟语花香之地”。地处隆子县东南部，平均海拔3283米，属于隆子县6个边境乡之一，距离县城47公里，共有2个边境通道口，分别为卡布村觉姆拉通道口、杆吉村莫嘎拉通道口。全乡下辖10个行政村、44个自然村，共有1096户3360人。全乡下辖6个党总支，7个党支部，其中机关党支部1个，学校党支部1个，寺管会党支部1个，村党总支6个，村党支部4个，全乡共有党员610名。全乡有1所

2023年6月21日，日当镇机关党总支在巴热拉山开展人居环境整治活动

完全小学、1处教学点，1所卫生院、9所村卫生室，2座寺庙、1座日追、1座拉康，僧尼8人，1个边防派出所。全乡共有耕地4433亩，草场面积558319.6亩。2023年，人均年收入21974.92元。

【农业发展】 2023年，在县农业农村局的统筹安排部署下，加玉乡耕地总播种面积为5785亩，总产量达3861.57吨；其中粮食作物播种面积为4730亩，总产量1871吨；经济作物播种面积为995亩，总产量为1116吨；饲草播种面积为60亩，总产量为874.57吨，粮经饲比例为82∶17∶1。抛荒撂荒整治。为有序推进抛荒撂荒整治工作，实现农田保护和农作物稳产，加玉乡积极与县农业农村局对接，解决加玉乡达孜村根治抛荒撂荒水渠维修费1万元及"希森6号"优质土豆种子5000斤，切实恢复30亩耕地进行复耕工作；同时解决了庞村"希森6号"优质土豆种子7000斤，有效解决了加玉乡乡抛荒撂荒政治工作；种子田种植。2023年，加玉乡"山冬7号"种植任务200亩，实际种植200亩，种植率达100%；并于2023年7月、8月分别通过县、市两级验收，2023年10月由县农业农村局收购良种10435斤，资金30261.5元，为加玉乡粮食增产、农牧民增收奠定了坚实的科技保障。

【牧业发展】 2023年，加玉乡核定年末草畜平衡载畜量(折绵羊单位)为30860只，2022年末牲畜存栏数折合绵羊单位17240只，实现草畜平衡兑现农牧民补助奖励(草补)资金140.82万元，受益群众3386人。黄牛改良配种。2023年，全乡共设有9个黄改点，黄改技术人员12名，实际冻配数372头、完成率达100%；动物检疫。加玉乡秋季重大动物防疫应接疫苗牲畜9400头、只、匹(其中牛应接4369头、羊应接4434只、猪应接597头)，实免牲畜接种9305头、只、匹(其中牛接种4344头、羊接种4432只、猪接种529头)，免疫率达99.05%。牛羊出售补贴。2023年，出售牲畜共3头牛，补贴标准为800元/头，兑现出售补贴资金共计2400元。牲畜出栏及畜牧业产量。2023年，加玉乡牲畜出栏总头数2103头(只)。畜牧业产量分别为：肉产量125.72吨，奶产量1058.9吨，蛋产量11.74吨。

【经济发展】 2023年，全乡人均可支配收入目标为19955元，实际已完成人均可支配收入21974.92元，完成率110.12%（其中转移性收入8453.14元，占总收入的38.47%；工资性收入10436.33元、占总收入的47.49%；财产性收入达540.45元、占总收入的2.46%；经营性收入2545元，占总收入的11.58%）。

【生态创建】 2023年，加玉乡为践行"绿水青山就是金山银山"理念，充分发挥乡、村两级河长体系，乡级河长巡河任务为24次，已巡22次，村级河长应巡513次，已巡572次。全乡林长实行分包分片负责制，责任区域原则上按乡包村干部划分，实现全覆盖。为加强对群众野外生产用火的管理，杜绝森林火灾隐患，要求各村将森林防火工作纳入《村规民约》。年内，开展全乡护林员森林防火知识培训2次，参与人员180人。根据森林草原分布情况，每个区域安排护林员每周开展巡林巡草工作，及时将巡林巡草等有关情

2023年11月14日，隆子县政府县长巴桑次仁（右三）一行到加玉乡伦巴片区开展调研

况进行登记并向乡政府汇报。

【教育事业】 2023年，加玉乡坚持常态化开展“控辍保学”，认真落实“控辍保学”政策和教育双线责任，保持全乡义务教育阶段适龄儿童、少年失学辍学动态清零。义务教育阶段学生238人的“三包”政策和学生营养改善计划，全乡农牧民子女全覆盖实现享受义务教育“三包”政策。2023年新考入大学生共有34名，受国家大学生资助共计265000元。

【医疗卫生】 2023年，加玉乡3339人参加医保，其中“6065”（女60岁以上、男65岁以上）441人、特殊困难人员（含特困、重度残疾人员、孤儿）65人、边民174人享受政府资助代缴医保，个人缴费、职工参保、异地参保等2659人，参保率达到99.81%。全乡纳入计划生育“两项”补助共212人，资金兑现203520元，特扶27人，资金兑现181800元。老年人健康补贴享受214人，资金兑现136500元。年内，争取援藏资金新建乡卫生院职工周转房及3个村的卫生室。

【文化建设】 2023年，加玉乡深入开展意识形态宣传文化精神文明建设，邀请老党员开展“新旧对比”等活动12场次，以春节、藏历新年、“三八”“3·28”“七一”“十一”等活动为契机，依托乡文化综合服务中心、新时代文明实践所（站）、各行政村农牧民群众业余文艺演出队等会同“五共五固军（警）地结对共建”等工作组织，开展各类文化活动，丰富农村精神生活，开展文艺演出活动27次，各类宣讲、学习、活动270余场次，受众近20000人次。开展各类志愿服务活动600余次，发放各类宣传资料7000余份。

【社会保障】 2023年，加玉乡符合低保条件的脱贫户全部纳入救助范围。做到对象准确，应保尽保，应退尽退。全乡17人分散特困保障，兑现生活补助金13.62万元；全乡农村最低生活保障对象3户6人，资金兑现1.6436万元；低保单人户“单人保”7户7人，资金兑现2.7447万元；残疾人220人，足额兑现残疾人两项补贴资金43.8万元，十大民心17.775万元；农村养老保险缴费人数1686人、待遇发放13.7万元；发放退役军人慰问金48人次，共计2.5万元。

2023年5月12日，桑日县考察组一行在加玉乡黑青稞糌粑加工厂基地开展调研

【平安建设】 2023年，加玉乡通过宣传标语、横幅、微信群等方式进行“扫黑除恶”知识宣传，累计开展宣讲活动2场次，散发宣传单300余份；扎实开展“八五”普法等综治宣传活动，利用综治宣传月、周、日等积极宣传群众身边的社会治安生动实践和鲜活经验，扩大加玉社会治安综合治理工作的影响力；坚持把矛盾纠纷排查调处作为基础性工作，依托综治中心，建立完善矛盾纠纷多元化解机制。对重点人员坚持“一人一策”“一人一专班”，做好教育稳控工作，最大限度防止信访上行、矛盾激化、严防群体性上访。全年排查矛盾纠纷492余件，未发现重大矛盾纠纷；采取“乡班子成员督导检查+平安办检查+村‘两委’、驻村工作队+双联户户长排查”四结合的方式，重点对经营单位、建筑施工单位、群众住房等进行了监督检查，建立了问题隐患台账，整治各类隐患。

【劳务增收】 2023年，加玉乡通

过转移就业、自主择业等方式，较好地完成了县人社局年初为加玉乡制定1440人的劳务输出目标，全年实现劳务输出人数1481人次，占全乡劳动力的74%，达到年度目标的100%，累计创收1095.62万元。

2023年4月12日，隆子县人大交叉检查组到加玉乡检查指导人大工作

【党风廉政建设】 年初，加玉乡召开2022年党风廉政工作总结暨2023年安排部署会议，认真总结2022年全面从严治党工作开展情况，安排部署2023年全面从严治党各项工作。乡纪委同党政班子成员签订《党风廉政建设责任书》10份，督促各党政领导班子成员同联系村、联系寺管会、联系小学签订《党风廉政建设责任书》12份，层层签订了责任书，层层传导压力，把党风廉政建设落实到最基层，目标明确，责任到人，切实解决党风廉政是“软指标，难操作”的弊端。年内，乡党委利用干部职工学习会，认真抓好全乡党员干部党风廉政建设教育。组织党员干部观看警示教育片2次，传达学习上级下发的各类通报、文件8份，转发学习“雪域清风”“清廉山南”“企业微信”等平台案例通报、廉洁自律提醒等内容50余篇，开展相关会议4次，切实提高干部的思想，确保党风廉政建设不走过场，真正落到实处。

【主题教育】 2023年，加玉乡认真落实上级有关部署，牢牢把握“学思想、强党性、重实践、建新功”的总要求，紧紧围绕目标任务，高标准谋划、高效率组织、高规格落实，推动主题教育破题开局，持续在以学铸魂、以学增智、以学正风、以学促干上下功夫，以认真贯彻执行“第一议题”制度把“学思想”作为首位任务贯穿始终，凝心铸魂；坚持目标导向和问题导向相统一，把“强党性”作为检视落实查不足、找差距的首要目标，凝聚奋进动力；聚焦群众“急难愁盼”，把“重实践”作为回应群众需求、推动解决问题的标杆导向；聚焦高质量发展，把“建新功”作为全面加强基层组织党的建设、夯实巩固党在基层的引领主导作用的重要坐标，以更加有力的举措扎实推进主题教育。同时结合进一步改进作风狠抓落实工作要求，对标对表组织要求、先进典型和人民群众期盼，坚持刀刃向内，力除沉疴积弊，持续深入推进党的十八大以来各级各类主（专）题教育实践活动成果同当下、同主题教育实现高度衔接，不断净化纯正全乡党员干部职工队伍思想、政治、作风和能力建设，奋发有为助力实现社会主义现代化新隆子、新加玉再建新功。精心谋划抓筹备，让主题教育“活起来”。根据县委安排，迅速成立乡党委主题教育领导小组，乡党委书记担任组长。领导小组下设办公室，负责日常工作。乡辖各党支部（总支）成立相应领导机构和工作机构，谋划制定具体安排，主要负责同志履行第一责任人职责，切实抓好本地本部门主题教育。制定下发方案，指导所辖各党支部（总支）制订工作计划，突出工作重点、明确方法步骤、细化工作举措、靠实工作责任，确保主题教育有力有序开展。9月18日，召开会议启动部署主题教育工作，9月18—20日，全乡各党支部（总支）召开党员大会，结合主题教育推进措施，全面部署并启动主题教育工作。真学真用见成效，让主题教育“热起来”。乡党委领导班子成员以身作则、率先垂范，聚焦“原原本本学、脚步丈量学、线上线下学”等方式，瞄准“理论

2023年6月19日，加玉乡机关巾帼志愿者在辖区内开展环境卫生整治

学习多悟一分、调查研究先行一步、推动发展更高一阶、检视剖析走深一层、整改落实狠抓一批”目标，持续营造浓厚氛围。结合包保联系基层制度，班子成员积极与包保村组“上下”联动，通过“书记讲党课”等交流形式，做实理论共学，推动问题共研，实现发展共谋。领导班子紧扣主题教育主线，第一时间开展理论中心组学习，全体领导班子克服工学矛盾，严格遵守学习纪律，采取领导领学、个人自学、专题辅导学等多种形式全程按时参加学习，13名乡党政领导班子成员围绕主题教育四个目标、“四下基层”制度和调研成果等做交流发言。全心全意解难题，让主题教育“动起来”。围绕“四下基层”要求，班子成员带头，结合工作职责、包保制度等工作，对10个村和5家重点合作社开展调研走访，收集意见建议和“急难愁盼”问题20余条，并形成项目清单，切实把调研做细，把情况摸透。各支部（总支）结合实际，通过线下线上相结合、日常联系和专项走访相结合等方式，开展“一个支部一件实事”活动，努力实现“民有所呼，我有所应”。在联系走访的基础上，坚持开门办实事，悉心听取群众意见，及时公布整改落实和专项整治情况，把主题教育置于群众和社会监督之下，避免“自说自话、自弹自唱”，达不到要求的及时“返工”“补课”。建立问题清单，明确整改措施、时间节点、责任部门，实行销号管理，主题教育期间立行立改解决问题12个。统筹推进调查研究，让主题教育“实起来”。加玉乡坚持以调研开局，将调查研究作为建章立制、推动发展的起点，为建章立制精准定位，推动加玉乡发展纵向深入。按照主题教育要求，认真制定调研方案，根据班子分工，聚焦高质量发展这个首要任务，党政主要负责同志及人大负责同志坚持问题导向，采取“四不两直”的形式，深入村居一线、项目现场，对破题乡村旅游、壮大村集体经济产业发展等问题开展调查研究。积极做好调查研究“后半篇”文章，系统梳理调研情况，形成高质量调研报告3篇，针对短板弱项提出整改措施8条。紧密结合学习和调研成果讲党课，主要领导带头讲，其他班子成员到所在支部、分管部门讲，突出针对性，有效推进主题教育走深走实。

【改进作风】 2023年，加玉乡紧跟区党委、市委、县委工作节奏，稳步推进全乡进一步改进作风狠抓落实工作。全乡开展作风领域问题检视与整改落实自查自纠工作清查问题177条、涉及党员干部职工37人，制定整改举措182条，已全部整改完毕并将常态长效保持。结合（第二批）学习贯彻习近平新时代中国特色社会主义思想主题教育开展作风领域问题专项检视整改整治工作，全乡清查问题32条、制定整改举措35项，现已全部整改完成。2023年，32名党员干部职工撰写作风领域专题片观影心得体会，共计64篇；开展专题学习会3场次；推进燃气安全领域自查整改工作并完成整改；落实自治区党委书记王君正在山南开展学习贯彻习近平新时代中国特色社会主义思想主题教育调研时的讲话和指示精神任务分解方案及举措。

【乡村振兴】 2023年，加玉乡党委、政府认真贯彻落实党中央和自治区、市委、县委的各项决策部署，坚持把巩固拓展脱贫攻坚成果同乡村振兴有效衔接摆在头等重要位置来抓，推动脱贫攻坚政策举措和工作体系逐步向乡村振兴平稳过渡，坚决守住脱贫攻坚胜利果实，稳步推动乡村振兴工作。年内，召开全乡工作动员部署会议、工作推进会议、政策培训会议，成立工作专班，明确书记、乡长抓总，分管领导牵头，其他领导抓具体的细化分解任务，层层传导压力，确保巩固拓展脱贫攻坚成果同乡村振兴有效衔接工作有序推进。

【环境整治】 2023年，加玉乡结合全乡实际，先后调整充实成立了加玉乡人居环境整治领导小组和工作专班组，通过“党建+网格管理”强化责任落实。形成了乡干部包村、村“两委”包片、驻村工作队、党员、联户长包户的网格化分工管理模式，确保整治责任落地落细、落实到人。全年出动装载机9台次，农用车320台次，人力600余人次，共清理乱堆放、生活垃圾等130余处，拆除残垣断壁282处、一户多宅178户，清理乱堆乱放221处，清运垃圾40余吨，完成人畜分离项目652户、户厕改造15户。

【基础设施建设】 2023年，全乡共有11个基础设施项目：投资1223.86万元建设高标准农田（涉及切堆村、公国村、杆吉村、普玉村、共拉村、卡布村、庞村），已建成；投资2000万元建设共拉村乡村振兴示范引领项目，已建成并投入使用；投资3175.46万元建设环境提升工程项目（涉及卡布村、庞村、达孜村、普玉村、切麦村、公国村、杆吉村），已建成；投资250.69万元建设卫生院周转房项目，已建成并投入使用；投资38万元修建庞村圈奴农田灌溉水渠项目，已建成并投入使用；投资30万元修建庞村圈夏农田灌溉水渠项目，已建成并投入使用；投资123万元建设村级卫生室项目（涉及庞村、公国村、杆吉村莫嘎组），已建成；投资638.77万元修建人畜分离项目，已建成并投入使用；投资69万元修建杆吉村扎西康入村路500米项目，已建成；投资54万元建设边防基础设施（莫嘎执勤点），已建成；投资94.8万元建设乡完小操场舞台改造项目，已建成。

【重要项目建设】 2023年，加玉乡中7道路建设项目，总投资4.8亿元。截至年底，完成工程总量的60%；西藏43号公路建设项目，总投资1.78亿元，2023年底开工建设；杆吉村莫嘎搬迁安置点项目，总投资4269万元，项目已建成。

【民生保障】 2023年，加玉乡党委、政府严格落实民政领域相关政策，认真排查救助人员家庭状况，截至2022年12月底，全乡享受民政救助政策6户20人，救助资金4.35万元，将符合条件人员做到应享尽享、不落一人。为提高广大农牧民群众专业素质，积极与县人社对接技能培训名额，全年共开展护林员培训3次，惠及人数60人。全乡生态岗位人员215个，全年共兑现工资56.4375万元。

【旅游事业】 加玉乡受自然条件和地理因素限制，旅游事业发展缓慢，乡域内只有切麦村米日温泉1处亮点，2023年营业收入3万余元，其他行业相对滞后。加玉乡藏式银器工艺品加工厂位于达孜村，加玉藏刀与西藏自治区其他地方产的藏刀不同的是，产

2023年7月29日，加玉乡政府联合驻地部队、乡派出所、乡卫生院以铸牢中华民族共同体意识为主线共同举办了主题为“军地合力强国防·军民同心谱新篇”的文艺会演活动

于隆子县境内加玉乡的“加玉藏刀”只能追溯20世纪40年代初期，是现代出生的民族手工业产品。主要制作藏刀、各种首饰，如耳坠、戒指、手镯、水勺、斧头、菜刀、十字镐等农牧民工具。2023年，藏刀净收入7万元左右。

【林业管控】 2023年，加玉乡组织各村召开森林防火工作安排部署会4次，签订《森林防火工作责任书》10份，同时组织护林员学习宣传森林防火、野生动植物保护法等知识，提高护林员对森林防火工作重要性的认识，每月组织护林员定期不定期开展巡山，共计巡山480次。

【防汛抗灾】 2023年，加玉乡结合乡情实际及时调整充实防汛抗灾工作领导小组、方案和应急预案，完善重点危险地段的监测及预警机制，强化各项安全防范措施，配足防汛物资，加强汛期值班。加大安全隐患排查力度，全年共计开展排查80次。

【理论学习】 2023年，加玉乡党委坚持把学习贯彻习近平新时代中国特色社会主义思想作为首要政治任务，特别是做好党的二十大精神的学习宣传贯彻工作，并将习近平总书记关于西藏工作重要论述、新时代党的治藏方略及党的二十大精神作为乡党委会议、理论中心组学习会议、“三会一课”的“第一议题”，做到每月至少学习3次。坚持乡班子成员带头学，党委理论学习中心组集中学，各基层党组织广泛学，广大党员干部自觉学，强化及时跟进学、结合实际学、全面系统学，真正做到学懂弄通做实。2023年，乡党委召开党委会23次，党委理论中心组学习10次，组织开展党委民主生活会2次，开展学习班90余次，重点围绕习近平新时代中国特色社会主义思想、党的二十届二中全会精神、习近平总书记重要讲话精神、各级重要会议精神、各类重要讲话精神开展学习。

列麦乡

【概况】 列麦乡位于隆子县东侧，地形以高原山地和河谷地带为主，地势西北高，东南低，东与三安曲林乡相邻，南与加玉乡相邻，西与隆子镇相邻，北与雪沙乡相邻，距离山南市165千米，距离县城13千米，平均海拔3850米。列麦乡下辖宗教场所2座（桑青寺、羊孜颇章）；派出所1个，民警10人、辅警2人、协警1人；完小1所，教职工17人（含洋子幼儿园2人），幼儿园学生28名（含洋子幼儿园4人），小学生83名；卫生院1所，医卫人员7人，村级共设有6个卫生室，12名村医。列麦乡设立乡党委1个，下辖党总支2个、党支部13个，现有党员374名（含预备党员14名、老党员13名），其中农牧民党员317名、乡机关党员29名，派出所党员11名、完小党员13名、寺管会党员4名。列麦乡共有7个行政村，村干部51人，其中村“两委”班子37人，村务监督委员会成员21人（包括7名村务监督委员会主任7名），掌握国家通用语言基本听说能力37人（主干14人，副职23人），掌握国家通用语言基本读写能力18人（主干5人，副职13人）。

【农牧业发展】 2023年，全乡耕地面积2830亩，耕种率达100%，主要种植青稞、冬小麦、油菜，为推广良种，增加农牧民农业收入，

2023年10月23日，隆子县政府县长巴桑次仁（左一）到列麦乡检查指导人居环境整治工作和调研整村异地搬迁工作

列麦乡积极争取良种种子，免费给各行政村发放了28875斤山东7号小麦种子，顺利通过了市、县两级种子田400亩（洋兄村200亩、念荣俄村200亩）验收工作。粮食产量达975.59吨；牲畜出栏1002头（只）；肉产量106.49吨，奶产量785.9吨，蛋产量6吨。免费发放了价值5万元的牲畜常规治疗药和重大动物疫苗、禽流感疫苗，确保了畜牧业健康发展。2023年列麦乡黄改任务共450头，实际完成450头；牲畜疫苗接种实现全覆盖。全乡耕地地力保护补贴兑现12.98万元。2023年县农业农村局解决了1.18万米网围栏，提高了群众种植农作物的积极性。

2023年3月3日，列麦乡组织党员召开组织生活会

【经济发展】 2023年，列麦乡完成地区生产总值3610.85万元，实现富余劳动力转移就业870人，创收1290万元，农牧民转移就业率达101.26%。

【生态创建与环境整治】 2023年，列麦乡强化系统谋划，坚持发展和生态两手抓、同推进，构建“党建引领+生态建设+旅游推介+农业发展+特色产业”发展体系，充分发挥地处国道219沿线、距离县城较近等优势，依托县级文物保护单位、保存较好的直径约2米，至今已有700～800年历史的古树以及天然湖泊、河流、草地，以“美丽宜居”乡村振兴项目建设为契机，对古树、河流、草地进行保护和修建旅游接待中心以及配套附属设施，有效挖掘洋兄生态旅游潜力，助推文旅融合发展，切实让老百姓端上“生态碗”、吃上“生态饭”。2023年，投资2500万元开展洋兄村乡村振兴人居环境整治项目（其中援藏资金500万元），截至年底，已完成建设并投入使用。成功创建列麦村、洋兄村、西徒村为自治区级生态文明示范村。

【教育事业】 2023年，列麦乡有1所完全小学，教职工17人（含洋子幼儿园2人），幼儿园学生28名（含洋子幼儿园4人），小学生83名，正常适龄儿童入学率达100%。全年贯彻落实“三包”、农牧区学生营养改善、资助农牧民子女上大学等政策。不断提高学校管理、教学水平和质量，巩固义务教育均衡发展成果。

【医疗卫生】 列麦乡积极推进城乡居民医疗保险参保工作。2023年初全乡统计总人口2028人，其中异地职工参保132人，应参保人数1885人，实际参保1884人，医疗保险参保率99.99%。

【文化建设】 2023年，列麦乡依托乡文化综合服务中心，在重大节日和纪念日，组织各种群众喜闻乐见的文化、体育活动，切实丰富群众节日文化生活，不断完善文化站和村级文化活动中心的基础设施，提高基层的文化服务能力，丰富群众的精神文化生活。2023年，列麦乡开展各类文体活动80余场次，集中组织大型文化艺术活动3次。

【民生保障】 2023年，列麦乡积极开展城乡居民养老保险参保工作，做到应保尽保，参保率100%。2023年实际领取养老金人数为342人，全年内累计兑现养老金125.16万元；落实专职护林员145人，兑现资金88.2万元；生态岗位159人（护林员55人，草原监督员31人，旅游厕所保洁员15人、水保员15人，城镇保洁员15

2023年3月23日，列麦乡举办“歌颂共产党 贯彻二十大‘3·28’百万农奴解放纪念日”文艺会演活动

人，公路养护21人、群防群策员7人），兑现工资55.65万元；累计兑现低保资金19.3万元（32户61人）；残疾补助34.11万元（125人）；特困人员补助资金8.01万元；大学生资助32.8万元（60人，其中4个脱贫人员）；厕所改造资金1万元；草补资金139.42万元；耕地地力保护补贴12.98万元；中央一次性补助11746.7元；“一孩双女”补助资金17.79万元（一般99人，特扶12人）。

【平安建设】 2023年，列麦乡做好排查化解矛盾纠纷工作，全年接访14批20人次，解决群众较难事项5起，未发生越级上访事件。持续做好消防安全工作，对全乡老旧房屋进行消防安全全面排查，对公共场所配置消防灭火器，每季度逐村开展一次消防安全宣传，每月开展消防夜查巡逻，走村入户宣传消防安全全覆盖；持续做好社会稳定工作，深入细致排查整治重点场所、公共场所安全隐患，定期组织开展安全隐患大排查、大巡逻行动，深入开展入户宣传工作，及时准确搜集涉及稳定的各类信息，组织力量第一时间化解，确保全乡社会面持续稳定。

【劳务增收】 2023年，列麦乡高度重视劳务增收工作，乡主要领导亲自调研乡情民情，亲自部署、深入宣传、每月调度，全年开展转移就业动员部署及调度40余次，以走村入户等方式宣传50余次，针对区外就业调度和宣传70余次。2023年人均可支配收入目标任务17763元，增速12.5%，增量1974元。

【党建工作】 2023年，列麦乡党委召开党建工作安排部署会议4次，开展加强群众思想教育30余次，全乡开展理论宣讲队伍宣讲党的二十大和各项方针与惠民政策3次；民族团结联谊队协调矛盾纠纷10余次，开展民族团结宣传宣讲50余人次；生态环境治理队伍出动党员100余人次，清扫垃圾8次，积分兑换超市回收分类垃圾近2吨，精神文明队伍出动12人次，开展党的二十大主题文艺表演1次。全年以改进作风、狠抓落实工作为契机，聚焦“四查四问”抓好“八个落实”工作要求，以“说了就定、定了就干、干就干好”为抓手，对全乡干部理论知识掌握和重点工作推进以及干部上下班制度、村干部坐班制度、会风会纪等执行情况进行跟踪督导问效，切实改进作风、狠抓落实。通过创建企业微信，在线实施监测全乡党员干部职工考勤、出差、办实事、结对帮扶等工作落实情况，建设清廉政府、阳光政府。2023年，乡党委引导机关党员干部办实事350余件。

【党风廉政建设】 2023年，列麦乡加强组织领导，认真落实党风廉政建设责任制。1月13日、17日分两次组织在岗干部职工集中观看电视专题片《永远吹冲锋号》，7月25日集中观看了《山南市原交通运输局党组副书记、局长李国忠关于借“路”敛财自毁人生路》的警示教育片，11月10日组织集中观看了《作风建设永远在路上》第三集“狠抓节点”警示教育片，并利用乡党委理论学习中心组、纪委专题学习会学习了二十届中央纪委二次全会特别是习近平总书记重要讲话精神、自治区纪委十届三次全会精神、市纪委二届三次全会、县纪委十届三次全会精神和一系列典型案例文件通报精神。全年组织开展廉政警示教育学习 11 次。在各大节日来临之时，组织全体干部召开了节前安排部署会，严明了节日纪律，部署了节日相关工作，并在节日期间以明察暗访的方式对各村、各下辖单位开展了监督检查，从检查情况来看，列麦乡未发现存在违反廉洁纪律等问题现象。

【创建自治区四星级退役军人服务站】 2023 年，列麦乡在县人武部的指导及大力支持下，乡人武部相关工作有序开展，持续做好民兵整组工作、选优配强民兵队伍，抓好兵役登记和征兵工作。在县退役军人事务局的指导下，列麦乡退役军人服务站工作取得了很大的进步，在工作人员的努力下，成功创建了自治区四星级退役军人服务站。同时乡退役军人服务站工作人员深入各村宣传征兵、退役等相关政策，为退役军人增加收入，通过微信、电话等方式宣传各项招聘、创业等信息，鼓励退役军人创业就业。

【乡村振兴】 巩固脱贫攻坚成果。全乡脱贫户 72 户 173 人，“三类人员”1 户 2 人（边缘易致贫户），2023 年脱贫户人均纯收入达到 21002.55 元，同比增长 13.1%，脱贫户人均收入全部突破万元。积极推进改造工作，完成 5 户危房改造。全乡始终聚焦解决“两不愁、三保障”突出问题，狠抓责任、精准落实各项政策。精心谋划产业振兴。列麦乡山多地少、资源短缺，乡党委、政府致力在脱贫攻坚政策机遇中寻求产业发展，通过在隆子县聂雄标准化奶牛养殖场、隆子县拉康电站等入股后产业分红 11.7 万元（聂雄奶牛场 65 人，拉康电站 26 人）。大力发展“飞地”经济，采取“抱团”发展模式，整合强基惠民经费和村级组织运转经费 285.648 万元购买山南市商品房，前 5 年按照总价的 6% 返还租金，第 6 年以后，每 5 年增幅 10%。为大力发展乡村产业，列麦乡整合强基惠民经费 123 万元，维修列麦乡二级水电站，投入使用后，每年实现 40 万元左右营利。扎实推进搬迁工作。2023 年，通过组织动员，全乡 106 户 344 人实现边境搬迁。庄那 2 号：19 户 64 人；亚绕 2 号：12 户 51 人；格勒塘：9 户 35 人；亚绕 3、4 号：66 户 194 人，其中玉巴村为整村搬迁，全乡累计 152 户 506 人实现边境搬迁。积极动员当来木村 25 户 74 人意愿搬迁至加玉莫嘎。解决搬迁群众“后顾之忧”。根据边境搬迁工作进度安排，玉巴村 2023 年整村搬迁至扎日乡，未来 5 年内群众享有生产资料（耕地）的使用权，但考虑到搬迁后群众居住地和玉巴村农田之间距离有 150 公里，在玉巴农田播种和收割工作上将会产生一定的难度和不便，为进一步保护耕地，防止发生抛荒、撂荒现象，牢牢守住耕地红线。针对玉巴村整村边境搬迁后土地耕种的问题，列麦乡党委政府和社会力量主动作为，积极探索整村搬迁土地流转模式。经列麦乡党委政府多方沟通，最终玉巴村与山南市雅祝建筑有限公司签订了土地流转合同，302.73 亩土地得到了合理的利用，进一步实现了耕地规范管理和土地资源使用效益最大化，群众每年能够增收 12 万余元，进一步助力了乡村振兴。

【环境整治】 2023 年，列麦乡成立了以乡党政班子成员、全乡干部职工为力量的 3 个工作专班（资金保障组、现场处置组、材料收集

2023年4月17日，列麦乡组织开展二十大精神宣讲

组），集中利用45天时间，开展人居环境整治攻坚行动。同时集中整合资金50余万元，投入到全乡人居环境整治工作中，切实保障了人力、物力、财力的投入。利用“大喇叭”，发放环保“小手册”600余份，制作张贴环保“倡议书”（藏汉双语版）100余份。“面子”“里子”一起抓，乡村面貌实现“净起来”“绿起来”“美起来”。年内，实施了分散式人畜分离任务89户，兑现补助资金88.928万元。户厕改造5户，并通过了县、乡、村三级验收，兑现了1万元补助资金。共整治了15个一户多宅、75处私搭乱建、109个残垣断壁、207处乱堆乱放。清理垃圾42吨，基本实现农村环境“干净整洁、文明有序”的目标。

【基础设施建设】 2023年，列麦乡已实施项目5个，分别是总投资42万元西徒村羊圈项目、总投资65万元网围栏项目（除当来木之外6个村）、总投资320万元念荣俄村桥梁项目、总投资350万元念荣俄村幸福家园项目、累计投资410万元水渠和水塘项目（念堆村、洋兄村、念荣俄村）。

【重要项目建设】 2023年，列麦乡坚持认项目为主，加快基础设施建设。抓项目就是抓发展，谋项目就是谋未来。列麦乡始终坚持“项目为王”的理念，把精力倾注到项目上，把资源汇集到项目上，把政策落实到项目上，全力改善列麦乡基础设施建设短板。投资2500万元开展列麦村乡村振兴巩固提升项目，已完成建设；投资2500万元开展洋兄村乡村振兴人居环境整治项目，已完成建设。

【民生保障】 2023年，列麦乡始终秉承公平、公正、公开的原则为指导，对新增的低保和五保户申请进行入户调查、核实查证，并切实做好保障对象的审核复查工作。实现动态管理下的“应保尽保”“应退尽退”。在动态管理下，2023年全乡低保户31户54人（其中单人低保4人），农村低保比去年增加1户2人，比去年减少5户11人（其中搬迁至扎日的4户9人，转集中供养的1户2人）；分散特困9户9人次，比去年减少1户1人（其中转集中供养的1户1人）；新申请的集中供养3户4人次；现有重度残疾24人，困难残疾人73人，残疾救助对象比去年增加1人（困难残疾人），比去年减少31人（其中24人搬迁至扎日，4人去世，2人残疾证到期未补办，1人转集中供养）。

2023年4月23日，列麦乡开展以“书香飘万家　陶冶你我他”为主题世界读书日活动

【旅游事业】 2023年，列麦乡立足红色旅游资源、独特的自然景观和人文景观资源，依托列麦事迹纪念馆大力宣传列麦事迹。借助国道219“行国之大道、看大国之道”宣传东风，大力发展以沿国道219为主的边境旅游，将列麦纳入精品旅游线路，充分发挥区域联动作用，以高质量旅游发展和全域旅游发展为着眼，紧紧围绕旅游“吃、住、行、游、购、娱”六大要素，谋划乡村改造提升项目，2023年，“列麦事迹”纪念馆接待游客3000余人次。

【林业管控】 2023年，全乡林地面积246468.44亩，林中资源十分丰富；有虫草、贝母等珍贵药材，动物类有狗熊、野狼等国家级保护动物。年初，列麦乡向县林业局按照各村及各单位需求争取树苗、果苗和松树苗等15322株；为深入实施乡村“四旁”植树、在通

2023年7月1日，列麦乡党委开展“七一”慰问走访活动

村路、沿沟、沿河及村头巷边、房前屋后、田间道路植树造林和“见缝插绿”工程组织列麦乡干部职工和农牧民群众开展义务种植活动，种植次数8次，参与人数920余人，灌溉树苗42次，参与人数1300余人，彻底消除列麦乡“无树村”“无数户”。

【防汛抗灾】 列麦乡处于隆子河下游，7个行政村中有5个村庄处于河岸边，每年雨季，整个列麦乡都会陷入非常紧张的状态。2023年，列麦乡把防汛抗旱工作摆在首要位置，高度重视，做好准备，制定防洪预案，汛期到来之前，认真做好防汛准备工作，认真分析研判全乡防汛抗灾工作形势，第一时间组织党员干部开展防汛行动，实施“机械+人力”的方式，对河道、灌溉渠道等清淤，全年组织人力对损坏防洪堤进行抢修，前后出动机械10余次，发动党群200余人防汛，最大限度减少了汛期洪水对群众生产生活的影响。

【理论学习】 2023年，列麦乡召开意识形态工作安排部署会4次，通过党委理论学习中心组专题召开意识形态暨宣传思想文化工作会议1次。开展了14场专题研讨和集中学习，形成学习笔记30余份，心得体会100余篇，发言交流材料30余份，学习资料500余份。举办每日30分钟读书班活动100余场次、受众人数1300余人次。组织7个行政村本辖区学生集中观看《新时代好少年》栏目，受众人数120余人。乡党委书记以党的二十大精神和铸牢中华民族共同体意识为主题开讲专题党课2次，班子成员组成宣讲团持续开展党的二十大精神宣讲10次。12名基层农牧民骨干宣讲员开展宣讲144次。2023年，列麦乡举办了“歌颂共产党 贯彻二十大‘3·28’百万农奴解放纪念日文艺会演”活动，“创先争优巾帼不让须眉 团结奋斗 共建美丽列麦”主题文艺活动，各行政村文艺演出队开展文化惠民活动40余次，新时代文明实践所开展了“明星宣讲员”演讲比赛暨表彰评选活动1次。

扎日乡

【概况】 扎日乡位于隆子县东北部，距离县城223公里，国道219线贯穿全乡，森林面积36.5万亩，可利用草场面积8.3万亩，竹林面积8万余亩。乡政府所在地平均海拔2800米，年降雨量800毫米以上，乡辖5个行政村，8个党支部，总人口874户2928人，党员448人。自然资源有：天然草场、原始森林、天然风光、野生竹林；林下资源有：野生三七、贝母、灵芝、虫草；主要物产有：藏白酒、藏香、竹器、鸡血藤手镯、木碗等。

【农牧业发展】 2023年，全乡牲畜存栏总数为2064头（匹），其中牦牛1674头、黄牛（犏牛）310头、马76匹，新生仔畜为226头（匹），成活数为224头（匹），成活率99%。春秋两季重大动物疫病强制性疫苗接种和牛结节性皮肤病疫苗接种率均达100%。奶产量97吨，蛋产量0.1吨，肉产量58.1吨。共储备饲草料154.4吨，精饲料31.9吨。

【经济发展】 2023年，全乡经济总收入5276.3万元，同比增长41%，人均收入36167元，同比增长12.46%。

2023年1月10日，西藏自治区人大常委会副主任、山南市委书记许成仓（右一）到隆子县扎日乡检查小康建设、人居环境

等，共建成各类视频监控131个、视频会议系统4个、综治系统1套，开展了形式新颖、内容丰富的综治宣传活动20余场次，发放宣传资料3000余份，进行大走访120次、大服务182次、大收缴18次、大排查56次、大练兵8场次、大整治200余次、大净网11次，消除网络舆情1条、情报信息收集100余次、发现重要情报4条兑现奖励资金5500元，追回拖欠款145万元，为平安扎日的创建打下了深厚的群众基础。

【生态创建】 2023年，扎日乡领导干部开展巡林、河次数100余次，村干部1000余次，巡查率均超过标准；人畜分离以县农业农村局主导，扎日乡人民政府配合，投资830万元建设了82处牦牛棚圈，覆盖全乡。

【教育事业】 2023年，扎日乡现有1所小学、5所幼儿园，教职工35人（正式教师15人，三支一扶1人、代课老师3人，公益性1人，乡村幼教5人，厨师10人），学生249名（小学生168名，幼儿园学生81名）。

【医疗卫生】 2023年，扎日乡共开展10次医保政策宣传工作，发放宣传手册100余份，参与人数1000余人次，城乡居民医疗保险参保率达到100%，按时完成原农牧区医疗制度门诊家庭账户余额清退工作要求，共清退全乡群众家庭账户余额79135.54元。

【文化建设】 2023年，扎日乡文化站充分利用春节、藏历新年、“三八”妇女节、“3·28”西藏百万农奴解放纪念日、“六一”儿童节、“十一”国庆节等重大节日，联合乡新时代文明实践所、各村，积极组织开展丰富多彩的文化活动24场次，受众1200余人；开展广场舞活动46次；放映农村公益电影8场次。

【社会保障】 2023年，扎日乡共有五保户11人，其中分散五保户10人，兑现资金80100元；县集中供养1人，兑现资金14778元；特扶2人，兑现资金14160元；寿星老人37人，健康补贴23500元；最低生活保障10人，兑现资金11965.2元。全乡养老保险参保率达100%。

【平安建设】 2023年，扎日乡累计召开“每月一会”12次，及时总结分析、查漏补缺；稳步推进“雪亮工程”布局、数字化视频平台

【劳务增收】 2023年，扎日乡完成劳务输出1664人次，创收814万元，同比增长65%。

【党建工作】 2023年，扎日乡党委组织召开党建工作安排部署及推进会4次，党建领导小组会议4次。召开乡党委会（扩大）会议28次，研究解决重大事项、大额资金等各类问题89个，党委理论学习中心组会议11次，每日学习开展共80余次，专题研讨14次，撰写学习心得体会50余篇。进行党建督导32次。发展党员7名，预备党员转正6名。机关党员干部参与培训20余次、开展国家通用语言培训活动共计60余次。慰问困难党员、群众及“三老”人员共计19名、折合资金7200元。成功将桑巴东村创建为市级固边兴边富民基层党建示范点。组织党员签订《党员不信教承诺书》241份，实现全乡全覆盖。以“六联”为抓手，推动边境党建高质量发展的党建创新工作方式，促进

党建工作和“五共五固”工作有机结合，在边境联防、产业联抓、支部联建的基础上，积极探索新路子，寻求新突破，把“三联”工作机制拓宽成了“六联”，全面形成了工作联抓、组织联创、语言联学、文化联享、边关联守、家园联建的“六联”新局面，召开联席会议4次，健全了5项制度，学习理论知识50余次，参观部队荣誉室、营房3次，参观郎久遗址、非遗传承、乡村建设1次，部队邀请乡政府职工到部队参加军营开放日活动1次，联合开展清明祭奠先烈活动1次，集中办公8次，帮学国家通用语言23次，开展军警地联谊活动和各类文体比赛5次，联合巡逻60余次，部队官兵为群众义务理发、打扫室内卫生等25次，开展免费义诊、送医送药等活动3次，传授大棚种植经验8次，播撒6类种子、搭建4座温室大棚，传授养蜜蜂经验2次，传授家庭旅馆经营经验3次。

【党风廉政建设】 2023年，扎日乡持续开展党风廉政建设和反腐败斗争行动，认真落实党委全面从严治党主体责任、纪委落实全面从严治党的监督责任，在“抓好班子、带好队伍、转变作风”上出实招硬招。教育引导广大党员干部始终做到警钟长鸣、常抓不懈，始终树牢反腐倡廉底线思维和红线意识，坚决防止“四风”问题花样翻新、转入地下，教育引导党员干部始终保持勤政务实、为民服务的工作作风。组织全乡干部观看《永远吹冲锋号》《榜样》等专题片4次，党风廉政建设专题学习4次，跟进学习违反中央八项规定精神典型案例通报4份，乡党委书记、纪委书记讲廉政党课共计3次，乡党委书记听取班子成员廉政汇报2次，乡纪委围绕“产业项目、基础设施、经费支出、乡村振兴、维稳值班、人居环境整治”等领域累计开展监督共计50余次。

【抵边搬迁】 2023年，扎日乡积极对接上级相关部门，做到对搬迁群众底数清、情况明，组织党员干部帮助搬迁群众正确、有序完成入住。通过入户调研、大会选举等方式，成立了1个行政村党支部和村民委员会、3个临时党支部。全面入户走访，紧盯“搬得出、稳得住、能致富”目标任务，零距离倾听群众心声、了解民意，及时与上级相关部门协调，切实解决群众“急难愁盼”问题，全年开展入户走访663户、为民办实事50余件。

【乡村振兴】 2023年，扎日乡紧盯已脱贫的107户建档立卡贫困人口家庭收入支出等方面的困难和问题开展常态化监测，对普通农户开展常态化监测预警，对农村特困供养人员、低保对象和低保边缘家庭等低收入人口进行监测筛查，做到早发现、早干预、早帮扶，全年开展防止返贫监测排查3次，完成528户，并制定“一户一策”等各类工作台账，帮办各类实事5件。2018年实施的“高山茶园种植”项目，2023年收入达30万元，同时为当地群众创收6.1万元；同年打造的扎日藏白酒产业，收入达15.7万元，并以吸纳本地群众提供就业岗位和年底产业分红等方式，带动群众增收3.6万元。

【人居环境整治】 2023年，扎日乡党委、政府先后召开人居环境部署会、推进会、专题会、调度会共计22次，发放宣传手册500份、张贴倡议书15张、悬挂人居环境

2023年7月25日，扎日乡党委书记余志平（右四）一行人到措嘎湖开展巡边

2023年6月29日，扎日乡农牧民群众红歌比赛

整治指示牌4张、横幅6条。每季度定期开展人居环境整治评比活动。全年累计出动垃圾清运车、130运输车、大货车、农用车、装载机、挖掘机80车次。出动乡干部、驻村工作队、党员干部、保洁员、农牧民群众7086余人次。清理转运垃圾70多吨，拆除1户多宅17间，清理乱堆乱放176处，清除残垣断壁14处，整治工地建筑垃圾、杂物乱堆乱放问题176处。

【基础设施建设】 2023年，扎日乡改建了朗县登木乡至隆子县扎日乡曲桑村国道219线公路，投资6000万元，共16公里；建设了米林县朗贡村至扎日乡公路，投资12亿元，共88公里；改建了朗县拉多乡至扎日乡曲桑村三岔路口公路，投资4200万元，共11公里；建设了扎日乡亚绕至米帕沟公路，投资7.6亿元，共38.9公里。

【重要项目建设】 2023年，共建成庄堆村、曲桑2号、亚绕2号、亚绕3、4号、格列淌、洞参2号、阿让琼等7处搬迁安置点。

【民生保障】 2023年，扎日乡全体党员干部共开展结对帮扶4次，累计帮扶1000余人次，送去慰问金和物资折算合计人民币超10万元。为1名重病村民组织干部捐款8100元，解决村民家庭燃眉之急；为3名重病村民申请临时救助17000元，极大缓解村民家庭经济压力。乡域内高山茶园、藏白酒、竹器加工厂、藏香加工厂、温室大棚、汽修厂等产业项目，为全乡农牧民群众提供20余个就业岗位；组织开展了6期农牧民技能培训班，培训人数250人。全乡有生态岗位人员136人，兑现工资47.6万元；残疾人员77人，兑现资金126万元；草原补奖补助588人，兑现资金116.9764万元；一孩双女30人，兑现资金29400元；护林员上半年补助294人127.38万元，下半年补助293人126.54万元；公厕保洁员14人，兑现资金14.28万元；草原监督员19人，兑现资金13.3万元。

【旅游事业】 2023年，扎日乡衔接上级部门旅游建设资金1000余万元，实施141个群众民宿改造项目，并完善了乡村旅游交通标识、停车住宿、旅游厕所、餐饮休憩等服务设施，接待游客25000余人次，全乡旅游收入超

2023年7月1日，扎日乡党员干部举行“七一”升国旗仪式

85万元，带动人均增收7600元左右，实现接待人次和旅游收入双增长。

【林业管控】 2023年，扎日乡共有林地36.5万亩，护林员293人，严格执行林长制工作，林长实行分区（片）负责，责任区域按乡、村行政区域划分，实现全覆盖。乡级林长、副林长包联到自然村（小组），村级林长、副林长包联到山头地块，形成“山有人看、林有人守、草有人管、责有人担”的网格化管理格局。

【防汛抗灾】 2023年，全乡共组建志愿消防队、应急抢险队、民兵应急分队、护林员灭火队4支队伍。全年累计开展维稳处突、反自焚、防暴、防火、防汛等演练8次，不断提升应急救援能力和水平。

【理论学习】 2023年，扎日乡党委督促各党支部以“三会一课”、集中宣讲等方式在农牧民党员中开展学习，在学习中采取党员干部轮流领学、会上随机提问、会后交流心得体会等方式抓紧抓实主题教育学习。全乡共计开展主题教育集中学习200余次，其中机关党支部开展每日学习50余次，各村党支部开展“三会一课”学习150余次；开展专题研讨12次，撰写研讨发言30余篇。

热荣乡

【概况】 热荣乡位于隆子县西南部，平均海拔约4300米，离县城47公里，是以牧业为主的半农半牧乡，耕地面积5530亩，草场面积1168619.03亩。全乡辖8个行政村、45个自然村，1082户3351人，居住有藏族、汉族，有村干部42人。全乡下设2个党总支，16个党支部，其中非公经济组织拓展型党支1个，社会组织拓展型党支部1个。全乡有1所小学，5所幼儿园，1所卫生院、7所村级卫生室，2座寺庙，1个寺管会，1个派出所。

【农牧业发展】 2023年，热荣乡粮食播种面积5530亩，青稞播种面积5220亩，其中黑青稞种植面积达到4660亩、喜拉22号种植面积达到280亩、藏青3000种植面积达到200亩，油菜120亩，蔬菜140亩，杂粮80亩；牲畜存栏数45625头、享受补助奖励资金共计2899123.29元，其中村级天然草原监督员补助21000元；出售（活畜产品）11450头（只），其中牛2607头，羊8843只。开展重大动物疫病防控集中免疫工作，春季免疫42054头（只），秋季免疫56373头（只），免疫率达100%。

【经济发展】 2023年，热荣乡农村经济总收入6265.91万元，其中转移性收入970.68万元，占比15.49%；财产性收入164.74万元，占比2.63%；工资性收入4065.67万元，占比64.89%；经营性收入1064.82万元，占比16.99%。农牧民人均可支配收入17417.11元，较2022年度增长10.7%。转移就业人数达1731人，创收2057.77万元。

【生态创建与环境整治】 2023年，热荣乡全面落实生态保护造林工作要求，组织动员全乡干部群众种植1.27万棵树苗，全力提升植被覆盖率。全面落实河长制工作要求，全乡设置乡级总河长1名、乡级河长8名、村级河长8名。严格按照乡级河长月巡河、村级

2023年3月28日，热荣乡组织开展以“深入贯彻党的二十大精神　不忘初心　感恩奋进”为主题的纪念“西藏百万农奴解放64周年”文艺活动

河长周巡河的要求，开展巡河工作，全年共计巡河100余次，巡河里程50千米，巡河时长10小时，清理河道共计出动200余人次，清理河道垃圾10余吨。

【教育事业】2023年，热荣乡境内无出现辍学或因病因贫辍学情况，除1人因病由乡小学送教上门，其余所有适龄儿童全部按时入学，九年义务教育覆盖率达到了100%。同时按照山南市关于农牧民子女上大学的优惠政策，全日制区内本科每人每年8000元，专科6000元，区外本科每人每年10000元，专科8000元的标准，深入开展教育资助政策。2023年，热荣乡户籍学生考入大学29人，其中本科12人（区外8人，区内4人），大专17人（区外13人，区内4人），兑现年资助资金22.6万元。

【医疗卫生】2023年，热荣乡卫生院在县卫生服务中心和县卫健委的领导与支持下，着力提高医疗服务水平，努力构建和谐医患关系。举办健康知识讲座12次，公众健康知识活动10次，开展宣传各种健康知识及相关简报25次；建立居民健康电子档案3350份，接诊门诊3560人次，开展超声检查共计380多人；开展0～6岁儿童健康管理体检250人次，老年人免费健康体检192人；开展藏医特色诊疗服务860人次；开展鼠疫知识宣传及灭獭工作1次。

【文化建设】2023年，热荣乡共有新时代文明实践（所）站9个，乡志愿服务队15支76人，村志愿服务队48支264人。文化综合服务中心配备专业技术人员4名，其中文化中级职称2名。设有四室一厅（图书阅览室、电子阅览室、娱乐活动室、办公室，多功能活动厅），每天9:30至18:30免费开放。年内，新订购盲文图书10册，盲文写字板5份，盲文写字纸1箱。2023年，8个行政村文艺演出队共开展96场文艺演出活动，其中包括各村巡回演出活动、村广场舞活动27场，各村文体活动12场，各村农家书屋开展“4·23”世界读书日读书活动8次。

2023年8月2日，热荣乡扎当村瑟尔空温泉开业

【社会保障】2023年，热荣乡城乡居民医疗保险应缴纳人员3356人，实际缴纳3356人，医保参保率达100%。城乡居民养老保险参保人数达2059人，年度缴费金额为41.18万元，全年养老保险待遇领取人员共计356人，共计发放养老金987608.64元。兑现95名70岁以上寿星老人补贴共计5.6万元，107名“一孩双女”困难家庭扶助对象补贴资金10.272万元，28名特殊家庭扶助对象补贴资金19.512万元。

【平安建设】2023年，热荣乡进一步明确综治工作责任，党政班子成员以身作则，各部门主要负责人实行“一岗双责”，一手抓工作推进，一手抓线上维稳，做到目标明确、层层落实、责任到位，有效地促进综治工作开展。按照农牧区健全“乡镇党委—网格党支部—网格党小组—双联户党员中心户”四级组织链条要求，精准划分网格，完善网格微信群，建立专（兼）职互补的网格员队伍，提升基层治理效能。全乡建立网格14个，设立网格党组织14个，网格党小组45个。坚持以村为单位，充分发挥双联户长作用，每周集中排查1次矛盾纠纷，乡每一个月排查1次矛盾纠纷，春节、藏历年等重要节点进行专项排查，做到集中性排查与经常性排查相结合。强化安全生产管理，创新理念思路，完善“网格员＋社区民警”“网格员＋红袖标”“网格员＋志愿者”联动机制，持续强化对学校、重点场所、各小组等区域进行治安问题和安全隐患排查，及时让各类隐患消除在萌芽状态，确保辖区治安稳定，筑牢安全屏障。2023年，累计排查道路交通安全、项目施工安全、消防安全、食品安全、人员密集场所等安全隐患115余次，现场整改25次，有效防范、化解、管控各类风险，不断提高维护公共安全能力水平。

2023年9月22日，热荣乡村集体经济绵羊产业联村委员会（简称联村党委）揭牌仪式在热荣乡人民政府隆重举行

【劳务增收】 2023年，热荣乡党委、政府聚焦年度增收目标，积极宣传引导群众外出务工，通过召开劳务输出先进家庭表彰大会，树立先进典型凝聚榜样力量，鼓励群众通过多渠道、多行业实现增收。2023年，全乡劳动力转移就业人数达1731人，创收2057.77万元，转移就业完成率达112.5%。

【党建工作】 2023年，热荣乡以党委会、理论中心组学习会、支部会议、党员大会等多种形式为载体，深入学习宣传贯彻习近平新时代中国特色社会主义思想和党的二十大精神，开展党的方针政策、重要会议讲话精神、党性教育等学习160余次，辖区党组织负责人讲党课48场次，举办党员政治教育培训班2期，推动党员坚定捍卫“两个确立”、坚决做到“两个维护”。结合学习贯彻习近平新时代中国特色社会主义思想主题教育，开展专题学习会40余次，专题学习会上谈体会24人，解难事办实事4次，解决资金68万元，惠及群众800余人次。加强村“两委”班子建设，按照正职1∶2、其他成员和妇女干部1∶1的比例，培养村级后备干部72人，因搬迁等原因补选村干部4人。继续实施村（社区）主干国家通用语言文字教育培训三年巩固提升工程，组织村“两委”开展国家通用语文文字学习352场次、受众1848人。结合“七一”活动表彰优秀党员11名、优秀党组织2个、优秀党务工作者12名，慰问困难党员6名、离任村干部9名，表彰慰问金额共计12600元。

【党风廉政建设】 2023年，热荣乡及时调整充实了以党委书记为组长，党委副书记、政府乡长为副组长，其他副科级及以上班子为成员的党风廉政建设工作领导小组，明确领导小组工作职责和下设办公室工作职责，强化领导小组对党风廉政建设和反腐败工作的安排部署和狠抓落实力度。年内，召开2023年度加强党风廉政建设和反腐败工作推进会议1次，组织机关党员干部学习中央、区、市纪委全会精神3次，组织观看《打铁还须自身硬》《作风建设永远在路上》《从严治党在西藏》警示教育片3次，讲廉政党课4次。严格按照隆子县纪检监察干部队伍教育整顿工作要求，开展自查1次；在节假日期间，对全乡8个行政村公款吃喝、公款旅游、公车私用、违规发放津贴补贴情况和节日期间驻村工作队人员在岗履职情况开展实地督查8次。

【重要活动】 2023年3月27日，热荣乡组织开展以“深入贯彻党的二十大精神，不忘初心、感恩奋进”为主题纪念西藏百万农奴解放64周年文艺会演活动；4月22日，热荣乡新时代文明实践所、文化综合服务中心、热荣村新时代

2023年9月23日，热荣乡村集体经济绵羊产业联村委员会在隆子县玉珞文化节设立“联村党委绵羊销售点”，乡领导班子成员进行绵羊销售

文明实践站联合开展“倡导全民读书，享受阅读快乐”主题活动；9月22日，热荣乡举行村级集体经济绵羊养殖产业联村委员会揭牌仪式；10月13日，隆子县人居环境现场会在热荣乡召开；10月19日，首届“共享阅读快乐·共建书香热荣”全民阅读系列活动在热荣乡文化综合服务中心开幕。

【乡村振兴】 2023年，热荣乡组织各村“两委”班子、第一书记、驻村工作队、包村领导干部开展巩固脱贫攻坚成果同乡村振兴有效衔接政策解读培训1次；主要负责同志多次深入各村脱贫户及监测户家中，针对群众收入情况、外出务工情况、住房及饮水安全情况、医疗报销及临时救助情况等实地调查了解；及时发现，及时识别新增监测户1户3人；实施住房安全改造19户；全乡脱贫户人均收入达18323.96元，增速达13.8%。2023年，热荣乡充分发挥党组织功能，将项目、技术、资金、市场等要素有效集中起来，着力发展绵羊养殖产业经济，打造极具本地特色的绵羊品牌，实现全乡村级集体经济绵羊养殖产业管理标准化、效益最大化、绵羊品牌化，让全乡资源优势更加突出，在县委、县政府的大力支持和县委组织部的有力指导下，热荣乡整合全乡8个行政村的集体资源，于2023年9月成立了村级集体绵羊养殖联村党委。

【环境整治】 2023年，热荣乡围绕“四拆、四建、四整”工作举措，成立人居环境整治工作专班，实行“一户一策”工作制度，组织干部走村入户，对所有需要拆除、清理、整治的点位进行实地摸排，将需要整改的地方一一记录、拍照、定位，制定“一户一策”，造册汇总，形成台账管理。集中整治期间，共计筹工筹劳6230余人次65.4万元，拆除老、旧、破房屋，一户多宅、残垣断壁584处46000平方米，整治私搭乱建174处6200平方米，乱堆乱放756处，新建院墙34000平方米，新建网围栏3250米，拆建、维修车库125处8640平方米，喷涂墙面54000平方米，完成户厕改造12座，人畜分离222座。

【基础设施建设】 2023年，热荣乡积极与上级业务部门对接，着力提升乡政府周边基础设施。新建公厕1座43平方米；便民澡堂1座148平方米；畜棚圈54个每棚61平方米；道路建设9034.25平方米及安全防护墙体；太阳能路灯70盏；给排水工程及人居环境综合治理等附属工程，新建水渠3317米、堤防工程981米。

【重要项目建设】 2023年，热荣乡严格按照谋划一批、储备一批、建设一批要求，立足重点、难点和关键点，把全乡基础设施、公共服务摆在重要位置，以乡村基础设施项目建设为重点，狠抓项目调研、论证、申报、实施、管理“五个环节”，积极与县级相关部门沟通协调，争取项目12个，共计资金4500余万元，包括热荣村乡村振兴巩固提升项目、加木岭村乡村振兴玖龙灌溉水渠项目、扎当村幸福苑建设项目、沃塘村商品楼建设项目、沃塘村洋子组桥、加岭村村容村貌提升项目、加绕村农道桥、热荣乡高海拔供暖项目、高海拔供氧项目、干部职工周转房建设项目，热荣乡派出所干部职工周转房建设项目，瑟尔空温泉改造提升项目。新建项目极大地方便了群众生产、生活，提高了热荣乡整体发展水平。

【民生保障】 2023年，热荣乡共有低保户27户62人，共计兑现资金136656元；兑现分散特困人员9户9人，共计兑现资金41625元；事实无人抚养3人，兑现资金6285元；残疾人员204人，共计发放补助资金284400元；发放残疾人专职委员工资21600元；大病临时救助2人，救助金额20000元；精神残疾监护人5人，兑现资金12000元；核销医疗报销资金91000余元；清退1292户医疗门诊家庭账户结余资金767373.26元；发放中央财政实际种粮农民一次性补贴资金共计31997元，耕地地力保护补贴资金353350元。

【旅游事业】 热荣乡瑟尔空温泉位于扎当村日托寺下方，依托着国道219旅游路线和本村独特的地热自然资源，对痛风、关节炎、皮肤病、胃病等多种疾病有较好的辅助治疗功效。该项目2014年在湖南常德市的大力援助下，投入200万元建设了功能较为齐全的温泉项目，2022年投入139万元进行改造，其中村集体经济89万元，中央扶持壮大村集体资金50万元。扎当村党支部以"吃、住、行、游、购、娱"为主轴，逐步完善温泉旅游要素，优化家庭旅馆、餐馆、商店等基础设施建设。2023年，热荣乡扎当村瑟尔空温泉二期改造项目投资60万元对室内基础设施进行了改造；8月2日，热荣乡改造后的扎当村瑟尔空温泉盛大开业。改造后接待县内外游客5000余人，创收25万元。

【林业管控】 2023年，热荣乡林地面积60963.15亩，配备乡级林长2名，副林长8名，村级林长44名。年内，热荣乡认真落实"林长制"各项措施要求，强化乡、村两级"林长""副林长"和村级网格员职责任务，加大巡林频率，确保重点区域有人管、有人护；火有人查、责有人担，形成了"守土尽责、守土有责"的良好氛围。2023年，热荣乡共计有护林员782人，每名护林员按照每月不少于5天进行履职，在管护期间要每天巡查管护区域，填写巡山日志，认真履行"九防"职责，并协助管护站开展公益林管护宣传工作。

【防汛抗灾】 2023年，热荣乡在汛期成立防汛工作领导小组，防汛抗灾工作实行乡长负责制，统一指挥。汛期前，及时组织群众对辖区内的排水沟和部分河道进行清淤，对于有可能被冲毁的河道修建防洪堤坝，保障汛期排水沟、河道的排水泄洪能力，有效保护通村公路和庄稼地，结合热荣村乡村振兴整村提升项目，在热荣村新建水渠3317米、堤防工程981米。结合干部包村，深入各村开展自然灾害知识宣讲20余次，重点讲解对突发灾害的预防及灾害发生时的应急处理，进一步提升农牧民群众防汛抗灾的意识。加强与县防汛抗旱指挥部的沟通，及时领取并发放铅丝笼、麻袋等防汛抗旱物资，为应急处突奠定良好的物质基础。

【理论学习】 2023年，热荣乡以党委会、理论中心组学习会、支部会议、党员大会等多种形式为载体，坚持开展习近平新时代中国特色社会主义思想、党的二十大、党风廉政等专题学习。开展党的方针政策、重要会议讲话精神、党性教育等学习150余次；结合学习贯彻习近平新时代中国特色社会主义思想主题教育，开展二十大报告、党章和《习近平新时代中国特色社会主义思想专题摘编》专题学习12次、参与交流研讨24人；辖区党组织负责人讲党课40场次，乡党委举办党员政治教育培训班2期。

三安曲林乡

【概况】 三安曲林乡位于隆子县东北部，国道219与俗三公路交会处，距离县城111公里，属隆子县下辖边境乡之一，平均海拔3500米，下辖7个行政村31个自然村，设有3个党总支，18个党支部，乡政府驻地在三林村，全乡共有911户2997人。辖区居住有藏族、汉族、珞巴族、回族等民族，境内有自治区文物保护单位三安曲林寺，属藏传佛教帕竹噶举竹巴支派。

【农牧业发展】 2023年，全乡耕地面积2778.5亩，粮食作物播种面积稳定在1374亩，经济作物面积390亩，饲草种植面积62亩，

2023年12月30日，三安曲林乡第十四届人民代表大会第六次会议胜利召开，与会人大代表合影

草场面积 72.966 万亩，调运化肥、尿素 91.9 吨，二胺 36.85 吨，氯化钾 17 吨，复混肥 80.95 吨，有机肥 385.7 吨。全乡牲畜总数 14994 头，大畜 12297 头（其中牦牛存栏 10470 头，黄牛存栏 865 头，犏牛存栏 913 头，其他牲畜 49 头），小畜 18 头（其中山羊 16 头、绵羊 2 头），猪存栏 2679 头，肉类产量 271.02 吨，奶类产量 405.95 吨，酥油产量 22.55 吨，鸡蛋产量 0.4 吨，饲草料日常储备 48 吨，春秋两季疫苗及牛出败疫苗接种率达 100%。粮食总产量 1234860 斤（其中小麦 417240 斤，青稞 817620 斤），油料作物 97500 斤，蔬菜（土豆）744000 斤，青饲料 102000 斤，积造农家肥 2645.89 吨，果园水果产量 59398 斤。全乡虫草共涉及 45 个采集点，采集人数 1487 人，采集量 352 斤，带动全乡增收 2858.6 万元（每根 41 元）。全年累计召开农牧业相关安排部署会、工作推进会、调度会等共计 11 次，深入各行政村开展相关会议 14 次。

【经济发展】 2023 年，三安曲林乡转移性收入达 1481 万余元、工资性收入 2079 万余元、经营性收入 3629 万余元、财产性收入 123 万余元，人均可支配收入 24491 元，同比 2022 年增长 7.7%。

【生态创建与环境整治】 2023 年，三安曲林乡坚持“实事求是、量力而行，因地制宜、分类施策，点面结合、统筹推进，多方参与、群众主体”的原则，紧盯一条主线，围绕两条支线，辐射带动多条干线，探索推行“12345”工作法，重点开展“三整治、两建设”工作，持续开展“两整洁、两清理”工作，先易后难，持续推进人居环境工作走深走实。全面形成以乡党委书记负总责，乡党政班子成员包村，村党总支（支部）书记、村“两委”班子带头，双联户长包片“一级抓一级、层层抓落实”的联动机制，成立专项整治工作专班和应急处突专班，确保人居环境整治工作无局外人。

【教育事业】 2023 年，三安曲林乡小学现有 28 名教师，其中有 3 名为支教教师，有 349 名学生。学校是一所功能齐全、设备完善的现代化小学，校内设有教学区、活动区、生活区，小学下设 8 个幼儿园，学龄前儿童 113 名。2023 年，三安曲林乡通过召开政策宣传会、入户宣讲等形式，提升九年义务教育政策、“三包”政策、大学生资助政策、困难大学生资助政策等宣传覆盖率，切实做到保学控学，全乡适龄学生入学率 100%，全年累计兑现 118 名大学生的资助金共 93.1 万元，其中 2023 年新入学大学生 29 名（建档立卡户大学生 2023 年 2 名），资助金达 23.2 万元，帮助 17 名应届高校毕业生实现 100% 就业。

【医疗卫生】 三安曲林乡卫生院是一所集医疗、预防、保健为一体的综合性公立卫生院，于 2021 年修建完毕，共有在编人员 15 人，其中西医临床 5 人、藏医临床 4 名、护士 3 名，预防医学 1 名，康复医学 2 名。7 个行政村共有村医 15 人，每个行政村配备 2 名村医，其中三林村有 1 名为乡村振兴村医。卫生院设有西医综合门诊、藏医馆、放射科、B 超心电图室、检验科、抢救室、制氧室，住院有 3 间房共 5 张编制床，配备救护车 2 辆。卫生院提供一般常见病、多发病、地方病和藏医的基本诊疗服务和推广藏医适宜技术，妇幼保健、慢病管理、计划生育等综合服务，承担乡村现场应急救护、转诊服务，执行国家基本药物制度，实行基本药物的零差率销售，开展疾病预防控制、计划免疫、卫生宣传、健康教育与咨询等公共服务，落实农村居民健康档案的管理及服务，落实家庭医生签约服务，协助开展辖区内卫生监督工作，协助处理辖区内突发公共卫生事件。

【文化建设】 2023年，三安曲林乡现有综合文化站1座，农家书屋7个，寺庙爱国书屋1间，民族团结广场2个，民族团结文化墙1个，文化惠民志愿服务队8支87人，村级文艺演出队7支108人，村级文化辅导员7人。2023年，开展世界读书日、读书分享会、诗歌朗诵、书法比赛、红歌比赛、文化演出、知识竞赛等群众文化活动90余场次，组织观看红色电影30余次。

【社会保障】 2023年，三安曲林乡养老保险参保人员2248人，全乡脱贫户参保缴费率达100%，其他群众参保率达99.6%。全乡待遇领取资格认证人员360人，7个行政村资格待遇领取资格认证人员分别为西卡下村24人、三林村86人、乃加村22人、边久林村41人、来木村54人、堆西村31人、格西村102人，兑现资金103.310545万元。2023年，办理业务城乡居民户口注销14名，城乡居民基本养老保险待遇申请业务29名。

【平安建设】 2023年，三安曲林乡共建立8个网格党支部、16个网格党小组，调整配齐网格长、网格员、网格警员、网格医生、消防文员35人，设置举报箱8个，完善充实应急救援队伍8个、女子义务联防队8个、四护队26个、护边联防队8个，调整充实人民调解委员会8个24人，群防群治队伍力量扩大至400余人，开展应急演练10余次。2023年，开展“集中普法、进村讲法、入户说法、解纷释法”的“八五”普法宣传教育活动30余次，开展“安全大讲堂”活动15次，累计参与矛盾纠纷排查500余次，化解矛盾纠纷9起。

【劳务增收】 2023年，全乡劳动力1872名，转移就业1402人，转移就业率达100.02%，创收1300余万元。年内，严格按照“月调度、季小结、半年小结、全年总结”的要求，调整充实领导小组，签订《乡村增收目标责任书》，持续跟踪全乡劳动力转移就业情况，全年召开转移就业安排部署会12次、督导检查14次、动态跟踪管理10余次。

【党建工作】 2023年，三安曲林乡围绕学习贯彻习近平新时代中国特色社会主义思想教育，制作并印发党的二十大报告、党章等主题教育学习资料，开展学习活动5次，交流发言4人次，书记讲党课12次。严格落实“四下基层”工作要求，依托主题党日、党员双报到、志愿服务、我为群众办实事等活动，党员干部深入各村、群众家中、田间地头，听取群众对乡村振兴、基层治理、人居环境等工作的意见建议，了解群众困难和诉求，现场办公12次。按照改进作风狠抓落实工作要求，成立乡党委书记任组长的领导小组，制定《中共三安曲林乡委员会2023年进一步改进作风狠抓落实工作实施方案》，召开部署会议、推进会议5次，召开联席会议3次，传达学习相关文件精神15次、典型案例通报6次、撰写心得体会60余篇，完善便民服务制度8处。接收入党申请书28份、吸收积极分子19名、党员发展对象13名、转正14名，组织党员发展对象进行集中培训1次、召开民主生活会1次、组织生活会10次，全覆盖签订《党员不信仰宗教承诺书》。按照国家通用语言文字教育培训“十个一批”要求，举办国家通用语言文字集中培训班1期，开展夜校补习班120余次，结成帮学对子60个，开展多形式结对帮学活动80余次，举办乡村振兴“擂台比武”1次，制作情景模拟对话微视频2部，组织村干部及农牧区党员群众广泛开展“普通话我来说”“红歌大家唱”“诗歌我来诵”活动5次，村“两委”中能熟练使用国家通用语言占35.89%，基本会使用占28.22%。持续深化“五共五固”结对共建，结合军地双方所需、所能，更新完善《隆子县三安曲林乡军地基层党组织“五共五固”结对共建结对表》，召开军地座谈会2次，解决实际问题2个，组建联合宣讲队开展集中宣讲2次，开设军地共学课堂集中学习活动6次，文艺进军营活动1

次，环境共治活动 5 次，军地联合巡边活动 10 次，部队慰问特殊群众 16 户，慰问物资折合人民币 4 万余元。

【党风廉政建设】 2023 年，三安曲林乡认真落实党风廉政建设和反腐败工作，健全“一把手负总责”，分管领导各负其责，班子成员齐抓共管、纪委落实监督责任的领导体制和工作机制，组织开展观看警示教育片、党规党章学习，深入开展“学习身边榜样”“以身边事教育身边人”等活动，学习“扎根基层十余年 春风化雨解民忧”全国新时代政法楷模——江参的身边典型事迹，树立勤政廉政榜样。2023 年，三安曲林乡召开党风廉政学习会议 5 次，讲授廉政党课 2 次，观看廉政警示教育片 10 次，班子成员交流发言 8 次，参观廉政警示教育基地、“列麦精神事迹”纪念馆、玉麦乡爱国守边先进事迹展馆、桑杰曲巴故居等教育实践基地 6 次。针对违规公款吃喝、公款旅游、公车私用、发放津（补）贴、大操大办喜庆事宜、收受礼品礼金和名贵特产等方面，开展监督检查 8 次。

【重要活动】 2023 年 1 月 17 日至 2 月 6 日，三安曲林乡举办“国家通用语言”冬季短期培训班。3 月 27 日，三安曲林乡组织开展“学习贯彻党的二十大精神”暨“纪念西藏民主改革 64 周年”文艺演出活动。6 月 26—28 日，三安曲林乡组织党员发展对象开展集中培训。9 月 6—9 日，三安曲林乡人大主席团组织 14 名人大代表到浪卡子县、琼结县等地开展为期 4 天的外出考察学习活动。11 月 9—10 日，三安曲林乡组建“政策之星”宣讲团赴雪沙乡 11 个村开展交叉宣讲活动。11 月 17—22 日，三安曲林乡组织开展“践行贯彻习近平文化思想 担负新的文化使命”文艺巡回演出 + 巡回宣讲活动。12 月 30 日，人大主席团组织召开三安曲林乡第十四届人民代表大会第六次会议，补选了乡主席团成员及政府乡长、人大主席、政府副乡长等人选。

2023年6月26—28日，三安曲林乡组织党员发展对象开展集中培训

【乡村振兴】 2023 年，三安曲林乡有脱贫户 82 户 196 人，监测户 3 户 9 人，特困供养户 16 户 16 人（其中脱贫户 11 户 11 人），安排生态岗位 76 人（其中脱贫户 67 人，低收入人员 9 人），脱贫户人均纯收入达到 17583.09 元，同比 2022 年增长 17%。2023 年，乡主要领导、分管领导带队，组织乡村振兴办工作人员、驻村工作队和乡村振兴专干开展“大走访大排查”活动 5 次，走访 900 余户。全年累计兑现各类政策帮扶资金 73.37 万元，其中兑现残疾人两项补贴 24.6 万元、重度残疾人十大民心工程 11.82 万元、精神障碍护理补贴付 0.6 万元、临时救助 4.5 万元，农牧区最低生活保障补助 2.07 万元、分散特困户补助 16.82 万元、特困户照料护理补贴 3.66 万元，70 岁以上寿星老人健康补贴 9.3 万元，向上级部门争取无障碍改造项目资金，改善 2 名残疾群众生活环境。

【环境整治】 2023 年，三安曲林乡统筹 72.9 万元，用于人居环境整治，全年累计整治一户多宅 8 户、私搭乱建 309 处、乱堆乱放 191 处、残垣断壁 35 处，集中人畜分离点从最初的 1 个村建设延伸到 3 个村建设，其他 4 个村正在选址。年内，召开人居环境整治工作会议、推进会、调度会共 20 余场次，组织集中学习 6 次，开展

《践行习近平生态文明思想·筑牢雪域高原生态安全屏障》专题党课 1 次，军地联合投入 18.8 万元集中清理边久林村垃圾运转站生活垃圾 1 次，各级河湖林长累计开展巡查活动 1730 余次，清理河湖道白色垃圾 32.56 吨。组织志愿者开展道路清洁 120 余次，清理生活垃圾 30 吨，清理村内沟塘 30 处、80 余公里。

2023年11月9—10日，三安曲林乡基层骨干宣讲员到雪沙乡开展交叉宣讲活动

【基础设施建设】 2023 年，三安曲林乡后在格西村实施道路硬化、供水管网改造升级工程、生活垃圾处理站等 10 个，逐步落实总投资 4000 万元的乡村振兴项目。投资 6.64 万元对边久林垃圾积分超市进行改（扩）建，投资 7.9 万元新建堆西村垃圾积分超市，现有积分超市在建造垃圾储存场所、积分商品兑换场所的前提下，配备价值 5.9 万元打包机、撕碎机、电动叉车专业垃圾处理设备。

【重要项目建设】 2023 年，三安曲林乡在来木村实施总投资 260 余万元的幸福院建设项目，保障群众老有所养、老有所依、老有所乐、老有所安。在来木村、堆西村、乃加村、西卡下村推进总投资近 7 个亿的公路建设项目。

【民生保障】 2023 年，三安曲林乡共有残疾人员 129 人，其中一级残疾 7 人，二级残疾 31 人，三级残疾 47 人，四级残疾 44 人，兑现残疾补贴 2.46 万元，临时救助 3 户，兑现资金 2.5 万元；全乡参与城乡医疗保险人员 2936 人，参保率占全乡总人口的 99.59%。兑现健康老年人补贴 8.05 万元；兑现边境补贴 1766 人，共计 1112.58 万元；全乡分散特困供养人 23 人，兑现“特困供养金” 18.423 万元。“一孩双女” 特扶持 112 人，兑现资金 10.752 万元，奖扶 18 人，兑现资金 12.412 万元。

【旅游事业】 三安曲林乡受自然条件和地理因素限制，旅游事业较为薄弱。境内有文物保护单位三安曲林寺、吉布拉康，其中三安曲林寺为自治区级文物保护单位。2023 年，全乡共有饭馆 42 家，商店 35 家，家庭旅馆 5 家。

【林业管控】 2023 年，三安曲林乡域内县级林长制管理段有 7 处，乡级林长制管理段有 34 处，林地面积 42.44 公顷，人工造林 119.5 亩，共有生态岗位 79 个，护林员 225 名。全年召开森林草原防灭火工作安排部署会议 1 场次，各村召开护林员工作会议 7 次，7 个行政村和寺管会、卫生院、学校累计植树 26320 棵，按照“乡级林长每月巡林 1 次，村级林长每月巡林 2 次、护林员每月巡林至少 3 次”的要求，乡村级林长巡林 510 余次，累计参与巡逻人员 8000 余人次，领取补助资金 150 余万元，全乡范围内未发生火灾。

【防汛抗灾】 2023 年，三安曲林乡成立了由乡长任组长的防汛抗旱工作领导小组，统筹指挥全乡防汛抗旱工作，及时修订《防汛抗旱工作预案》，制定科学周密的防汛抗旱方案，实行乡领导干部包村、村干部包重点地段责任制，健全值班值守、包村包险段、河道巡查等制度。汛期期间，严格落实汛期值班制度，利用微信或电话通知群众注意防患，并组织人员对全乡的险工险段、危房、泥石流和滑坡易发区进行了全面检查，组建了 8 支抢险队伍，负责应对突发情况。

2023年11月17日，三安曲林乡组织开展"践行贯彻习近平文化思想　担负新的文化使命"文艺巡回演出+巡回宣讲活动

【理论学习】 2023年，三安曲林乡紧扣习近平新时代中国特色社会主义思想和党的二十大精神，通过党委理论学习中心组、党委会、"三会一课"等形式开展集中学习活动120余场次。动员14名基层骨干宣讲员以及新时代文明实践所（站）理论宣讲志愿者，宣传党的二十大精神、习近平新时代中国特色社会主义思想、"三农"工作、铸牢中华民族共同体意识和国家意识公民意识法治意识、西藏民主改革64周年、惠民政策、安全生产、道路交通、森林防火等各类知识400余场次。

准巴乡

【概况】 准巴乡位于隆子县城东部，距县城64公里，东与错那县，南与加玉乡，西与三安曲林乡，北与斗玉珞巴民族乡接壤，平均海拔3100米。全乡下辖4个行政村（其中知能村为边境一线村）、12个自然村，总人口140户457人，居住有藏族、汉族和珞巴族。全乡共有4个驻村工作队，乡选派第一书记2名，驻村干部2名。乡政府内设机构有农牧综合服务中心，配备工作人员6名；文化综合服务中心，配备工作人员4名；便民服务中心，配备工作人员3名；卫生院，配备工作人员7名。公益性岗位2人，各类专干11人。

【农牧业发展】 2023年，全乡共播种面积610亩，粮食播种面积260亩，产量为117.85吨；经济作物播种面积210亩，产量为179.79吨；饲草料播种120.3亩；饲草料种植面积140亩，产量为34.17吨，发放化肥共计190袋，发放各类农药38件，部署农牧业工作会议6次，查田间管理工作49次，各行政村田间除草8次。牧业。2023年，全乡共有牲畜总头数1421头（只、匹），畜产品分别为：奶产量81.71吨，肉产量16.74吨；发放抗灾应急饲草料1498袋；增强重大动物疫病防控的质量和执行力，发放各类疫苗药物8次，检查免疫登记5次，采集血样1次；为扎实做好年末牲畜存栏入户清点工作及全年牲畜出栏统计，1月17—29日，依次开展了牲畜清点和数据录入汇总工作，完成兑现草畜平衡奖励资金178220元；村级防疫员20760元（不包括年底奖励），科技特派员6000元（不包括年底奖励），大学生科技专干30000余元（不包括五险及年底奖励）。

【经济发展】 2023年，准巴乡有耕地面积645.3亩，林地面积21.1358万亩，重点区域公益林3.3116万亩，地方公益林6.33万亩，可利用草场面积7.1288万亩。主要农作物有青稞、小麦，主要经济作物油菜，主要畜产品有牛、羊、猪、酥油、牛奶，出产虫草、贝母等珍贵药材。2023年全乡农村经济总收入达1031.6583万元，人均可支配收入达到23500.19元。

【生态创建与环境整治】 2023年，准巴乡共有生态补偿岗位10个，其中护林员4人，草场监督员1人，水生态保护员1人，旅游公厕保洁员2人，地质灾害群访群策员1人，公路养护员岗位1人。年内，组织党员、新时代文明实践志愿者、退役军人联合驻地部队开展植树造林活动，发放种植各类树苗4000余株，种植率达100%。

【教育事业】 2023年，准巴乡有1所学前幼儿园，教师1名，后勤厨师1名，在校学生4名，已实现双语教学，现乡境内无辍学或因病因贫辍学情况，所有适龄儿童全部按时入学，九年义务教育覆盖率达到了100%。同时按照山南市关于农牧民子女上大学的优惠政策，全日制区内本科每人每年8000元，专科6000元，区外本科每人每年10000元，专科8000元的标准，深入开展教育资助政策。

【医疗卫生】 2023年，准巴乡卫生院现有职工7人，其中在职在编人员7人，借调上级单位1人，藏医岗位1人，医士岗位3人；护士岗位1人；医技岗位1人。全年完成门诊870人次，住院7人，完成业务总收入39000元，其中药品收入31000元，住院收入7000元，还有1000元挂号费。建立规范化健康档案445份，健康档案建档率达100%，电子档案录入420份，电子档案录入率达94%。2023年，累计开展全乡体检1次223人，乡级健康咨询宣传活动10场次，健康教育、知识讲座活动10次，受益群众651人次。

【文化建设】 2023年，准巴乡文化综合服务中心现有专业技术人员4名，其中文化初级职称3名。文化综合服务中心共设有四室一厅（图书阅览室、电子阅览室、娱乐活动室、培训室，多功能活动厅），配备电脑10台、电视机1台、投影机1台、钢琴1架、跑步机2台；全乡4个行政村均建立起农家书屋；较为规范且完善的文化舞台1座；全乡共有4个演出队，50人。全年共组织开展乡文化站惠民活动12次、广场舞20次、文化志愿活动19次，图书室接待50人次、借阅32次，文艺演出17场次，受众人数达820人。

【社会保障】 2023年，准巴乡共享受低保0户，分散特困户1人，发放补助资金8010元。残疾人共有41人，兑现残疾补贴108480元。临时救助2人次，救助资金2万元。慰问退役军人9人，发放慰问金1800元。

【平安建设】 2023年，准巴乡以3月平安建设宣传月、“4·15”全民国家安全教育日、6月平安建设宣传周、9月平安建设宣传日等重点法宣节点为契机，充分发挥包乡领导干部、各村双联户、网格员、基层宣讲员、驻村工作队队伍力量，开展各类宣传30余次，受教育群众680余人。坚持“专群结合、群防群治”的原则，广泛宣传发动党员群众等各方面力量积极参与到维护政治安全工作的大局中来，组织成立护村巡逻队4支、护院巡逻队5支、女子联防队5支，开展各类社会治安巡逻防控工作95次，参与达580余人次，切实发挥出人民群众铜墙铁壁作用。围绕“7+1维稳防控模式”，组织动员干部群众开展“大服务”行动80余次，帮助群众解决困难30余件，进一步加强了群众参与维稳安保工作的力度。乡政府联合乡边境派出所及各村开展反自焚、防冲撞“大练兵”行动演练各3次，乡政府单独演练3次，边境派出所单独演练6次。制定出台全乡矛盾纠纷排查化解方案，建立健全工作台账，确定“四级接访日”，全面梳理全乡范围内存在的矛盾纠纷隐患，并将比较突出的信访问题、重点人分解细分到驻村工作队、双联户户长，切实做到了责任明确、落实到人。严格落实领导包案制度，加强涉稳突出问题督办力度，对涉及群众切身利益的突出问题，深入开展调查研究，

2023年7月19日，准巴乡党委书记、四级调研员扎西（左一）在文物保护点督导检查安全工作

定领导、定人员、定时限解决。全年以不同形式共开展各类矛盾纠纷排查300余次，开展边境巡防和各类社会治安巡逻300余次，投入各类人员力量2000余人次，有效防控了准巴乡各类矛盾纠纷和问题隐患滋生，进一步促进了全乡社会整体和谐稳定。

【劳务增收】 2023年，准巴乡按照县级增收工作方案要求，充分调动班子成员、包村干部、乡农牧综合服务中心干部、种（养）殖农户的积极性，促进科学增收、持续增收，不断提高农牧民收入水平。年内，珞巴风情区扶贫产业项目通过产业分红带动8名脱贫群众实现增收，市直经营性房屋项目带动全乡14名脱贫群众实现增收。全年累计群众劳务输出381人次，实现劳务创收73.27万元。

【党建工作】 2023年，准巴乡党委认真落实党委主体责任，党组织书记第一责任人和班子成员"一岗双责"，先后组织召开2次党委会议、3次推进会议专题部署安排党建工作。坚持以计划明任务、方案促推进，制定《准巴乡2023年基层党建重点任务清单》《准巴乡2023年党员政教育培训实施方案》等各项方案计划6个。组织全乡党员干部学习习近平新时代中国特色社会主义思想、党的二十大以及各级会议精神集中学习活动22次。以举办集中轮训，各支部以抓好日常培训为教育方式，不断加强党员干部的学习培训，共举办村干部国家通用语言、党员政治教育、党务工作者、发展党员集中培训4期。全年发展党员6名（机关党员3名、农牧民党员3名），完成年度发展党员计划；开展违规违纪发展党员排查2次；组织党员签订《党员不信仰宗教承诺书》186份，开展党员不信教排查4次；排查处置不合格党员0人。年内，召开"五共五固"工作推进会议、联席会、座谈会等4次，开展医疗巡诊、爱国巡边、慰问演出等活动12次。围绕主题教育中心工作，乡党委及各支部开展集中学习28次，在职党员进村报到活动1次，志愿服务活动26次，问题检视2次，检视问题15条，整改问题8条。

2023年4月6日，准巴乡召开2023年上半年基层党建工作推进会暨2022年"三优一先"表彰会

【党风廉政建设】 2023年，准巴乡召开乡党委会专题研究全面从严治党工作2次，开展全面从严治党工作推进会1次，听取各支部全面从严治党报告1次，党政班子成员严格落实"一岗双责"，撰写报告11篇，对所联系村的全面从严治党工作开展情况进行督导调研4次。认真开展"以案促改"警示教育，结合"改进作风狠抓落实"工作，组织机关党员干部学习各级纪委会议精神5次，组织观看《全面从严治党在西藏》《作风建设永远在路上》等警示教育片4次，讲廉政党课4次。

【重要活动】 2023年3月3日，准巴乡召开2022年度民族团结进步创建工作总结暨2023年工作部署会议，在岗党政班子成员、机关干部、就近驻村工作队队长参加了会议。5月2日，准巴乡以"五一"国际劳动节、"五四"青年节为契机，举办"强国使命青年担当　双拥蓝图我们践行"暨民族团结文艺会演，部队官兵、机关干部、派出所民警、党员群众、文艺演出队演职人员等共150余人参加。8月17日，准巴乡党委联合县人武部，组织官兵、机关党员干部、知能村"两委"班子、大学生代表、驻村工作队以及民兵等30余人开展了联合巡逻活动，并在沿途绘制“中国”等字样，彰显领土主权。

【乡村振兴】 2023年，准巴乡累计落实乡级产业分红资金6000元，县级产业分红3万元。全年累计组织130余人次开展9轮防返贫监测摸排工作，对全乡140户的家庭收入、人员构成、享受政策、“两不愁、三保障”落实进行全面系统性的摸排，做到农户家庭信息准、收入明、情况清。安排建档立卡贫困户生态岗位10名，兑现生态岗工资3.5万元，有力保障了脱贫户的就业和收入。加强脱贫攻坚成效检验，开展各级反馈问题对照摸排整改5次，全年共纳入监测户1户3人，无返贫迹象人员。

2023年6月6日，准巴乡宣讲团在虫草采集点宣讲党的二十大及各级重要会议精神

【环境整治】 2023年，准巴乡成立由乡党委书记任组长，乡党委副书记、政府乡长任常务副组长，其他党政班子成员任副组长，各村党支部书记、第一书记、村委会主任、机关干部、驻村工作队为成员的准巴乡农村人居环境整治工作领导小组，负责农村人居环境整治的指导工作。制定《准巴乡农村人居整治实施方案》《准巴乡人畜分离方案》等，乡级实施包村干部责任制，村级实施村组区域网格责任制，先后多次召开部署推进会，确保各项工作落细落实。全年累计召开动员部署会18次、推进会30余次。在全乡范围内开展“文明卫生”流动红旗评比活动，乡级层面以季度评比为主，全面普及文明健康理念，要求将红旗悬挂于村委会醒目处，以此激发各村比先争优的积极性，进一步提升全乡干部群众环保意识，健全农村人居环境长效管护机制。全年开展“文明卫生”流动红旗评比4次。在乡政府及所有行政村主干道、村头路旁悬挂横幅、张贴标语、倡议书等以多种方式进行广泛宣传，全年悬挂横幅20余条、张贴标语近200张。动员各包村领导、各村驻村工作队、村“两委”班子、人大代表和基层农牧民宣讲员共198人次入户开展政策宣讲工作，向各农户家中发放整治倡议书（藏汉双语）140份，将国家的好政策、关怀传达给每一位农牧民群众。年内，组织党员、护边员、网格员、双联户60余人次清理村庄内房前屋后和村间巷道各类垃圾5吨；清理河流、沟渠池塘、淤积物、障碍物等各类垃圾6吨；清理村庄外卫生死角和盲区乱倒的生活、建筑垃圾10吨；清理公路沿线和村主干道路两侧堆放的各类杂物2吨，规范整治村庄内堆柴、生产工具、生活用具乱堆乱放14处，清理拆除公路沿线及村庄内破旧广告牌5处；有效整治一户多宅34处，私搭乱建9处，乱堆乱放14处，整治率均达到100%。实施“人畜分离”83户，“厕所革命”2户，兑现相关补助资金80.2561万元。组织村主要干部到浪卡子县伦布雪乡、张达乡，观摩学习两乡在人畜分离、“三拆两违”、环境整治等人居环境改造提升上的先进典型经验做法。

【基础设施建设】 2023年，准巴乡结合乡村振兴工作和农牧业发展实际，规划制定新的准巴乡“十四五”项目清单和准巴乡2023年整乡推进项目拟录名单。建成边境小康附属工程项目，格巴村新建打麦场、护栏和电磨坊，硬化村居道路，项目总投资150万元；建成知能村、达村打麦场建设项目，项目建设总计投资44万元；

2023年7月1日，准巴乡组织机关干部、派出所民警、卫生院医护人员举行升国旗、唱国歌仪式

建成哲村道路护栏项目，项目总投资33.4万元；建成准巴乡农牧饲草料储备库，项目总投资100万元；建成准巴乡篮球场建设项目，总投资36万元；建成达村小康村庭院建设项目，项目总投资约350万元；建成知能村2023年小型农田水利建设项目。

【重要项目建设】 2023年，准巴乡共有4个小康村配套产业项目和2个扶贫产业项目。其中小康村配套产业项目有知能村藏香猪养殖场、哲村粮油加工、达村、格巴村高山牛短期育肥项目。

2023年，知能村藏香猪养殖场项目于6月合同已到期，年累计租金收益共9万元。知能村村集体与经营户个人已经签订新的租赁合同，新合同将提高养殖场年租金10万元，以带动村集体和群众增收；哲村粮油加工厂项目因本村粮食产量较低，现依托粮油加工厂为知能村藏香猪养殖生产饲草料。2023年，该项目共收益0.9万元；达村、格巴村高山牛短期育肥项目经营状况良好，2023年为村集体增加收入10万元左右；隆子县准巴乡珞巴风情区项目由乡政府统一管理，每年收益2.2万元；知能村珞巴辣椒种植项目已完成转产，止损前期工作。

【民生保障】 2023年，准巴乡始终践行以人民为中心的发展思想，高度重视以改善民生为重点的惠农政策的落实，着力解决群众最关心、最直接、最现实的利益问题。4月23日，召开准巴乡合作医疗账户清查动员部署会，并下发工作方案，成立工作专班，及时开展自查自纠。积极落实各项补贴政策资金，全年全乡社会养老保险、医疗保险缴纳率、“两降一升”分娩率均达100%；落实分散五保补助8010元，残疾补贴10.57万元，健康补贴12500元，一孩双女补贴8640元，发放特扶资金14160元，草原生态保护补助17.8220万元，粮食直补1.27万元。

【林业管控】 2023年，准巴乡党委、政府按照县委、县政府关于全面推行林长制工作的安排部署，认真履行责任，明确职责分工，加强林地管理保护工作，全面推行林长制工作，落实《隆子县准巴乡全面推行林长制的实施方案》，落实乡村两级林长，实行森林资源网格化管理，建立林长会议制度，

2023年8月17日，准巴乡在知能村开展“学习贯彻党的二十大精神——‘薪火传承秉初心　巡边固边笃前行’”主题党日活动

坚持党政一把手作为乡林长负总责，分管林业工作副乡长为乡级副林长，做好林长分片包保齐抓共管的工作机制。加强月巡查制度，杜绝滥发林木和违法占用林地事件发生，并对林长制公示牌4块进行安装维护，利用各村电子屏、横幅、宣传标语开展与林长制工作有关的宣传活动，营造良好的工作氛围。全年，设立乡级林长12人，村级林长23人，乡级林长巡林120余次，村级林长巡林1000余次。乡政府及各村群众累计种植树苗4000余株，完成增绿2亩，林长及护林员充分发挥带头作用，看护新植树苗，对未成活幼苗及时补种更新。在森林草原火灾预防方面，层层严格落实相关责任、签订责任书，竖立警示牌、落实应急预案等工作。加大有害生物防控力度，常年对辖区内各种苗木、树木进行监测，特别是松材线虫病防控，乡政府积极组织，严防死守，发现病木立即进行无害化处理。

2023年9月27日，准巴乡举办2023年村干部国家通用语言文字集中测试暨“共筑中国梦 展示新时代”金秋赏月，共度国庆文艺会演活动

【防汛抗旱】 2023年，准巴乡党委、政府深入贯彻安全生产“十五条硬措施”，落实县安全生产暨防汛抗旱工作会议精神，牢固树立安全发展观，践行“人民至上、生命至上”理念，7月12日，准巴乡开展防汛抗旱及安全生产专项检查。检查组一行详细查看各村负责人安全责任落实、安全防护设施设备、防汛抗旱应对准备等情况，同时对乡域内山洪、泥石流、滑坡等易发地质灾害和次生灾害隐患点进行了专项检查，要求村“两委”班子、驻村工作队要提高警惕、严阵以待，坚决做好各项极端天气风险防范和应急准备工作，加强预报预警能力，提醒村民群众做好安全防范，切实保障全乡人民群众生命财产安全。树立“宁可备而不用，不可用时无备”的思想，备齐备足应急救援和安置保障物资，保证关键时刻找得见、调得动、运得出、用得上，全力为防汛备汛打好基础。年内，共开展自然灾害知识宣讲10余次，排查地质灾害和次生灾害隐患点20余次。

【理论学习】 2023年，准巴乡通过党委会、理论中心组学习会议组织全乡党员干部学习习近平新时代中国特色社会主义思想、党的二十大以及各级会议精神集中学习活动22次。召开第二批主题教育动员部署会1次，乡党委会研究制订主题教育工作计划1次，下发《党章》、党的二十大报告、《习近平新时代中国特色社会主义思想论述摘编》3本必读书目185本。围绕主题教育中心工作，乡党委及各支部开展集中学习28次。全年理论中心组开展集体学习14次，研讨交流13次。组织机关党员干部学习各级纪委会议精神5次，组织观看《全面从严治党在西藏》《作风建设永远在路上》警示教育片4次，讲廉政党课4次。开展集中学习活动20余次，专题研讨会13次，提交学习体会20篇。以全面推广普及国家通用语言文字为契机，结合主题党日、“五共五固”“民族团结宣传月”等活动，以党员示范、党员带动为主，发挥模范带头作用，组织乡党政各班子成员深入到包村点、虫草采集点宣讲开展党的二十大精神等宣讲活动40余次。

斗玉珞巴民族乡

【概况】 斗玉珞巴民族乡位于隆

子县中南部，国道219沿线。距县城90公里（国道219），是隆子县6个边境乡之一，也是山南市唯一的珞巴族群众聚居地，属民族乡。耕地面积505亩，林地面积25.5万亩，可利用草场面积26.6万亩（其中退耕还草15亩），平均海拔3100米。辖区共有398户1401人（斗玉村65户212人、加麦村81户259人、其玛普村55户156人、顶江村36户133人、绕让自然村161户641人）。下辖4个行政村和12个自然村，有1个教学点、1座拉康（无僧尼）、2所幼儿园。

【农牧业发展】2023年，全乡种植粮食作物505亩，作物总产量200.57吨。全乡牲畜存栏数2504（头、只），出栏数620（头、只），新生仔畜数222（头、只），仔畜存活数185（头、只），成畜死亡数125（头、只），家禽存栏数547只，家禽出栏数37只，肉产量61.148吨，奶产量81.55吨，禽肉产量0.06吨，禽蛋产量7吨。

【经济发展】2023年，斗玉珞巴民族乡农村居民人均可支配收入27726元；全乡境内虫草采集点11个，采集人数162人，采集虫草53015根，虫草产值165.41万元；批发零售、交通运输、住宿餐饮、维修业、民族手工业等其他各种服务业收入122万余元；土地流转、红利分红、房租、机械租赁等财产收入65.6万余元。

【生态创建】2023年，斗玉珞巴民族乡坚持生态优先、保护第一，不断提升环境保护水平，坚持山水林田湖草沙一体化保护和系统治理，深入各村开展各类环境督导检查，动员全乡河（湖）长、林长落实每月固定巡护任务，狠抓流域污染排查治理和森林草原防火工作，组织干部、党员、群众等志愿者多次对公路沿线、河道沟渠、林区等进行垃圾清理和集中整治，大力开展植树造林工作，全年共计种植杨树、苹果树、桃树等967棵，保持了山青水净的良好生态。

【教育事业】2023年，斗玉珞巴民族乡学前教育人数28名、小学生56名、中学生26名、高中生27名、大学生48名，2023年落实48名大学生补助共37.1万元，义务教育阶段适龄儿童入学率100%。

【医疗卫生】2023年，斗玉珞巴民族乡卫生院，配备医生7名（其中藏医2名），护士1名，住院床位3张，B超检查机器1台，救护车1辆，设有诊疗室、库房等设施。设有村级卫生室5个，配备村医10名（其中1名正在岗前培训）。

【文化建设】2023年，斗玉珞巴民族乡成功举办第八届玉珞文化旅游节，珞巴舞蹈、歌曲、服装秀、珞巴传统体育竞技表演等一一登台亮相，为群众献上了一场珞巴特色的视觉盛宴。非物质文化遗产的传承保护工作有序推进，现有国家级非物质文化遗产保护项目珞巴服饰编织1项，现有自治区级传承人1人、市级传承人1人；县级非物质文化遗产保护项目珞巴刀舞、珞巴葬礼2项，现有县级传承人2人。2023年，以春节、藏历新年、“玉珞”文化旅游节等节日为契机，组织各村、边境派出所、驻地部队等开展歌颂祖国、歌颂党、歌颂新生活、歌颂新西藏的文艺会演，共计开展各类文艺文体活动31场次，群众覆盖率达100%，丰富了群众的精神生活，展

2023年5月15日，山南市委常委、宣传部部长潘刚平（左二）到隆子县斗玉珞巴民族乡调研指导宣传思想文化工作

现了新时代美好生活。年内，投入3万元公共文化服务设施整改提升项目经费维修了斗玉村村级文艺演出队排练室，进一步保障了文化基础设施运行。

2023年8月2日，斗玉珞巴民族乡机关党支部重走巡边路

【社会保障】 2023年，斗玉珞巴民族乡投资8万余元建成斗玉珞巴民族乡退役军人服务站，为维护退役军人权益提供有力支撑。全年慰问走访退役军人12名，退役军人登记及信息采集17人，并对所有退役军人家庭进行“光荣之家”挂牌工作，发放了退役军人优待证。依托人社信息平台，累计面向未就业人群提供各类就业、求职岗位信息达120余条。2023年，全乡共有1名应届大学生成功考录公务员，1名退役军人实现安置就业。针对未就业的高校毕业生，实施了班子成员结对帮扶措施，向未就业大学生宣传就业政策，及时了解就业动向，提供就业渠道、就业消息等，全力提供就业帮助。

【综治维稳】 2023年，斗玉珞巴民族乡坚持稳定压倒一切的方针不动摇，做好应急处突工作。抓实专题培训，有效提升全乡干部职工、各村“两委”班子、驻村工作队、第一支部书记等一线维稳力量的能力水平；全年项目地等重点领域开展督导15次，进一步压实了维稳责任；开展矛盾纠纷排查450余次，发现10起，均已化解。组织各级群防群治力量巡逻460余次，投入人力2864人次；采取以会代宣、入户等形式宣传法制法规80余次，发放宣传资料400余份，受教育达950余人次；全年流动人口469人均登记，服务、管理到位，对安置帮教人员、易肇事肇祸精神障碍患者等重点人群严格落实走访管控措施，严防出现脱管漏管现象；定期不定期走访辖区商超、茶馆、饭馆等人员密集场所，认真排查安全隐患，确保各场所稳定运行和全乡社会局势和谐稳定。

【劳务增收】 2023年，斗玉珞巴民族乡积极与辖区各项目部、企业、合作社等对接争取就业岗位，为辖区群众就近就便就业提供便利；落实好护边员、护林员等边境惠民政策，严格选聘管理使用，进一步促进边民履职尽责。2023年，劳务输出300人，劳务创收260.52万元。

【党建工作】 全乡共设党委1个，党总支1个（2023年3月31日新设的斗玉村党总支），党支部6个（其中绕让村党支部为2023年3月31日批准设立）。2023年，共召开党委会24次，传达学习习近平总书记系列重要讲话精神和各级会议精神，研究部署全乡各项重点工作。召开党委理论学习中心组学习研讨12次，认真组织学习党的最新理论成果，强化班子成员理论武装。扎实开展“五共五固”结对共建，配备阅览室、退役军人之家、军警地讲习所等活动场所，设置荣誉墙、活动展板等，结合主题党日，利用“3·28”“七一”“八一”等重要节点，开展“重走巡边路、共忆戍边情”、文艺会演、纪念缅怀、友谊比赛等形式多样的共建活动，党政军警民合力固边守边氛围愈发浓厚。多措并举壮大村集体经济，全乡4个行政村2023年村集体经济均突破5万元，共计120余万元。2023年，发展党员8名，现共有党员219名，其中农牧民党员190名，各支部坚持每月开展形式多样、内容丰富的主题党

2023年10月11日，斗玉珞巴民族乡加麦村护边员第一小组在巡逻点开展巡边

日活动，进一步提升了党组织凝聚力战斗力。

【党风廉政建设】 2023 年，斗玉珞巴民族乡大力开展警示教育，定期不定期组织全乡党员领导干部集中学习党章党规党纪和典型案例通报文件精神，组织党员干部集中观看《永远吹冲锋号》《作风建设永远在路上》等警示教育片 8 次；围绕《中国共产党纪律处分条例》开展专题学习。党委书记和各支部书记开展廉政党课 3 次，党政领导班子带头宣讲廉政知识 5 次，极大地增强了全乡党员干部的廉洁纪律及作风建设意识。扎实开展改进作风狠抓落实工作，全年开展督导检查 19 次，反馈督促整改问题 20 余条，通报上班下班制度执行不力、理论学习制度落实不力、外出报备制度落实不力等问题 3 人 3 件。

【重要活动】 2023 年 3 月，西藏自治区民族宗教事务局党组成员、副局长罗布顿珠到斗玉珞巴民族乡珞巴文化展览馆参观，并听取全乡关于民族宗教工作的情况汇报。

2023 年 5 月，西藏自治区副主席、区党委统战部副部长徐志涛到斗玉珞巴民族乡调研山南市国道 219 沿线文化旅游事业高质量发展情况。

2023 年 7 月 25 日，斗玉珞巴民族乡第八届玉珞文化旅游节在斗玉珞巴原乡广场举行。来自各地的客人和斗玉各族群众欢聚在一起，品尝各色果实，共享玉珞文化盛宴。

2023 年 11 月 25 日，山南市委组织部部务委员洛桑曲达带队的验收组到加麦村开展市级党建示范点考核验收工作。

2023 年 12 月 15 日，西藏自治区纪委常委、监察厅副厅长索朗扎西一行到斗玉珞巴民族乡对主题教育工作开展情况进行督导检查。

【乡村振兴】 2023 年，斗玉珞巴民族乡严格按照“产业兴旺、生态宜居、乡风文明、治理有效、生活富裕”总要求，以实现高质量发展为主线，以增加农牧民收入为核心，以壮大村级集体经济为突破口，以推进农村环境综合整治为着力点，全面接续推进乡村振兴战略，推动农业提质增效、农村文明进步、农民增收致富。为切实做好全乡脱贫群众收入统计工作，组织各村专干、驻村工作队成员扎实开展人均收入和生产经营性支出统计培训，提高一线工作人员业务能力，确保应统尽统。2023 年，脱贫群众人均纯收入目标值为 2.0647 万元；2023 年，脱贫群众人均纯收入达到 2.1365 万元，比全年目标值多 718.64 元。

【环境整治】 2023 年，斗玉珞巴民族乡严格贯彻落实山南市《农村人居环境整治提升五年行动方案（2021—2025 年）》，结合全乡实际，制定全年人居环境整治工作方案和计划，明确年度工作任务和要求，常态化联合边境派出所、卫生院等部门，组织辖区内的党员、群众、护边员、志愿者等对国道 219 沿线、河道沟渠、房前屋后、公共场所、卫生死角等区域进行环境卫生整治活动，共计清理垃圾 15 余吨，参与 3000 余人次。10 月中旬，集中开展农村人居环境整治“30 天攻坚行动”，全面整治辖区人居环境，累计整治乱堆乱放 64 处，拆除私搭乱建 12 处、一户多宅 6 户、残垣断壁 12 处，全面推动人畜分离，建设集中式人畜分离项目133户，斗玉村、加麦村实现整村人畜集中分离，人居环境得到极大改善，乡村面貌焕然一新。

【基础设施建设】 2023年，投资70万元的斗玉乡顶江村蓝孔雀试养基地项目建成并投入运营，带动群众就业11人，人均增收8000余元。截至年底，项目运营总收入达7.6万元，持续带动边境搬迁安置村顶江村增加村集体收入2.5万元；建设完成斗玉村、加麦村、其玛普村3个村的亮化工程，并覆盖各村主干道，提升村容村貌；建设完成其玛普村小康村围墙项目和防洪堤项目（150米），并投入使用；援藏项目顶江村广场建设和乡值班室改造均已完工并投入使用；乡政府院内电路改造升级项目已完工并投入使用；斗玉村村级活动场所改造已经完成并投入使用；总投资1654.46万元的斗玉乡集中供水工程于2023年11月底完工，进一步保障了全乡群众饮水安全。

【民生保障】 2023年，斗玉珞巴民族乡医保参保人数758人，参保率达到100%，符合养老金缴纳人员覆盖率100%。2023年全乡共采集农户信息398户1401人，其中建档立卡脱贫户90户318人，年度全乡脱贫户经济总收入达到686.2143万元，年度建档立卡脱贫户人均纯收入目标值为2.0647万元，实际完成2.1365万元，同比增速14.5%。

【旅游事业】 2023年，斗玉珞巴民族乡切实加强辖区红色景点张贵荣烈士纪念碑管护，为干部群众提供良好的纪念环境。依托沿线自然风光、特色珞巴民俗文化等独有旅游资源大力发展旅游业，投资75万元新建15家民宿，并组织民宿负责人开展民宿管理经营业务培训，极大地提升了游客接待能力，进一步拓宽了群众增收渠道。

2023年隆子县斗玉珞巴民族乡第八届玉珞文化节

【林业管控】 2023年，斗玉珞巴民族乡严格落实林长制工作要求，加大巡林力度，加强林业管控人员履职监督，督促护林员、护边员、生态岗位等管控力量履职尽责，切实强化森林防火、林木病虫害防治工作，全年未发生森林火灾及森林病虫害；立足斗玉珞巴民族乡丰厚的林业资源禀赋，落地实施2000亩森林抚育工程，为全乡林业资源可持续发展奠定坚实基础。

【防汛抗灾】 2023年，斗玉珞巴民族乡始终把人民群众生命安全和身体健康放在第一位，在汛期、雨雪等极端恶劣天气期间，制定专项应急预案，提前修建和加固堤坝，加强汛期值班巡查工作，及时发现排除险情，强化防汛物资储备调运，全力保障群众安全度汛，入冬提前储备饲草料，确保全乡牲畜安全越冬，有效保障了人民群众生命财产安全。

雪沙乡

【概况】 雪沙乡原名雪萨乡，位于隆子县北部，地处高山峡谷地带，沿色曲河的流向分布在两岸，地势东低西高，东与三安曲林乡相连，南与隆子镇、列麦乡毗邻，西与日当镇相接，北与曲松县邱多江乡、朗县登木乡交界，距离隆子县县城70公里。乡政府驻米西村，下辖11个行政村、68个自然村，共有903户3256人。全乡有2座寺庙、4座拉康，1所小学，9所独立双语幼儿园，1 所 35kV 变电站，1 个派出所。全乡共有农作物种植面积 2700 亩，林地 3790 亩，草场 1077625.72 亩。2023 年全乡经济总量完成 7300 余万元，农牧民人均可支配收入达到 21616.89 元，同比增长 23.86%。

【农牧业发展】 农业。2023 年，全乡播种面积 2700 亩，其中粮食作物播种面积 2290 亩，产量达 978.58 吨；蔬菜种植面积 180 亩，产量达 284.91 吨；油菜种植面积 50 亩，产量达 19.7 吨；种植饲草料 180 亩，产量达 112.95 吨。申请良种山青 9 号 5500 斤，分发给播种面积较多、土质较好、群众意愿种植较强的 5 个行政村（米西村、卡堆村、当孜村、苯扎村、普卓村）。

牧业。2023 年，全乡牲畜存栏数 13322 头（匹、只），其中牦牛 11174 头、黄，犏牛 2058 头，绵羊 10 只、山羊 3 只，马 70 匹，驴 7 头；能繁牧畜存栏数 3158 头，其中牦牛 2039 头、犏牛 249 头、黄牛 710 头，山羊 160 只；新生仔畜存活 1037 头，其中牦牛新生 631 头、犏牛成活 102 头、黄牛成活 275 头，山羊 29 只；畜禽存栏 1050 只。

【经济发展】 2023 年，全乡户籍登记人口 903 户 3256 人，经济总量完成 7300 余万元（其中工资性收入 3459.44 万元、经营性收入 2786.52 万元、转移性收入 948.71 万元、财产性收入 105.35 万元），农牧民人均可支配收入达到 21616.89 元，同比增长 23.86%。农牧民转移就业 1507 人，登记劳务输出 1711 人次，劳务创收 1913.904 万元。

【生态创建与环境整治】 2023 年，雪沙乡落实生态补偿岗位 472 个，兑现生态岗位资金 164.15 万元。组织辖区党员、群众、青年志愿者、干部种植 7917 棵苗木，成活率达 95% 以上，累计开展巡山护林 279 次，巡河 300 余次。2023 年，雪沙乡先后召开人居环境整治研究部署会 9 次、推进会 8 次，联席会 4 次，重点清理乡村主次干道、房前屋后、河道两侧的积存垃圾、枯枝烂叶，重点整治“私搭乱建”“一户多宅”及“残垣断壁”等违规建筑。共开展集中整治行动 50 次，出动人员 1000 余人次，清理生活垃圾 58 余吨，配备垃圾箱 45 个，累计清理乡村公路 100 余公里，河道、沟渠 40 余公里，屋后杂物 170 多处，整治 65 个一户多宅、307 处私搭乱建、72 个残垣断壁、13 处乱堆乱放，新建（达标）52 个人畜分离点、64 个厕所改造。

2023年9月11日，雪沙乡党委书记拉巴次仁（前排左一）到顶江搬迁点慰问搬迁群众

【教育事业】 2023 年，雪沙乡有小学 1 所，独立双语幼儿园 9 所，小学专任教师 30 人、幼儿园专任教师 9 人，全乡聘用临时工 22 人，其中乡村振兴教师 3 人，专职代课教师 3 人，其他临时工 16 人。2023 年，雪沙乡小学适龄儿童入学率达 100%，在校生共计 308 人；新考入大学生 27 名，享受大学生资助的学生 118 人，兑现资金 89.5 万元。

【医疗卫生】 2023 年，雪沙乡有卫生院 1 所，医务人员 13 人，村卫生室 10 所，村医 16 人。2023 年，雪沙乡城乡居民医疗保险参保人数共 3941 人，参保率达到 100%。全年产妇总数 28 人，孕产妇建册及产前检查 28 人，产前检查及建册率达 100%；早孕建册 19 人，早孕检测率达 68%；孕产妇系统管理 19 人，系统管理率达 68%；住院分娩活产 27 人，新生儿死亡 1

例，住院分娩率达 100%；进行高危产妇管理 12 例，高危产妇住院率达 100%。“三病”免费检查人数 28 人，其中梅毒 1 例，已对其进行随访及治疗，乙肝阳性 2 人，其新生儿均已进行免费接种乙肝免疫球蛋白。对全乡进行 HPV 筛查，共筛查宫颈癌 275 例。登记 35 岁以上高血压患者 322 人，规范管理 322 人，血压控制 6 人，控制率达 18%。登记糖尿病患者 4 人，规范管理 4 人，血糖控制 0 人。健康管理 65 岁以上老年人 271 人，规范管理严重精神障碍患者 14 人。全年对各村慢性病督导 4 次。

2023年6月25日，雪沙乡召开2023年村务监督委员会工作推进会暨村务监督培训会

【文化建设】 2023 年，雪沙乡现有文艺演出队 11 支，专（兼）职文艺演出者 130 余人。开展春节、藏历新年、“三八”妇女节、“3·28”西藏百万农牧解放纪念日、五四青年节、“六一”儿童节、建党节、建军节、国庆节等节日开展文艺演出 30 余场次，参与群众 3600 余人，组织开展“委员故事、西藏故事”教育宣讲活动和“奋进新征程 建功新时代”暨学习宣传党的二十大精神演讲比赛，受众人数 500 余人。全年开展各类宣讲、学习、活动 320 余场次，受众 3 万余人次，开展各类志愿服务活动共计 480 余次，发放各类宣传资料 5000 余份。

【社会保障】 2023 年，雪沙乡农村最低生活保障对象 16 户 36 人，兑现最低生活保障资金 85212 元；残疾人共 192 人，兑现残疾人补贴 492000 元；分散特困人员 16 人，兑现特困供养资金 128160 元；符合“一孩双女”对象 53 人，兑现补贴资金 50880 元；享受健康补贴的寿星老人 165 人，兑现健康补贴 100500 元；符合“特别扶助”对象条件的有 13 人，兑现资金 92040 元；对因病、因残、因灾等各种特殊原因造成基本生活出现暂时困难的家庭，给予临时救助 2 人次，发放临时救助款 30000 元。

【平安建设】 2023 年，雪沙乡党委、政府始终坚持稳定压倒一切的原则，认真落实各项维稳工作举措。全年累计排查矛盾纠纷 400 余批（次），各级联防队巡逻 6200 余人次，发现矛盾纠纷 13 起，已解决 13 起，实现信访事项办理全程“零积压”；召开各类安全生产及消防安全会议 11 次、宣传活动 13 次，坚决捍卫人民群众的生命财产安全，全年保持了“零事故、零火灾、零溺水”的平稳态势；开展民族团结宣讲 28 余次，参加人员 1500 余人次，制作宣传栏 2 个，悬挂横幅 13 条，发放宣传资料 200 余份，全年未发生涉宗领域相关舆情。

【劳务增收】 2023 年，雪沙乡农牧民转移就业 1507 人，登记劳务输出 1711 人次，劳务创收 1913.904 万元。

【党建工作】 2023 年，雪沙乡党委通过认真分析研究，根据党委班子成员、一般干部职工的人事调整，充实了基层党建工作领导小组，进一步明确和细化了班子成员抓党建责任分工，组织召开党委会议 27 次，专题研究基层党建相关工作会议 7 次，全乡党建工作安排部署会 2 次，推进会 2 次、述职评议会 1 次，形成了党建工作责任清单和党建工作要点。年内，乡党委坚持把国家通用语言文字培训作为一项重要任务，以《西藏自治区村（居）干部国家

2023年7月24日，雪沙乡组织全乡干部清理饮用蓄水池淤泥

通用语言文字读本》为基础教材，开展教育培训180余场次，受教人次达1560余人，组织测试50余场，参与人数达230人次。常态化开展在职党员到村（社区）"双报到"工作，实行"群众点单、支部下单、党员接单"的服务模式，深入村居开展在职党员"双报到"工作6场次，参与人数118人次，为群众解决困难件数4次，落实资金4.5万元。常态化开展党员"三包五带五促"活动，通过志愿服务等方式，累计开展党员带头引导教育、带头团结稳定、带头发展致富等活动60余次，组织乡领导干部、派出所干警、驻村工作队组成的宣讲队，深入海拔5000多米的30个虫草采挖点详细解读党的二十大精神、中央民族工作会议精神、《中华人民共和国道路交通安全法》《环境保护法》等相关内容，共出动工作人员8人，悬挂宣传标语3条，发放宣传资料60余份、生活用品80余件，受教育群众达60余人。全面推行支部主题党日，严格执行"三会一课"、组织生活会、民主生活会、民主评议党员等党的组织生活基本制度，组织召开民主生活会1次，组织专门力量下沉14个党支部开展制度执行情况督导调研3次。成立学习贯彻习近平新时代中国特色社会主义思想主题教育领导小组，召开部署会，制订学习计划，通读党的二十大报告、党章，学习《习近平新时代中国特色社会主义思想专题摘编》，通过"三会一课"、主题党日等开展学习讨论15次，领学领读32次，专题辅导15次。

【党风廉政建设】 2023年，雪沙乡始终坚持把党风廉政建设工作作为全年工作的重中之重，严格落实全面从严治党主体责任，主持召开党风廉政建设专题会议2次，村务监督委员工作汇报会暨业务培训学习会议3次，组织干部职工、村"两委"班子和村务监督委员会成员开展党风廉政会议、文件、典型案例精神学习11次，组织观看《打铁必须自身硬》《永远吹冲锋号》第三集"铁规矩硬杠杠"、《说案明纪——第七期交通局长借"路"敛财自毁"人生路"》《作风建设永远在路上》等警示教育片4次，切实提高了干部职工慎独、慎微、慎言、慎行的自觉性。2023年，围绕巩固拓展脱贫攻坚成果同乡村振兴有效衔接方面监督检查6次，对防返贫监测帮扶集中排查工作监督检查4次，围绕"三务"公开、基层党建方面监督检查6次，围绕农村人居环境整治工作监督检查4次，针对执行"中央八项规定"方面监督检查4次，针对干部作风问题监督检查24余次，在"两节"、3月敏感期、萨嘎达瓦等重要节点，开展贯彻落实中央八项规定精神和维稳措施落实情况监督检查10余次。针对干部职工在会议期间玩手机、迟到早退等现象谈话3人，因驾驶问题在大会上检讨1人，开展廉政谈心谈话2人。

【重要活动】 2023年2月17日，雪沙乡召开第十四届人民代表大会第四次会议。2023年3月27日，雪沙乡召开第一季度人居环境整治卫生评比总结会议。2023年3月28日，雪沙乡开展纪念西藏百万农奴解放64周年活动。2023年6月27日，雪沙乡召开2023年度上半年党风廉政建设工作总结暨下半年工作安排部署会。2023年8月10日，雪沙乡召开人居环境部署会。2023年8月18日，雪沙乡召开第十四届人民代表大会第五次会议。2023年8月31日，雪沙乡开展“奋进新征程 建功新时代”暨学习宣传党的二十大精神演讲比赛。2023年10月17日，雪沙乡召开人居环境整治“30天攻坚”行动安排部署会。

【乡村振兴】 2023年，雪沙乡坚持把巩固拓展脱贫攻坚成果与乡村振兴有效衔接，严格落实防返贫致贫工作机制，组织各村先后开展了2次防返贫监测帮扶集中排查，涉及全乡910户3280人，排查率达100%。全乡脱贫户284户1047人，脱贫人口人均纯收入达15470.53元，增长13%。全乡新识别监测三类重点对象2户6人，第一时间通过一对一、多对一的帮扶，落实医疗保障、社保兜底、就业帮扶、结对帮扶等针对性帮扶措施。实施美丽宜居乡村振兴示范村1个。积极动员群众开展抵边搬迁工作，完成抵边搬迁183户692人。

【基础设施建设】 2023年，雪沙乡完成开复工项目13个，涉及交通、饮水、医疗、农牧等方面，总投入资金共计3382.74万元：米西村乡村振兴整村推进建设项目，由县乡村振兴局投入资金共计2500万元；斯巴村蓄水池扩建项目，由县水利局投资40万元；下木达村苯泽、雪萨自然组灌溉水塘维修，由县水利局投资85万元；下木达村加麦自然组和雪萨自然组水塘，由县乡村振兴局出资建设，投资共计210万元；林麦村蓄水池扩建项目，由县水利局出资27万元；林麦村山羊养殖项目，由县农牧局出资15万元；卡堆村冲加自然村农田灌溉皮管维修项目，由县农牧局出资29.5万元；才木村热雪自然村饮水修建项目，由县人大办出资30万元；加绕村饮水点改造工程，由县水利局出资82万元；才木村教学点改造工程项目，由县援藏工作队出资50万元；加绕村村卫生室重建工程项目，由县援藏工作队出资50万元；西绕村知部自然组农田水渠项目，由县农牧局出资125.6万元；松宁寺、亚古拉康交通安全工程项目建设，由县交通局出资138.64万元。截至年底，除米西村乡村振兴项目还在推进以外，其余项目已竣工。

【民生保障】 2023年，雪沙乡城乡居民医疗保险参保人数3941人，参保率达到100%。开展农牧民住房安全和危旧房摸底排查工作，鉴定C级危房14户，已全部完成改造并通过验收，兑现危房改造资金215000元。大学生毕业17人，就业15人，新考入大学27名，享受大学生资助的学生118人，兑现资金89.5万元。

【林业管控】 2023年，雪沙乡乡级林长2人、副乡级林长9人、村级林长11人、副村级林长50人，护林员213名，兑现护林员工资129.54万元。签订《2023年森林草原防火工作责任书》22份，签订《冬虫夏草采集管理目标责任书》24份，组织辖区党员、群众、青年志愿者、干部种植7917棵苗木，成活率达95%以上。全年辖区未发生火灾、未出现非法占用森林草原、乱捕猎野生动物、乱砍伐植物等行为，全乡森林草原资源持续保持平稳态势。

【防汛抗灾】 2023年，雪沙乡成立应急救援队伍12支72人，与各村委会签订《今冬明春森林草原防灭火目标责任书》22份，开展防汛应急演练1次，开展火灾

2023年8月18日，雪沙乡召开第十四届人民代表大会第五次会议党员大会

2023年10月17日，雪沙乡召开人居环境整治“30天攻坚”行动安排部署会

扑救、应急疏散演练4次，清理河道（沟渠）40余公里，开展巡山护林279次，巡河300余次。汛期针对山洪易发点进行7次安全隐患排查和突击检查，做好群众应急撤离工作，做到提前谋划、提前防控。

【理论学习】 2023年，雪沙乡党委班子带头加强政治理论学，积极开展理论学习中心组学习，先后针对习近平新时代中国特色社会主义思想、党的二十大精神等，开展了15场专题研讨和集中学习，发言交流材料55份。组织干部职工、农牧民群众、驻村第一书记、僧尼收听收看全国两会开（闭）幕式，参与人员达2050余人次。以党的二十大精神、纪念西藏民主改革64周年宣讲活动为主线，采取集中宣讲、入户宣讲、线上宣讲等方式，累计宣讲150余场次，受众人数达2万余人次。

玉麦乡

【概况】 玉麦乡位于隆子县东北部，距隆子县城197公里，平均海拔3650米。2023年全乡人口67户250人，人均可支配收入48563.08元，下辖2个行政村、2个村民小组。境内有1个边防派出所、1所乡卫生院、1所小学、1所幼儿园、1座拉康（无僧尼），1座125千瓦水电站。玉麦乡属纯牧区，全乡草场面积52884亩，林地24万亩，放牧点3个。玉麦乡属西藏隆子县管辖，玉麦乡人民政府为正科级编制单位。

【农牧业发展】 2023年，玉麦乡农牧业各项工作健康持续发展，根据年初县农业农村局下发的关于奶产量、肉产量指标任务文件精神，玉麦乡涉及奶产量指标为13吨，已完成13吨，肉产量指标为6.25吨，已完成6.25吨；春秋两季牲畜重大疫病接种疫苗率达到96%，玉麦乡共有343头牛，春季已完成疫苗接种328头，秋季332头。接羔育幼工作开展以来，玉麦乡能繁母畜共有107头，其中牦牛93头，已顺利接犊50头，仔畜成活50头，黄牛2头，已顺利接犊1头，仔畜成活1头，犏牛能繁12头，已顺利接犊7头，仔畜成活7头。牲畜存栏、出栏方面，全乡共有牲畜343头，牦牛成畜238头，当年畜45头，黄牛、奶牛成畜47头，当年畜1头，马骡成畜12匹。出栏情况方面，牦牛42头成畜，当年畜9头，黄牛成畜19头，当年畜1头，马骡成畜3匹。草奖资金兑现方面，全乡2023年享受草奖补助奖励纯牧户共有8户，共计资金兑现126698.8元，草原监督员奖励补助享受人员有1人，共计兑现7000.00元。防灾减灾方面，2023年玉麦乡共计入库500袋饲草料（其中：饲草颗粒200袋、干饲草300袋），在极端天气期间，保障全乡畜牧业可持续发展，玉麦乡结合实际分次发放及出库饲草料450袋。

【经济发展】 2023年，玉麦乡全年经济收入达11889599.1元，同比增长20.72%，人均可支配收入44312元，同比增长8%。2个村集体经济收入达21.2万元，包含玉麦湘藏香猪生态养殖基地分红14万元和玉麦乡内外中心一楼租金7.2万元。2023年全乡开设家庭旅馆55家，全年旅游收入实现90余万元，餐馆饭馆10户。玉麦乡基层供销合作社迁址内外贸一体楼，经营进一步规范化，主营贝母、雪莲花、鸡血藤、藏白酒、藏香等具有本地特色的各类产品，其中贝母、鸡血藤、雪莲花等备受游客欢迎。

【生态创建与环境整治】 2023 年，玉麦乡人居办督导检查各村环境保护工作 10 余次，开展以“村庄清洁行动”为主题的环境卫生大整治 12 次，开展“人居环境”专项整治 4 次，“30 天攻坚行动”整治私搭乱建 18 处、乱堆乱放 38 处，宣传环境保护相关知识 30 次。组织动员全乡干部群众种植 1500 余棵树苗，全力提升植被覆盖率。全乡设置乡级总河长 1 名、乡级河长 1 名、村级河长 2 名，严格按照乡级河长月巡河、村级河长周巡河的要求，开展巡河工作，全年巡河 12 次，巡河里程 34.04 千米，巡河时长 7.9 小时，清理河道共计出动 278 人次，清理垃圾 8.7 吨。2023 年，玉麦乡积极推进森林生态修复工作，深入研究森林生态系统的特点和问题，制定了一系列的生态修复方案，并组织专业人员进行实地调研，并采取了一系列有针对性的措施，如曲玉边防公路沿线种植杜鹃花和迎山树、曲玉公路和小康乡建设过程损坏草场结合牧民需求有效修复；针对多年来林区填倒生活垃圾的不良现象，动员全乡干部群众、单位、部队等力量，利用 18 天的时间进行了全面整改，极大推动了森林生态保护工作；年内，对部分树木因气候和牲畜破坏等原因未成活的及时联系相关部门进行了补栽，有效改善了森林生态环境，提高了生态系统的稳定性和恢复能力。

【教育事业】 2023 年，玉麦乡现有 1 所小幼一体双语学校，在乡党委、政府的领导下，在上级部门、驻训部队以及其他爱心单位的关心和支持下，学校教学条件和资源得到了进一步改善。学校现开设一、二年级教学和学前相应教学，教师编制有 3 人，共有教职工 7 人，2023 年在校生合计 23 人。截至年底，全乡各学段在校生合计 73 人，其中学前 8 人，小学 34 人，初中 8 人，高中及同等学力 16 人，大专及以上学历 7 人。

【医疗卫生】 2023 年，玉麦乡卫生院配有职工 7 人，村医 4 人，其中藏医学 1 名、西医临床医学 3 名。年内，为农牧民开展免费体检 2 次，开展季度家庭医生入户随访服务 4 次，联合驻军部队医生积极开展义诊，免费发放药品 30 次。

【文化建设】 2023 年，玉麦乡利用“七一”“3 · 28”等重大节假日组织开展 10 场文化惠民演出活动，圆满完成 2023 年演出任务。通过组织各种形式的文化活动，满足了群众对文化的需求。依托新时代文明实践所、党建活动等全年开展文化服务活动 30 余场，以铸牢中华民族共同体意识为主线，结合边疆民族地区特色和群众实际需求，丰富文化服务供给，促进公共文化服务的交往、交流、交融，推进“四件大事”“四个创建”“四个走在前列”，让文化惠民工程深入人心。乡文化旅游综合服务中心结合隆子县文化综合服务中心“文化馆活动宣传周”活动，组织干部群众开展了“共跳锅庄，共筑民族团结一家亲”，利用端午节开展了“粽香情浓、幸福共康”共跳锅庄等一系列活动，深受广大干部、职工、游客的欢迎。

【社会保障】 2023 年，玉麦乡持续引导全乡农牧民群众参保城乡

2023年3月，玉麦乡组织开展3月综治宣传活动

居民基本医疗保险、城乡居民基本养老保险，实现全覆盖应参尽参，应保尽保。同时关注困难群众生产生活，积极落实民政领域相关政策，做好分散特困人员、高龄人员、“三老”人员、残障人士等的保障工作。全年发放分散特困补助金1.6万元，共计2人；发放残疾人护理补贴及生活补贴3.48万元，共计15人；发放养老金4.14万元，共计15人；严格对普惠性边民补助享受人员进行核实统计，共兑现发放边民补助金192万元，共计150人；发放固边富民补助金119万元，共计146人。全年发放69人护林员工资107.64万元；发放29人生态岗位资金10.15万元；发放57人巡边员工资102.6万元。

【平安建设】 2023年，玉麦乡深入贯彻习近平法治思想，深入贯彻各级党委关于推进基层治理体系和治理能力现代化的要求，坚决贯彻落实各级维稳工作要求，以党建引领基层治理为支撑，以改进作风、狠抓落实为保障，以“7+1”维稳防控模式为抓手，不断推进网格化服务管理工作，不断提升全乡基层治理水平，有力维护全乡社会大局持续和谐稳定，为实现全乡长治久安和高质量发展提供坚强保证。启用综治信息系统并录入完善相关数据，为全乡平安建设工作插上“智治”翅膀；综治工作中心实现实体化运行，为综治工作提供平台；坚持和发展新时代“枫桥经验”，开展矛盾纠纷排查220余次，化解4起；扎实开展“先进双联户”创建活动，“联户增收 联户平安”作用发挥更加显著；推进常态化扫黑除恶，维护社会公平正义；积极发动群防群治力量，动员开展治安巡逻110余次540余人次；深入推进“八五”普法工作，开展“3月综治宣传月”“法律进机关”等普法活动，发放宣传资料400余份，宣传品250余份，受教360余人次；制定完善应急预案，组织开展应急演练5次，极大提升应急处置能力。

2023年3月18日，玉麦乡共建党支部开展“巡边路上话初心 戍守边疆筑忠诚”主题党日活动

【劳务增收】 2023年，玉麦乡实现100人次劳动力转移就业，实现增收100余万元。

【党建工作】 2023年，玉麦乡党委召开乡党委会议14场次，召开理论学习中心组学习会12场次，研讨发言34人次。党委党建工作会议2次，党建领导小组会议2次，到党建联系点督导指导4次，集中学习警示教育会6场次，知识测试1场次，观看警示教育片4场次，切实筑牢全乡干部职工拒腐防变底线。主题教育。先后主持召开专题会议15次、上党课4场次，开展各类宣讲活动7场次；全乡各党组织第一、二、三批共检视问题12个，制定措施31条，已消耗问题12个，措施31条，切实在推动问题解决中做到为民办实事。巡察整改。针对2023年十届县委第四轮巡察二组对乡党委及下辖各村巡察反馈的32个问题，均已整改完毕。集体经济。2个村通过整合资金160余万元在山南市购买商品房、商贸中心楼和藏香猪生态养殖基地出租等举措，2023年2个村共享集体经济收入21万元。“五共五固”。打造“五共五固”结对共建活动室暨机关党员活动室1处；积极创新开展“五共五固”共建活动，举办玉麦乡第二届民族团结我来讲、“巡边路上话初心 戍守边疆筑忠诚”“阅读点亮智慧 书香馥郁人生”世界读书日等系列活动；10

月1日，驻训部队与纽林塘村签订了结对共建协议。国家通用语言文字学习培训。充分利用“文化夜校”和结对教学等方式，开展国家通用语言文字培训40余场次。意识形态工作。以党委会或专题会议研究部署意识形态相关工作3次，宣讲17场次，受众群众1300余人次，确保意识形态领域绝对安全。反分裂斗争。整合用好在职党员到村报到、驻村工作队力量，开展宣传、排查、走访活动12次，广大党员干部群众始终做到旗帜鲜明、立场坚定，表里如一、态度坚决，着力建设高素质的党员队伍，加强基层服务型党组织建设，充分发挥党的战斗堡垒和先锋模范作用，进一步提升基层党组织建设水平，不断推动党建各项任务落地落实。

2023年3月21日，玉麦乡举办第二届“民族团结我来讲”演讲比赛，感悟红色历史，践行二十大精神

【党风廉政建设】 2023年，玉麦乡党风廉政建设和反腐败在县纪委监委的精心指导下，在乡党委的正确领导下，坚持以习近平新时代中国特色社会主义思想为指导，全面贯彻落实党的二十大报告精神及中央第七次西藏工作座谈会精神，持之以恒落实中央八项规定及其实施细则精神，严格执行党风廉政建设责任制，有力推进全乡党风廉政建设与反腐败工作。年内，乡党委书记胡学民安排部署了2023年的党风廉政工作和反腐败斗争工作，强调要深入学习贯彻党风廉政建设和反腐败斗争工作相关党内法规及规章制度，认真履行职责，以对党和人民高度负责的态度执纪好、问好责，推动管党治党、全面从严治党落到实处。10月21日，乡党委及时调整充实了党风廉政建设领导小组和反腐败协调领导小组，强化了制度执行力。玉麦乡纪委充分发挥“最后一公里”的监督作用，全年开展各类监督检查30余次，对乡财务工作、乡村振兴等重点领域更是重点关注，做到多查细问，守住廉政底线。节假日等期间，通过发送节日廉洁提醒短信，组织对茶馆、餐馆进行检查，坚决贯彻落实中央八项规定及其实施细则，做到清廉过节、节约过节。同时组织全体干部职工学习《纪检监察干部违纪违法典型案例通报》等文件精神，开展学习5次，观看《打铁必须自身硬》《榜样7》等警示教育片4次、撰写观后感等70余篇。

【军民共建】 2023年，玉麦乡在主题党日、“三会一课”、联建活动等基础上，同驻地部队官兵积极开展第二届“民族团结我来讲”演讲比赛活动和“巡边路上话初心、戍守边疆筑忠诚”等活动共计16次。弘扬军爱民、民拥军优良传统，组织“五共五固心连心、玉麦团结一家亲”文艺演出活动2次，开展慰问、联谊等活动8次。军警地联合组织开展“月满中秋、喜迎华诞”游园会、美食节等系列活动6场次，开展军地联合爱心义诊活动1次，切实营造了爱国拥军、军民一家亲的浓厚范围。

【乡村振兴】 2023年，玉麦乡党委、政府高度重视巩固脱贫攻坚成果与乡村振兴有效衔接，扎实做好各项工作。年内，分两次对2个行政村67户245人进行集中排查，切实防止返贫致贫，坚决守住“零返贫、零致贫”底线。全年按照每季度结对帮扶慰问不少于1次要求，定期开展督导检查结对帮扶工作落实情况，完善机制，建立工作台账。全乡39名干部职工，通过“以买代帮”“帮买帮卖”“送教育、送政策、送党的方针政策精

2023年3月28日，玉麦乡开展“从苦难走向幸福 新征程砥砺前行”纪念西藏200万农奴解放64周年文艺演出活动

神”等多种方式，确保结对帮扶工作落实全覆盖，购买或代销农畜产品3.5万元，开展送智扶志教育175场次。2023年，玉麦乡34户118人建档立卡脱贫群众人均可支配收入达33355元，超额实现人均可支配收入目标，2023年全乡经济总收入11889599.1元，同比增长20.72%；严格落实“两级书记抓乡村振兴”要求，成立以党政主要领导任组长的乡村振兴领导小组，领导小组办公室设在乡村振兴办。年内，玉麦乡党委、政府高度重视各项目建设，争取到2个村庄山体挡墙项目、玉米河防洪堤项目、玉麦村农牧民基层供销合作社，进一步夯实红色旅游发展基础。

【环境整治】 2023年，玉麦乡进一步建立和完善河长制、林长制，扎实开展巡护工作，确保不发生破坏林木水生态的事件。进一步规范护林员职责履行，推动护林员上山巡林、执勤值班工作常态化规范化。年内，乡党委牵头，党委书记带头，联合军警地，对玉麦乡开展常态化农村人居环境整治行动20余次。为充分调动群众整治家庭环境的积极性，玉麦乡安排了所有乡干部、派出所、学校负责人包玉麦村56个农户，制作干部包户责任牌。要求每名干部每2周至少深入1次包户家庭中，查看房前屋后是否有乱堆乱放现象、家中卫生是否干净、家中物品是否摆放整齐等，纽林塘村11户由驻训部队包户。10月，自全县开展人居环境整治“30天攻坚”行动开展以来，玉麦乡党委、政府高度重视，及时成立了专班组，多次召开会议研究，多措并举，排查出私搭乱建共计28处、乱堆乱放共计40处，截至年底，已拆除私搭乱建18处、乱堆乱放38处。玉麦乡通过制作宣传标语、入户宣讲、集中开会等方式，扎实开展人居环境整治宣传活动，动员广大干部群众积极关注改善人居环境、支持改善人居环境、参与改善人居环境工作，全年共计宣传30余次、召开专题会议20余次。与乡辖区内各施工队签订责任书、协议，并预支付环境保护承诺金5000元，营造了浓郁的环保社会氛围。

【基础设施建设】 2023年，玉麦乡基础设施进一步得到提升和改善，为旅游业的发展进一步夯实了基础。旅游基础设施进一步完善，沿日拉山7个观景台项目和停车场1处建成；沿森木那日而上游步道和观景台建成；玉麦雄曲河道改造及沿河游步道、观景台等建成，不仅进一步提升了防洪能力，更提升了游玩的安全性和可游性；沿边防公路山体挡墙建成，有效降低了山体落石、滑坡的风险隐患，维护了群众生命财产安全。

【重要项目建设】 2023年，玉麦乡辖区内各项目有序推进建设。除河道改造、观景台、挡墙、停车场项目外，游客服务中心（酒店）建设持续推进，内部除软装处于招标阶段，其他均已完成；玉麦乡爱国守边先进事迹展览馆完成内部布展并投入使用；巡边路完成沿线各类软装（包含沿线宣传栏、瀑布以及山顶升旗、党员宣誓墙等）全面完成建设；玉麦乡内外贸中心一体楼开工建设，并于9月正式投入使用；玉麦乡基层供销合作社迁址二楼，一楼整体出租开设便民商超；室内体育馆建设建成投入使用。

【民生保障】 2023年，玉麦乡党委、政府高度重视民生各项工作，不断助力群众过上更美好的生活。严格落实“四不摘”政策，确保建档立卡脱贫群众稳定脱贫且收入稳定持续增长，2023年全乡34户118人建档立卡脱贫群众人均收入达到33355元，同比增长21.1%，未发生返贫现象，全乡67户群众均未被纳入防返贫监测。大力推动群众转移就业增收，全年实现转移就业117人次，创收1269715元，同比增长26.47%；全面落实对残疾人群体、低保对象、特困人员等的关心关怀，落实对辖区内高龄老人的关心关爱，全年除正常落实相关补助外，由乡分管民政工作人员和社工站2名社工常态化入户开展走访，并组织开展各类爱心帮助行动，及时关注相关群体动态，提供力所能及的帮助，如打扫卫生、陪护、洗衣服、理发等；严格落实各类惠民补助资金，2023年共兑现发放150人（不包含专干）边民补助金，每人12800元共计192万元；发放146人（除专干外）固边富民补助金，每人8000元共计116.8万元；发放69人护林员工资107.64万元；发放29人生态岗位资金10.15万元；发放57人巡边员工资102.6万元。

【旅游事业】 2023年，玉麦乡有家庭旅馆55户，其中军民共建5户，餐馆（含中餐、藏餐）共计9家。玉麦乡的旅游业稳健发展，全年共接待国内外游客1.2余万人次，旅游收入90余万元。

【林业管控】 2023年，玉麦乡每日组织护林员2人在龙嘎加萨执勤，2人在乡入口林管站处执勤；全年共组织护林员上山巡逻170余次，900余人次，确保了玉麦乡境内不出现森林火灾事故、乱砍乱伐木材、乱挖药材、盗猎野生保护动物和盗伐木材等案件发生。

【防汛抗旱】 2023年，玉麦乡党委、政府始终坚持人民至上的原则，坚持预防为主、防治结合的原则，强化防汛抗旱各项工作。玉麦乡一年四季降水量充足，工作中心主要集中于防汛工作上。在雨季到来前，召开防汛工作会议，全面安排部署相关工作，做到有备无患，未雨绸缪；汛期前安排各级河长、群防群治力量排查河道、河堤等是否存在相关安全隐患，做到早发现早处理；汛期中特别是降雨量较大时，由乡党委书记和乡长牵头乡、村两级人员全覆盖常态化开展隐患排查，查看水量大小，河堤安全等，确保不发生相关事故；汛期充分利用驻村工作队优势和双报到党员，常态化入户开展宣传引导，引导群众维护好自身生命财产安全；确保战时有充足的物资保障，不发生因物资不足而导致的事故，应急管理仓库内备有麻袋、铁丝笼等物资以备不时之需。2023年，在乡党委、政府的领导下，全乡未发生相关事故，有效平稳度过了汛期。

【理论学习】 2023年，玉麦乡召开乡党委会议14场次，召开理论学习中心组学习会12场次，研讨发言34人次。党委党建工作会议2次，党建领导小组会议2次，到党建联系点督导指导4次，集中学习警示教育会6场次，知识测试1场次，观看警示教育片4场次，切实筑牢全乡干部职工拒腐防变底线。2023年，玉麦乡结合主题教育工作，制订军地结对共建年度学习计划，确定季度学习安排，明确每月学习内容，通过

2023年5月1日，玉麦乡共建党支部联合举办“嘿，我们‘益’起边走边捡吧”主题活动

2023年9月1日，玉麦乡供销合作社挂牌

开设共学课堂、互邀支部书记讲党课、邀请先进典型人物宣讲感人事迹等方式，运用“三会一课”、读书班、集中研讨、讲专题党课等载体，深入学习党的创新理论，切实用以武装头脑、指导实践、推动工作。创新开展军地双方交叉讲党课、讲政策活动，邀请全国人大代表卓嘎用群众听得懂的语言，采取群众喜闻乐见的方式宣讲党的二十大精神以及守土固边故事，进一步坚定军警地党员理想信念，推动习近平新时代中国特色社会主义思想扎根雪域边陲。

荣 誉

表1 隆子县受县级及以上表彰的先进集体一览

获奖单位	获奖名称	表彰时间	授予单位
隆子县	世界最大黑青稞种植基地	2023年	世界纪录认证（WRCA）
隆子县委组织部	2023年度全国组织系统优秀信息二等奖	2024年	中国共产党中央委员会组织部
隆子县文化（文物）局	第三届全国文化市场综合执法岗位练兵技能竞赛组织奖	2023年	文化和旅游部、中共中央宣传部、司法部、国家广播电视总台、国家文物局、中华全国总工会、共青团、全国妇联
隆子县雄哲路户外劳动者驿站	最美工会户外劳动者服务站点	2023年	中华全国总工会
隆子县总工会	全国总工会2023年“最美工会户外劳动者服务站点”	2023年	中华全国总工会
隆子县总工会	全国模范职工之家	2023年	中华全国总工会
隆子县	全国民族团结进步示范县	2023年	中华人民共和国国家民族事务委员会
玉麦乡派出所	全国民族团结进步示范机关	2023年	中华人民共和国国家民族事务委员会
隆子镇人民政府	2023年全国“扫黄打非”进步基层示范点	2024年	全国“扫黄打非”办公室
斗玉珞巴民族乡	自治区民族团结进步模范乡镇（街道）	2023年	西藏自治区党委、区人民政府
玉麦乡	自治区民族团结进步模范乡镇（街道）	2023年	西藏自治区党委、区人民政府
斗玉珞巴民族乡斗玉村	西藏自治区民族团结进步创建模范村（社区）	2023年	西藏自治区党委、区人民政府
斗玉珞巴民族乡	自治区民族团结进步模范乡镇（街道）	2023年	西藏自治区党委、区人民政府

续表

获奖单位	获奖名称	表彰时间	授予单位
斗玉珞巴民族乡	自治区民族团结进步模范单位	2023 年	西藏自治区党委、区人民政府
斗玉珞巴民族乡斗玉村	自治区民族团结进步模范单位	2023 年	西藏自治区党委、区人民政府
隆子县	自治区民族团结进步模范县	2023 年	西藏自治区党委
隆子镇	自治区民族团结进步模范乡镇	2023 年	西藏自治区党委
隆子县日当镇宗那建筑有限责任公司	自治区民族团结进步模范企业	2023 年	西藏自治区党委
中国人民解放军 77629 部队 53 分队	自治区民族团结进步模范部队	2023 年	西藏自治区党委
隆子镇人民政府	2023 年第二批自治区民族团结进步模范乡镇	2023 年	西藏自治区党委办公厅秘书处
玉麦乡玉麦村	全区固边兴边富民基层党组织示范点	2023 年	西藏自治区党委组织部
扎日乡珞瓦新村	全区固边兴边富民基层党组织示范点	2023 年	西藏自治区党委组织部
斗玉珞巴民族乡斗玉村	全区固边兴边富民基层党组织示范点	2023 年	西藏自治区党委组织部
三安曲林乡三林村	全区固边兴边富民基层党组织示范点	2023 年	西藏自治区党委组织部
日当镇宗那建筑有限责任公司	全区“双强六好”两新组织党组织示范点	2023 年	西藏自治区党委组织部
隆子县委组织部	2023 年度自治区网宣工作先进集体	2024 年	西藏自治区党委组织部
斗玉珞巴民族乡斗玉村	全区固边兴边富民基层党组织示范点	2023 年	西藏自治区党委组织部
扎日乡珞瓦新村	全区固边兴边富民基层党组织示范点	2023 年	西藏自治区党委组织部
隆子县卫生服务中心	2023 年援藏考核先进集体	2023 年	西藏自治区党委组织部、卫健委
隆子县公安局办公室	荣立集体三等功	2023 年	西藏自治区公安厅
隆子县公安局办公室	关于表彰全区公安机关党的二十大安保维稳工作有功集体和个人的命令(集体三等功)	2023 年	西藏自治区公安厅
隆子县机要局	县级密码工作规范化建设达标单位	2023 年	西藏自治区党委密码工作领导小组
隆子县中学	2022 年全区教育系统民族团结进步创建活动模范学校	2023 年	西藏自治区教育厅、西藏自治区民族事务委员会
隆子县人民检察院	西藏自治区文明单位	2023 年	西藏自治区精神文明建设指导委员会
隆子县人力资源和社会保障局	乡村振兴工作先进集体(人社帮扶边境地区固边兴边富民先进集体)	2023 年	西藏自治区人力资源和社会保障厅
热荣乡	全区教育督导先进集体	2023 年	西藏自治区人民政府教育督导委员会、西藏自治区教育厅

续表

获奖单位	获奖名称	表彰时间	授予单位
列麦乡退役军人服务站	2023年度星级退役军人服务站四星级单位	2023年	西藏自治区退役军人事务厅
隆子县文化(文物)局	第三届西藏文化市场综合行政执法岗位练兵技能竞赛复赛全能奖	2023年	西藏自治区文化厅、西藏自治区总工会、共青团、西藏自治区委员会、西藏自治区妇女联合会
隆子县卫生健康委员会	2023年自治区文明单位	2023年	西藏自治区文明办
隆子县项目办(团委)	2022—2023年度大学生志愿服务西部计划专项优秀项目办	2023年	西藏自治区项目办
西藏华钰矿业股份有限公司山南分公司	西藏自治区非煤矿山应急救援队伍首届比武“呼吸器操作”二等奖	2023年	西藏自治区应急管理厅
西藏华钰矿业股份有限公司山南分公司	西藏自治区非煤矿山应急救援队伍首届比武“综合技能”三等奖	2023年	西藏自治区应急管理厅
西藏华钰矿业股份有限公司山南分公司	西藏自治区非煤矿山应急救援队伍首届比武“医疗急救”三等奖	2023年	西藏自治区应急管理厅
三安曲林乡	第三批自治区民族团结进步模范县(区)模范单位、第二批自治区民族团结进步教育基地	2023年	西藏自治区着力创建全面民族团结进步模范区工作领导小组办公室
准巴乡	第三批自治区民族团结进步模范县(区)模范单位、第二批自治区民族团结进步教育基地	2023年	西藏自治区着力创建全面民族团结进步模范区工作领导小组办公室
雪沙乡	第三批自治区民族团结进步模范县(区)模范单位、第二批自治区民族团结进步教育基地	2023年	西藏自治区着力创建全面民族团结进步模范区工作领导小组办公室
常德市援藏工作组党支部	先进基层党组织	2023年	湖南省援藏工作队前线指挥部委员会
隆子县教育局	2023年山南市民族团结进步创建模范机关(单位)	2023年	山南市委、市政府
隆子县教育局	2023年山南市民族团结进步模范机关(单位)	2023年	山南市委、市政府
玉麦乡玉麦村	山南市生态文明建设先进集体	2023年	山南市委、市政府
扎日乡珞瓦新村	山南市民族团结进步创建模范村居	2023年	山南市委、市政府
隆子镇新巴村	山南市民族团结进步创建城市民族工作服务管理优秀集体	2023年	山南市委、市政府
隆子县人民政府	山南市生态文明建设先进集体	2023年	山南市委、市政府
玉麦乡人民政府	山南市生态文明建设先进集体	2023年	山南市委、市政府
隆子县中学	山南市民族团结进步创建模范学校	2023年	山南市委、市政府
山南边境管理支队斗玉边境派出所	2022年山南市民族团结进步模范单位和教育基地	2023年	山南市委、市政府
斗玉珞巴民族乡	2022年山南市民族团结进步模范单位和教育基地	2023年	山南市委、市政府

续表

获奖单位	获奖名称	表彰时间	授予单位
斗玉珞巴民族乡斗玉村	2022年山南市民族团结进步模范单位和教育基地	2023年	山南市委、市政府
玉麦乡人民政府	全市生态文明先进集体	2023年	山南市委、市政府
扎日乡珞瓦新村	2023年山南市民族团结进步创建模范村（居）	2023年	山南市委、市政府
准巴乡党委、乡政府	2023年山南市民族团结进步模范乡镇	2024年	山南市委、市政府
准巴乡知能村	2023年山南市民族团结进步模范村	2024年	山南市委、市政府
隆子县人大常务委员会	隆子县颂人大代表《说唱》节目在“弘扬社会主义法治精神 续写人大守正创新篇章”文艺比赛中荣获三等奖	2023年	山南市人大常务委员会办公室
隆子县人大常务委员会	隆子县珞巴舞《阿布达尼》节目在“弘扬社会主义法治精神 续写人大守正创新篇章”文艺比赛中荣获三等奖	2023年	山南市人大常务委员会办公室
隆子县委组织部	2022年度全市组织系统网宣工作先进集体	2023年	山南市委组织部
玉麦乡玉麦村	山南市争创“六个走在全区前列”农牧区百佳基层党组织	2023年	山南市委组织部
扎日乡珞瓦新村	山南市争创“六个走在全区前列”农牧区百佳基层党组织	2023年	山南市委组织部
斗玉珞巴民族乡斗玉村	山南市争创“六个走在全区前列”农牧区百佳基层党组织	2023年	山南市委组织部
隆子县委组织部	2022年度全市组织系统网宣工作先进集体	2023年	山南市委组织部
玉麦乡党委	山南市争创“六个走在全区前列”农牧区百佳基层党组织	2023年	山南市委组织部
雪沙乡派出所	山南市2023年度消防监督工作先进派出所	2023年	山南市公安局
隆子县中学	2023年山南市学习二十大“永远跟党走 奋进新征程”暨铸牢中华民族共同体知识竞赛二等奖	2023年	共青团山南市委员会、山南市民族宗教事务局
隆子县应急管理局	山南市2023年“安全生产月”安全生产知识竞赛县（市、区）组一等奖	2023年	山南市安委会办公室、山南市应急管理局
西藏华钰矿业股份有限公司山南分公司	山南市2023年“安全生产月”安全生产知识竞赛企业组二等奖	2023年	山南市安委会办公室、山南市应急管理局
隆子县应急管理局	中国应急管理报——西藏自治区学报用报先进单位	2023年	山南市应急管理局
隆子县水利局	2023年度河（湖）长制考核优秀等次	2024年	山南市水利局
隆子县水利局	2023年度实行最严格水资源管理制度考核第一名	2024年	山南市水利局
隆子县水利局	2023年度水土保持目标责任评估考核优秀等次	2024年	山南市水利局
隆子县税务局	市民族团结进步模范单位	2023年	山南市委统战部
隆子县藏医院	山南市第五届传统药材辨认大赛集体三等奖	2023年	山南市卫健委、山南市藏医院

续表

获奖单位	获奖名称	表彰时间	授予单位
隆子县藏医院	山南市第五届传统药材辨认大赛第三名	2023年	山南市卫健委、山南市藏医院
隆子县疾病预防控制中心	山南市现场流行病学调查职业技能竞赛活动组织奖	2023年	山南市卫健委、山南市总工会
隆子县卫生服务中心	2023年妇幼健康职业技能竞赛获奖单位	2023年	山南市卫健委、山南市总工会
隆子县疾病预防控制中心	2020—2023年心血管高危人群早期筛查与综合干预项目优秀集体奖	2023年	山南市血管高危人群早期筛查与综合干预项目办公室、山南市疾病预防控制中心
隆子县热荣乡	2022年度山南市公共文化服务先进集体	2023年	山南市文化局
隆子县文化局	2022年度山南市文艺创演先进集体	2023年	山南市文化局
热荣乡文化综合服务中心	2022年度山南市公共文化服务先进集体	2023年	山南市文化局
隆子县教育局	山南市教育系统第八届“宪法小卫士”线上学习活动优秀组织奖	2023年	山南市教育局
隆子县教育局	2023年山南市首届教育系统职工篮球赛亚军	2023年	山南市教育局
隆子县教育局	2023年山南市首届“体彩杯”篮球赛亚军	2023年	山南市教育局
隆子县第二幼儿园	一类达标幼儿园	2023年	山南市教育局
隆子县教育局	2023年度山南市体育事业先进集体	2024年	山南市教育局
隆子县教育局	山南市第八届中小学教师“信息技术实践与创新”论文比赛优秀组织奖	2023年	山南市教育局
隆子县教育局	2023年山南市首届“体彩杯”机关、事业单位篮球赛男子组第四名	2023年	山南市教育局
隆子县教育局	2023年山南市首届“体彩杯”机关、事业单位篮球赛女子组亚军	2023年	山南市教育局
隆子县教育局	2023年山南市首届教育系统“职工篮球赛”亚军	2023年	山南市教育局
隆子县教育局	山南市教育系统第八届“宪法小卫士”线上学习活动中荣获优秀组织奖	2023年	山南市教育局
三安曲林乡人民政府	山南市市级“先进双联户”创建活动先进乡镇	2023年	山南市委平安山南建设领导小组
三安曲林乡	2023年山南市市级“先进双联户”及“先进双联户”创建活动先进集体	2023年	山南市委平安办
隆子县人力资源和社会保障局	2022年度保障农民工工资支付考核A级单位	2023年	山南市根治拖欠农民工工资工作领导小组办公室、山南市人力资源和社会保障局
三安曲林乡人民政府	第三届山南市文明村镇	2023年	山南市精神文明建设指导委员会

续表

获奖单位	获奖名称	表彰时间	授予单位
扎日乡桑巴东村	第三届山南市文明村镇	2023 年	山南市精神文明建设指导委员会
热荣乡人民政府	山南市农村人居环境整治工作十佳乡镇	2024 年	山南市农村人居环境整治工作领导小组
玉麦乡人民政府	2022 年度山南市农牧区人居环境整治工作十佳乡镇	2023 年	山南市委农村人居环境整治工作专班、山南市农村人居环境整治工作领导小组
热荣乡人民政府	隆子县生态文明建设先进集体	2024 年	县委、县政府
扎日乡人民政府	隆子县生态文明建设先进集体	2024 年	县委、县政府
隆子县发展和改革委员会	隆子县生态文明建设先进集体	2024 年	县委、县政府
列麦乡洋兄村	隆子县生态文明建设先进集体	2024 年	县委、县政府
玉麦乡玉麦村	隆子县生态文明建设先进集体	2024 年	县委、县政府
准巴乡哲村	隆子县生态文明建设先进集体	2024 年	县委、县政府
西藏隆鑫矿业有限公司	隆子县生态文明建设先进集体	2024 年	县委、县政府
西藏天顺路桥工程有限公司	隆子县生态文明建设先进集体	2024 年	县委、县政府
加玉乡	2023 年度农村人居环境整治工作中荣获优秀乡镇	2024 年	县委、县政府
加玉乡	2023 年度全县促进农牧民增收先进乡(镇)	2024 年	县委、县政府
列麦乡	2022 年度全县促进农牧民增收先进乡(镇)	2023 年	县委、县政府
列麦乡	2022 年人居环境整治先进乡(镇)	2023 年	县委、县政府
雪沙乡小学	隆子县民族团结进步示范单位	2023 年	县委、县政府
隆子镇人民政府	2023 年全县劳动力转移就业先进乡(镇)	2024 年	县委、县政府
热荣乡人民政府	2023 年全县劳动力转移就业先进乡(镇)	2024 年	县委、县政府
热荣乡人民政府	2023 年度农村人居环境整治优秀乡镇	2024 年	县委、县政府
准巴乡党委、乡政府	2022 年隆子县民族团结进步模范乡镇	2023 年	县委、县政府
准巴乡哲村	2022 年隆子县民族团结进步模范村	2023 年	县委、县政府
准巴乡达村	2022 年隆子县民族团结进步模范村	2023 年	县委、县政府

说明：资料由各单位提供，可能有遗漏。

表2 隆子县受县级及以上表彰的先进个人一览

姓名	性别	民族	工作单位	获奖名称	表彰时间	授予单位
江 参	男	藏族	扎日乡人民政府	全国党委政法委系统“新时代政法楷模个人”	2023年	中央政法委、人力资源社会保障部
索朗拉杰	男	藏族	隆子镇忙措村	自治区生态文明建设先进个人	2023年	西藏自治区党委、区人民政府
索朗卓玛	女	藏族	中共隆子县委员会组织部	2022—2023年度党委系统督查工作先进个人	2023年	西藏自治区党委办公厅
白玛卡珠	女	藏族	隆子县日当镇小学	全区模范班主任	2023年	西藏自治区人民政府
德吉卓嘎	女	藏族	隆子县热荣乡小学	全区模范班主任	2023年	西藏自治区人民政府
桑 旦	男	藏族	隆子县扎日乡小学	乡村教师从教25年终身成就荣誉奖	2023年	西藏自治区人民政府
次仁旦增	男	藏族	隆子县扎日乡小学	乡村教师从教25年终身成就荣誉奖	2023年	西藏自治区人民政府
洛桑罗布	男	藏族	隆子县扎日乡小学	乡村教师从教25年终身成就荣誉奖	2023年	西藏自治区人民政府
扎桑拉姆	女	藏族	隆子县加玉乡小学	2023年全区优秀教师	2023年	西藏自治区人民政府
杨 舜	男	汉族	隆子县教育局	全区优秀教育工作者	2023年	西藏自治区人民政府
扎西珠久	男	藏族	隆子县中学	全区中小学名教师	2023年	西藏自治区人民政府
李志超	男	汉族	中共隆子县委员会组织部	2023年度自治区网宣工作先进个人	2023年	西藏自治区党委组织部
平措拉姆	女	藏族	准巴乡农牧综合服务中心	全区第四批优秀村（社区）党组织第一书记	2023年	西藏自治区党委组织部
旦增卓嘎	女	藏族	日当镇萨琼村	全区第四批优秀村（社区）党组织第一书记先进个人	2023年	西藏自治区党委组织部
巴桑仁青	男	藏族	隆子县公安局治安管理大队	党的二十大安保个人嘉奖	2023年	西藏自治区公安厅
次旦平措	男	藏族	隆子县公安局雪沙乡公安派出所	党的二十大安保个人嘉奖	2023年	西藏自治区公安厅
洛桑才旺	男	藏族	隆子县卫生服务中心（疾控中心）	全区优秀共青团员	2023年	共青团西藏自治区委员会
张国群	男	汉族	列麦乡	自治区第五届青少年书画大展优秀奖	2023年	共青团自治区委员会
韩宪锋	男	汉族	西藏华钰矿业股份有限公司山南分公司	西藏自治区非煤矿山应急救援队伍首届比武个人“医疗急救”三等奖	2023年	西藏自治区应急管理厅
刘国锋	男	汉族	西藏华钰矿业股份有限公司山南分公司	西藏自治区非煤矿山应急救援队伍首届比武个人“综合技能”三等奖	2023年	西藏自治区应急管理厅
刘国锋	男	汉族	西藏华钰矿业股份有限公司山南分公司	西藏自治区非煤矿山应急救援队伍首届比武个人“呼吸器操作”三等奖	2023年	西藏自治区应急管理厅

续表

姓名	性别	民族	工作单位	获奖名称	表彰时间	授予单位
宋　静	女	汉族	隆子县中学	全区中小学实验精品课优质课程	2023 年	西藏自治区教育厅
旦增拉珍	女	藏族	隆子县中学	全区基础教育精品课优质课程	2023 年	西藏自治区教育厅
格桑坚增	男	藏族	隆子县中学	西藏自治区骨干教师	2023 年	西藏自治区教育厅
次仁多吉	男	藏族	隆子县中学	2023—2023 年西藏班选派教师期满考核优秀等次	2023 年	西藏自治区教育厅
央　珍	女	藏族	隆子县日当镇小学	2023 年全区小学教师教学竞赛决赛藏语文组三等奖	2023 年	西藏自治区教育厅
次仁达瓦	男	藏族	隆子县日当镇小学	全区小学教师竞赛优秀指导奖	2023 年	西藏自治区教育厅
索朗央金	女	藏族	隆子县日当镇小学	全区英语教学竞赛一等奖	2023 年	西藏自治区教育厅
米玛曲珍	女	藏族	隆子县气象局	2023 年全区气象观测质量管理体系优秀内审员	2023 年	西藏自治区气象局
坚参扎巴	男	藏族	隆子县气象局	2023 年中国技能大赛·西藏自治区气象行业第五届综合业务技能竞赛应急气象观测单项第三名	2023 年	西藏自治区气象局、西藏自治区人力资源和社会保障厅、西藏自治区总工会
萨迪占堆	男	藏族	山南市烟草专卖局隆子县卷烟营销网点	全区烟草系统“学习二十大践行新思想”知识竞赛一等奖	2023 年	西藏烟草系统工会
普布卓玛	女	藏族	隆子县疾病预防控制中心	2023 年西藏自治区卫生健康系统现场流行病学调查职业技能竞赛自治区决赛二等奖	2023 年	西藏自治区卫生健康委员会、西藏自治区总工会
次仁央吉	女	藏族	隆子县文化局	第三届西藏文化市场综合行政执法岗位练兵技能竞赛复赛二等奖	2023 年	西藏自治区文化厅、西藏自治区总工会、共青团西藏自治区委员会、西藏自治区妇女联合会
催　成	男	藏族	扎日乡珞瓦新村	“我当代表为人民 实干担当建新功”基层农牧民人大代表国家通用语言文字学习使用主题演讲比赛二等奖	2023 年	山南市人大常委会
旦增达珍	女	藏族	热荣乡农牧综合服务中心	第四批全市优秀村（社区）党组织第一书记	2023 年	山南市委组织部
古桑曲珍	女	珞巴族	斗玉珞巴民族乡	2022 年度山南市民族团结进步模范个人	2023 年	山南市委组织部
王　畅	男	汉族	三安曲林乡人民政府	第四批全市优秀村（社区）党组织第一书记	2023 年	山南市委组织部
格桑卓嘎	女	藏族	隆子县仲嘎曲德寺管会	2020—2022 年公务员年度考核中，连续三年被确定为优秀等次，记个人三等功	2023 年	山南市委组织部
扎西单增	男	藏族	隆子县仲嘎曲德寺管会	2020—2022 年公务员年度考核中，连续三年被确定为优秀等次，记个人三等功	2023 年	山南市委组织部

续表

姓名	性别	民族	工作单位	获奖名称	表彰时间	授予单位
边巴扎西	男	藏族	隆子县帕德寺管会	2020—2022年公务员年度考核中,连续三年被确定为优秀等次,记个人三等功	2023年	山南市委组织部
白玛曲宗	女	藏族	隆子县融媒体中心(隆子广播电视台)	优秀新闻工作者	2023年	山南市委宣传部
扎西加措	男	藏族	雪沙乡派出所	山南市2023年度消防监督工作优秀民警	2023年	山南市公安局
边巴顿珠	男	藏族	雪沙乡小学	2022—2023年度“全市优秀少先队辅导员”	2023年	共青团山南市委员会、山南市教育局、市少工委
尼玛次仁	男	藏族	隆子县加玉乡小学	2022—2023年度“全区优秀少先队辅导员”	2023年	山南市教育体育局、市少工委、共青团市少工委委员会
次仁白玛	女	藏族	隆子县列麦乡小学	2022—2023年度“全市优秀少先队辅导员”	2023年	山南市教育体育局、共青团山南市委员会
西热加措	男	藏族	隆子县教育局	山南市教育系统第八届“宪法小卫士”线上学习活动优秀个人	2023年	山南市教育局
米　玛	女	藏族	隆子县日当镇小学	山南市第三届学科带头人	2023年	山南市教育局
央　珍	女	藏族	隆子县日当镇小学	山南市小学藏语文学科教师教学竞赛一等奖	2023年	山南市教育局
格桑朗珍	男	藏族	隆子县日当镇小学	山南市小学藏语文学科竞赛优秀指导老师奖	2023年	山南市教育局
格桑德吉	女	藏族	隆子县中学	山南市骨干教师	2023年	山南市教育局
普　潘	女	藏族	隆子县中学	山南市第八届中小学教师“信息技术实践与创新”论文大赛中学组三等奖	2023年	山南市教育局
宋　静	女	汉族	隆子县中学	山南市骨干教师	2023年	山南市教育局
次仁曲宗	女	藏族	隆子县中学	山南市骨干教师	2023年	山南市教育局
拉　次	男	藏族	隆子县中学	山南市骨干教师	2023年	山南市教育局
格桑坚增	男	藏族	隆子县中学	山南市骨干教师	2023年	山南市教育体育局
拉　珍	女	藏族	隆子县日当镇小学	自治区防震减灾科普示范学校优秀辅导员	2023年	山南市应急管理局、山南市教育局
次仁央吉	女	藏族	隆子县文化局	2022年度山南市文化市场和文物安全工作先进个人	2023年	山南市文化局
殴珠乔巴	男	藏族	隆子县文化局	2022年度山南市文化信息工作先进个人	2023年	山南市文化局
嘎旦加措	男	藏族	隆子县文化局	2022年度山南市文艺创作先进个人	2023年	山南市文化局
达瓦多吉	男	藏族	隆子县文化局	2022年度山南市文艺创作先进个人	2023年	山南市文化局

续表

姓名	性别	民族	工作单位	获奖名称	表彰时间	授予单位
李金秋	男	汉族	隆子县教育局	山南市2023年度防震减灾科普示范学校“校外优秀辅导员”	2023年	山南市抗震救灾指挥部办公室、山南市应急管理局、山南市教育局
旦增罗央	女	藏族	隆子县气象局	2023年度先进个人	2024年	山南市气象局
格桑云丹加措	男	藏族	隆子县气象局	2023年度先进个人	2024年	山南市气象局
白玛曲珍	女	藏族	隆子县卫生服务中心	2023年妇幼健康职业技能竞赛二等奖	2023年	山南市卫生健康委员会、山南市总工会
旦曲	男	藏族	隆子县藏医院	山南市第五届传统药材辨认大赛个人三等奖	2023年	山南市卫生健康委员会、山南市藏医医院
阿旺西若	男	藏族	扎日乡	山南市“最美守边人”	2023年	山南市精神文明建设指导委员会
班旦	男	藏族	隆子县教育局	少数民族专业技术人才特殊培养项目被评为优秀学员	2023年	四川师范大学
罗布加参	男	藏族	准巴乡文化综合服务中心	2022年优秀网络举报监督员	2023年	中共阿里地区网信办
群宗	女	藏族	隆子县纪委监委	优秀事业单位工作人员	2023年	县委、县政府
边巴扎西	男	藏族	列麦乡人民政府	隆子县生态文明建设先进个人	2024年	县委、县政府
旺久	男	藏族	隆子县自然资源局	隆子县生态文明建设先进个人	2024年	县委、县政府
索朗仁增	男	藏族	热荣乡加岭村	隆子县生态文明建设先进个人	2024年	县委、县政府
扎桑	女	藏族	雪沙乡人民政府	优秀事业单位工作人员	2023年	县委、县政府
仓穷白姆	女	藏族	雪沙乡人民政府	优秀事业单位工作人员	2023年	县委、县政府
普布曲珍	女	藏族	雪沙乡人民政府	优秀事业单位工作人员	2023年	县委、县政府
达瓦卓嘎	女	藏族	雪沙乡人民政府	优秀事业单位工作人员	2023年	县委、县政府
刘广	男	汉族	玉麦乡人民政府	优秀事业单位工作人员	2024年	县委、县政府
刘凤翔	男	傈僳族	玉麦乡人民政府	优秀事业单位工作人员	2024年	县委、县政府
吴寒黎	男	汉族	玉麦乡人民政府	优秀事业单位工作人员	2024年	县委、县政府
旦增曲珍	女	藏族	玉麦乡卫生院	优秀事业单位工作人员	2024年	县委、县政府
次仁白姆	女	藏族	玉麦乡卫生院	优秀事业单位工作人员	2024年	县委、县政府
罗布加参	男	藏族	准巴乡文化综合服务中心	2022年隆子县民族团结进步模范个人	2023年	县委、县政府
索朗白珍	女	藏族	热荣乡文化综合服务中心	第五批全县优秀村党组织第一书记	2024年	县委组织部

续表

姓名	性别	民族	工作单位	获奖名称	表彰时间	授予单位
郭　翔	男	汉族	三安曲林乡人民政府	隆子县2023年度“支部书记讲坛”二等奖	2023年	县委组织部
次仁央吉	女	藏族	三安曲林乡人民政府	优秀事业单位工作人员	2023年	县委组织部
德庆卓嘎	女	藏族	三安曲林乡人民政府	优秀事业单位工作人员	2023年	县委组织部
白玛拉姆	女	藏族	三安曲林乡人民政府	优秀事业单位工作人员	2023年	县委组织部
索朗卓玛	女	藏族	中共隆子县委员会组织部	民族团结先进个人	2023年	县委统战部
白玛多吉	男	藏族	隆子县加玉乡小学	“共绘民族团结亲 书香满园润初心”主题书法比赛优秀奖	2023年	县委统战部

说明：资料由各单位提供，可能有遗漏。

附 录

组织机构及主要负责人名录

中共隆子县委员会

县委书记

次仁加措(藏族,6月免)

李　宁(10月任)

县委副书记、政府县长

李　宁(9月免)

巴桑次仁(藏族,10月任)

县委副书记、人大常委会主任

廖仕平(10月免)

杨娟宏(女,10月任)

县委常务副书记

熊世成(援藏)

县委副书记

徐明山

县委副书记、驻村总领队

张梅霞(女,6月任)

县委常委、人武部政委

黄世荣

县委常委、政府常务副县长

欧　珠(藏族)

县委常委、政府副县长

高　荣

县委常委、统战部部长、民宗局局长

罗布扎西(藏族)

县委常委、政府副县长

匡　斌

县委常委、宣传部部长

顿珠曲杰(藏族)

县委常委、县委办主任、国安办主任

白　洁(女,4月免)

县委常委、纪委书记、监委主任

罗廷坤

县委常委、组织部部长

侯文斌

县委常委、政法委书记、公安局党委书记、局长兼督查长

李晓勇

县委办公室副主任

李　胜

县委办公室副主任、县档案局局长

王小强(11月任)

县委办公室副主任、县委机要局局长、县密码管理局局长

罗璐璐(女,藏族)

隆子县人民代表大会常务委员会

县委副书记、人大常委会主任

廖仕平(12月免)

县人大常委会副主任
李　　超(藏族,11月免)
达　　娃(藏族)
次旦央吉(女,藏族)
县人大常委会副县级干部
其米江村(藏族)
县人大常委会办公室主任
索朗欧珠(藏族,11月免)
赵　　阳(女,11月任)
县人大常委会办公室副主任
罗 加 中
县人大常委会法制委主任委员
高 红 彪(藏族,11月免)
扎西顿珠(藏族,11月任)
县人大常委会财经委主任委员
扎西罗布(藏族,11月免)
巴桑次仁(藏族,11月任)
县人大常委会教科委主任委员
常　　杰
县人大办四级调研员
格桑强巴(藏族,11月任)

隆子县人民政府

县委副书记、县长
李　　宁(9月免)
巴桑次仁(藏族,11月任)
县委常委、常务副县长
欧　　珠(藏族)
副县长
坚阿次仁(藏族)
嘎玛旦增(藏族)
贡觉曲珍(女,珞巴族)
王 德 洪
陈 代 军(兼列麦乡党委书记)
舒　　峰
阎　　辉(9月免)
政府办公室主任
贾 伟 哲(11月免)
王　　洁(11月任)
政府办公室副主任
加央曲桑(藏族,11月免)
次仁加措(藏族,11月免)
韩 滨 滨(11月免)
索朗措姆(女,藏族,11月任)
李 志 平(11月任)
何　　帆(11月任)

中国人民政治协商会议隆子县委员会

政协隆子县委员会主席
古桑旦增(藏族)
政协隆子县委员会副主席
巴桑次仁(藏族)
张 雪 戈(12月免)
苏　　斌(12月免)
洛桑益西(藏族)
政协隆子县委员会办公室主任
周　　利
政协综合委员会主任
拉巴次仁(藏族,12月免)
白玛央珍(女,藏族,12月任)
政协隆子县委员会四级调研员
刘 春 华
索朗欧珠(藏族,12月任)
政协隆子县委员会办公室副主任
达娃央吉(女,藏族)

中共隆子县纪律检查委员会(监察委员会)

县委常委、纪委书记、监委主任
罗 廷 坤
县纪委常委、巡察办主任、四级调研员
土登益西(藏族,11月免)
县纪委常委、监委委员
蒋　　波
县纪委常委
白玛卓玛(女,藏族)
县纪委监委、四级调研员
平措扎西(藏族,11月任)

县纪委副书记、监委副主任
阿　西（女，回族，10月免）
井虎平（11月免）
县纪委监委、信访室主任、监委委员
仁增玉珍（女，藏族）
县纪委监委综合室主任
次德吉（女，藏族）
县纪委监委案件审理室主任
达瓦次仁（藏族，11月免）
县纪委监委监督检查室主任
霍鸿运
县纪委监委第一纪检监察室主任
李明东（11月任）
县纪委监委第二纪检监察室主任
洛桑卓嘎（女，藏族）
县纪委监委一级主任科员
贾伟哲（12月任）
县纪委监委第三纪检监察室主任
胡伟杰（4月任）
县纪委监委三级主任科员
米　玛（女，藏族）
县纪委监委第四纪检监察室主任
桂敏良（4月任）
县纪委监委四级主任科员
夏志强（11月免）
王　川（藏族）
赵国栋（藏族）

中共隆子县委组织部

县委常委、组织部部长
侯文斌
组织部常务副部长
洛桑曲旦（藏族，12月免）
索朗卓玛（女，藏族，12月任）
组织部副部长、老干部局局长
旦增卓玛（女，藏族）
次仁加措（藏族，11月任）
组织部副部长、编办主任
王　洁（11月免）
柯长松（11月任）
组织部副部长
旦增占堆（藏族，11月免）
李志超（11月任）
张道远

中共隆子县委宣传部

县委常委、宣传部部长
顿珠曲杰（藏族）
县委宣传部常务副部长
王金风（女，9月免）
胡兴香（女，12月任）
县委宣传部副部长、政府新闻办公室主任
白玛索朗（藏族，12月免）
洛桑催成（藏族，12月任）
县委宣传部副部长、广播电视局局长
白玛曲珍（女，藏族，12月免）
索朗曲宗（女，藏族，12月任）
县委宣传部副部长、新闻出版局局长
冯世祥（12月免）
吴倩倩（女，12月任）

中共隆子县委统战部（民族宗教局）

县委常委、统战部部长、民宗局局长、二级调研员
罗布扎西（藏族）
县委统战部常务副部长
叶措吉（女，藏族）
县委统战部四级调研员
德庆罗布（藏族）
县委统战部副部长
李长辉（12月免）
韩滨滨（12月任）
县委统战部副部长、民宗局副局长
索朗巴珠（藏族）

中共隆子县委党校

县委常委、组织部部长、党校校长
侯文斌

县委党校常务副校长

曹　　伟（12月任）

县委党校副校长

普布江村（藏族）

隆子县创先争优强基础惠民生活动领导小组办公室

县委常委、组织部部长、强基办主任

侯文斌

县委组织部常务副部长、强基办副主任

洛桑曲旦（藏族）

县强基办副主任

边巴顿珠（藏族）

中共隆子县委巡察工作领导小组办公室

县纪委常委、巡察办主任

土登益西（藏族，11月免）

桑吉卓玛（女，藏族，11月任）

县委巡察办副主任

翟　　秦（女，11月免）

张　　谦（11月任）

县委巡察一组组长

白玛曲珍（女，藏族，11月免）

旦增占堆（藏族，11月任）

县委巡察一组副组长

鲍春兰（女，土族）

县委巡察二组组长

平措扎西（藏族，11月免）

韩雪莲（女，11月任）

县委巡察二组副组长

吕兰英（女，11月免）

达瓦次仁（藏族，11月任）

隆子县行政审批和便民服务局

局　长

吴倖宇（12月免）

吕兰英（女，12月任）

副局长

巴桑吉巴（女，藏族）

巴桑普赤（女，藏族，12免）

米玛次仁（藏族，12月任）

政务服务中心主任

李　　钊（7月免）

隆子县信访局

局　长

仁增多吉（藏族）

副局长

米玛央宗（女，藏族）

王　　兴

隆子县应急管理局

局　长

桑　　珠（藏族，12月免）

土登益西（藏族，12月任）

副局长

罗　　旦（藏族，12月免）

巴桑次仁（藏族，12月任）

边巴次仁（藏族）

王　　进

隆子县消防救援大队

大队长

邓宏黎

雄哲路消防救援站站长

杨浩然

雄哲路消防救援站政治指导员

梅剑秋

雄哲路消防救援站副站长

胡玉龙

隆子县藏语文工作委员会（编译局）

党组书记、主任（局长）

洛桑旦增（藏族）

党组成员、副主任（副局长）

亚　　杰（女，珞巴族）

罗　　珍（女，藏族，11月免）

隆子县档案局（馆）

县委办副主任、档案局局长
索朗卓玛（女，藏族，11月免）
王 小 强（11月任）
档案馆馆长
尼　　玛（女，藏族）

隆子县机关后勤服务中心

后勤副主任
达瓦次仁（藏族）
赵 敏 华（11月免）
何　　巍（11月任）
次仁达瓦（藏族，11月任）

隆子县外事办公室（边界事务协调办公室）

外事办党组书记、主任
次旺普尺（女，藏族，12月免）
洛桑加措（藏族，12月任）
外事办党组成员、副主任
韩 雪 莲（女，12月免）
边巴次仁（藏族，12月任）
薛　　强（12月任）

隆子县援藏工作队

县委常务副书记、政府常务副县长
熊 世 成
县委常委、政府副县长
匡　　斌（土家族）
县卫生服务中心主任
周 诗 孝
县住建局副局长
毛 席 国

隆子县总工会

县人大党组成员、副主任、县总工会主席
次旦央吉（女，藏族，11月任）
县总工会常务副主席
陈　　垲（11月任）
县总工会副主席
贡觉卓玛（女，藏族，12月免）
白玛曲珍（女，藏族，12月任）

中国共产主义青年团隆子县委员会

书　记
王 艳 红（女）
副书记
格桑群宗（女，藏族）

隆子县妇女联合会

妇联主席
袁　　娇（女）
副主席
拉巴仓决（女，藏族）

隆子县工商业联合会

主　席
苏　　斌
常务副主席
德庆罗布（藏族，11月免）
陈　　金（11月任）

隆子县委政法委

县委常委、政法委书记、公安局党委书记、局长兼督察长
李 晓 勇
县委政法委常务副书记
巴桑次仁（藏族，11月免）
井 虎 平（11月任）
县委政法委副书记
次仁欧珠（藏族，11月任）
钟　　诚
县委政法委综治中心主任
姜　　月
县委政法委综治中心副主任
陈　　平（11月任）

隆子县公安局

县委常委、政法委书记、公安局党委书记、局长兼督察长、三级高级警长

李晓勇

公安局党委副书记、政委、四级高级警长

扎西次仁(藏族)

公安局党委委员、副局长、四级高级警长

索朗多吉(藏族)

次旦多吉(藏族)

黄　立

隆子县人民检察院

党组书记、检察长

魏本惠(女)

党组副书记、副检察长

多吉次仁(藏族)

党组成员、检察业务部主任

德吉曲珍(女,藏族)

党组成员、综合业务部主任

唐忠梅(女)

检察综合部主任

索朗塔杰(藏族)

隆子县人民法院

党组书记、院长

张文君(藏族)

党组副书记、副院长

加　措(藏族)

党组成员、执行局局长、司法警察大队队长

罗桑次珠(藏族)

政治部主任

周婷婷(女)

综合审判庭庭长

扎西顿珠(藏族)

立案庭庭长(诉讼服务中心主任)

次旺让珠(藏族)

三安曲林乡中心人民法庭庭长

阿　妞(女,藏族)

司法警察大队指导员

黄从园

隆子县司法局

党组书记、局长

其　美(藏族,11月免)

扎西多吉(藏族,11月任)

党组成员、副局长

张　政(11月免)

旦增曲珍(女,藏族)

四朗卓玛(女,藏族)

雷梓修(11月任)

隆子县发展与改革委员会

发改委主任、粮食和物资储备局、经信局局长

扎西东久(藏族)

发改委主任、粮食和物资储备局、经信局局长、四级调研员

扎西罗布(藏族,11月任)

发改委副主任、粮食和物资储备局、经信局副局长

达瓦洛桑(藏族,11月免)

汪庆嵩(11月免)

丁湟珅(11月任)

拉珠朗杰(藏族,11月任)

其米多吉(藏族)

隆子县财政局

局党组书记、局长

夏新娥(女)

局党组成员、副局长

李　敏(女,11月任)

拉姆措姆(女,藏族)

隆子县商务局

局　长

扎西顿珠(藏族,12月免)

崔海军(12月任)

副局长

白玛拉宗(女,藏族)

刘　　波（女，8 月免）

隆子县审计局

党组书记、局长

陈　　金（11 月免）

拉　　姆（女，藏族，11 月任）

党组成员、副局长

益西曲珍（女，藏族，11 月免）

尼玛琼拉（女，藏族，11 月任）

刘增柱（11 月任）

隆子县统计局

党组书记、局长

扎西曲珍（女，藏族，11 月免）

汪庆嵩（12 月任）

副局长

米玛普赤（女，藏族 ）

孔令波（11 月免）

郑　　欢（12 月任）

隆子县自然资源局

党组书记、局长

倪文桃

党组成员、副局长

旺　　久（藏族）

吾金次仁（藏族，12 月免）

达　　珍（藏族，12 月任）

隆子县税务局

党委书记、局长

白玛央金（女，藏族）

党委委员、纪检组长

王　　龙

党委委员、副局长

吕硅磷（女）

隆子县市场监督管理局

党组书记、局长

郝庆豪

党组成员、副局长

达娃普宗（女，藏族）

欧　　珠（藏族，12 月免）

仓党卓玛（女，藏族，12 月免）

副局长

米玛措姆（女，藏族）

二级主任科员

达　　桑（藏族）

四级主任科员

达　　娃（女，藏族）

西藏自治区烟草公司山南市公司隆子县卷烟营销网点

隆子县卷烟营销网点（主任）负责人

德　　吉（女，藏族）

中国石油天然气股份有限公司西藏山南销售公司隆子加油站

经　理

王　　博

国网西藏电力有限公司隆子县供电公司

总经理、党支部书记

桑　　旦（藏族）

副经理

普巴多吉（藏族）

次仁平措（藏族）

隆子县聂雄投资有限责任公司

总经理

扎西江村（藏族）

隆子县民政局

党组书记、局长

达瓦卓嘎（女，藏族，11 月免）

加　　措（藏族，11 月任）

党组成员、副局长

次仁顿珠

潘涛涛

县残疾人联合会理事长
普布拉姆（女，藏族）
县特困人员集中供养服务中心主任（院长）
索朗拉姆（女，藏族）

隆子县人力资源和社会保障局

党组书记、局长
洛 桑（藏族，12 月免）
吴俸宇（12 月任）
副局长
丁湟珅（12 月免）
桑 杰（藏族，12 月免）
邱丹勇（12 月任）
扎西多吉（藏族，12 月任）

隆子县卫生健康委员会

主 任
边巴次仁（藏族，12 月免）
格桑卓玛（女，藏族，12 月任）
副主任
顿珠卓玛（女，藏族，12 月免）
周 舟
罗 旦（藏族，12 月任）
四级主任科员
顿 珠（藏族）

隆子县卫生服务中心

书 记
边巴卓玛（女，藏族）
主 任
周诗孝
副主任
拉 多（藏族）
旦 增（藏族）

隆子县藏医院

院 长
桑 珠（藏族）
副院长
嘎玛次旺（藏族）

隆子县融媒体中心

隆子县融媒体中心（隆子广播电视台）主任
普 珍（女，藏族）

隆子县旅游发展局

局 长
桑吉卓玛（女，藏族，12 月免）
翟 秦（12 月任）
副局长
米玛次仁（藏族）
李剑平（12 月免）
桑 杰（藏族，12 月任）

隆子县文化（文物）局

党组书记、局长
格桑卓玛（女，藏族，12 月免）
边巴次仁（藏族，12 月任）
党组成员、副局长
贡步仁青（藏族）
索朗措姆（女，藏族，12 月免）
张世见（12 月任）

隆子县农业农村局

党组书记、局长
仁增拉宗（女，藏族，12 月免）
扎西曲珍（女，藏族，12 月任）
党组成员、副局长
李奎毅
次仁欧珠（藏族，12 月免）
土 旦（藏族，12 月免）
旺堆多吉（藏族，12 月任）
边 琼（藏族，12 月任）

隆子县水利局

局 长
刘继宇（12 月免）

洛　　桑（藏族，12 月任）

副局长

扎西桑珠（藏族，12 月免）

李 长 辉（12 月任）

甭　　多（藏族）

隆子县林业和草原局

党组书记、局长

巴　　桑（藏族）

党组成员、副局长

达　　瓦（藏族）

解 发 钱

隆子县医疗保障局

党组书记、局长

贡觉卓嘎（女，藏族）

党组成员、副局长

李　　敏（女，12 月免）

张　　政（12 月任）

旦增曲珍（女，藏族）

隆子县疾病预防控制中心

主　任

德　　吉（女，藏族）

副主任

桑俄奴日（藏族）

隆子县退役军人事务局

局　长

田　　瑶（10 月免）

尚 林 佳（11 月任）

副局长

卓玛拉姆（女，藏族）

索朗央宗（女，藏族）

四级主任科员

李 永 胜（藏族）

服务中心主任

李 冰 心

服务中心副主任

边巴顿珠（藏族）

隆子县教育局（体育局）

局　长

洛桑尼玛（藏族）

副局长

次　　仁（藏族）

李 金 秋

仁增曲珍（女，藏族，12 月任）

隆子县中学

校　长

索朗朗杰（藏族）

副校长

高 群 涛

次仁顿珠（藏族）

次仁旺旦（藏族）

隆子县乡村振兴局

局　长

李 伦 年

副局长

强久南珠（女，藏族）

李 江 波（土家族）

嘎玛旺久（藏族）

信息中心主任

卓　　玛（女，藏族）

隆子县气象站

局　长

白玛群培（藏族）

副局长

旦增罗央（藏族）

格桑云丹加措（藏族）

气象台台长

江　　白（藏族）

隆子县住房和城乡建设局

局　长

扎西多吉（藏族，11月免）

刘 继 宇（11月任）

副局长

张 世 见（12月免）

罗布占堆（藏族，11月任）

山南市生态环境局隆子县分局

局　长

达　　杰（藏族）

副局长

张 照 耀

张 国 伟

卓嘎央金（女，藏族）

四级主任科员

达娃央宗（女，藏族）

隆子县城市管理和综合执法局

局　长

措　　姆（女，藏族）

副局长

旦增卓嘎（女，藏族）

李 伦 年（12月免）

唐　　淮（12月任）

隆子县交通运输局

局　长

边巴次仁（藏族）

副局长

唐　　淮（12月免）

桑旦洛色（藏族）

蔡 青 松（12月任）

中国邮政集团有限公司西藏自治区隆子县分公司

经　理

蒙 泽 民

中国电信集团有限公司隆子电信局

局　长

普布扎西（藏族）

隆子县移动公司

经　理

卓玛曲珍（女，藏族）

中国农业银行隆子县支行

党总支书记、行长

旦增罗布（藏族）

党总支委员、副行长

格桑扎西（藏族）

次吉卓嘎（女，藏族）

党总支纪检委员

旦增晋美（藏族，8月任）

隆子镇

镇党委书记、四级调研员

索朗次仁（藏族）

镇党委副书记、镇长

李　　科

镇党委副书记、政法委员、人大主席

平　　措（藏族，12月免）

拉巴珠久（藏族，12月任）

镇党委副书记

洛桑平措（藏族）

镇党委委员、纪委书记

益西卓嘎（女，藏族）

镇党委宣传委员、统战委员、副镇长

张　　谦（12月免）

镇党委宣传委员、副镇长

吾金次仁（藏族，12月任）

镇党委组织委员

李 雪 峰

镇党委委员、武装部长

索朗平措（藏族，12月免）

税 万 星（12月任）

副镇长
汪　　凤（女）
米玛次仁（藏族，12月免）
扎西措姆（女，藏族，12月任）
司法所所长
扎西拉姆（女，藏族）
镇人大副主席
扎西拉珍（女，藏族，12月免）
洛桑达瓦（藏族，11月任）
旦增旺旦（藏族，11月任）
四级调研员
琼达次仁（藏族）
一级主任科员
洛　　桑（藏族）
镇人大专职副主席
拉姆曲珍（女，藏族）

日当镇

县政协副主席、镇党委书记
张雪戈（11月免）
镇党委副书记、政府镇长
索朗杰布（藏族）
镇党委副书记、人大主席
索朗次仁（藏族，11月免）
镇党委副书记、人大主席、政法委员
冯世祥（11月任）
镇党委副书记
洛桑催成（藏族，11月免）
马丽花（女，11月任）
镇党委委员、纪委书记
普巴次仁（藏族，11月免）
肖冬梅（女，11月任）
镇党委统战、宣传委员、政府副镇长
白玛班久（藏族，11月免）
镇党委宣传委员、政府副镇长
洛桑曲宗（女，藏族，11月任）
镇党委组织委员
夏　　永（11月免）
格桑白玛（女，藏族，11月任）
镇党委统战委员、政府副镇长
索朗平措（藏族）
镇党委委员、人武部长
刘　　鸿（11月免）
肖广林（11月任）
政府副镇长
丁海平（11月免）
达娃央吉（女，藏族，11月免）

加玉乡

乡党委书记、四级调研员
吕春奎
乡党委副书记、政府乡长、一级主任科员
赤列江村（藏族）
乡党委副书记、人大主席、政法委员
米玛次仁（藏族）
乡党委副书记
曲尼措姆（女，藏族）
乡党委宣传委员、副乡长
黄　　勋
乡党委统战委员、副乡长
仁　　增（藏族）
乡党委组织委员
郭丞坤
乡党委委员、专武部长
顿珠群培（藏族）
乡党委委员、纪检书记
杨聪迪（女）
乡政府副乡长
胡加辉
乡政府副乡长
边　　珍（女，藏族）

列麦乡

政府党组成员、副县长、乡党委书记
陈代军（9月卸任乡党委书记）
乡党委书记、四级调研员
刘祥棋（9月任）

乡党委副书记、乡长
古桑曲吉（女，藏族）
乡党委副书记、人大主席
尚 林 佳（12月免）
乡党委副书记、政法委员、人大主席
土　　旦（藏族，12月任）
乡党委副书记
格桑顿珠（藏族，12月免）
王 康 康（12月任）
乡党委组织委员
次仁拉姆（女，藏族）
乡党委政法委员、副乡长
拉巴珠久（藏族，12月免）
乡党委委员、纪委书记
邝 春 意
乡党委统战、宣传委员、副乡长
仁增曲珍（女，藏族，12月免）
乡党委统战委员、副乡长
达瓦洛桑（藏族，12月任）
乡党委宣传委员、副乡长
李 剑 平（12月任）
乡党委委员、武装部长
边巴扎西（藏族）
副乡长
魏 斌 斌（7月免）
李　　鹏（12月免）
罗布桑培（藏族，12月任）
徐　　奎（12月任）

扎日乡

乡党委书记
余 志 平
乡党委副书记、乡长
索朗次旦（藏族，6月免）
多 布 杰（藏族，6月任）
乡党委副书记、人大主席
多 布 杰（藏族，6月免）
乡党委副书记、人大主席、政法委员
江　　参（藏族，12月任）
乡党委副书记
次旺扎西（藏族，7月免）
贡　　桑（女，藏族，12月任）
乡党委委员、纪委书记
谢 道 红
乡党委宣传委员、副乡长
曲　　达（藏族，12月任）
乡党委委员、武装部长
赵 立 亭（3月免）
乡党委政法委员、副乡长
强巴扎西（藏族，12月免）
乡党委组织委员
李 红 辉（12月任）
乡党委统战委员、副乡长
江村罗布（藏族，12月任）
副乡长
李 双 堃（12月免）
曲尼措姆（女，藏族，12月免）
顿珠次仁（藏族，12月任）
田 海 涛（12月任）

热荣乡

乡党委书记、四级调研员
格桑次仁（藏族）
乡党委副书记、政府乡长、四级调研员
陈　　城
乡党委副书记、人大主席、政法委员
益西次仁（藏族，12月免）
洛桑顿珠（藏族，12月任）
乡党委副书记
扎西单增（藏族，12月免）
央　　珍（女，藏族，12月任）
乡党委委员、纪委书记、派出监察室主任、二级监察官、三级主任科员
白 金 星
乡党委专武部长、三级主任科员
巴桑多布杰（藏族）
乡党委组织委员
王　　鑫

乡党委统战委员、副乡长
　　詹　　刚（12月任）
乡党委宣传委员、副乡长
　　达娃曲珍（女，藏族，12月任）
副乡长
　　赵　　阳（女，12月免）
　　扎西拉珍（女，藏族，12月任）
　　张 逍 逍（12月任）
乡农牧综合服务中心主任
　　拉　　巴（藏族）
乡文化综合服务中心主任
　　索　　郎（女，藏族，12月免）
　　索朗白珍（女，藏族，12月任）
乡四级调研员
　　巴　　珠（藏族）
　　扎西平措（藏族）
乡四级主任科员
　　索朗多吉（藏族）

三安曲林乡

党委书记
　　米玛次仁（藏族）
党委副书记、政府乡长
　　刘 祥 棋（9月免）
　　王 金 风（女，9月任）
党委副书记、人大主席
　　崔 海 军（11月免）
党委副书记、政法委员、人大主席
　　白玛班久（藏族，11月任）
党委副书记
　　边巴扎西（藏族，11月免）
　　普巴次仁（藏族，11月任）
党委委员、纪委书记
　　张 仁 伟
党委政法委员、副乡长
　　江　　参（藏族，11月免）
党委统战宣传委员、副乡长
　　索朗曲宗（女，藏族，11月免）
党委宣传委员、副乡长
　　罗布占堆（藏族，11月任）
党委统战委员、副乡长
　　次旦扎西（藏族，11月任）
党委组织委员
　　蒋　　非（10月免）
　　陈 泽 林（11月任）
党委委员、武装部长
　　拉珠朗杰（藏族，11月免）
　　张 庆 波（11月任）
政府副乡长
　　贡　　桑（女，藏族，11月免）
　　益西曲珍（女，藏族，11月任）
　　次旦扎西（藏族，11月任）
　　唐　　勇（11月任）
农牧综合服务中心主任
　　尼玛卓玛（女，藏族）
文化综合服务中心主任
　　次仁央吉（女，藏族）
便民服务中心主任
　　拉　　珍（女，藏族）

准巴乡

乡党委书记、四级调研员
　　扎　　西（藏族）
乡党委副书记、政府乡长
　　蒋　　林
乡党委副书记、人大主席
　　旦增尼玛（藏族，12月免）
乡党委副书记、人大主席、政法委员
　　肖 广 林（12月任）
乡党委副书记
　　胡 兴 香（女，11月免）
　　李 双 堃（11月任）
乡党委委员、纪委书记
　　马 丽 花（女，11月免）
　　赵 艳 伟（11月任）
乡党委统战委员、副乡长
　　王 玉 坤

乡党委宣传委员、副乡长
欧珠旺姆(女,藏族)
乡党委组织委员
王 康 康(11月免)
穷　 吉(女,藏族,11月任)
乡党委委员、武装部长
顿　 珠(藏族)
副乡长
余 源 航
伦珠次培(门巴族,12月免)
贡嘎多吉(藏族,12月任)
乡农牧综合服务中心主任
布　 珠(女,藏族)

斗玉珞巴民族乡

乡党委书记、四级调研员
蒋 昆 仑
乡党委副书记、乡长
扎西江村(珞巴族)
乡党委副书记、人大主席
白玛多吉(藏族)
乡党委副书记
柯 长 松(11月免)
伦珠次培(门巴族,11月任)
乡党委政法委员、副乡长
罗布占堆(藏族,11月免)
丁 海 平(11月任)
乡党委统战宣传委员、副乡长
洛桑次珠(藏族)
乡党委委员、纪委书记
次仁顿珠(藏族)
乡党委组织委员
蔡 青 松(11月免)
李　 虎(11月任)
乡党委委员、专武部长、人大副主席
扎西罗布(藏族)
副乡长
薛　 强(11月免)
索朗曲珍(女,藏族)
吴 有 权(11月任)

雪沙乡

乡党委书记
拉巴次仁(藏族)
乡党委副书记、政府乡长
逄 发 磊
乡党委副书记、人大主席、政法委员
索朗次仁(藏族,12月任)
乡党委副书记
强久南珠(女,藏族,11月免)
蒲 敏 胜(12月任)
乡党委委员、纪委书记
索朗德吉(女,藏族)
乡党委统宣委员、政府副乡长
雷 梓 修(11月免)
乡党委宣传委员、政府副乡长
黄 金 鑫(12月任)
乡党委组织委员
桂　 桑(女,藏族)
乡党委政法委员、政府副乡长
吾色多吉(藏族,11月免去政法委员,任统战委员)
乡党委委员、专武部部长
刘 俊 延(11月免)
党　 彻(12月任)
乡政府副乡长
妮妮索朗(女,藏族)
刘 亚 昆

玉麦乡

玉麦乡党委书记、四级调研员
胡 学 民
玉麦乡党委副书记、政府乡长
仁青平措(藏族)
玉麦乡党委副书记、政法委员、人大主席
扎西罗布(藏族,11月免)
夏　 永(11月任)

玉麦乡党委副书记

武 子 沫（2 月免）

杨　　铮（11 月任）

玉麦乡党委委员、纪委书记

李 明 东（11 月免）

夏 志 强（11 月任）

玉麦乡党委政法委员

达娃玉珍（女，藏族）

玉麦乡党委委员、武装部长

罗布占堆（藏族，11 月免）

单增龙旦（藏族，11 月任）

玉麦乡党委宣传委员、统战委员

巴桑次仁（藏族，11 月免）

索朗顿珠（11 月任）

玉麦乡政府副乡长

詹　　刚（11 月免）

陈　　强（11 月任）

贯彻习近平新时代中国特色社会主义思想
落实习近平总书记关于党的自我革命重要思想
纵深推进隆子纪检监察工作高质量发展

县委常委、纪委书记、监委主任　罗廷坤

（2024 年 1 月 26 日）

同志们：

我受县纪委常委会委托，向全会做报告，请予审议。

本次全会的主要任务是：深入学习贯彻习近平新时代中国特色社会主义思想和关于党的自我革命重要思想，全面贯彻落实党的二十大和二十届历次全会精神，学习贯彻二十届中央纪委三次全会特别是习近平总书记重要讲话精神，贯彻落实自治区党委十届五次全会、自治区纪委十届四次全会、市委二届七次全会和市纪委二届四次全会精神，全面梳理总结 2023 年度工作、科学研究部署 2024 年度任务。

李宁书记刚才代表县委讲话，通篇贯彻习近平总书记重要讲话精神，落实王君正书记和许成仓书记的指示要求，对我县过去一年全面从严治党取得的成效、获得的进展进行了客观总结，对当前全面从严治党、党风廉政建设和反腐败斗争所面临的形势进行了深入分析，对当前和今后一个时期的任务进行了安排部署，特别是对如何深入学习贯彻习近平总书记关于党的自我革命的重要思想、纵深推进全面从严治党、坚决打赢反腐败斗争攻坚战持久战提出了明确的要求和具体的措施，我们务必要切实领会精神、抓好贯彻落实。

一、以总书记思想为指引，不断推进隆子纪检监察工作高质量发展

党的十八大以来，习近平总书记带领全党以前所未有的决心力度推进全面从严治党，创造性提出一系列具有原创性、标志性的新理念新思想新战略，不断深化全党对自我革命规律的认识，形成了习近平总书记关于党的自我革命的重要思想，指引百年大党开辟了自我革命的新境界，为党和国家事业健康发展提供坚强的政治思想组织保证。这一重要思想深刻回答了我们党“为什么要自我革命”的重大问题，指明了确保全党永葆初心、担当使命的根本任务；深刻回答了我们党“为什么能自我革命”的重大问题，坚定了全党用好“第二个答案”、解决大党独有难题的信心决心；深刻回答了我们党“怎样推进自我革命”的重大问题，展现了党永葆生机活力、走好新的赶考之路的光明前景。

习近平总书记在二十届中央纪委三次全会上发表重要讲话，科学总结了全面从严治党的新鲜经验和新进展新成效，深刻分析了新时代新征程全面从严治党面临的严峻形势，明确提出深入推进党的自我革命“九个以”的实践要求，系统阐述了新征程打赢反腐败斗争攻坚战持久战的政治要求、政策策略、战略战术、主攻方向和基础保障，对纪检监察机关和纪检监察干部提出新的要求。全县广大纪检监察干部要深入学习领会习近平总书记关于党的自我革命的重要思想和习近平总书记重要讲话精神，深刻领悟新时代以来党的自我革命伟大成就，深刻领悟新征程上深入推进自我革命的重要要

求，深刻领悟纵深推进党风廉政建设和反腐败斗争的重大部署，以坚持党中央集中统一领导为根本保证，以引领伟大社会革命为根本目的，以习近平新时代中国特色社会主义思想为根本遵循，以跳出历史周期率为战略目标，以解决大党独有难题为主攻方向，以健全全面从严治党体系为有效途径，以锻造坚强组织、建设过硬队伍为重要着力点，以正风肃纪反腐为重要抓手，以自我监督和人民监督相结合为强大动力，把党的自我革命进行到底、把反腐败斗争进行到底，深入推进新时代新征程全面从严治党、党风廉政建设和反腐败斗争。

二、2023 年工作回顾

2023 年是全面落实党的二十大精神、二十届中央纪委二次全会精神开局之年，是全面建设社会主义现代化国家新征程起步之年。今年以来，县纪委监委在市纪委监委和县委的坚强领导下，坚持以习近平新时代中国特色社会主义思想为指导，深入贯彻落实十届自治区纪委三次全会和市委二届五次全会精神，深入贯彻落实王卫东同志在山南调研时的指示要求，精心组织开展学习贯彻习近平新时代中国特色社会主义思想和纪检监察干部队伍教育整顿，审时度势把握党风廉政建设和反腐败斗争形势，全力以赴强化监督执纪问责和监督调查处置，为新时代、新征程上隆子长治久安和高质量发展走在前列做出了积极贡献。

（一）以学铸魂，坚持党的领导毫不动摇。县纪委监委深入贯彻落实习近平新时代中国特色社会主义思想，坚持把深学细悟习近平新时代中国特色社会主义思想作为县纪委监委“第一议题”、干部教育“第一课题”，先后深学细学党的二十大精神、党中央、区党委、市委和各级纪委监委重要会议精神和上级指示批示精神 40 次，召开民主生活会和组织生活会各 1 次，开展主题党日活动 10 次。县纪委监委、巡察机构、乡镇纪委干部结合自身工作实际，开展研讨交流，围绕《打铁还需自身硬》《榜样 7》等重点篇目主动谈体会、谈认识、谈收获，认真领悟内在精髓，形成读书报告 186 篇，心得体会 186 篇。党员干部综合能力素质不断提升，建设忠诚干净担当、高水平、专业化、复合型纪检监察队伍成效日益凸显。

（二）常抓不懈，强化政治监督久久为功。一是强化对习近平总书记重要讲话和指示批示精神及党的各项政策的监督。聚焦学习贯彻习近平总书记重要指示批示和党中央重大决策部署，锚定“四件大事”，以贯彻落实新时代党的治藏方略，推动“四个创建”“四个走在前列”和山南“六个走在全区前列”为统揽，强化政治监督，推动各级党组织和党员、干部进一步提升政治判断力政治领悟力政治执行力。2023 年累计开展政治监督 24 次，发现问题 91 条，推动政治监督具体化、精准化、常态化。二是强化对“一把手”的监督。及时组织召开十届县纪委三次全会和反腐败工作协调领导小组推进会和党委（党组）书记述责述廉会议，听取 6 个党委（党组）大会述责述廉和 48 个党委（党组）、党支部书记书面述责述廉。跟进开展党内政治生活监督，列席和参与 25 个党委（党组）民主（组织）生活会教育，引导督促各级党组织严明政治纪律和政治规矩。三是强化对宗教维稳领域的监督。围绕坚决维护社会和谐稳定，紧盯重点领域重要节点，“两节”、3 月敏感期、“萨嘎达瓦”民族宗教活动期间，深入各乡镇、各部门、村（居）、寺管会开展党员参与宗教活动和落实维稳措施监督检查 28 次，督促整改问题 20 条。

（三）统筹推动，确保专项监督落到实处。紧紧围绕县委中心工作，常态化开展专项监督。开展医药领域专项监督 3 次，发现问题 12 条，发送工作提示单 3 件次；开展边境搬迁专项监督 6 次，发现并反馈问题 15 条，其中涉及惠民政策方面 2 条、搬迁政策方面 3 条、产业配套政策方面 2 条、群众急难愁盼方面 8 条，发送工作提示单 9 件次，责令相关单位人员作出情况说明 1 次，下发问题整改函 3 件次，与相关部门沟通对接解决群众急难愁盼问题 8 件；开展耕地非农化非粮化专项监督 14 次，发现问题 1 条；开展民生领域专项监督 30 余次，发现问题 87 条，推动解决 65 条；开展统计领域专项监督 5 次。围绕乡村振兴领域集中开展监督，及时召开乡村振兴专项监督例会，对乡村振兴专项监督工作进行安排部署。制定《隆子县纪委监委巩固拓展脱贫攻坚成果同乡村振兴有效衔接专项监督检查方案》，细化5个方面、18个监督事项，统筹县乡监督力量，抽调精干人员，组建7个专项监督检查组，对18家县直单位、11个乡镇、38个村（居）、8个边境搬迁点开展为期10天的综合监督，共发现9个大方面10个类别74个具体问题，向38家单位下发工作整改函47次，向1家单位下发纪律检查建议书1份，推动整改问题64个，正在整改10个。督促相关部门兑现各类补偿补贴资金共计88万元，兑现民工工资和机械费190.9万元。对各乡镇“四个不摘”责任落实情况进行督导检查，向县乡村振兴局反馈主体责任问题8个，督促4个乡镇解决饮水安全等项目管护不力、后续服务跟不上等方面问题9个，推动解决且巴村灌溉水源建设资金24.2万元。动态监督防返贫工作的进展成效，督促整改返贫监测帮扶问题1个，新增防返贫监测对象9户39人，进一步压紧压实各乡镇属地管理责任。

（四）警钟长鸣，保持高压态势绵绵发力。县纪委监委自觉把纪律建设摆在更加突出位置，教育引导干部把铁的纪律转化为日常习惯、自觉遵循。组织观看《永远吹冲锋号》《说案明纪——交通局长借“路”敛财自毁“人生路”》等警示教育片。全方位、多渠道动态展示全县纪检监察工作开展情况，坚持正反两方面教育，组织纪检监察干部集中观看《榜样7》专题片1次，形成正面典型教育观后感62篇；组织62名纪检监察巡察干部观看《国家监察》全集、《忠诚与背叛》《庭审实录》等典型案例4次，形成反面典型警示教育观后感124篇；充分依托资源，做好结合文章，邀请央宗的儿子索郎顿珠为纪检监察干部讲述父辈守边护边的亲身经历，组织25名纪检监察干部深入列麦乡纪念馆开展《传承红色基因·赓续红色血脉》主题党日活动，以“用实际行动诠释纪检监察人的初心使命”主题为全县纪检监察干部开展先进典型报告会2次，激发纪检监察干部学先进、争先进、做先进的热情。同时，向市纪委监委报送信息简报75期。运用“清廉隆子”微信公众号发布转载宣传廉政动态、党规党纪、廉政提醒412条，及时更新廉政建设长廊。累计组织18批187名党员干部到县廉政警示教育基地参观学习。坚持反腐败力度不减、节奏不变、尺度不松。共受理问题线索43件（含遗留件20件）。目前已办结36件，其中初核了结14件，函询了结2件，立案办结15件，移送行业部门办理5件；未办结7件，其中，函询中1件，初核中6件。其中，涉及赌博4件，占问题线索总数的9.3%，涉及酒驾8起，占问题线索总数的18.6%。坚持赌博、酒驾等线索处置“一案双查”，对2起酒驾案件既查公职人员违纪违法事实，又查案件背后的四风问题，将涉及“四风”问题18人交相关单位党委（党组）严肃处理。2023年共回复廉政意见165批次922人，对1名干部提出暂缓使用意见。有效减少不符合规定的集体类廉政意见征求函，确保廉政意见回复工作精准有序，切实把好党风廉政意见回复关。运用监督执纪“四种形态”批评教育帮助处理共68人，其中，运用“第一种形态”批评教育帮助34人，占总人次的50%；运用“第二种形态”处理27人，占总人次的40%；运用“第三种形态”处理2人，占总人次的3%；运用“第四种形态”处理5人，占总人次的7%。

（五）驰而不息，纠治不正之风锲而不舍。坚持作风建设永远在路上，紧盯重点领域、敏感时期和关键环节，开展经常性督导、突击性检查，查问题、促整改。一是持续协助县委做好改进作风狠抓落实工作，联合县委作风办开展会风会纪等党员干部作风监督检查7次，督促整改问题5条，下发通报1期，通报和责令作出检讨9人次。联合县公安机关开展作风建设专项整治，对违规出入高档娱乐场所、接受有偿陪侍、赌博和酒驾醉驾等问题专项监督检查10次。二是持续开展违反中央八项规定及其实施细则精神的监督检查，围绕干部违规公款消费或接受管理服务对象宴请、违规收送礼品、维稳值班等特殊时段违规聚餐饮酒、公车私用、酒驾醉驾、赌博等方面开展监督检查33次，发现立行立改问题并督促整改问题7条。三是严查违规发放津补贴、违规使用办公用房及周转房问题，组织人员深入县直各部门、各乡镇开展监督检查3次，发现并督促整改违规发放津补贴、违规多重报销重复报销加班和出差补助等问题13个，收缴违规资金3350元上缴国库。及时督促各级各部门财政“违规发放津补贴、福利问题”自查整治工作。同时，积极督促住建部门开展好违规使用办公用房、占用周转房清理工作。通过一系列措施的实施、手段的运用，全县各级各部门执纪更加严明、风气更加清正。

（六）巡视巡察，全面覆盖加强成果运用。充分发挥巡视巡察政治利剑作用，加强巡察结果运用转化，促进工作提升。一是紧扣党中央、区党委、市委巡视巡察工作要求，制定县委巡察办 2023 年巡察工作计划。县委书记亲自谋划部署巡察工作，4 次听取巡察汇报，作出指示批示 9 次。召开县委巡察工作领导小组会议 5 次，组织开展 2 轮巡察，第四轮巡察组形成巡察报告 12 份，向县委、县政府主要领导和被巡察党组织分管县级领导通报巡察情况 6 次。为解决被巡察单位整改工作中存在的难点问题，县委书记亲自主持召开巡察整改情况推进会，逐一听取了被巡察党组织整改情况汇报，研究解决存在的困难和问题，进一步压实整改责任，确保巡察反馈问题“条条有整改、件件有着落”。二是及时启动十届县委第四、五轮巡察，共抽调 42 名党员干部组成 8 个巡查组，对 24 个党组织开展巡察，两轮巡察发现问题 546 个，移交问题线索 4 条。三是压实整改责任，深入推进巡察监督与纪委、组织监督协作配合，对十届县委第二轮、第三轮 56 个被巡察党组织开展实地督导，完成整改 380 个，整改率达到 97.6%。

（七）专项推进，推动整改整治走深走实。一是扎实开展违规办案行为专项整治，加强案管工作人员的培训力度，对 2022 年 1 月 1 日以来“立案案件、违规违纪违法办案信访举报”“措施使用台账”进行排查起底，对自查发现的措施使用和安全文明方面 2 个问题进行整改，有序推进违规办案行为专项整治。二是扎实开展案件质量问题专项整治，认真填报《四类重点案件情况统计表》《职务犯罪案件移送审查起诉涉及罪名情况统计表》。发现引用条款、文书书写、程序手续等 3 个方面 7 条具体问题。三是扎实开展重复举报化解不力专项整治，安排专人负责对重复举报件进行全面梳理起底，对 5 年内各级纪委监委信访室转办及县纪委监委信访室本级接收的重复举报中，分类梳理筛选，筛选 1 件重复举报件进行专项治理并已完成化解。四是扎实开展巡视信息化管理不规范专项整治，主动认领存在问题，研究制定《隆子县委巡察办关于开展巡察信息管理不规范专项整治工作方案》，发现的 5 个方面 8 条具体问题被纳入整改范围，已完成整改。五是扎实开展借用人员管理不规范专项整治，对借用人员情况进行摸底统计，填报《隆子县纪检监察机构借用人员情况统计表》，对发现的 3 项问题已完成整改。同时，研究制定了《隆子县纪委监委借调干部管理办法》，切实加强对借用人员的规范管理，着力从制度机制上堵住借用人员管理漏洞。

（八）体制改革，纪检监察机制不断完善。一是扎实推进县级纪检监察体制改革，按照自治区纪委监委有关工作要求，及时组织专人开展相关工作，研究制定《隆子县纪委监委关于深化县级纪检监察体制改革实施方案》，及时完成内设机构的更名挂牌、职责调整等工作，通过内设机构的整合、撤并、重组，使内设机构设置更加科学、职能更加优化、权责更加协同、监督更加有力、运行更加有效。二是持续推进纪检监察协作片区建设，按照地域相近、优势互补、增强合力、便于协调的原则，由两名纪委副书记牵头抓总，将 11 个乡镇纪委（监察室）划分为 2 个纪检监察协作片区。制定印发了《隆子县纪检监察协作片区工作实施办法（试行）》《关于组建隆子县纪检监察工作协作片区的通知》，召开纪检监察协作片区成立大会，切实解决了乡镇纪委（监察室）人员力量分散、日常监督缺位、作用发挥不够等问题，进一步加强了基层监督工作，推动全面从严治党向基层延伸，促使基层反腐败工作在决策部署指挥、资源力量整合、措施手段运用上更加协同高效。三是深入推进村务监督委员会规范化建设，及时召开加强和规范村务监督委员会工作探索试点碰头会议，在全县 3 个乡镇、6 个行政村村务监督委员会开展试点工作。制定下发《隆子县纪委监委关于加强和规范村务监督委员会工作探索试点实施方案》《隆子县村（居）务监督委员会权责监督清单》《村务监督委员会日常工作台账》《村务监督委员会工作流程图》《县乡（镇）纪委与村务监督委员会沟通机制和沟通渠道》《隆子县村务监督委员会考核和奖励办法》，细化5项工作权力责任，8大类监督职能34小项监督事项，打通监督的“最后一公里”，从源头上遏制群众身边的不正之风和腐败问题。四是圆满完成监察官等级评定工作。认真落实《关于开展县乡两级纪检监察机构监察官等级首次确定工作有关事宜的通知》（山纪办发〔2023〕15号）精神，结合隆子纪委监委实际，制定了《关于隆子县县乡两级纪检监察机构监察官等级首次确定工作的实施方案》，经上级党委和县委批准，圆满完成了3名四级高级监察官、7名一级监察官、13名二级监察官、8名三级监察官、8名四级监察官和1名五级监察官的认定工作。

（九）自我提升，锻造铁军队伍成果丰厚。一是始终把纪检监察队伍建设作为推动纪检监察工作高质量发展的重要保障，加强思想淬炼、政治历练、实践锻炼和专业训练，选派3名干部参加中国纪检监察学院举办的审查调查业务培训班4次，选派8名干部参加中国纪检监察学院和区纪委监委举办线上业务培训班6次，全县纪检监察干部工作能力和业务素质稳步提升。从县纪委监委自身建设抓起，带头严格按程序、规矩办事，健全完善“第一议题”学习制度、《隆子县纪委监委、巡察干部日常管理办法（试行）》《隆子县纪检监察干部监督管理工作办法（试行）》《隆子县纪委监委〈协作片区〉纪检监察干部管理办法（试行）》《关于禁止全县纪检监察干部参与赌博的规定（试行）》《关于规范全县纪检监察干部饮酒行为的规定（试行）》等制度，有效促进学习教育，强化干部教育管理；签订严禁喝酒、赌博、党员不信教等方面的承诺书，严明纪律规矩，规范办公秩序、确保政令畅通。二是强化实践锻炼，选派7名干部到区纪委监委跟班学习，14名干部到市纪委监委跟班（跟案）学习。同时，为解决县乡纪检监察干部能力不足，缺乏办案实践经验的问题，有效整合乡镇纪检监察干部，通过参与专案办理、跟班跟案实战大练兵、新老干部传帮带等方式，实现对县乡纪检监察干部的全员轮训。三是在2022年度考核中，4名同志评为“优秀公务员”、1名同志荣获“三等功”荣誉称号、2名事业干部工作人员考核为“优秀”。在2022年疫情防控工作中，1名同志评为“疫情防控先进工作者”、4名同志评为“最美疫情防控志愿者”。四是加强现有制度机制贯彻执行，认真落实加强新时代纪检监察干部监督工作实施意见、纪检监察干部“网络十条禁令”，严格执行纪检监察干部交流轮岗和离岗离职从业限制规定，严格执行纪检监察领导干部配偶、子女及其配偶禁业规定、打听过问案情报备等制度机制，有效发挥制度管理监督的叠加效应。

三、2024年重点任务

2024年是落实“十四五”规划的关键之年，是深入贯彻落实党的二十大和自治区第十次党代会、山南市第二次党代会的攻坚之年。做好今年工作，要坚持以习近平新时代中国特色社会主义思想为指导，完整准确全面学习贯彻习近平总书记关于党的自我革命重要思想，贯彻落实党的二十大精神，贯彻落实二十届中央纪委三次全会和十届自治区党委历次全会精神，贯彻落实自治区纪委十届四次全会精神，贯彻落实市委二届七次全会、市纪委二届四次全会精神和县委部署，忠实履行宪法和党章赋予的职责，坚持永远吹响冲锋号、作风建设永远在路上，保持冲刺状态和战斗姿态，全面研究分析、深刻认识把握隆子反腐败斗争的新情况新动向，精准查明、重拳打击腐败问题产生的土壤和条件，纵深推进党的自我革命，坚决打赢反腐败斗争攻坚战持久战，为隆子新时代新征程上的新发展添枝接叶。

（一）铸牢政治忠诚，走在前、做标兵。要忠诚于以习近平同志为核心的党中央的集中统一领导，坚定捍卫“两个确立”、坚决做到“两个维护”，坚决落实推进党的自我革命的特殊政治责任和光荣使命任务，以自觉的行动诠释对党绝对忠诚。要忠诚于习近平新时代中国特色社会主义思想，把学懂弄通做实习近平总书记重要思想作为基本功和必修课，不断用党的创新理论回答和解决纪检监察工作面临的新情况新问题，把学习成果体现在履职尽责的实际成效上，充分发挥监督保障执行、促进完善发展作用，坚定维护党章和宪法的尊严权威。要忠诚于纪检监察神圣职责，更加自觉地把对党绝对忠诚体现在履职尽责、真抓实干的具体行动中，扎实推进政治监督具体化精准化常态化，把严明政治纪律政治规矩落实到具体人具体事，更好地督责任督进度督成效，全力推动习近平总书记重要指示要求和县委制定的“施工图”高质量地转化为“实景画”。

（二）夯实教育成果，讲规矩、守纪律。要突出政治建设。坚决听从习近平总书记号召，始终做到绝对忠诚、绝对可靠、绝对纯洁，把增强“四个意识”、坚定“四个自信”、做到“两个维护”转化为听党指挥、为党尽责的实际行动。纪委常委会要以身作则、以上率下，带头加强自身建设，强化理论武装、加强党性锻炼、贯彻上级决策部署、强化纪律规矩意识，做自我革命的表率、遵规守纪的标杆。常态化开展政治教育、理论教育和党性教育，引导广大纪检监察干部赓续红色血脉，传承纪检监察机关光荣传统和优良作风。要强化队伍建设。坚持党管干部原则，坚持德才兼备、以德为先、五湖四海、任人唯贤，把新时代好干部标准和民族地区干部政治要求落到实处。持续加大干部培养力度，一体推进思想淬炼、政治历练、专业训练、实践锻炼，不断提升干部政治素养和业务能力。坚持严管厚爱并重，创新考核激励机制，鼓励干部担当作为，担当干事创业。教育引导年轻干部在基层一线磨砺政治品质、提高斗争本领。加强纪检监察系统内外干部交流力度，不断优化队伍结构。要加强廉洁建设。坚持作风建设首先从纪检监察机关抓起严起，凡是开展作风建设专项整治首先从纪检监察系统查起改起，动真碰硬深入自查自纠。牢记“三个务必”、践行“三严三实”，保持战略定力、坚定斗争意志，严格依规依纪依法履职。坚决落实管党治党责任，加强机关党风廉政建设。主动接受各方面监督，常态化清除害群之马，对执纪违纪、执法违法现象和失职失责行为零容忍，严肃查处以案谋私、串通包庇、跑风漏气等问题，坚决防治“灯下黑”，努力做自我革命的表率、遵规守纪的标杆。

（三）推进政治监督，严标准、成常态。突出政治监督重点。把严明党的政治纪律和政治规矩摆在突出位置，聚焦政治忠诚、政治安全、政治责任、政治立场、党内政治生活，坚决纠正政治偏差，及时发现、着力解决“七个有之”问题，坚持不懈严治选人用人上的不正之风，严肃查处搞“潜规则”“小圈子”“拜码头”“搭天线”等违反政治纪律和政治规矩的问题，及时消除政治隐患。坚决查处信仰宗教、搞封建迷信和分裂破坏活动的问题，消除政治隐患，维护政治安全。紧盯“关键少数”，围绕制定政策、作出决策、审批监管等关键权力强化监督，推动各级党组织和领导干部特别是“一把手”担当作为、忠实履职尽责、严格廉洁自律。提升政治监督实效。正确处理纪检监察机关政治监督和职能部门监管之间的关系，把准职责定位，坚持“查作风问初心、查责任问担当、查漏洞问短板、查落实问成效”，防止政治监督失焦泛化。坚决落实《纪检监察机关开展政治监督工作办法》，加强对跨部门重点工作的协同监督，常态化开展“回头看”，确保党中央重大决策部署和区市党委、县委重点工作安排件件有着落、事事有成效。

（四）突出惩治腐败，强高压、治标本。坚持党对反腐败斗争的集中统一领导。深入学习贯彻执行党章宪法监察法，自觉接受党的领导、管理和监督，不折不扣落实市纪委监委和县委双重领导，加强对乡镇纪委监委的领导指导。调整充实县委反腐败协调小组，修订协调小组工作规则，整合协调小组成员单位力量，高效协调作战，把加强党对反腐败斗争的集中统一领导落实落细。强化惩治腐败高压态势。紧紧围绕隆子经济社会发展阶段性重点任务，继续紧盯重点问题、重点领域、重点对象、新型腐败和隐性腐败，把严惩政商勾连的腐败作为攻坚战重中之重，深化整治基建工程和招投标、能源矿产、教育医药等权力集中、资金密集、资源富集领域腐败问题。对各级“一把手”、党的二十大后新提任领导干部、重点岗位领导干部、年轻领导干部、拟提拔重用领导干部等“关键少数”，党的十八大以来不收敛不收手的，坚决严肃查处。坚决惩治乡村振兴惠民政策资金项目落实落地、集体“三资”管理分配使用、教育“三包”经费和就业培训经费管理使用、中小学校园食品安全等方面“蝇贪蚁腐”，让群众有更多获得感。标本兼治净化政治生态。全面梳理、动态监测本地本行业本单位廉洁风险点，建立腐败预警惩治联动机制，加强对新型腐败和隐性腐败的分析研判、快速反应、联合处置。坚持受贿行贿一起查，建立完善行贿人“黑名单”制度，及时通报典型案例，加大对行贿所获不正当利益的追缴和纠正力度。建立新时代廉洁文化统筹协调机制，召开警示教育大会，开展好“身边事教育身边人”警示教育，积极宣传廉洁理念和典型，营造学廉拒腐良好风尚。多形式广范围开展家庭家教家风建设。

（五）巩固八规堤坝，纠四风、改作风。加压整治享乐主义、奢靡之风。紧盯“关键少数”、重点场所、突出问题，讲究策略方法，强化明察暗访、监督检查、专项整治。开展违规吃喝专项整治，严肃查处假借接待之名搞公款吃喝、超标准公务接待、单位内部食堂违规接受宴请、培训和会议期间违规聚餐饮酒以及公开不吃暗地吃、巧妙包装变相吃、“不吃本级吃下级”“不吃公款吃老板”等问题。对违规收送礼品礼金、违规发放津贴补贴、违规操办婚丧喜庆、公车私用等作风顽疾露头就打，及时发现和查处党员干部酒驾醉驾、出入高档娱乐场所、高档烟酒茶等背后的享乐奢靡问题。坚持系统施治，把深挖线索、处置查办、通报曝光、以案促改、研判分析结合起来，风腐同查同治，既严肃查处不正之风背后的腐败问题，也深挖细查腐败案件中存在的作风问题。重拳纠治形式主义、官僚主义。深化改进作风狠抓落实，围绕区市党委和县委部署的重点工作加强督导检查，对落实不力的人和事要抓典型，及时点名通报曝光。紧盯影响高质量发展的突出问题，重点纠治影响党中央决策部署落实落地、权力观扭曲政绩观错位、盲目决策浪费国有资产、吃拿卡要弱化营商环境、动作迟缓影响项目实施、推诿扯皮妨碍政策落地以及学习掌握政策不及时不深入、对接落实上级政策慢半拍跟不上、缺乏竞进意识、小富即安、小成即满、执行力不强、对县委县政府明确的工作讲条件、不落实等行为。紧盯影响干部干事创业积极性的突出问题，重点纠治缺乏担当、贯彻执行不力、消极怠工、推诿扯皮、庸懒散浮拖、“干得多错得多处分就多”以及长期“泡病号”、超假逾期不归、挂名“吃空饷”等行为。

（六）狠抓纪律建设，压责任、树规矩。坚持党性党风党纪教育一起抓。坚持经常性和集中性纪律教育相结合，督促推动全县各级党委（党组）认真落实《关于建立领导干部应知应会党内法规和国家法律清单制度的意见》。协助抓好《中国共产党纪律处分条例》集中性学习宣传教育，督促党校（行政学院）抓好学习培训，加强对《条例》贯彻实施情况的监督检查。督促指导各级各部门组织开展纪法教育，促进党员干部增强纪法观念和规矩意识，着力解决对党规党纪不上心、不了解、不掌握等问题。突出加强对年轻干部、新提任干部、新入职干部的纪律教育，对现在重要岗位且可能还要提拔使用的领导干部做到年度纪律轮训全覆盖。精准规范运用“四种形态”。严格落实《纪检监察机关准确运用“四种形态”实施办法（试行）》，实现“三个效果”有机统一。探索建立案件质量评查机制，常态化开展案件质量评查，深入分析总结“四种形态”运用情况，探索试行定性量纪执法指引，推动提升办案质量效率和执纪执法工作精准化水平。坚持用好“三个区分开来”的纪法标准和政策策略，实事求是推动容错纠错，审慎稳妥开展澄清正名，为担当者担当、为负责者负责、为干事者撑腰。压紧压实管党治党政治责任。综合运用检查考核、廉政谈话、信访分析、警示教育等监督机制，推动“一把手”和领导班子真正扛起管党治党政治责任。发挥党的政治优势、组织优势、制度优势，凝聚管党治党合力。强化狠抓纪律建设的鲜明导向，督促相关部门把开展纪律建设情况纳入模范机关创建、党建述职评议和年度考核内容。对重大责任事故事件问责实行请示报告和提级办理、提级审核，将问责案件作为案件质量评查重点，提升问责的精准度、公信力。

（七）发挥利剑作用，全覆盖、抓整改。谋划部署2024年巡察工作，配合落实好自治区党委和市委巡视工作总体部署，扎实开展县委第六、七轮巡察。深入探索提级巡察、联动巡察、交叉巡察，促进规范开展对村（社区）党组织巡察，全面推动巡察向基层延伸。加强巡察整改和成果运用，深入贯彻落实《关于加强巡视巡察整改和成果运用的实施意见》和新修订的被巡视党组织配合中央巡视工作规定，加强对县委书记专题会议点评事项的督办落实，严肃反馈巡察意见，压紧压实被巡察党组织、行业部门和分管领导的整改责任。加大纪检监察机关、组织部门和巡察机构联动督促巡察发现问题整改力度。深入学习贯彻新修订的巡视工作条例，对标中央和自治区党委和市委巡视要求，建立完善巡察工作制度机制，梳理优化规范工作流程。

（八）健全履职监督，强筋骨、共推进。健全完善工作体系。严格落实上级纪委监委部署要求，完善机关内设机构、职能配置、力量配备。加强对乡镇纪委、派出监察室的领导指导，严格落实重大事项请示报告制度。进一步深化纪委监委体制改革，规范运行乡镇协作片区，有效发挥村务监督委员会作用。结合实际承接相关起草、修订、制定任务，全面清理印发的纪检监察规范性文件，加强执纪执法相关法规制度建设，让监督检查、审查调查、追责问责、巡视巡察等工作合规合纪合法。综合运用调研督导、监督检查、案件质量评查，加强自身权力运行机制和管理监督体系。健全完善监督体系。用好近距离常态化监督、通报、政治生态分析研判、谈话提醒、谈心谈话、推动问题整改、责任制考核、驻点调研、专项督查、述责述廉、巡察监督等方式，全方位加强对“一把手”和领导班子其他成员的监督，推动和督促“关键少数”严格依照法定权限和程序，秉公用权、依法用权、廉洁用权、为民用权。深化运用“四项监督”，着力推动各类监督统一谋划、联动部署、一体推进，切实把制度优势转化为治理效能。有效落实纪检监察监督、巡视巡察监督与审计监督贯通协同机制，融合监督资源，汇聚监督合力，构建协同机制，深化标本兼治。依法接受人大监督，自上而下、依法有序开展监委向人大常委会报告专项工作。推动完善基层监督体系，统筹用好乡镇监督力量，健全基层监督网络，拓宽一线监督渠道，形成精准监督发现问题、反馈问题并督促解决问题闭环。

同志们，全面从严治党永远在路上，党的自我革命永远在路上。让我们更加紧密地团结在以习近平同志为核心的党中央周围，以党的二十大精神为指引，弘扬伟大建党精神，守正创新、真抓实干，踔厉奋发、勇毅前行，在新时代新征程上一刻不停地推进全面从严治党，为隆子高质量发展和长治久安作出新的更大贡献！

隆子县人民法院工作报告

——在隆子县第十四届人民代表大会第六次会议上

隆子县人民法院院长　张文君

（2024 年 1 月 15 日）

各位代表：

我代表县人民法院，现向大会报告工作，请予审议，并请各位政协委员和列席会议的同志提出意见。

2023 年主要工作

2023 年，县人民法院在县委坚强领导、人大及其常委会有力监督、上级法院正确指导和政府、政协及社会各界关心支持下，坚持以习近平新时代中国特色社会主义思想为指导，深入贯彻习近平法治思想，全面落实党的二十大及中央第七次西藏工作座谈会精神，认真贯彻习近平总书记关于西藏工作重要论述和新时代党的治藏方略，贯彻落实自治区第十次党代会和山南市第二次党代会精神，聚焦"四件大事""四个确保"，聚力"四个创建"，围绕学习贯彻习近平新时代中国特色社会主义思想主题主题教育这一主线，统筹安全稳定、深化审判执行，紧紧围绕"努力让人民群众在每一个司法案件中感受到公平正义"目标，坚持服务大局、司法为民、公正司法，忠实履行宪法法律赋予的职责，为隆子长治久安和高质量发展提供有力的司法服务保障。

2023 年，受理各类案件 438 件，审执结 399 件，综合结案率 91.10%。

一、旗帜鲜明讲政治，坚持党对法院工作的绝对领导

强化政治理论武装。以习近平新时代中国特色社会主义思想为统领，始终坚持党对法院工作的绝对领导，精心研究制订学习计划，以突出政治学习为根本，以党员干警为主，推进党的二十大、中央第七次西藏工作座谈会、自治区第十次党代会和山南市第二次党代会精神往深里走、往心里走、往实里走。一年来，召开党组理论学习中心组学习会 17 次，开展党组书记和班子成员讲党课、专题辅导活动 6 次。

严守政治纪律和政治规矩。认真贯彻落实《中国共产党政法工作条例》《中国共产党重大事项请示报告条例》，始终牢记习近平总书记在党的二十大报告中提出的"三个务必"谆谆教诲，坚持以人民为中心的发展思想，教育引导广大干警坚决捍卫"两个确立"、增强"四个意识"、坚定"四个自信"、做到"两个维护"。一年来，主动向县委、县委政法委和上级法院请示报告重大事项、重要工作、重要案件 4 次。

持续推进学习贯彻习近平新时代中国特色社会主义思想主题教育。将学习贯彻习近平新时代中国特色社会主义思想主题教育作为当前和今后一项重要的政治任务。通过专题辅导、"每周一学"以及驻村工作队宣讲等方式强化学习宣传贯彻。一年来，共开展专题学习宣传活动 8 场次，形成专题研讨材料 12 篇，心得体会 14 篇，受教育干部群众达 2300 余人次。

二、始终维护社会公平正义，扎实履行审判执行职责

认真贯彻总体国家安全观，聚焦公平正义抓办案，切实服务保障经济社会高质量发展。

宽严相济，依法惩治刑事犯罪。一年来，受理各类刑事案件4件5人，审结4件5人，结案率100%。其中危害公共安全罪3件3人，侵犯财产罪1件2人。

质效兼顾，着力加强民商事审判。一年来，受理各类民商事案件238件，审结208件，结案率87.39%。受理案件中：合同纠纷类184件，婚姻家庭纠纷类36件，人格权纠纷类5件，侵权纠纷类3件，劳动争议、人事争议纠纷1件，其他纠纷类9件。已结案件中：判决结案26件，其他程序处理结案15件（含移送及宣告死亡案），撤诉或按撤诉处理24件，调解结案143件，调撤率为80.28%；适用普通程序办理72件、特别程序办理8件、简易程序办理128件，简易程序适用率为61.54%。受理案件数同比下降2.16%。

攻坚克难，不断巩固执行攻坚战成果。一年来，受理各类执行案件196件，执结187件，结案率95.41%，执行到位标的1257.9474万元。加大信用联合惩戒力度，公布失信被执行人名单5人、限制高消费6人。

纵深推进，常态化开展扫黑除恶。强化政治担当，坚决扛起职责使命，认真贯彻党中央、区党委、市委和县委决策部署，召开常态化扫黑除恶工作推进会2次，并对2023年度已受理审结的4件刑事案件进行排查，未发现涉黑涉恶案件线索。

常抓不懈，扎实推进各项业务指标。一年来，制作电子卷宗379份，电子卷宗随案制作率达94.99%，公开庭审直播35件，直播率100%，法官人均收案73件，人均结案66.5件，同比分别上升18.02%和下降10.83%。

三、始终助力维护稳定，稳步推进“多元解纷”

坚持融入大局，强化服务，致力保障经济社会高质量发展。

强化维护稳定工作。着重围绕春节、藏历年、两会等重要节点，进一步完善细化方案预案，努力做到早安排、早部署，切实将维稳安保各项工作措施落到实处。严格落实“7+1”维稳防控模式有关要求，加强对外来人员、车辆登记检查，并积极参与县城主要街道、片区、人口密集地区的巡逻检查。一年来，共投入干警814人次，车辆120余次参与维稳安保工作。

加快智慧法院应用。通过采购诉前调解终端和服务软件、指导当事人通过手机、电脑等终端应用软件参与远程调解工作，实现调解协议、笔录网上签字，调解过程同步录音录像，从而节约司法资源，减少当事人诉累，其中，互联网立案22件，互联网庭调解案件98件。通过采购智能服务诉讼终端、指导来院当事人应用智能服务诉讼终端，形成引导式问卷和选项，减轻当事人诉讼成本。一年来，接受人民群众电话咨询各类纠纷150件，现场解答350件。

不断完善“分调裁审”工作模式，提高审判质效。由立案庭值班法官依据案情繁简程度进行分流，将案情简单、权利义务关系明确的案件转交基层调解组织处理；在诉讼服务中心组建了速裁快审和繁案两个团队，力争在案件受理后短期内消化掉约80%左右案件，真正实现“简案快审、普案细审、繁案精审”，为群众提供高质高效的司法服务。

四、始终推进全面从严治党，锻造清正廉洁的法院队伍

坚持党建引领，严管厚爱，贯彻落实新时代干部要求。

落实党建工作责任制。研究制定党建工作要点，在推进党建工作重点任务上下功夫，安排部署党建工作1次，制定政治教育培训方案，持续抓班子带队伍。支部班子认真履职尽责，把党建工作摆在重要位置来抓，推进党支部标准化、规范化建设，落实“三会一课”制度，认真开展主题党日活动，不断增强党支部引领力、凝聚力、战斗力。一年来，开展主题党日活动13次，班子成员与党员干警开展谈心谈话1次，15人，通过宣讲政策、法律法规，为民办实事等形式认真开展“三包五带五促”工作，党员干警签订不信仰宗教承诺书15份，开展摸排12次，至今无党员干警信仰宗教问题发生。

狠抓司法作风建设。严格落实审务督察、司法巡查工作要求，对全院工作纪律和司法作风等方面进行全方位督察1次，突出查找法律文书、庭审不规范、着装不规范等司法作风问题3个，及时形成

督察报告督促整改。结合执法司法案件“回头看”评查工作反馈意见，进一步梳理细化，责任到人，全力整改，并在整改基础上着力加强长效机制建设，确保整改工作得到全面落实。一年来，全院干警主动填写“三个规定”情况相关信息15人140次。

加强司法能力建设。依托上级法院学习培训，结合自身实际为干警搭建多种学习平台，坚持每季度召开一次审判执行工作推进会。组织干警参加各类审判业务视频培训6批9人，选派干警参加各类业务培训6批9人，组织干警开展以案代学活动10次，进一步促进干警知识结构的更新和司法能力的提高。

扎实开展改进作风狠抓落实工作。贯彻落实党中央、区党委、市委和县委改进作风狠抓落实决策部署，组织干警参观红色教育基地1场次、观摩职务犯罪庭审1场次、集中观看警示教育片《作风建设永远在路上》第4～5集2场次，观看《榜样8》和法院系统《“时代楷模”鲍卫忠同志先进事迹》，利用身边榜样的力量激励全院干警在审判执行和民族团结进步中传递法治温度。

切实加强监督联络。始终自觉接受人大、政协、检察机关监督，向县人大常委会请示人事任免事项1次，答复政协委员提案1件，自觉接受检察机关法律监督3次，切实做到了加强联络沟通。同时全面落实人民陪审员制度，邀请人民陪审员参审案件18件，保障群众了解司法、参与司法、监督司法的权利。

五、始终坚持方便群众诉讼理念，充分落实便民利民举措

坚持以实现群众满意为目标，聚力强化司法惠民便民，以优质司法服务回应群众需求。

助力全面推进乡村振兴。认真落实乡村振兴领域司法需求，选派2名干警开展驻村工作，其中1名干警担任第一书记，深入开展入户摸底工作3次88户253人，集中宣讲相关法律知识4次，自筹资金3000余元开展“为民办实事送温暖”活动3次，宣讲党的二十大等重要会议精神4次，发放便民服务卡88份。全院四季度开展集中结对帮扶4次，筹集资金9300元。抽调院领导1名参与人居环境整治专项活动。

深入开展司法救助工作。坚持案件审理全过程方便群众诉讼的原则，积极为困难群众提供诉讼服务。针对困难群体，认真审查相关申请，积极为困难当事人减免缓诉讼费19704.16元，并为当事人提供法律咨询。

充分发挥“车载科技流动法庭”作用。结合我县乡镇分散实际，本院自年初以来充分利用“车载流动法庭”，派出干警42人次开展巡回立案、巡回办案、上门化解工作，同时进行以案释法和法治宣传，不断延伸参与基层治理的途径。一年来，以巡回审判方式审理各类案件29件，开展“以案释法”法制宣传16场次，接受法律咨询320人次，共计发放普法双语资料1050余份，受教育群众1500余人。

积极推动多元解纷与社会治理融合发展。主动融入党委领导的社会治理体系，坚持和发展新时代“枫桥经验”，完善《深入推进诉源治理工作的实施方案》和《建设工程领域专项诉源治理方案》等机制体制。参与调处县相关部门案件3件60人，开展人民调解员专题集中培训1次23人。

各位代表！法院工作的高质量发展，最根本在于习近平新时代中国特色社会主义思想和习近平法治思想的科学指引，是县委坚强领导、人大及其常委会有力监督、上级法院正确指导和政府、政协大力支持及社会各界关心帮助的结果。在此，我代表县法院表示衷心感谢和崇高敬意！

回顾2023年工作，我们清醒认识到工作中还存在一些问题和不足：一是“一站式”多元解纷工作有待进一步推进。对于案件量激增分析研判不够精准，诉源治理工作仍需加强；二是司法业务技能水平参差不齐。个别干警业务技能有待进一步提升，庭审驾驭能力不强，机械执法办案现象仍然存在；三是司法质效仍需提升，审判助力推动社会治理体系和治理能力现代化水平有待加强。针对上述问题，我们将紧紧依靠党的领导、社会各界的监督和支持，主动采取措施加以解决。

2024年工作思路

各位代表，2024年是全面学习贯彻党的二十

大精神承上启下的关键之年，谋划好 2024 年人民法院工作责任重大、意义深远。县人民法院将始终高举中国特色社会主义伟大旗帜，始终坚持以习近平新时代中国特色社会主义思想为指导，深入贯彻落实习近平法治思想，坚持党对法院工作的绝对领导，把学习贯彻习近平新时代中国特色社会主义思想主题教育引向深入。进一步强化使命担当，遵循党中央、区党委、市委、县委决策部署和上级法院工作要求，坚决捍卫“两个确立”、增强“四个意识”、坚定“四个自信”、做到“两个维护”，锚定“四件大事”“四个确保”，坚持以人民为中心的发展思想，不断探索人民法院践行“司法为民、公正司法”的新举措、新思想，致力于实现“努力让人民群众在每一起司法案件中感受到公平正义”奋斗目标，为建设团结富裕文明和谐美丽的社会主义现代化新隆子提供强有力的司法保障。

一是以更高的站位把牢政治方向。坚持旗帜鲜明把党的政治建设放在首位，教育引导全院干警忠诚拥护“两个确立”，坚决做到“两个维护”，把党的绝对领导贯穿法院工作全过程、各方面，忠实履行新时代人民法院职责使命，坚定不移服务“四件大事”，不折不扣贯彻落实党中央、区党委、市委、县委决策部署，坚定不移走中国特色社会主义法治道路。

二是以更好的作为维护社会稳定。坚持贯彻总体国家安全观，以铸牢中华民族共同体意识为主线，严厉打击危害国家安全和公共安全犯罪，常态化开展扫黑除恶，依法严惩涉黑恶犯罪，加大惩治力度，强化社会矛盾风险防控，切实履行好维护国家安全、民族团结、社会安定、人民安宁的重大责任。

三是以更实的举措践行司法为民。坚持加强民生司法保障，维护民事主体合法权益，切实解决人民群众急难愁盼问题。不断深化一站式多元解纷和诉讼服务体系建设，助推隆子县社会治理能力和治理体系现代化。更加注重强基导向，提升人民法庭工作水平，更好服务乡村振兴、基层治理，不断增强人民群众司法获得感。

四是以更严的要求建设过硬队伍。坚持以政治建设为统领，推动党史学习教育常态化长效化，筑牢政治忠诚、坚定理想信念、锤炼过硬本领。坚持从严治院治警，巩固拓展队伍教育整顿成果，发扬自我革命精神，驰而不息正风肃纪反腐，严格落实防止干预司法“三个规定”，以廉洁司法保证公正司法，努力建设忠诚干净担当的法院队伍。

五是以更强的担当深化改革创新。坚持推进以司法责任制为核心的各项改革，完善审判监督管理、法官履职保障等配套举措，狠抓审判方式创新，深化“分调裁审、多元解纷、繁简分流”等改革，促进审判提质增效。优化人员分类管理，健全员额法官动态管理机制，进一步推进智慧法院建设，推进全流程网上办案，努力实现审判体系和审判能力现代化。

各位代表！百年征程风正劲，重任千钧再扬帆。县法院将在县委坚强领导、县人大及其常委会有力监督下，认真贯彻落实本次大会决议，勇创一流、争当前锋，踔厉奋发、笃行不怠，奋力开创法院工作新局面，为加快建设更高水平的平安隆子、法治隆子贡献更大司法力量！

隆子县人民检察院工作报告

——在隆子县第十四届人民代表大会第六次会议上

隆子县人民检察院检察长 魏本惠

（2024 年 1 月 15 日）

各位代表：

现在，我代表隆子县人民检察院，向大会报告工作，请予审议，并请各位政协委员和列席会议的同志提出意见。

2023 年工作回顾

2023 年，县检察院在县委和市检察院的坚强领导下，在县人大及其常委会有力监督下，在县政府大力支持、政协民主监督以及社会各界关心支持下，坚持以习近平新时代中国特色社会主义思想为指导，深入学习贯彻党的二十大精神，深入领悟践行习近平法治思想，全面落实《中共中央关于加强新时代检察机关法律监督工作的意见》，忠实履行法律监督职责，各项检察工作在稳进落实中实现新提升，为我县经济社会高质量发展提供有力法治保障。

一、筑牢政治忠诚，坚定检察工作正确方向

牢记检察机关政治属性，始终坚定捍卫“两个确立”、坚决做到“两个维护”，以高度的政治自觉、法治自觉、检察自觉担当作为，忠诚履行宪法法律赋予的检察工作职责。

坚持一切检察工作“从政治上看”。坚持把讲政治作为第一位的要求，始终把深入学习贯彻习近平法治思想作为首要政治任务来抓。认真贯彻《中国共产党政法工作条例》，及时向县委、市检察院请示报告重大事项、重要工作、重要案件办理情况 8 次。

持续抓实全面从严治党。党组书记履行全面从严治党第一责任人责任，班子成员履行“一岗双责”，充分发挥党组“把方向、管大局、保落实”的领导作用。全年召开党组会议 8 次，党组理论学习中心组会议 13 次，专题研究党建工作、党风廉政建设工作、意识形态工作各 2 次，检察长办公会议 2 次，院领导带头讲党课 6 次。

持续加强意识形态领域工作。始终坚持正确舆论导向，严格遵守“三同步”工作要求，统筹运用全媒体平台开展“四大检察”“十大业务”宣传。今年在“两微一端”、门户网站等媒体平台共计发布信息 320 条，被市级、县级媒体平台共采用 5 篇。

自觉接受人大监督和社会各界监督。全年走访各级人大代表 3 人次，邀请全国党委政法委系统“新时代政法楷模”视察检察工作 1 人次，征求意见建议共 2 条。主动向县人大及其常委会专题报告工作 2 次，积极配合市人大常委会开展规范性文件备案审查工作。举办以高质效检察履职服务保障“四件大事”“四个创建”为主题的检察开放日活动，邀请人大代表、政协委员、学生代表等 14 人走进检察机关，零距离感受检察工作。邀请 15 名听证员分别对 4 件案件进行公开听证，并对检察工作进行监督，让检察权在阳光下运行。

二、围绕中心工作，服务经济高质量发展

切实肩负起党和人民赋予检察机关的更重责任，把检察工作融入县域社会治理现代化大局中谋

划推进、精准发力。

助力维护社会稳定。县检察院切实把牢政治方向，严格落实县委各项维稳决策部署，在各敏感节点时期严格执行24小时带班值班制度，严格落实院内安保巡逻措施。根据实际情况，适时调整充实处突领导小组，完善细化处突方案预案，进行维稳处突实战演练。检察长前往联系乡和寺庙开展维稳督导检查工作3次，科级干部在县国安指挥部值班15人次，县级干部带班8人次，累计投入检力参加维稳备勤、巡逻防控40人次。常态化开展扫黑除恶斗争，积极宣传《中华人民共和国反有组织犯罪法》等法律法规，共宣讲55次，受教育群众3866人。

助力推进乡村振兴。建立司法救助渠道，全力做好困难群众救助保障工作，办理司法救助案件1件，发放救助金0.3万元。常态化做好驻村点日当镇塔新村防返贫监测与帮扶工作，派驻1名干警担任驻村工作队队长、1名干警担任派驻村第一书记。对脱贫群众结对帮扶13户4次，帮扶物资1.24万元。

助力法治化营商环境。坚持依法平等全面保护民营企业合法权益，纵深推进“充分发挥检察职能，助力打造一流营商环境”专项检察活动，邀请7家民营企业代表参加座谈会，检察官讲解企业合规及营造法治化营商环境方面的检察职能，让民营企业代表进一步了解检察机关在营造法治化营商环境中的职能作用。院领导走访县域民营企业4家6次，开展法律进企业2次，解决法律问题6条，全方位为企业发展提供司法服务。

助力生态文明建设。牢固树立和践行“绿水青山就是金山银山”的理念，凝聚“河湖（林）长+检察长+警长”护河护林新合力，在部门联动、打防结合、高效处置中构建山水林田湖草沙一体化保护格局，检察长巡河、巡林各3次。为拓宽公益诉讼案件线索渠道，招募20名“益心为公”志愿者，助力公益诉讼工作提质增效。

助力社会综合治理。以开展社区矫正交叉巡回检察工作为契机，检查县司法局社区矫正执行档案和工作档案30册，对社区矫正活动和社区矫正交付执行情况是否合法进行检察监督。全年社区矫正决定机关交付并执行社区矫正对象累计10人，解除9人，在册1人。在监督检察过程中，对社区矫正机构超权限批假问题，向县司法局下发纠正违法通知书1份，县司法局采纳并书面回复整改情况。对社区矫正决定机关交付、社区矫正机构接收社区矫正对象中存在的违法问题，分别向县法院和县司法局下发纠正违法通知书1份、检察建议书1份，两家单位均采纳并书面回复整改情况。为加强与社区矫正机构沟通联系，成立“社区矫正检察官办公室”并与县司法局联合签订《关于加强社区矫正法律监督协作工作的规定》。

做细做实“群众来信件件有回复”工作。践行“有求必应”，认真落实“群众信访件件有回复”制度，畅通信件、来访、来电信访渠道，落实院领导带头接访机制，检察长接待来访群众7人次，及时回复群众信访问题7条。为玉麦乡玉麦村群众追回民工工资14.8万元，帮助组林塘村群众挽回经济损失0.7万元，及时就地息诉化解矛盾纠纷，从源头上消除信访隐患。

三、聚焦主责主业，推动“四大检察”协调发展

深入贯彻落实《中共中央关于加强新时代检察机关法律监督工作的意见》，推动“四大检察”“十大业务”全面协调充分发展。

提升刑事检察质效。受理审查逮捕案件1件2人，依法批准逮捕1件2人，批捕率达100%；受理审查起诉案件10件11人，提起公诉4件5人，有罪判决4件5人，有罪判决率达100%，不起诉4件4人，正在审查起诉2件2人，积极适用认罪认罚从宽制度，全年适用率达100%，提出确定刑量刑建议采纳率达100%。发挥侦查监督与协作配合办公室作用，全年开展联席会议5次，案件讨论会5次，提出口头建议27条；针对侦查机关侦查活动违法问题发出纠正违法通知书1份、侦查监督活动通知书2份，均被侦查机关采纳并书面回复整改情况。监督立案1件，提前介入案件1件1人，提出书面侦查监督意见17条，正确引导侦查机关调查取证。依职权受理涉财产刑执行检察监督案件3件，制发类案财产刑执行监督意见书1份，县法院采纳并书面回复整改情况。

精准开展民事检察监督。认真开展“延伸执法司法案件回头看”专项活动，调取县法院民事生效裁判和民事执行案件卷宗共564册，受理民事生效裁判检察监督案件6件、民事执行检察监督案件6件，向县法院制发类案检察建议书2份，县法院均采纳并书面回复整改情况。

切实加强行政检察监督。开展“道路交通安全和运输执法领域突出问题”专项整治活动，调取县公安局道路交通行政处罚案卷15册，受理行政违法检察监督案件5件，对行政机关在办理行政处罚案件中存在的办案程序及适用法律错误问题，向县公安局制发检察建议书1份，县公安局采纳并书面回复整改情况。开展“个人信息保护行政检察监督”专项活动，深入我县11个乡(镇)摸排个人信息保护检察监督案件线索11件，受理线索11件，制发类案检察建议书1份，抄送10个乡(镇)，各乡镇均已整改并书面回复。

积极拓展公益诉讼检察。围绕生态环境和资源保护、国有财产保护、安全生产、未成年人保护等领域，受理行政公益诉讼案件线索12件，立案8件，向行政机关发出诉前检察建议书1份，诉前磋商6件，正在办理1件，其中办理未成年人综合履职公益诉讼案件1件。与县市场监督管理局联合印发《关于建立食品药品安全工作衔接配合机制的意见》，凝聚“市场监督+检察监督”合力，提升社会治理效能。

四、严格教育管理，着力打造过硬检察队伍

持续巩固深化政法队伍教育整顿成果，深入开展学习贯彻习近平新时代中国特色社会主义思想主题教育，一体推动检察机关政治建设、业务建设、职业道德建设，全面高质量发展，锻造堪当时代重任的高素质检察队伍。

全面提升队伍素能。牢牢把握检察机关政治属性，全面加强检察队伍政治理论学习，通过“三会一课”、周例会等方式开展形式多样的学习活动。全年开展周例会学习22次，检委会学习会9次，进一步深化思想认识、提高政治站位，充分发挥集中学习和领导干部领学促学作用。全年参加各类培训18次，累计参加培训45人。

大力推进清廉建设。持续开展党支部政治轮训教育活动，观看警示教育片4次，参观警示教育基地3次，强化全体干警法纪意识和廉洁意识。紧盯关键节点、敏感领域，在节假日前召开专题会议强调假期纪律，并加强干警八小时以外和办案第一线廉政建设的管理，把从严治党治检融入检察工作全过程。

深化落实司法责任制。进一步完善执法司法制约监督机制，深化司法责任制综合配套改革，入额院领导直接办理各类案件36件。持续做好“三个规定”填报工作，全年填报4件次，其中院领导带头填报2件次。做好案件质量评查工作，每季度开展案件质量评查和检察官业绩考评，全年检察官共评查各类案件40余件。

夯实完善基础设施建设。今年投入66.08万元，建成检察文化长廊、枪支弹药库、涉案财物室等基础设施，通过不断完善基础设施建设，进一步加强科技强检和智慧检察的建设步伐，让大数据现代化设备更好为司法赋能，提升办案质效。

各位代表，以上成绩的取得，根本在于以习近平同志为核心的党中央坚强领导，是县委、市检察院坚强领导的结果，是县人大及其常委会的有力监督、县政府的大力支持、县政协的民主监督以及社会各界和广大人民群众关心支持的结果，是广大检察人员共同奋斗的结果。在此，我代表县检察院，向全县干部群众，向各位人大代表、政协委员，向为检察事业发展倾注心血的老领导、老同志，向所有关心支持隆子检察事业发展的各界朋友，表示崇高的敬意和衷心的感谢！

过去一年，县检察院在改革中创新，在落实中稳进，在稳进中提升，各项检察工作取得新进展，但我们清醒认识到工作中还存在一些问题和不足，主要表现在：一是办案理念还跟不上新时代发展的需求，法律监督职能履行还不够充分，办理“精品案”“优质案”的意识仍需进一步增强。二是运用大数据、信息化手段赋能检察工作的能力还不足，将检察大数据思维融会贯通到办案全过程的意识有待进一步提升。三是检察队伍素质距离党和人民群众新的更高要求还有一定差距，全面从严管党治检仍需进一步深化，检察队伍专业化建设仍需持续做实做强。对此，我们将采取有力措施，努力改进自身不足，下大力气加以解决。

2024 年工作安排

2024 年，县检察院将继续高举习近平新时代中国特色社会主义思想伟大旗帜，紧紧围绕学习贯彻党的二十大精神这条主线，聚焦法律监督主责主业，把抓落实作为今年检察工作的重心、持续在守正创新、巩固深化、完善提升上下功夫、求实效，以更优检察履职助力隆子经济社会高质量发展。

（一）坚持党对检察工作的绝对领导，以更实举措维护社会稳定

坚持以习近平新时代中国特色社会主义思想为指导，全面贯彻习近平法治思想，持续学习和贯彻党的二十大精神，坚决捍卫“两个确立”，切实增强“四个意识”，坚定“四个自信”，做到“两个维护”，确保各项检察工作围绕党和国家工作大局开展。

（二）坚持全面深化检察改革，以更高站位服务高质量发展

持续优化法治化营商环境，助力企业高质量发展，以高质效检察履职服务保障“四件大事”“四个创建”工作开展。以检察履职融入平安建设，在全面推进乡村振兴中发挥积极作用。深化落实“河湖（林）长＋检察长＋警长”协作机制，有效利用“益心为公”志愿者、特邀检察官助理等力量，拓宽公益诉讼案件线索渠道，增强公益保护监督力量，助力美丽隆子建设。

（三）坚持站稳人民立场，以更深情怀践行司法为民

坚持以人民为中心的发展理念，切实保障民生福祉。常态化开展各项监督活动，积极解决百姓“急难愁盼”问题。做实做细做好接访、办案、答复和化解矛盾等工作，推动“四大检察”“十大业务”全面协调充分发展。

（四）坚持能动履职求极致，以更新理念深耕法律监督

持续贯彻落实《中共中央关于加强新时代检察机关法律监督工作的意见》，加强司法制约监督，继续做实在办案中监督、在监督中办案，推进“侦查监督与协作配合办公室”“社区矫正检察官办公室”工作常态化发展。持续找准深化“四大检察”工作突破口，有效提升各类案件影响力。

（五）坚持打铁必须自身硬，以更严要求管理检察队伍

持续深入学习习近平新时代中国特色社会主义思想和习近平法治思想，推进各项学习制度。采取“党建＋”模式，做到以党建促业务，全面提升检察工作质效。以提高干警司法能力为核心，把清廉建设与新时代检察机关法律监督工作同步谋划推进，为凝心聚力建设美丽隆子提供有力司法保障。

各位代表，在新的一年里，我们将秉持以人民为中心的发展理念，坚持以习近平新时代中国特色社会主义思想为指导，在县委和市检察院的坚强领导下，在县人大及其常委会的有力监督下，在县政府的大力支持下、在县政协民主监督和社会各界的关心支持下，我院将认真贯彻本次大会决议，以高质量的检察履职实绩为党分忧、为民解难，为“十四五”时期隆子经济社会高质量发展贡献检察力量！

名词解释

三个规定：《领导干部干预司法活动、插手具体案件处理的记录、通报和责任追究规定》《司法机关内部人员过问案件的记录和责任追究规定》《关于进一步规范司法人员与当事人、律师、特殊关系人、中介组织接触交往行为的若干规定》，简称“三个规定”。

检察建议：检察建议是人民检察院依法履行法律监督职责，参与社会治理，维护司法公正，促进依法行政，预防和减少违法犯罪，保护国家利益和社会公共利益，维护个人和组织合法权益，保障法律统一正确实施的重要方式。人民检察院可以直接向本院所办理案件的涉案单位、本级有关主管机关以及其他有关单位提出检察建议。

国家司法救助：是对遭受犯罪侵害或民事侵权，无法通过诉讼获得有效赔偿的当事人，采取的

辅助性救济措施，重点解决当事人生活面临的急迫困难。

侦查监督与协作配合办公室：根据最高人民检察院、公安部联合印发《关于健全完善侦查监督与协作配合机制的意见》，人民检察院与公安机关设立办公室，依托公安机关执法办案管理中心开展工作，由人民检察院刑检部门与公安机关法制部门牵头，人民检察院指派检察官与公安机关专门人员共同负责。

隆子县2023年国民经济和社会发展计划执行情况与2024年国民经济和社会发展计划（草案）的报告

——在隆子县第十四届人民代表大会第六次会议上

隆子县发展和改革委员会

（2024年1月15日）

各位代表：

受县人民政府委托，现将2023年国民经济和社会发展计划执行情况与2024年国民经济和社会发展计划草案的报告，提请大会审查，并请各位政协委员和列席会议的同志提出意见。

一、2023年国民经济和社会发展计划执行情况

2023年，是深入贯彻落实党的二十大精神开局之年，是巩固和实施“十四五”规划的重要之年，是应对重大考验，特别是疫情后全面提振经济、振奋发展信心的关键之年。一年来，面对宏观经济环境的不确定性和经济下行压力的影响，全县上下在县委、县政府的坚强领导下，在县人大和县政协的监督支持下，在援藏省市的无私援助下，坚持以习近平新时代中国特色社会主义思想为指导，深入贯彻落实党的二十大精神、中央第七次西藏工作座谈会精神，贯彻落实习近平总书记视察西藏重要讲话精神，立足新发展阶段，完整准确全面贯彻新发展理念，服务融入新发展格局，深入推动高质量发展。紧紧围绕“四件大事”，不折不扣落实区党委、政府和市委、市政府各项决策部署，统筹发展和安全，积极主动适应经济发展新常态，稳扎稳打推进疫情后经济发展新局面，狠抓投资落实，狠抓营商环境优化，确保全县各项事业总体回升向好。

2023年，全县生产总值完成20.56亿元，同比增长9%，其中：第一产业完成1.65亿元，可比价增长9.4%；第二产业完成10.04亿元，增长10.1%；第三产业完成8.87亿元，增长5.2%，三次产业比例8.03∶48.83∶43.14。完成固定资产投资18.22亿元，同比下降20.1%，完成年度任务的100.28%，其中，招商引资及民间投资完成1.05亿元，同比下降18.4%，完成年度任务的105%。一般公共预算收入完成1.07亿元，同比增长30%。税收收入完成1.43亿元，同比增长39.3%。社会消费品零售总额完成2.72亿元，同比增长18.6%。农牧民人均收入达20525元。粮食产量20132吨，同比增长0.16%。

（一）坚持以项目建设为“发力点”，狠抓投资落实

齐心协力争资立项。全面落实“狠抓投资落实年”各项工作部署，健全完善十五大类重大项目包保机制，做到重大项目抓投资、重点项目抓进度、成熟项目抓资金、谋划项目抓前期，持续落实项目建设“一周一协调、半月一调度、一月一汇总”工作机制，以“马上就办出实招、真抓实干见成效”的工作作风和“夜夜睡不着觉、时时放心不下”的责任感，不断夯实全县高质量发展基础。成功举办隆子县2023年度重点项目集中开工启动仪式。申报2024年中央预算内西藏专项投资计划项目28个、总投资2.15亿元，申报2024年中央预算内投资计

划项目 67 个、总投资 14.55 亿元。按照“十四五”中期评估总体要求，结合全县项目建设实际和发展需求，储备并申报规划外新增项目 66 个、总投资达 611.86 亿元。

发展要素有力保障。相关部门协调配合统筹做好项目建设用地、环评、稳评等前期要素保障，着力推进联审联批机制，建立健全前期容缺机制，继续落实领导包保、部门牵头、专班推进、定期调度工作机制，着力破除项目领域难点堵点，为项目落地扫清障碍、打破屏障，持续优化项目建设环境，营造全县项目建设大干快上的良好氛围。

重点项目稳步实施。今年来，全县累计开复工项目 99 个，总投资 68.4 亿元，其中：纳入市级的重点项目开复工 58 个，完成投资实物量 17.16 亿元；县本级项目开复工 41 个，完成投资实物量 10.04 亿元。投资 500 万元以上开复工项目 72 个，总投资 67.79 亿元，完成固定资产投资实物量 26.59 亿元。招商引资项目开复工 3 个，完成投资实物量 1.06 亿元。统计在库项目共 112 个，其中投资 5000 万元以上项目 15 个。

（二）坚持以产业发展为“突破点”，狠抓结构调整

一产稳步提升。第一产业增加值完成 1.65 亿元，可比价增长 24.2%。完成粮食播种 4.56 万亩，全部实现测土配方施肥，完成指标任务的 102.4%，其中黑青稞播种 3.05 万亩，隆子县被确认为“世界最大黑青稞种植基地”。投入资金 39.37 万元，在全县 7 个乡（镇）38 个行政村建立县级种子田，推广优势良种 4017 亩，累计完成整治抛荒撂荒耕地 180 亩。全县粮食产量达到 20132.5 吨，同比增长 0.16%。全县粮经饲比达到 90∶8∶2。狠抓粮食安全，扎实开展粮食收购工作，累计收购粮食 54 吨，累计储备区、市、县级储备粮分别为 1300 吨、300 吨、40 吨。全县牲畜存栏 16.42 万头（只、匹）、家禽存栏 3.47 万羽、生猪存栏 1.24 万头、黄牛改良牛 0.91 万头，改良率达到 100% 以上，重大动物疫病免疫率达到 100%。肉、蛋、奶产量分别达到 0.2 万吨、0.012 万吨、1.25 万吨。合理采挖林下资源助增收，全年虫草产量 725.71 斤，产量同比下降 1.86%，整体创收 5624.25 万元，同比增长 38.29%。积极兑现草奖补助、农机购置补贴、种粮一次性补贴、科技特别派员生活补助、耕地地力保护补贴等惠民政策资金 2675.23 万元。总投资 0.46 亿元的高标准农田等 7 个涉农项目全部完工，进一步夯实全县农牧业基础设施条件。

二产稳中向好。第二产业增加值完成 10.04 亿元，可比价增长 10.1%。完成工业增加值 3.09 亿元，同比下降 3.01%。华钰矿业累计完成矿石采选 43.59 万吨，缴纳税金 4924 万元。积极培育推进中伏源光伏电站“小升规”工作，电站全年发电量达 2900 万度。西巴霞曲流域水电开发被列入全市 2035 年远期建设规划，规划开发装机量 54.2 万千瓦。国电投、华能、华电等企业多次赴我县对接新能源开发事宜，申报 2024 年度新能源项目建设计划 2 个，规划总投资 16 亿元，其中光伏装机 75 万千瓦、风电装机 20 万千瓦。估算投资 10 亿元的隆子县现代物流综合保障基地建设项目完成预可研编制。

三产提质增效。第三产业增加值完成 8.87 亿元，可比价增长 5.2%。社会消费品零售总额预计完成 2.5 亿元，增长 10%。帮助企业和个体商户纾困解难，激发消费热情、提振消费水平、促进群众增收，举办 2023 年隆子县玉珞文化旅游节，参展商户共 239 家，商品成交额达 60.48 万元；举办隆子县第 39 届聂雄物资交流会，参展商户共 391 家，完成销售额 700 余万元；积极组织参加山南市第 43 届雅砻物资交流会，参展商户共 118 户，商品成交额达 1126.7 万元；大力推进边境互市贸易，加玉乡、准巴乡 2 个边境贸易综合市场正式托管运营。投资 0.1 亿元的县城商业体系建设项目（标准化冷链物流）建成使用。全县新增各类市场主体 793 家，总量达到 5179 家，累计注册资金达 44.86 亿元。推进地理标志评选工作，隆子黑青稞糌粑入选国家知识产权局“第二批地理标志运用促进重点联系指导名录”。

（三）坚持以乡村振兴为“关键点”，狠抓责任落实

强化动态监测预警。全县脱贫户 1951 户 5918

人、监测对象26户91人，脱贫户人均收入达19773元，增长14.45%，全县脱贫户收入均已突破万元。深化开展防止返贫动态监测预警和帮扶工作，建立健全《隆子县防返贫动态监测和帮扶部门联席会议制度》《隆子县防返贫致贫监测对象专项救助方案（试行）》，设立防返贫基金115.28万元，将农村人口全部纳入监测范围，动态掌握住房、饮水、医疗、教育、就业、收入、社会兜底保障等情况，对脱贫不稳定户、边缘易致贫户、突发困难户进行重点监测和帮扶。累计监测三类重点对象29户98人，采取积极主动措施，有效消除风险监测对象3户7人。

强化振兴项目建设。总投资1.11亿元的5个乡村振兴续建项目已全部竣工。总投资2.45亿元的22个乡村振兴新建项目已全部开工，其中，完工20个，完工率91%。谋划储备2024年乡村振兴项目23个，总投资3.04亿元，其中，6个项目完成概批，其余开展初设评审。

强化人居环境整治。及时成立县、乡、村三级专项领导小组以及工作专班，先后召开县委常委（扩大）会议等180余次研究各类难点问题，启动开展农村人居环境整治“30天攻坚”行动，县委、县政府主要领导同志先后50余次深入各乡镇、村督导检查农村人居环境整治工作推进情况。本级财政预算1076万元专项经费全力保障工作开展，建立健全包保工作、评价考核以及奖励激励等工作制度和“一天一调度”“一周一通报”工作机制。广泛动员各级深入开展政策宣传、倾听诉求、排疑解惑等1260场次，发放宣传资料2.52万余份、张贴宣传标语120条、动员人数达2.3万余人次。县乡村三级近2100余名干部职工，深入村（居）全面摸排一户多宅、残垣断壁、私搭乱建、乱堆乱放等重点难点问题5904个（处），建立“一户一策”台账4808个。整合各类经费223余万元，使用各类机械458辆、投工投劳16997人次，全力推动四个整治工作。拆除一户多宅531户，整治残垣断壁2093处、私搭乱建1505处、乱堆乱放2412处，整体整治率达86%。全面完成年度户厕改造任务，全县卫生户厕普及率达到100%。投入资金1060万元，建成3座智能生物降解公厕。严格落实《隆子县人畜分离工作实施方案》，多措并举加快推进，完成1771户人畜分离。推广设立“垃圾兑换积分超市”5个，有效促进垃圾源头减量化、收集分类化、处理资源化。

强化考核问题整改。扎实推进2022年度巩固拓展脱贫攻坚成果同乡村振兴有效衔接考核评估反馈问题整改，对12个方面19项问题，针对性研究制定了问题整改方案，结合实际提出55条整改措施，目前均已取得实质性整改成效并长期坚持。

（四）坚持以城乡建设为“创新点”，狠抓品质提升

习近平总书记在西藏考察时强调“城市的核心是人，城市工作做得好不好，老百姓满意不满意、生活方便不方便，是重要评判标准。要坚持以人为本，不断完善城市功能，提高群众生活品质”。长期以来，我们按照总书记的指引，着力在提升城市功能上下功夫。

城市品位持续提升。总投资1.145亿元的老旧城区功能提升、生活垃圾无害化处理二期、县城污水处理厂二期和自来水厂改扩建等4个项目全部竣工；投资0.185亿元的南城大桥形象进度达95%；投资1.7亿元的“一河两岸”生态修复工程和0.297亿元的城市公园工程形象进度达85%、75%；投资3.25亿元的太阳能集中供暖启动试运行；投资1.5亿元的县城水源地项目正式开工建设。实现了隆子县城周边流域干净秀美，形成了县城“四纵四横”城市交通路网结构，极大改善市民生活环境和出行条件。同时强化县城综合管理，扎实开展沿街立面综合整治，优化街面经营秩序。稳步推动生活垃圾分类，投入资金80万元在扎日乡、玉麦乡开展垃圾分类示范点，探索垃圾分类回收。

城乡融合持续巩固。不断推进新型城镇化建设，着力改善城乡基础设施条件。总投资0.89亿元的机场搬迁安置二期和机场周边村庄环境提质工程竣工；总投资1.12亿元的乡村振兴、美丽宜居、人居环境整治的5个整村项目全部建成；投入资金1.99亿元实施4条农村公路、2座桥梁、交通安防工程，不断夯实城乡交通条件，另有一大批农林牧水、科教文卫等各类项目落地实施，有效促进城乡融合发展，城乡面貌得到极大改善。

住房保障持续夯实。争取资金0.27亿元实施乡镇公租房112套,工程形象进度达75%以上。对接争取2024年度公租房56套,计划投资0.18亿元。落实自建房住房安全隐患排查及危房改造要求,全县自建房排查率达100%,安排资金347万元对存在风险的210户自建房进行改造,改造率达100%。

(五)坚持以深化改革为"着力点",狠抓环境优化

营商环境不断优化。深入贯彻落实习近平总书记关于优化营商环境的重要指示精神,贯彻落实全区优化营商环境暨招商引资工作会议,组织召开全县优化营商环境暨招商引资工作推进会,动员全县上下进一步解放思想、转变观念,改进作风、狠抓落实,切实营造大抓营商环境、大抓招商引资的良好氛围。扎实推进市政府专项督查整改工作,正面回应并解决有关企业建议诉求。受理4家招商引资企业用地申请并提供咨询服务工作,指导企业办理临时用地手续11宗,落实减税降费3206万元。

深化"放管服"改革。推动政务服务事项标准化建设,实现线上线下无差别受理、同标准办理。进一步巩固"减证便民"成果,持续推进告知承诺制,探索推广容缺受理制,已对4个证明事项推行了容缺受理。推进政务服务中心"综窗"设立,将224项事项纳入综窗系统统一受理,推行自助办理机制,对接争取自助服务终端设备4套,并投入使用。全县"互联网+政务服务"历史办件量已录入87717件,"互联网+监管"数据录入41304条。着力培育壮大市场主体,实现企业开办多渠道、多路径服务,全面实现办件"零纸张""零跑路""零见面"申报与"零见面"审核。持续推进"证照分离"改革和上门办证服务,深化企业简易注销改革,实现即办即结。

招商引资抒写新篇。今年来,我县把招商引资工作作为全县经济发展的源头活水,作为推动全县经济发展工作的重中之重,及时成立工作领导小组及工作专班,邀请专业团队,结合隆子实际制作招商引资专题宣传片,制定招商手册。坚持"走出去"与"请进来"相结合,招商专班多次赴拉萨、山南等地对接招商、2次赴内地开展上门招商,累计考察拜访湖南农业发展投资集团等17家企业。积极参加山南市雅砻文化旅游节,并现场签约3个项目。举办玉珞文化旅游节招商暨旅游线路推介会,邀请22家企业参加,并与5家企业现场签约,签约资金达1.2亿元。目前森达商砼项目已正式落地实施,总投资0.3亿元;华钰光伏电站项目取得备案,总投资0.15亿元,正在开展开工筹备工作;大型太阳能平板集热生产线已达成共识,目前完成厂房租赁协调工作,正在对接协议签订事宜,总投资0.3亿元。全县招商引资开复工项目3个,固定资产投资预计完成1.05亿元,完成任务的105%。

(六)坚持以民生改善为"落脚点",狠抓福祉增进

抓就业创业。坚定不移落实就业优先政策,提升就业质量。扎实推进高校毕业生就业创业,2023年隆子籍高校毕业生实现就业279人,就业率达99%。开发常德市"组团式"就业岗位205个,实现区外就业43人。城镇新增就业681人,完成年度目标任务的101.5%。全县实名制转移就业人数13119人,累计创收1.46亿元,分别完成年度目标任务的101.28%、104.93%。城镇登记失业率控制在5%以内,结合实际开展中式烹调等各类技能培训40期,共计培训1243人,培训后就业366人。投资0.2亿元的公共实训基地项目已建成,2024年可投入使用。狠抓项目带动就业,项目建设领域累计带动用工7408人,吸纳农牧民用工4568人,农牧民群众增收5094.4万元。举办"春风行动·就业增收"招聘会、常德援藏网络招聘会、隆子县特困人员集中供养中心招聘会等各类招聘会6场次,用工企事业单位80余家共提供就业岗位727个,实现就业174人。兑现高校毕业生市场就业补贴资金78.06万元、大中专毕业生创业启动资金217.5万元、高校毕业生租房、水电补贴10.08万元,惠及60人。

抓教育事业。持续推进义务教育城乡一体化发展,不断缩小城乡教学硬件差距。累计投入资金0.83亿元实施小学改扩建、幼儿园、中学科技馆、学校供暖、教师周转房等各类项目12个,目前已全部建成并投入使用。强化教师能力培训1154人次,选派9名中学教师赴常德市开展交流观摩。坚持

将上年度本级财政收入的20%投入教育领域，累计兑现“三包”经费1150.33万元，惠及学生4718人；兑现学生营养改善经费232.56万元，惠及学生达3649人。全县学前阶段在园幼儿共1089人、毛入园率达91.59%；小学阶段在校生共2673人、净入学率达100%；初中阶段在校生共1096人、毛入学率达106.72%。全县义务教育阶段巩固率100%，义务教育阶段残疾儿童少年入学率达100%。教学成绩稳步提升，小考成绩位居全市第二；内地代培班及内地西藏初中班共录取20人，同比增加11人；初中学业水平考试总分平均531分，创历史新高，录取内地西藏高中班53人，录取重点高中126人，录取普通高中278人，高中升学率达76%。

抓文化事业。成功举办2023年春节藏历新年联欢晚会、乡村“村晚”暨隆子歌手大赛。开展“踔厉奋进新时代 勇毅前行向未来”学习宣传贯彻党的二十大喜迎新春专题文艺演出活动、“翻身农奴把歌唱 永远跟着共产党”为主题的庆祝“3·28”西藏百万农奴解放纪念日文化润边行动等共完成72场次文艺演出活动。创作6首隆子专题歌曲和6个原创舞蹈以及2个表演唱作品和2个新编排舞蹈。成功申报忙措木器制作技艺项目补助费10万元，举办2次为期15天的忙措木器制作技艺制作培训班。扎实推进文物保护，对全县26处文物保护单位的可移动文物进行复核，并对68个新增文物进行测量、拍照、建档。持续强化执法检查力度，联合开展文化执法检查22次。

抓医疗事业。深化医疗卫生体制改革，持续巩固县域综合医改（县乡一体化）工作，及时成立隆子县中心医院及中心医院党委，深度整合县域医疗服务资源，进一步规范县域医共体工作规范化、制度化。全县现有卫生领域从业人员352人。扎实推进医务人员培训，创新推动1名援藏医生必须带好2名徒弟的“师带徒”模式，提高援助实效。共选派11名骨干医务人员前往常德市相关医院、自治区人民医院等进修学习，常态化开展乡村医生培训，提升能力服务水平；中部战区总医院医务人员派遣11人次赴我县指导工作，我县组织卫生系统15人到常德开展交流学习。扎实开展“两降一升”、三病筛查、城乡居民健康体检、“两癌”检查等工作，全年住院分娩率达98.8%。累计体检农牧民4687人。落实兑现住院分娩补助、“一孩双女”扶助、老人健康补贴等各类政策资金361.34万元。积极开展义诊25次，受益2619人次。强化因病返贫动态监测，加强综合救助和帮扶，高效完成家庭医生签约服务工作。建成并投用县中心实验室，投资600万元用于医院重症监护室及亚定点医院建设，提升了重症救治能力。完成疾控中心、雪萨乡卫生院及准巴乡卫生院维修改造等3个规划项目前置手续，援藏资金投入3000余万元建设3所卫生院和5个村卫生室等8个项目。

抓旅游事业。全年共接待旅客7.76万人次，同比增长42%，实现旅游综合收入2049万元，同比增长35%。围绕扎日、玉麦、斗玉等重点景区景点，编制全域旅游发展规划及斗玉珞巴民俗文化体验区、扎日自然风景观光区规划，并通过市级评审。编撰出版藏汉双语《隆子县沿边旅游文化指南》。贯彻落实王君正书记在山南调研期间作出的重要指示精神，完成县域山水河湖资源保护与石碑设立。隆子县格尔东赞大酒店成功评定为四星级旅游饭店。投资1057.5万元对141户边境家庭旅馆进行提升改造。开展家庭旅馆从业人员培训2次，受益群众75人。累计投入资金0.79亿元实施5个旅游发展项目，目前均已建成，有力补齐我县重点景区景点旅游基础设施短板，为实现旅游业高质量发展打下坚实基础。成功举办2023年隆子玉珞文化旅游节，并现场推介隆子旅游，促成与3家企业的合作意向，规划投资0.5亿元。

抓社会保障。坚定不移推进全民参保行动，实现参保人数2.22万人，落实政策性政府代缴1666人的代缴资金16.66万元，兑现城乡居民养老保险金1175.8万元。全县城乡居民医保参保水平得到显著提高，城乡居民医保参保率达99.25%。深入落实特殊困难人群资助参保和边民资助参保政策。深入落实基本医疗保障待遇，累计手工零星报销各类资金494.05万元、报销723人次，兑现手工零星城乡居民医疗救助90人次66.61万元。不断完善医保信息系统建设，强化网上办结率，全覆盖参保人员国家联网定点医疗机构住院直接结算、普通门诊在县域跨省直接结算、五种门诊特殊病跨省直接结算。进一步加强社会救助,坚持“应保尽保、应退尽退”的原则,动态管理兜底保障工作。落实农村低保资金114.83万元,涉及146户332人,落实城镇低保资金28.8万元,涉及32户48人。兑现临时救助资金39.51万元,涉及51户133人。追加乡镇临时救助备用金17万元。精准做好残疾人“两项补贴”工作,落实补贴资金302.8万元,涉及1711人,落实重度残疾“十大民心”资金125.5万元,涉及389人。扎实推进“一老一幼”管理服务,落实特困人员生活补助资金344.5万元、发放事实无人抚养儿生活补贴资金3.1万元。投入14万元为40户特殊困难老年人家庭开展适老化改造。加快推进农村“幸福院”建设,投入1500万元新建5个幸福院建设项目已竣工验收。投入资金63万元为18户重度残疾人实施无障碍改造。推进新设隆子镇吉塘社区、叶巴村改社区、扎日乡庄堆村、撤销雪沙乡日萨村各项工作。投入资金300万元,建成11个乡镇及4个抵边村社工站,率先在全市范围内实现乡镇社工站全覆盖工作,总服务人员3500人次以上。深入开展“慈善+救助”工作,自治区慈善总会为344名特困人员(老人、环卫工人、困难群众)等捐赠价值34.44万元的防寒衣物。扎实做好现役、退役军人等服务工作,“三大节日”、八一建军节等期间落实资金31.5万元,对全县各驻军单位、驻训点及优抚对象进行走访慰问。累计兑现“三属”、伤残补助、一次性经济补助等政策资金共523.7万元。完成退役军人和优抚对象建档立卡信息采集400人,优待证发放581张。

(七)坚持以发展安全为“着重点”,狠抓底线思维

推进安全生产。深入学习贯彻习近平总书记关于安全生产工作的重要论述,以“十五条硬措施”为抓手,持续加大道路交通、危险化学品、非煤矿山、建筑施工、消防安全等重点领域安全生产工作,全力推动重大事故隐患专项排查整治工作。全县共发生各类安全生产事故2起,未发生较大及以上安全生产事故,形势总体稳定。坚持“以防为主、防救结合”方针和“人民至上、生命至上”理念,有力推进防灾减灾救灾工作。通过购买第三方服务,邀请非煤矿山行业领域内权威专家对安全生产现状进行“安全体检”,以预防安全生产事故为重点,着力推动重大风险隐患治理到位、防控措施到位、整改落实到位。

践行生态建设。全县上下坚持以习近平生态文明思想为指导,认真贯彻落实“水十条”“大气十条”“土十条”行动计划,加强底线思维、严守生态红线。全县环境空气质量达到Ⅱ类标准,全县空气质量良好天数保持在99%以上;地表水各项监测指标达到国家Ⅲ类标准,集中式饮用水水源地(县城供水站)各项指标均达到国家Ⅱ类标准,达标率100%,县城区水环境质量保持优良。总体生态环境质量状况良好。开展建设项目环境影响评价登记备案40个,无“两高项目”进入我县。对重点区域、重点领域开展环保专项督导检查80余次,下达现场检查(勘查)笔录53份,下达各类生态环境问题提醒函8份,立案处罚2起,处罚118万元。受理12369环保热线举报3件,均已办结。投入资金200万元实施农村饮用水水源地保护。总投资0.59亿元的污水处理厂二期和县城生活垃圾无害化处理二期项目建成。投资2939万元实施隆子河流域水污染防治及与生态修复工程二期项目。投资920万元的小型医废处置项目开工建设。兑现生态岗位人员补助资金1193.85万元,达3417人次。深入推进生态文明建设,邀请第三方技术服务单位开展前期规划编制与收集材料工作,完成8个村居创建工作。安排资金380万元开展“两山”理论实践创新国家评估工作。积极推动生态环境督察反馈问题整改,中央生态环境保护督察转办案件7起、自治区生态环境保护督察转办案件4起均已完成整改销号。2022年第二轮中央第四生态环境保护督察组反馈问题,举一反三认领17大项、71小项,按照整改时限要求已完成整改8项、51条,剩余9项、20条问题整改中。2023年自治区第二批生态环境保护督察报告整改责任清单中,举一反三等认领4个大项、12个小项,已整改完成6个小项,剩余6项预计2024年4月前整改完成。

推进信访改善。进一步畅通信访渠道，建立信访工作秩序，全面推动我县构建信访工作新格局。严格按照“来访必登、应录尽录”原则，全年累计登记受理群众来信来访、网上投诉、网上建议和主席信箱 50 件 72 人次。办结群众来信来访 43 件，清理拖欠民工工资 1248 万元，无进京上访及 5 人以上集体上访情况。推进领导包案工作机制，有关领导对 17 件久拖不决信访突出问题逐一包案。已完成化解 4 件，剩余 13 件正在化解中。扎实推进复杂信访件及矛盾纠纷化解工作，全年累计排查矛盾纠纷及信访隐患共 6339 次，排查人数 15670 人次，排查并化解突出信访问题 114 条。

（八）坚持以兴边富民为“出发点”，狠抓边境建设

有序推进抵边安居工程。2022 年结转的亚绕 2 号、亚绕 3 号、亚绕 4 号、曲桑 2 号、格勒淌、阿让琼 6 个抵边搬迁安置点均已建成并实现 1421 人入住。新开工的洞参 2 号、莫嘎安置点已建成并实现 180 人入住。累计 3411 人迁入抵边居住，入住率 73%。预计，2024 年末入住率达 100%，提前一年完成“十四五”时期规划搬迁任务。

有序推进兴边富民工程。坚决贯彻习近平总书记提出的“有国才能有家，没有国境的安宁，就没有万家的平安”的重要论述精神，深入推动兴边富民中心城镇试点建设，加快推进边境地区又好又快发展。自 2021 年以来，积极申报兴边富民中心城镇试点专项中央预算内投资项目，累计下达资金 3.21 亿元实施并建成老旧城区功能提升、生活垃圾无害化处理二期、县城污水处理厂二期、自来水厂改扩建、城市公园、南城大桥 6 个项目；县城集中水源点、小型医废处理 2 个项目已开工；计划申报 2024 年项目 6 个，正在开展前期工作，估算总投资 4 亿元以上。三林完小至乃加村公路等 4 条农村公路加快建设，县域内农村安全饮水普及率、行政村通电率、道路通达率、移动信号覆盖率、通宽带率均达到 100%。

有序推进边境建设工程。扎实开展城乡融合发展边疆明珠小镇建设项目申报争取工作。坚持以农业农村优先发展，按照“产业兴旺、生态宜居、乡风文明、治理有效、生活富裕”的总要求，以改善农村生产生活环境、促进乡镇全面发展为目标，推进乡村振兴，通过改造农村环境、完善综合服务、发展农村产业、突出文化特色，促进农村现代化进程。积极谋划申报 14 个城乡融合发展边疆明珠小镇建设项目，规划总投资 3.63 亿元。

有序推进国防动员工程。认真贯彻落实王君正书记关于推动全区通用航空事业高质量发展和推动国家清洁能源基地建设，加快培育新兴产业的重要讲话要求，加快推进现代物流综合保障基地项目各项前期工作，其中，仓储设施项目于 2023 年 4 月 11 日国家发改委在北京组织开展评估，可研正在修改中。扎实推进兵城兵镇工作，依托边境地区建设、抵边搬迁、兵城兵镇和驻军部队迁移工程，着力推动军民、军地边境治理、基础设施建设、公共服务和应急保障等领域军民深度融合发展，提升边境管控能力，坚决维护国家安全和领土完整，牢固构建西藏东南边境地区国家安全屏障。新增申报各类项目 52 个，总投资 595 亿元，涵盖边境一线地区安全饮水、用电、技防、公路以及其他基础设施项目。

综述，2023 年我县国民经济持续恢复、回升向好，但也要清醒地认识到存在的问题，如缺乏发展后劲、重大项目支撑不足，投资拉动短板凸显；产业发展仍处于初级阶段，规上企业少、规下企业发展慢，一产、三产的经济贡献较低；项目对上衔接协调力度仍需加大，重大项目落地率不高等问题，下一步要踔厉解决。

二、2024 年国民经济和社会发展计划（草案）

综合全县经济社会发展实际，科学提出 2024 年全县经济社会发展主要预期目标：全县生产总值达到 21.90 亿元，同比增长 8% 左右；全社会固定资产投资完成 11.22 亿元，同比下降 38%；其中，招商引资完成 1 亿元，同比下降 4.8%；财政收入完成 0.85 亿元，同比下降 20.6%；税收收入完成 1.2 亿元，同比下降 16.1%；社会消费品零售总额完成 2.77 亿元，同比增长 10%；农村居民人均可支配收入增长快于城镇居民收入；规上工业增加值完成 3.25 亿元，同比增长 5.2%；城镇登记失业率控制在 5% 以内；粮食产量完成不低于 2 万吨，同比基本持平。

2024 年是深入贯彻落实党的二十大精神的重要一年，是实施"十四五"规划的关键一年，要实现预期目标，我们要坚持以习近平新时代中国特色社会主义思想为指导，全面贯彻落实党的二十大和中央、区、市、县经济工作会议精神，坚决捍卫"两个确立"、增强"四个意识"、坚定"四个自信"、做到"两个维护"，胸怀"两个大局"，心系"国之大者"，统筹推进"五位一体"总体布局，协调推进"四个全面"战略布局，自觉把隆子工作放到党的治藏稳藏兴藏事业大格局中思考谋划推动，坚持稳中求进、以进促稳、先立后破，立足新发展阶段，完整准确全面贯彻新发展理念，服务和融入新发展格局，以深化供给侧结构性改革为主线，以推动高质量发展为主题，锚定"四件大事"，聚力"四个创建"，围绕"六个走在全区前列"目标，攻坚克难、砥砺奋进，统筹推进"十四五"规划主要目标指标、重大战略任务和重点工程项目，落实好区党委、政府和市委、市政府各项决策部署，促进全县综合实力持续增强，人民生活水平显著提高，高质量发展取得显著成效，为扎实推进中国式现代化建设奠定坚实基础。

（一）坚定不移抓投资促发展。坚持稳投资作为经济工作的重中之重，发挥投资对增加供给、拉动增长的关键作用，持续千方百计抓项目，不断增强高质量发展后劲，做好"十四五"规划后半篇文章。持续抓好政策落实，确保发展成色更足。区党委十届四次全会对高原经济高质量发展指明了前进的方向，提出了更高的要求，我们更要坚定不移地围绕"四件大事"下功夫、做工作。要准确把握党中央关心和支持西藏经济社会发展的各项优惠政策，特别是对边境地区的特殊政策，紧盯我县经济基础底子薄弱、发展战略要素匮乏、基础设施制约明显、保护与开发矛盾突出、维稳固边任务繁重等问题，坚持新发展理念和高质量发展要求，着力发挥我县区位优势和资源优势，在经济发展、生态保护、民生改善、边境安全、国家安全等重大事项上多想办法、多出点子、多谋思路、多出措施，努力将我县列入全区边境县高质量发展第一方队。持续抓好项目建设，确保发展稳中有进。现阶段，项目建设依然是我县经济社会发展的重要动能，要把项目建设摆在重要位置，切实发挥重大项目建设对我县经济发展的支撑作用。要继续结合狠抓投资落实各项工作部署，切实抓好常态化项目调度工作。抓实做好 2024 年项目建设工作，全面开复工既定的 40 个年度计划项目，确保固投完成任务 11.22 亿元以上。注重项目谋划储备，确保发展强大支撑。紧紧围绕实际，着重在城乡基础设施、产业结构调整、生态环境保护、社会保障能力、边境地区稳定等方面强化项目谋划工作，按照"储备 60 亿元项目计划"的工作要求，围绕发展短板弱项、群众所需所盼，深入研究国家、区、市三级投资政策导向和投资重点领域，做实、做细项目谋划筛选、前期推进、落地实施各项工作，着力提高全县项目储备。力争机场平滑道工程、谋划的 6 个兴边富民中心城镇试点建设项目和新能源项目落地开工，继续争取脱密项目，全力挖掘更多的固投。

（二）坚定不移抓产业促增收。要挖掘资源、开发资源，以产业大发展促进群众大增收。推动一产上水平。进一步调整种植业结构并加大良种推广力度，努力走出一条优质、高产、高效的农牧业发展的新路子。重点抓好冬播、春播工作，持续抓好春播农资调运，确保粮食产量稳定提升，力争 2024 年粮食产量不低于 2 万吨。着力加强畜牧业发展，努力实现成畜死亡率控制在 12%以内，仔畜成活率达到 87%以上，牲畜总量控制在 15 万头（只、匹）以内，争取出栏率达 30%。同时重点做好春秋两季防疫工作，确保覆盖率达 100%，继续加强黄改配种点撤点、统计及补助兑现工作，狠抓防抗灾工作。依托阿涡多水库南北干渠现有保灌饲草基地，总结推广黄牛改良经验做法，继续扩大奶牛养殖规模，积极推进建设乳制品加工厂，充分发挥黑青稞特色资源优势，梯次推进现代农业产业园建设工作。推动二产抓重点。继续优化"二产"内部结构，积极探索发展工业经济，配合协助华钰矿业全力开展年度生产工作，着力减少安全生产事故，不断发挥企业的带动作用。加快对接争取推进西巴霞曲流域能源开发等清洁能源开发工作，围绕申报的 2024 年度清洁能源项目建设计划，强化对接并争取至少落地 1 个项目。推进机场产业园区发展规划，对接争取隆子县现代物流综合保障基地项目取得实质性进展。要继续加大招商引资工作力度。推动三产大发展。大力发展旅游业和现代服务业。立足全县旅游发展实际，重点做好国道219沿线、扎日乡边境第一村旅游基础设施建设、措嘎湖一体化徒步乡村旅游、通瓦顿珠基础设施改造提升工程、玉麦扎日斗玉重点区域亮化提升工程、隆子县旅游文化产品设计研发工厂等项目前期工作的推进。持续加大项目宣传推介力度，妥善运营好门户网站、微信公众号、抖音、微信视频号等宣传媒介，采取整体策划、统一包装、深度打造、系统促销的方式丰富宣传手段。积极推广加大对旅行社、四星级酒店、民宿、家庭旅馆、旅游景区、文化娱乐场所等企业的政策支持力度，进一步激发市场主体的内生动力。进一步优化市场准入环境，积极培育更多市场主体，着力推动市场经济发展。

（三）坚定不移抓强边促稳定。以抵边搬迁建设为抓手，推进城乡协调发展。加快推进年度抵边搬迁建设。2024年计划建设的3个安置点，力争3月全面开工，10月全面建成并年内实现1245人的搬迁入住，提前1年超额完成“十四五”时期4620人的抵边搬迁总任务。加大边境产业项目实施力度。要立足边境实际，进一步加大边境产业谋划和实施工作，紧紧把握自治区有关政策支持，结合招商引资的重要抓手，着力探索和发展边境产业实现更大进步。强化边境基础设施项目建设。围绕边境地区水电路讯科教文卫等基础设施实际，不断强化基础设施项目建设，持续提升边境条件。要加快推进朗扎公路、朗县登木乡左嘎村岔口至玉麦乡接国道219线公路、共拉至莫嘎岗拉公路、宗须至三林乡公路等重大交通项目的建设工作，力争早日建成通车，不断完善边境地区道路交通路网。要加强水利基础设施项目、农牧区灌溉设施、流域综合治理、城乡安全饮水、山洪沟治理，积极谋划争取一批新项目落地。要深入推进乡村振兴战略实施，着力推进城乡融合发展进程。

（四）坚定不移抓民生促和谐。坚持以人民为中心的发展思想，以改善民生为出发点和落脚点，以强化公共服务能力、促进社会事业发展为主要目标，努力实现基层服务能力不断提升，社会事业持续向好。要狠抓教育提升。以有力举措不断促进教育基础设施和办学软硬件改善。实施义务教育优质均衡发展，优化教育资源配置。继续落实大学生资助、送教上门服务政策，及时足额兑现学生“三包”、营养改善等惠民资金。持续加强校园安全管理，持续推进教育基建项目，对接争取幼儿园、教师周转房等教育项目，不断优化我县各级各类校园布局，积极争取各方资金投入、充分利用好本级财政资金和援藏资金优势，不断改善办学条件，进一步促进我县经济发展和社会事业协调发展，努力实现“加快现代化，着力打造教育强县”目标。要狠抓医疗提升。大力发展公共卫生、基层卫生等薄弱领域，加强卫生人才队伍建设，提升医疗卫生服务能力和管理水平，充分发挥县域医共体作用，落实医疗卫生机构功能定位、提升区域服务能力，力争2024年末，构建成优质高效的公共卫生服务体系，形成各医疗机构之间错位发展、功能互补的新格局，医疗技术和服务水平大幅提升，地方病、常见病、多发病救治能力显著提高，分级诊疗体系基本建立，满足群众就近享有完善医疗服务需求，健康隆子建设达到较高水平。2024年末建成1个重点科室。全力推进紧密型医疗卫生建设，打造县人民医院为主体、县藏医院、乡镇卫生院为组成部分的紧密型医共体。积极争取资金支持，力争2024年疾控中心、热荣乡卫生院整体建设、斗玉乡和列麦乡卫生院医疗综合楼建设、准巴乡卫生院改造、欠堆等4个村卫生室项目落地。积极做好家庭医生签约服务、妇幼保健卫生工作，积极发展藏医药事业。不断提高对口支援工作，持续深化医疗卫生组团式援藏，进一步提升隆子县人民医院、藏医院管理能力和医疗服务能力。要狠抓文化提升。加快推进扎日乡文化站、玉麦乡文化站建设工作，年内完工并投入使用。强化公共文化服务体系建设，筹备开展好2024年隆子县玉珞文化旅游节。持续做好广场文化活动、优秀传统舞蹈培训班、乡镇文化站、行政村文艺演出队骨干培训班等工作，进一步提升文化战线业务水平和服务能力。持续开展群众性文艺文化活动，完成艺术团60场文艺演出计划、各行政村文艺演出队 10 场演出任务，创新打造玉珞文化旅游节等活动，力争创作优秀文艺作品 10 部以上，推动我县文艺文化工作落地见效。要狠抓社会事业提升。持续加强社会救助工作力度，加大社会养老服务、残疾人救助帮扶等工作，及时足额兑现各类政策资金，以国家民政部定点帮扶的有利契机，围绕“五项工程”，多争取项目多争取资金，继续实施涉边乡镇农村“幸福院”，做好扎日乡珞瓦新村等 5 个农村幸福院投入使用。要持续推进就业创业，多渠道搜集岗位信息，继续组织线上线下招聘活动，引导和鼓励农民工、高校毕业生、退役军人等人员返乡就业创业，力争应届高校毕业生就业率保持在 98% 以上，农牧民转移就业 1.3 万人以上，创收 1.42 亿元以上，城镇新增就业 671 人以上，城镇调查失业率控制在 5% 以内，开展农牧民技能培训 1050 人以上。持续完善社保体系，促进社会保险扩面征缴。周密做好基本养老金及各项社会保险待遇发放，大力推进电子社保卡应用，力争全年实现参保人数达 97.5% 以上。持续稳好劳动关系，畅通农民工维权渠道，力争工程领域实名制覆盖率达 98% 以上、专用账户覆盖率达 100%、劳动保障监察举报投诉案件结案率达 96% 以上。持续做好双拥工作。及时兑现各项优待资金，做好优待证申领发放和困难退役军人帮扶工作，促进退役军人就业创业工作，积极做好第 12 届全国双拥模范城（县）考评调研迎检工作。继续强化城乡居民参保缴费工作，力争 2024 年城乡居民基本医疗保险参保率稳定在 98% 以上，脱贫人口参保达到 99% 以上，特殊困难人群资助参保覆盖率达 100%。

（五）坚定不移抓建设促振兴。坚持围绕乡村振兴总体要求，以巩固脱贫攻坚成果为中心任务，结合乡村振兴“二十字”方针总要求，扎实推进各项工作，不断深化乡村振兴新局面。要加快基础设施项目与产业发展项目落地实施。加快推进规划投资 3 亿元的 2024 年乡村振兴衔接资金项目前期手续工作进度，同时强化资金对接争取，力争年内开工建设一批，继续强化项目建设对乡村振兴、人居环境整治的促进作用。

（六）坚定不移抓安全促发展。坚守生态底线。紧紧围绕“保护好青藏高原生态就是对中华民族生存和发展的最大贡献”和“把青藏高原打造成为全国乃至国际生态文明高地”的目标要求，牢固树立“绿水青山是金山银山、冰天雪地也是金山银山”的理念，协调推进生态环境高水平保护和经济社会高质量发展，牢固树立绿色发展理念，落实生态环境保护责任制，统筹推进山水林田湖草沙系统治理，推动提升生态系统功能，坚决打好蓝天、碧水、净土保卫战。确保各项生态指标保持在合理区间，持续推进生态文明示范乡（镇）、示范村居创建工作，加快建设投资 0.09 亿元的隆子县小型医废处置项目。坚守安全底线。坚持统筹安全与发展，强化安全底线意识，按照“管系统、系统管，管行业、行业管”的要求，深化安全生产检查，消除安全隐患，确保生产安全。全面推行检查诊断、行政处罚、整改复查“三步曲”工作规范，落实“双随机”和“四不两直”检查执法，突出道路交通、非煤矿山、建筑施工、危险化学品和烟花爆竹、消防、工贸、旅游、特种设备等重点领域。强化自然灾害防治，提升应急处置能力。紧紧围绕做好汛期安全生产工作，切实加强安全监管，提升自然灾害监测预警信息化工程，提高多灾种和灾害链综合监测、风险早期识别和预报预警能力。持续开展重大事故隐患专项排查整治工作，做到工作早部署、隐患早治理、事故早防范。

各位代表，2024 年全县经济社会发展的目标任务已经明确，让我们更加紧密地团结在以习近平同志为核心的党中央周围，以习近平新时代中国特色社会主义思想为指导，全面贯彻落实区市县党委经济工作会议精神，在县委、县政府的坚强领导下、在县人大、县政协的监督支持下，坚定不移抓改革，不遗余力谋发展，继续抒写红色隆子幸福边疆的华丽篇章。

隆子县 2023 年财政预算执行情况和 2024 年财政预算（草案）的报告

——在隆子县第十四届人民代表大会第六次会议上

隆子县财政局

（2024 年 1 月 15 日）

各位代表：

受县人民政府委托，现将 2023 年财政预算执行情况和 2024 年财政预算草案的报告，提请大会审查，并请各位政协委员和列席会议的同志提出意见。

一、落实十四届人大第 11 次会议预算决议情况

今年以来，县财政能够完整、准确、全面贯彻新发展理念，主动服务和融入新发展格局，贯彻落实积极财政政策，按照“要提升效能，更加注重精准、可持续”要求，加强财政资源统筹，实施新的组合式税费支持政策，兼顾稳增长和防风险的要求，合理申报政府债券，保持财政支出强度，优化支出结构，持续改善民生，严肃财经纪律。按照县十四届人大第 11 次会议的决议要求以及县人大财经委的审查意见，县财政认真研究，积极采取有效措施贯彻落实预算决议，确保全县财政收支及经济运行平稳有序。

（一）聚焦“四件大事”，全力做好资金保障。一是保稳定，支持创建全国民族团结进步模范区。落实资金 3143 万元，支持开展民族团结、爱国主义教育、反分裂斗争和主题教育活动，推动党建示范点、五共五固阵地、新时代文明实践站建设。支持维护公共安全。落实资金 12725 万元，推动基层“枫桥经验”治理，完善社会治理模式和维稳制度体系，开展打击非法组织、扫黑除恶、禁毒、反恐等行动，保障道路交通安全，提升治安管理体系和治理能力现代化水平。深入实施干部驻村驻寺、城镇网格化管理、先进双联户创建评选、民族团结进步模范区创建等活动。二是保发展，支持创建高原经济高质量发展先行区。支持重点市政工程建设。落实资金 26031 万元，支持城市维护改造建设、隆子“一河”两岸生态建设、城市供暖、城市公园等市政工程建设。积极发挥政府债券稳投资功能。紧盯国家政策导向和资金投向，立足隆子发展实际，申请政府债券项目 4 个债券资金 771 万元，正在争取 14 个国家债券项目，涉及资金 59700 万元。重点支持抵边农村公路、中小型水库、防洪堤、乡镇卫生院、应急指挥中心、地质灾害治理等建设。三是保生态，支持创建国家生态文明高地。落实生态环保领域相关资金 20152 万元，全力打好污染防治攻坚战、山水林田湖草沙冰一体化保护、重要江河流域生态环境保护修复，推进隆子河流域水污染生态修复工程和城市地下水污染防治，强化县城区域垃圾清扫清运、污水处理厂以及医疗废物集中处置等托管运营，推进国家生态文明高地和美丽隆子建设。同时，紧盯中央环保督察组反馈的问题，结合财政部门职责，按照县委、县政府统一部署，全力支持问题整改。四是保强边，支持创建国家固边兴边富民行动示范区。落实各项资金 33045 万元，重点支持抵边搬迁、边境建设、兴边富民等重要决策部署，落实边民补助、护边员补助资金 6558 万元，支持军民融合，着力推进创建国家固边兴边富民行动示范

区，推进边境物防技防建设，加快推动抵边搬迁和边境村镇建设，补齐边境地区公共服务设施短板，落实边境地区群众教育、医疗、就业等特殊优惠政策，吸引腹心地区、非边境乡高海拔地区群众向边境一线转移，不断壮大守土固边力量，维护国家主权和领土完整。

（二）聚焦重点领域，全力保障和改善民生。一是全力支持乡村振兴。积极发挥财政职能作用，注重巩固拓展脱贫攻坚成果同乡村振兴有效衔接，落实乡村振兴资金27061万元（含本级保障10%），并督促指导各县统筹整合各方资源，推动资金政策落实落地，推动巩固脱贫攻坚成果与乡村振兴有效衔接，支持推进高标准农田建设、黑青稞推广种植、农村综合改革、人居环境整治等，加快推进农业现代化。二是全力保障民心工程。落实资金34516万元，重点支持自治区和山南十大民生工程、棚户区改造、农村公路建设、公租房配套等，不断增进民生福祉。三是全力保障就业创业。落实资金1983万元，重点支持就业创业补助、就业扶持、职业培训等。四是全力保障民生兜底。落实资金14426万元，重点支持低保、特困人员救助供养、医疗救助补助、退役安置及优抚对象补助等。五是全力保障教育发展。落实资金22711万元，重点支持十五年免费教育、教育"三包"、特殊教育、大学生资助等。六是全力保障卫生健康。落实资金13018万元，重点支持疫情防控、医疗服务能力提升等。

（三）聚焦财政监督，严肃财经纪律。一是狠抓审计整改。为确保2021年预算执行审计反馈问题整改到位，2022年12月开始，对审计提出的未按人员定额预算编制人员公用经费、预算资金打捆预算、未将预算资金细化到具体使用部门等问题进行提前整改部署，为加强审计整改，我局先后两次召开会议，进一步学习财经法律法规，指定专人负责，明确工作职责，一级抓一级压实工作责任。在县委县政府的高度重视下、在各预算单位的大力配合下、在市审计局业务指导下，我局制定了整改方案，及时上报整改落实情况，涉及财政共32个问题，目前已整改31个，正在整改1个。二是加强财务管控。为确保预算一体化平衡运行，提高政府财务报告编制质量，我局成立专班，制定财务监督检查工作方案，对全县46家（含11所学校、10个寺管会）预算单位进行了财务监督指导工作，主要对单位零余额账户、代管资金账户、财务管理内部控制情况、固定资产管理使用规范等情况进行检查与抽查。通过抽查发现问题135个，反馈问题135个，提出指导建议130条。同时配合四川监管局开展我县重大民生政策落实情况督查工作，提出的19个问题，已整改完毕。

二、2023年预算收支执行情况

2023年是全面贯彻落实党的二十大精神的开局之年，是三年新冠疫情防控转断后经济恢复发展的一年。财政持续贯彻落实习近平总书记关于西藏工作的重要指示和新时代党的治藏方略，认真落实自治区第十次党代会精神和市第二次党代会精神，坚持稳中求进工作总基调，以学习宣传、贯彻落实党的二十大精神为主线，锚定"四件大事""四个确保"，聚力"四个创建""四个走在前列"和"六个走在全区前列"，高效统筹疫情防控和经济社会发展，统筹发展和安全，扎实做好"六稳"工作，全面落实"六保"任务，切实兜牢"三保"底线。严格执行县人大会议审查批准的预算，持续推进财政改革，稳步提高管理水平，全年预算执行情况总体平稳。

（一）2023年一般公共预算收支完成情况

1. 收入完成情况。2023年，县本级一般公共预算收入完成10679万元，同比增长30%。上级补助收入221280万元，同比增长5%，其中：返还性收入2650万元、一般性转移支付收入152025万元、专项转移支付收入66605万元。地方政府债券资金771万元。动用预算稳定调节基金15947万元。上年结转结余资金101146万元。全年一般公共预算总财力349823万元。

2. 支出完成情况。2023年，全县完成一般公共预算累计支出255023万元，支出率为73%。其中：一般公共服务支出38012万元、公共安全支出8614万元、教育支出23826万元、社会保障和就业支出14610万元、卫生与健康支出13262万元、节能环保支出5910万元、城乡社区支出24453万元、农林水支出82919万元、住房保障支出4631万元；上解支出 101 万元。

3. 收支平衡情况。2023 年，全县一般公共预算总财力达到 349823 万元，全县完成一般公共预算支出总计 255023 万元，结转结余下年 52993 万元，预算稳定调节基金 41807 万元。

（二）政府性基金收支完成情况

1. 收入完成情况。2023 年本级政府性基金收入 996 万元，上级下拨政府性基金补助 1338 万元，上年结转结余 1475 万元，全县政府性基金总财力达到 3809 万元。

2. 支出完成情况。全县完成政府性基金支出 2833 万元，同比增长 126%。

3. 收支平衡情况。2023 年，全县政府性基金总财力达到 3809 万元，全县完成政府性基金支出 2833 万元，结转结余下年 976 万元。

（三）地方政府债券收支情况

2023 年我县地方政府债券资金共计 21771 万元，其中：一般债券 21771 万元。重点用于支持城乡建设、隆子河两岸生态综合治理、抵边农村公路建设。截至 2023 年底，地方政府债券已支出 17324 万元，支出率 80%，资金余额 4447 万元。

（四）全县行政事业单位固定资产情况

2023年全县固定资产总额为94566万元。其中，土地、房屋及构筑物面积 33 万平方米，价值总额 69067 万元；专用设备数量 9355 件，价值总额 4797 万元；通用设备数量 10610 件，价值总额 10851 万元；机动车数量 164 辆，价值总额 4297 万元；家具、用具、装具及动植物数量 48462 件（只、头），价值总额 5742 万元；图书档案数量 51091 册，价值总额 107 万元；文物及陈列品数量 602 件（个），价值总额 18 万元。

各位代表，为进一步推动隆子经济回升向好，我们不断增强财政工作的责任感和使命感，全力以赴应对挑战，千方百计克服困难，既坚持依法征收、应收尽收，又恪守应减尽减、应免尽免。总的来看，2023 年财政运行情况良好，财政改革发展各项工作取得了新的进展，为我县经济社会持续健康发展提供了重要支撑。这是以习近平同志为核心的党中央坚强领导的结果，是习近平新时代中国特色社会主义思想科学指引的结果，离不开县委、县政府的正确领导，离不开县人大、政协及其代表委员们的有力监督指导，离不开全县各部门和各族群众的共同努力。

在肯定成绩的同时，我们也清醒认识到，预算执行和财政工作还面临一些困难和挑战。主要表现在：一是可用财力紧张，收支平衡难度越来越大。刚性支出不断增加，新增可用财力有限，财政收支总体上仍处于紧平衡的状态。二是财政管理能力仍需提升。预算执行刚性约束不强、财政支出结构不尽合理，资金使用效益及资源配置效率不高等问题仍然存在。三是强化“零基预算”。零基预算理念尚未深入人心，单位预算执行主体责任意识不强，不同程度存在“重预算、轻执行”“先争取、后计划”“钱等项目”等现象，致使资金支出进度缓慢、资金管理绩效低下。我们将高度重视这些问题，采取有力措施加以解决。

三、2024 年财政收支预算（草案）

2024 年坚持全面贯彻落实党的二十大精神，是实施“十四五”规划重要的一年，做好预算编制和财政工作意义重大。按照县委、县政府决策部署，根据预算法及其实施条例、《自治区财政厅关于编制 2024 年自治区本级和地方预算的通知》要求，按规定程序征求各方意见后，编制形成 2024 年预算草案。

（一）预算编制指导思想

做好 2024 年预算编制和财政工作，要在以习近平同志为核心的党中央坚强领导下，以习近平新时代中国特色社会主义思想为指导，全面贯彻落实党的二十大和二十届二中全会精神，深入贯彻落实习近平总书记关于西藏工作的重要指示和新时代党的治藏方略，贯彻自治区第十次党代会精神和市第二次党代会精神，坚持以政领财、以财辅政，坚持稳中求进工作总基调，完整、准确、全面贯彻新发展理念，统筹扩大内需和深化供给侧结构性改革，统筹新型城镇化和乡村全面振兴，统筹高质量发展和高水平安全，巩固和增强经济回升向好态势，贯彻落实“三个赋予一个有利于”的要求，聚焦县委、县政府决策部署加强财力保障，持续深入推进绩效管理、零基预算理念运用和一体化建设深度融合的“2+1”财政综合改革，优化财政支出结构，做好“六稳”“六保”工作，树牢政府过“紧日子”思想，严肃财经纪律，强化预算约束和绩效管理，不断提高预算编制的科学性和精准性。

（二）2024年一般公共预算（草案）

2024年本级一般公共预算预计收入8500万元，其中：税收预计收入6450万元，分别是增值税4700万元、企业所得税110万元、个人所得税110万元、资源税620万元、城市维护费税410万元、印花税40万元、耕地占用税440万元、契税6万元、环境保护税14万元；非税预计收入2050万元，分别是专项收入550万元、行政事业性收费收入600万元、罚没收入300万元、国有资本（资产）有偿使用收入500万元、政府住房基金收入100万元。

2024年预计上级补助收入118193万元。其中：返还性收入2650万元、一般性转移支付收入114624万元、专项转移支付收入919万元。本级预计收入8500万元、动用预算稳定调节基金42609万元、上年结转52993万元，2024年全县当年一般公共预算总财力222295万元。

按收支平衡原则，2024年全县安排一般公共预算总支出为222295万元，主要支出安排情况分别为：按支出功能分类：1. 一般公共服务支出安排36960万元；2. 国防支出安排292万元；3. 公共安全支出安排8994万元；4. 教育支出安排19363万元；5. 科学技术支出安排106万元；6. 文化旅游体育与传媒支出安排3657万元；7. 社会保障和就业支出安排15737万元；8. 卫生健康支出安排12598万元；9. 节能环保支出安排3032万元；10. 城乡社区支出安排5503万元；11. 农林水支出安排70370万元；12. 交通运输支出安排11506万元；13. 资源勘探信息工业信息等支出安排3万元；14. 商业服务业等支出16万元；15. 金融支出安排43万元；16. 自然资源海洋气象等支出安排2504万元；17. 住房保障支出安排4724万元；18. 粮油物资储备支出安排374万元；19. 灾害防治及应急管理支出安排918万元；20. 其他支出22681万元；21. 债务付息支出714万元；22. 预备费2200万元。

（三）政府性基金预算（草案）

全县政府性基金预算预计收入为1353万元，其中：上级补助收入377万元，上年结转结余976万元。按收支平衡原则，全县安排政府性基金预算支出为1353万元。

四、2024年财政工作措施

按照县委、县政府总体决策部署，重点做好以下工作：

（一）加大统筹协调，做好全年组织收入工作。一是将继续扎实做好财税工作，提前谋划，进一步明确财政收入工作思路。加大收入形势分析，密切跟踪收入组织进展情况，采取多项措施促进提质增收。二是加强非税收入征管，持续推进财政电子票据改革进程，坚持票款同行，确保应收尽收。

（二）加强预算管理，硬化预算约束。一是严格按照《预算法》及其实施条例等法律法规要求编制预算，在财政紧平衡的前提下，坚持政府过“紧日子”，严控“三公”经费和一般性支出，压减非必需项目支出，不断优化支出结构，兜牢兜实“三保”底线，把更多财力用在发展紧要处、民生急需上。二是硬化预算刚性约束，严格执行人大预算批复，坚持“有预算不超支，无预算不开支”，坚持尽力而为、量力而行，做到精打细算、勤俭办事。三是强化预算执行监控，严控年底突击花钱，切实提高预算资金使用效益，不断增强财政应对复杂经济社会形势的能力。

（三）强化债务管理，防范化解重大风险。一是加快债券资金使用进度，明确债券申报部门的主体责任，做好事前调研和评估工作，坚持有计划、节约的原则合理申报政府投资项目。二是严格按债券申报要求加快项目实施，将债券项目纳入县项目推进办进行督查考核。同时，将项目推进、资金使用安排到节点、细化到月份，力争尽早达到付款条件，尽早消化债券资金结存，尽早形成实物工作量，提升债券资金质效。并依托债务系统动态监管，充分发挥债务监管系统作用，准确统计债务数据变化，认真研究政府债务率等各项债务指标运行情况，及时排查风险点，严格控制债务指标水平。

（四）提高业务能力，加强队伍建设。一是持续组织财务人员参加区、市的业务培训，开展全县财务人员业务学习会议，有效提升财会人员的理论素质和业务水平，深入挖掘了财会人员干事创业潜能，不断提高全县财务管理水平。二是通过抽调各单位财务人员，开展县乡交叉财务监督指导工作，督促各单位加强内部财务管理，同时提高抽查会计人员对财政政策、财经法律法规、业务知识等系统的学习，增强业务操作能力。三是积极组织召开全县财务人员廉政会议，学习中央、区市县廉政会议精神，增强财会业务人员的责任意识、法治意识和规范意识，进一步筑牢财务人员反腐倡廉思想防线。

各位代表，做好 2024 年财政工作意义重大、任务艰巨，我们要更加紧密地团结在以习近平同志为核心的党中央周围，坚持以习近平新时代中国特色社会主义思想为指导，胸怀“两个大局”，牢记“国之大者”，深刻领悟“两个确立”的决定性意义，增强“四个意识”、坚定“四个自信”、做到“两个维护”。在县委、县政府的坚强领导下，自觉接受人大监督，虚心听取政协意见建议，按照规定接受审计，踔厉奋发、勇毅前行、团结奋斗，扎实做好财政各项工作，更好发挥财政职能作用，以实际行动深入学习贯彻落实党的二十大精神，奋力推动“六个走在全区前列”，为进一步推动经济回升向好，不断推进经济社会高质量发展，建设团结富裕文明和谐美丽的新隆子不懈奋斗！

隆子县 2023 年国民经济和社会发展统计公报

隆子县统计局

2023 年是全面贯彻党的二十大精神开局之年，是三年新冠疫情防控转段后经济恢复发展的一年，是深入实施“十四五”规划的关键一年。在县委、县政府的坚强领导下，全县上下以习近平新时代中国特色社会主义思想为指导，坚决贯彻落实党中央和区党委及市委、县委各项决策部署，聚焦“四件大事”、聚力“四个创建”和山南市“六个走在全区前列”，立足新发展阶段，完整准确全面贯彻新发展理念，服务融入新发展格局，深入推动高质量发展，社会主义现代化新隆子建设迈出了坚实步伐。

一、地区生产总值

2023 年地区生产总值（GDP）为 205601.70 万元，增长 9.4%。其中，第一产业增加值 16448.05 万元、同比增长 24.2%，第二产业增加值 100401.9 万元、同比增长 10.1%，第三产业增加值 88751.73 万元、同比增长 5.2%。三次产业比例由 2022 年的 5.6:49:45.4 调整为 8:48.8:43.2，持续保持“二三一”结构。

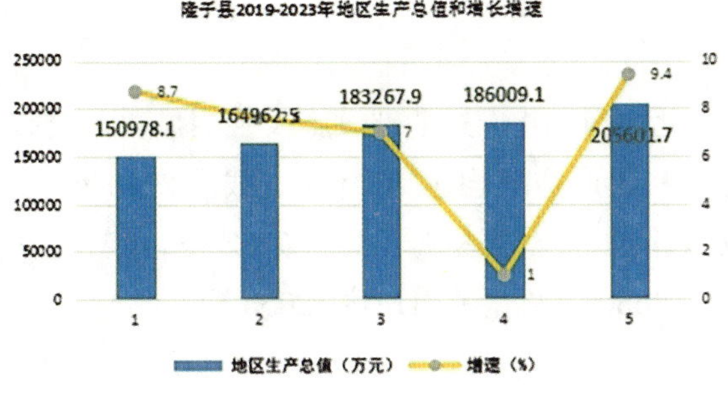

二、农牧业

全市首个县级生猪定点屠宰场在隆子县揭牌颁证，隆子县被确认为“世界最大黑青稞种植基地”。2023 年隆子县农林牧渔业总产值达到 23290.27 万元、同比增长 19.29%，农林牧渔业增加值达到 12753.74 万元、同比增长 20.95%。2023 年全县耕地面积 3233 公顷，农作物总播种面积达 3402.32 公顷。粮食作物播种面积为 3041.93 公顷，其中青稞面积 2654.27 公顷，小麦面积 240.37 公顷；经济作物面积为 284.64 公顷，其中油菜作物面积 106.97 公顷，蔬菜类面积 177.23 公顷；青饲料面积 75.75 公顷。统计数据显示，2023 年隆子县粮经饲的比例为 89.4:8.4:2.2。全县粮食产量达 20132.51 吨，油菜籽产量 527.60 吨，蔬菜产量达 4108.62 吨。2023 年末，全县牲畜存栏头数 164943 头（只、匹），其中牛、羊、猪存栏数分别为 64934 头、85933 只、12618 头。牲畜出栏总数达 38177 头，牲畜总出栏率为 24.37%，同比增长 1.37 个百分点。肉类产量 2004.59 吨，同比增加 183.81 吨，奶类产量 12774.4 吨，同比增加 613.12 吨。

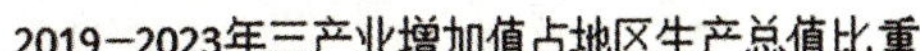

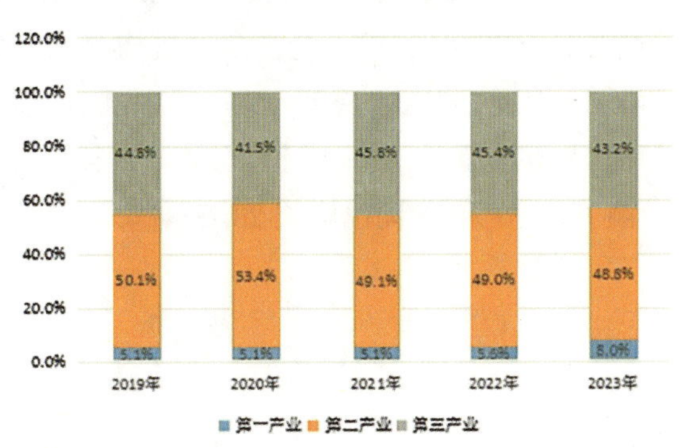

三、社会消费品零售总额

2023 年实现社会消费零售总额 27188 万元、同比增长 18.6%。按消费类型统计，商品零售额 23044 万元，增长 13.8%、餐饮收入 4184 万元，增长 54.3%。

2023年社会消费品零售总额占比

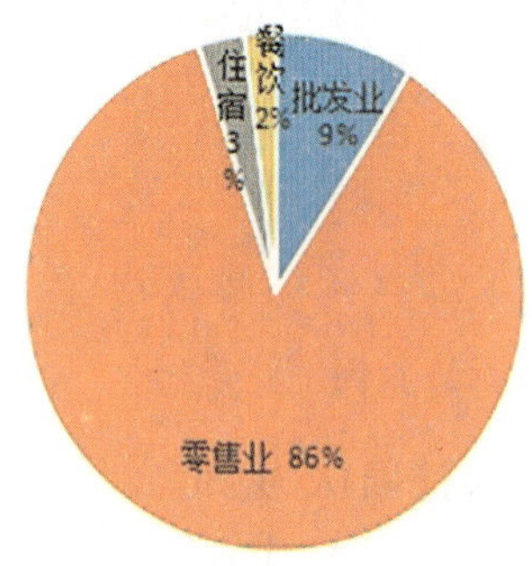

■批发 ■零售 ■住宿 ■餐饮

四、全社会固定资产投资

2023 年，计划总投资 500 万元以上统计在库项目共有 116 个，其中投资 5000 万元以上项目 16 个，计划投资 500 万～5000 万元项目 100 个。全社会固定资产投资完成 182213 万元、同比下降 20.1%。其中，国家投资 171697 万元、同比下降 20.2%，民间投资 10516 万元、同比下降 18.4%。

五、工业

2023 年，隆子县规模以上工业总产值 58830.2 万元、同比增长 1.91%，规模以上工业增加值 34579.3 万元，可比价增速 -0.9%。

规模以下工业总产值达 4805.3 万元、同比下降 38.9%，规模以下工业增加值达 2347.3 万元，可比价增速 -11.4%。

六、财税收入、金融

2023 年全县一般公共预算收入完成 10678.79 万元、同比增长 29.9%。税收收入完成 14291 万元、同比增长 39.3%。年末全县金融机构存款余额 206066.43 万元、同比增长 10.1%。其中，住户存款余额为 124055 万元、同比增长 15.6%，年末各项贷款余额 107976 万元、同比增长 23.7%。

七、教育、卫生

2023—2024 学年，全县共有各级各类学校 74 所，其中初级中学 1 所，乡镇小学 9 所，教学点 9 所、独立双语幼儿园 55 所；教学点附设幼儿园 1 所。全县各级各类学校在校生共有 4861 人，其中：初中在校生 1096 人，小学在校生 2674 人，学前阶段在园幼儿共计 1091 人；初中阶段毛入学率达 106.7%，小学阶段净入学率达 100%，学前三年毛入学率达 91.6%；全县专任教师 450 人，其中初中专任教师 113 人、小学专任教师 258 人、学前专任教师 79 人，专任教师学历合格率达 100%。

2023 年底，全县医疗机构共有 13 个，其中县级医院 2 个，乡镇卫生院 11 个，卫生技术人员 183 人。执业（助理）医师 125 人，每千人实有卫生技术人员数为 7.75 人（包括村医 162 人），2023 年底实有床位 102 张，每千人实有床位 3.09 张。

八、人口

户籍数据显示，2023 年 12 月底，全县户籍人口共有 12552 户 36540 人，比上年末分别增加 159 户 506 人；按农林牧渔业年报统计数据，乡村户籍人口共有 10272 户 32607 人。全年出生人口 278 人，出生率为 7.60‰；死亡人口为 158 人，死亡率为 4.32‰；自然增长率为 3.28‰。

九、居民收入和社会保障

根据分析评估，2023 年全县农村居民人均可支配收入（基数）为 20525 元。

城乡居民基本养老保险实现参保人数共计 21424 人，城乡居民医疗保险参保人数 31827 人，城镇居民最低保障 32 户 48 人，农村居民最低生活保障 146 户 333 人。

十、水、电、路、讯、网

近几年，隆子县基础设施改善明显，行政村水、电、路、讯通达率均达到 100%。截至 2023 年底，全县公路通车里程达到了 1221.78 公里，全县电话用户达 26500 户，宽带用户达 12053 户。

索 引

说 明

一、本索引采用主题分析法编制。索引范围包括篇目、类目、部(门)目、条目等。
二、本索引按主题词首字汉语拼音音序(同音按音调)排列,若首字拼音相同则按第二字音序排列,以此类推。
三、索引款目后的数字表示内容所在的页码,数字后的拉丁字母(a、b、c)表示栏别(从左至右)。
四、篇目、类目、部(门)目用黑体字。

A

B

C

D

E

F

K

L

M

N

P

Q

R

S

T

W

X

Y

Z